U0083226

中國學術思想 研究輯刊

十九編

林慶彰 主編

第 7 冊

兩漢三家《老子》注養生思想研究（下）

陳慧娟 著

花木蘭文化出版社

國家圖書館出版品預行編目資料

兩漢三家《老子》注養生思想研究（下）／陳慧娟 著 -- 初版
-- 新北市：花木蘭文化出版社，2014〔民 103〕
目 6+268 面；19×26 公分
（中國學術思想研究輯刊 十九編：第 7 冊）
ISBN 978-986-322-927-8（精裝）
1.老子 2.養生 3.研究考訂
030.8 103014773

中國學術思想研究輯刊
十九編 第七冊　　　　　　　ISBN：978-986-322-927-8

兩漢三家《老子》注養生思想研究（下）

作　　者　陳慧娟
主　　編　林慶彰
總 編 輯　杜潔祥
副總編輯　楊嘉樂
編　　輯　許郁翎
出　　版　花木蘭文化出版社
社　　長　高小娟
聯絡地址　235 新北市中和區中安街七二號十三樓
　　　　　電話：02-2923-1455／傳眞：02-2923-1452
網　　址　http://www.huamulan.tw 信箱 hml 810518@gmail.com
印　　刷　普羅文化出版廣告事業
封面設計　劉開工作室
初　　版　2014 年 9 月
定　　價　十九編 25 冊（精裝）新台幣 42,000 元

版權所有・請勿翻印

兩漢三家《老子》注養生思想研究（下）

陳慧娟　著

第五章　兩漢《老子》注養生之生命觀

　　兩漢《老子》注之生命觀，同中有異，相同之處在於兩漢《老子》注皆視人身爲宇宙的一部份，因此，在論述生命觀之時，從不將人身視爲個別的個體，而是將人身納入大宇宙之中做整體的考量，於是乎人與自然、人與人、人與萬物之間的關係，以及人如何因應人身之外的自然、他人以及萬物以求生存，即成生命中一大課題。其次，人身分作形神，或者性命兩大結構也是一致的。至於兩漢《老子》注相異之處，即與《老子》注本身的思維取向有密切關聯，以《老子指歸》而言，《老子指歸》受《莊子》思維影響，形成「重神」爲主的生命觀，影響所及，《老子指歸》中論神的部份頗多，論形部分較少，以爲「神」爲養生之內具，而「形」只是養生之外具。以《老子河上公注》而言，固然在形神所論較《指歸》爲多，但究其極，落在「神」的討論爲多。以《想爾注》而言，由於《想爾注》以宗教立場作解，影響所及，使得《想爾注》所呈現出來的生命觀也洋溢著濃厚的宗教氛圍。

第一節　《老子指歸》之生命觀

　　《指歸》之思想內容鮮明地體現了漢代時代思潮——黃老學影響的特點。具體地講，戰國秦漢時期把人的生命活動分爲內在結構和外在結構把握。內在結構即是由《管子》、《黃帝內經》、《淮南鴻烈》等發展出的精、氣、神的生命哲學；外在結構則是把陰陽五行，四時六合的宇宙生命與人的生命體做了外在的對應。〔註1〕《指歸》受此影響，表現在其生命觀上，體現出萬物

〔註1〕　鄒登順：〈戰國秦漢養生思想體系研究〉，《重慶師院學報》（第3期2000）之摘要，頁12。

一體的思維，形神合一的觀念，再加上受到《莊子·齊物論》的啓發，視死生爲一如，或認爲身重於名利等外物，以爲人當珍惜身體，勿以身殉貨，以身殉名。《指歸》即云：

> 自今及古，飛鳥走獸，含氣有類之屬，未有不欲得而全其性命者也。
>
> （〈卷二·天下有道〉）
>
> 是以，含德之士，重身而輕天下，猶慈父孝子，不以其易其鄰。大身而細物者，猶良賈察商，不以珠玉易瓦鉌鉛也。
>
> （〈卷四·含德之厚〉）

含德之士爲《指歸》書中修養高超之人，他們以爲身較天下、外物重要，因此重生而輕外物，重生而輕天下。以下試就《指歸》之生命觀，略作分析。

一、萬物一體

戰國秦漢確立了「天、地、人」宇宙自然一體大生命觀，從而形成了「與天同序、與天同德」的養生思想體系，[註2] 而「天、地、人」宇宙自然一體大生命觀的前提有二：一是將天人視爲一個整體，遵行共同的規律。這種思維認爲：在生命過程中人體內部的生理機制構成一個有機統一的小宇宙，它又與自然、社會等外部環境息息相通，構成相互制約的大宇宙。小宇宙和大宇宙的內部及其相互間，存在協調一致的關係。無論是內部機能協調性的破壞，還是人體同外界環境之間失去平衡，都會造成生理機能失調而影響生命。[註3]《黃帝內經·素問》所謂「人以天地之氣生，四時之法成」，應該注重「提攜天地，把握陰陽」[註4]（〈素問·上古天眞論〉），「故與萬物沉浮於生長之門」[註5]（〈素問·四氣調神大論〉）即是。二是認爲天人同構，且通過陰陽五行八卦等符號系統，將天人結構巧妙地組合在一個體系中。[註6] 如《淮南子·精神訓》言：「天有四時、五行，九解，三百六十六日。人亦有四支、

〔註2〕 鄒登順：〈戰國秦漢養生思想體系研究〉，《重慶師院學報》（第3期2000）之摘要，頁12。

〔註3〕 唐明邦：《論道崇眞集》（湖北：華中師範大學 2006.2 第一版第一刷），頁51～58。

〔註4〕 〔唐〕王冰 注：《內經素問二十四卷》，〔清〕紀昀：《四庫全書薈要》，頁12。

〔註5〕 〔唐〕王冰 注：《內經素問二十四卷》，〔清〕紀昀：《四庫全書薈要》，頁15。

〔註6〕 鄒登順：〈戰國秦漢養生思想體系研究〉，《重慶師院學報》（第3期2000），頁14。

五藏、九竅、三百六十六節。」〔註7〕再者，又認爲天人同構，涉及三種結構關係：第一爲時間結構，天有春夏秋冬四季、人有四肢，人的四肢與四季相對應。第二爲空間結構，人的九竅與天的九解相對應。第三爲物質結構，天有金木水火土五行，人有心肝脾肺腎五臟，五臟與五行相對應。〔註8〕

　　戰國秦漢所確立的天人一體觀，對儒道兩家思想的發展，皆有重要影響，以儒家思想而言，董仲舒即依此構建「天人合一」的大生命觀，視人身爲一天地，並認爲天人間有緊密的牽動關係。在道家思想方面，天人一體觀對黃老一派尤有影響，如胡家聰先生〈道家黃老學的「天、地、人」一體觀〉一文言：《黃老帛書》的《十六經》吸收范蠡「天、地、人」思想，並發爲：「天者不以幸（僥倖）治國，治國固有前道，上知天時，下知地利，中知人事」的言論。〔註9〕此外，貫穿於《黃老帛書》、《鶡冠子》、《黃帝內經》、《呂氏春秋》、《淮南子》等黃老經典中的主導脈絡，即是視天地爲大生命體，人身爲小宇宙。〔註10〕不僅如此，道家黃老之學進一步認爲，人應力求「與天同序」，使天地大生命與人身小生命相通，人身小宇宙與天地大宇宙相融，如此小生命能夠通過與大生命相融匯、相交往而取得特殊的功能，甚至得以與天恆久，與地長存。〔註11〕

　　《指歸》作爲黃老思想的經典之一，自然也承繼黃老思想中的天人一體觀。茲就上文所言天人一體觀的兩大前提：一、視天人爲一整體，遵行同一規律。二、天人同構談起，並由此論述天人相互牽動的情形。

　　首先，談《指歸》將天人存在視爲一個整體，以爲人與天地萬物同在道體的作用範疇之中，且是整體一起同時受用。〔註12〕《指歸》曰：

　　　　道德變化，陶冶元首，稟授性命乎太虛之域、玄冥之中，而萬物混

〔註7〕　《淮南子・精神訓》，〔漢〕高誘　注：《淮南子》（上海：上海古籍 1991.4 初版三刷），頁 69。

〔註8〕　李炳海：〈天地人同構的符號世界——漢代文學與生命哲學的因緣〉，《吉林大學社會科學學報》（第 4 期 1999.7），頁 57。

〔註9〕　胡家聰：〈道家黃老學的「天、地、人」一體觀〉，陳鼓應編：《道家文化研究》（第八輯）（上海：上海古籍出版社 1995.11 第一版第一刷），頁 19～20。

〔註10〕　胡家聰：〈略論道家「天、地、人」一體觀在民族心理中的滲透〉，《中國哲學史》（第二期 1997），頁 45。

〔註11〕　錢志熙：《唐前生命觀和文學生命主題》（北京：東方出版社 1997 第一版），頁 42、頁 63。

〔註12〕　杜保瑞：〈嚴君平《老子指歸》哲學體系的方法論檢討〉，《哲學與文化》（廿九卷第十期 2002.10），頁 916～917。

> 沌始焉。神明交，清濁分，太和行乎蕩蕩之野、纖妙之中，而萬物
> 生焉。天圓地方，人縱獸橫，草木種根，魚沉鳥翱，物以族別，類
> 以群分，尊卑定矣，而吉凶生焉。由此觀之，天地人物，皆同元始，
> 共一宗祖。六合之內，宇宙之表，連屬一體。(〈卷二·不出戶〉)

> 天地並起，陰陽俱生，四時共本，五行同根，憂喜共戶，禍福同門。
> (〈卷四·大國〉)

就生成序列看來，天地萬物皆由道德生神明，神明生太和的生成進程而來，
縱然天地萬物有圓方、縱橫、種根、沉翔、族別、群類、尊卑、吉凶之分，
但論其元始、宗祖、根本都是相同的，這個天地萬物共同的元始、宗祖、根
本即是「道」。且道生天地萬物之後，又將天地萬物含藏於「大道」之中。於
是天地萬物基於具有共同始源，以及共同生長的場域，而形成一個密不可分
的整體。

其次，「道」也是天地萬物共同遵行的規律，基於這個共同規律的牽合，
天地萬物自然在動態上有同步的律動。《指歸》曰：

> 道之為物，……無為無事，虛無澹泊，恍惚清靜。其為化也，變於
> 不變，動於不動。反以生復，復以生反。有以生無，無以生有。反
> 覆相因，自然是守。(〈卷三·天下有始〉)

天地萬物共同遵行的規律是「道」，而道運行的規律即是「自然」，進一步說，
自然運行的常態是「反覆相因」，由反向復，由復而反，由無而有，由有而無，
反反覆覆，互為其根，莫知終始。

再者，天人具有相同結構，這個相同的結構即是「氣」，《指歸》曰：

> 天地所由，物類所以，道為之元，德為之始，神明為宗，太和為祖。
> 道有深微，德有厚薄，神有清濁，和有高下。清者為天，濁者為地，
> 陽者為男，陰者為女。人物稟假，受有多少，性有粗精，命有長短，
> 情有美惡，意有大小。或為小人，或為君子，變化分離，剖判為數
> 等。故有道人，有德人，有仁人，有義人，有禮人。

> (〈卷一·上德不德〉)

由此觀之，「氣」在屬性上可以清、濁、和、陰、陽，這幾個屬性變化分離或
是和合成為不同的人格或是萬物。〔註13〕縱然天地萬物因為氣的屬性不同，

〔註13〕林俊宏：〈《老子指歸》之政治思想試論〉，《政治科學論叢》(第二十二期
2004.12)，頁96。

而造成性命上的差異，然其共同本質皆離不開「氣」，又因爲氣具備滲透、連續、廣袤的特性，於是透過「氣」，天地萬物產生連動性。

最後，《指歸》中多次運用董仲舒的天人相感說。所謂天人相感是一個宇宙論命題，述說著人與天地萬物在氣化世界觀的結構論下，是一個整體互動、彼此影響的一個整體。〔註 14〕但董仲舒之天人相感畢竟與《指歸》之天人相感不同，董仲舒的道體是天志，而嚴君平則有別於董仲舒以神性天志爲道體，而以「無爲」爲道體。〔註 15〕關於《指歸》中，天人相感的情形，《指歸》曰：

> 人主動於邇，則人物應於遠；人物動於此，則天地應於彼。彼我相
> 應，出入無門，往來無戶。天地之間，虛廓之中，邊遠廣大，物類
> 相應，不失毫氂者，同體故也。(〈卷二·不出戶〉)

此言天與人、人君與百姓即便相隔遙遠，但基於同源於「道」，基於「同體」之故，皆能產生應和牽動。《指歸》還作一個淺顯的比喻，它說這種情形，好比人體的四肢九竅、五臟六腑、頭足眉目、肘膝肝膽，雖然距離遙遠，但因爲同爲父母所生，也共同構成一個身體，所以只要其中一個器官生病，其他的器官也會受到牽連而不安。

又天人也可透過「氣」之介質，相互滲透，相互影響，《指歸》曰：

> 主者，天下之心也，氣感而体應，心動而身隨，聲響相應，形影相
> 隨，不足以爲喻。(〈卷四·以正治國〉)

> 神明道德，清濁太和，天地人物，若末若根。數者相隨，氣化連通，
> 逆順昌衰，同於吉凶。(〈卷五·善爲道者〉)

天人倚靠「氣」的連通感應，相應相隨，相互影響，同順逆，同吉凶，同昌衰，同憂喜，同福禍。〔註 16〕具體的說，天人之間同福禍的方式，即爲〈卷四·以正治國〉所言：「陽氣主德，陰氣主刑。」以給予陽氣的方式施德賜福，令萬物生長；反之，以給予陰氣的方式行刑降禍，令萬物衰亡。

然而最後必須強調的是〈卷二·道生一〉：「天地，物之大者，人次之矣。」此即視天地人爲萬物。因此，擴大來說，《指歸》之天人關係就不只是天人一

〔註14〕 杜保瑞：〈董仲舒宇宙論進路的儒學建構〉，《哲學與文化》（2003.9），頁 19～40。

〔註15〕 杜保瑞：〈嚴君平《老子指歸》哲學體系的方法論檢討〉，《哲學與文化》（廿九卷第十期 2002.10），頁 919。

〔註16〕 《指歸·卷四·大國》：「天地並起，陰陽俱生，四時共本，五行同根，憂喜共戶，禍福同門。」

體，而是將天與人與所有萬物都納入整體的思惟考量。張岱年先生說：「中國傳統思維方式有一個特點，就是整體思維。中醫非常強調整體，把人體看成是一個整體。同時又把人與整個世界看成是一個整體。這可以說是中國古代的系統思想。」〔註17〕

二、形神合一

關於形、神的關係，司馬遷的《史記・太史公自序》即有明確的形神合一觀，曰：「凡人所生者神也，所托者形也。神大用則竭，形大勞則敝，形神離則死。死者不可復生，離者不可復反，故聖人重之。由是觀之，神者生之本也，形者生之具也。」〔註18〕司馬談以爲人身是形神的統一，二者缺一不可，且形神之間會產生互相牽動的影響。《淮南子・原道訓》則更進一步提出「夫形者生之舍也，氣者生之充也，神者生之制也。」〔註19〕認爲形體是人身的物質基礎，氣是生命活動的動力，神是一身的主宰，對人來說，形氣神三者缺一不可，人身是形氣神的有機統一。而《指歸》上承《淮南子》，亦認爲人身是形氣神的統一體，且認爲形氣神各部分，皆非獨立存在，而是相互依存，相互牽連。以下先就人體形氣神的結構論起，再論形氣神之關係。

（一）形氣神結構

1. 形

首先，就形體的部分論起，形，指形體，包括了人體的皮肉、筋骨、脈絡、臟腑及充盈其間的精血，它是人體生命活動的物質外殼。關於形體，《指歸》中揭示了諸種觀點，如嚴遵於〈卷三・出生入死〉即云：「四支九竅，凡此十三，死生之外具也。」認爲形體只是死生之外具，相較精神，形體並不具關鍵的影響地位。因此，《指歸》通書形體的論述也就相對有限，甚至認爲養生達於極致，不妨忘掉形軀之有。

嚴遵又認爲形體的各個部份，看似獨立，各有所司，實則相互影響，彼此牽動，一臟一腑若起病兆，其他部分也無法苟安。關於人身的形體結構，《指歸》云：

〔註17〕張岱年：《文化與哲學》（北京：教育科學出版社 1988 第一版），頁 266。
〔註18〕瀧川龜太郎 注：《史記會注考證》（台北：宏業 1990.10.15 再版），頁 1335。
〔註19〕《淮南子・原道訓》，〔漢〕劉安 撰；〔漢〕高誘 注：《淮南子》（上海：上海古籍 1991.4 初版三刷），頁 15。

> 莊子（嚴莊，即嚴遵自己）曰：一人之身，俱生父母，四肢九竅，（員）
> 其職不同，五臟六腑，各有所受。上下不相知，中外不相觀。頭足
> 爲天地，肘膝爲四海，肝膽爲胡越，眉目爲齊楚。若不同生，異軀
> 殊體，動不相因，靜不相待，九天之上，黃泉之下，未足以喻之。
> 然而頭有疾則足不能行，胸中有病則口不能言，心得則耳目聰明、
> 屈伸調利、百節輕便者，以同形也。……物類相應，不失毫釐者，
> 同體故也。（〈卷二・不出戶〉）

此處提及人體的結構有：四肢九竅、五臟六腑、頭足、肘膝、肝膽、眉目、
耳目、百節等。《指歸》以爲這些形體結構，基於「同形」、「同體」、「同源」
〔註20〕，故能相互影響，彼此相應，一處有了病兆，其他各處也會受其影響，
產生疾病。這固然是漢代流行的「物類相應」、「同體相感」的思維，其實若
就現在醫學觀之，某一形體結構的問題，若是沒有徹底解決，最終往往會引
起多重器官衰竭，其間的道理是相應的。此外，〈卷七・人之飢〉亦言：「……
臟腑相承，血氣流行；表裏相應，上下相任；屈伸便利，視聽聰明：道德之
所以分人也。」此言道德給人的職分在於使臟腑相互承接，血氣流行；表裏
相互照應，上下相互支配；屈伸便利，視聽聰明。人的形體各部通過「相互
承接」、「相互照應」、「相互支配」以及血氣在經絡的聯絡運行，也會相互影
響。

　　就細部功能而言，〈卷三・出生入死〉：「夫生之於形也，……營爽爲宮室，
九竅爲戶門，聰明爲侯使……。」王德有先生以爲「營」與「精」相近，疑
此處「營爽」，當爲「精爽」，指精神，並引《管子・內業》：「定心在中，耳
目聰明，四肢堅固，可以爲精舍。」以「心」爲精舍。〔註21〕至於九竅則爲
人體對外的門戶，聰明應泛指五官，是人體對外聯絡的器官。

2. 氣

　　關於人身的氣體結構，就人之生成而言，由形體上溯之階段爲太和之氣；
再上溯爲神明之氣，即陰陽清濁隱而未顯之氣；再上溯爲渾沌不分初始之一

〔註20〕依《指歸》思想理路，所謂「同源」，包含兩層意思：
　　　　其一，即〈卷二・不出戶〉所言：「一人之身，俱生父母。」即同源於「父母」。
　　　　其二，即〈卷二・不出戶〉：「天地萬物，皆同元始，同一宗祖。」即同源於
　　　　「道」。

〔註21〕王德有譯注：《老子指歸譯注》（北京：商務印書館 2004.12 初版第一刷），頁
　　　　120。

氣。總之，道物之間，無非都是氣。初始之氣、神明之氣、陰陽清濁之氣、太和之氣形成人身之後，亦內在於人身之中，成爲人身存在的根本。以初始之氣來說，「天地之外，毫釐之內，稟氣不同，殊形異類，皆得一之一以生，盡得一之化以成。」(〈卷一·得一〉)「一」，即初始之氣，初始之氣化生人身，之後又內存於人身，並以「稟氣」之不同決定天地萬物之殊形異類。

以神明之氣來說，《指歸》言：

> 人之始生也，……神氣和平。面有榮華，身體潤光，動作和悅，百節堅精。時日生息，旬月聰明。何則？神居之也。及其老也，形槁容枯，舌縮體伸。何則？神去之也。(〈卷七·人之飢〉)

人與生俱來即具備神氣，有此神氣則人的生命現象即得以容光煥發、耳聰目明、筋骨堅強、動作矯健，然隨著時間的推移，人在接觸外物的同時，不斷的消耗神氣，以致神氣漸趨枯槁，生命現象也就榮華不再。《指歸》又常將「神氣」與「陽氣」相提並論，曰：

> 故神明、陽氣，生物之根也；而柔弱，物之藥也。柔弱和順，長生之具而神明、陽氣之所託也。萬物隨陽以和弱也。故堅強實滿，死之形象也；柔弱滑潤，生之區宅也。(〈卷七·人之飢〉)

關於神明之與陽氣相提並論，在於漢人認爲陰陽二氣構成人之形神，其中陽氣成神，陰氣成形，因此陽氣充沛，神明自然旺盛；反之，神明旺盛，那麼陽氣必然也呈顯充沛的狀態。或者從陰陽刑德的角度觀之，陰氣主刑，陽氣主德，因此人身之中陽氣充沛，人則從而得以獲陽氣之長養而生機暢旺；反之，得陰氣則人身會因此而衰亡。其次，由上文可見神明與陽氣不但生成人身，且內在於人身，且決定人身之柔弱或堅強與否，並順《老子·第七十六章》：「堅強者死之徒，柔弱者生之徒。」言得神氣、陽氣者，則身得以柔弱，柔弱則得以長生。

再就人身陰陽清濁之氣而言，《指歸》云：

> 道有深微，德有厚薄，神有清濁，和有高下。清者爲天，濁者爲地，陽者爲男，陰者爲女。人物稟假，受有多少，性有粗精，命有長短，情有美惡，意有大小。或爲小人，或爲君子，變化分離，剖判爲數等。故有道人，有德人，有仁人，有義人，有禮人。
>
> (〈卷一·上德不德〉)

氣之「質」本有陰陽清濁中和之別，氣之「量」又有多少短長之分，於是隨

著氣的「質」、「量」不同的分配，於是形成千千萬萬不同的人。其中，有男有女，有小人、君子、道人、德人、仁人、義人、禮人，有高有下……總之，殊形異類，各有喜好，見聞不同，取捨相異，……皆源於稟氣之不同。若是分析氣之質量與稟氣高下的關係，那麼，以「量」來說，氣以厚者、多者為善；以「質」來說，能居中和者為佳，如《指歸》云：「上仁之君，……神氣和順」（〈卷一‧上德不德〉），「下德之君，性受道之正氣」（〈卷一‧上德不德〉），上仁之君與下德之君，其氣也和順且端正，其餘不入流之眾人，恐怕其氣也雜亂邪曲。

　　又以人身中太和之氣而言，《指歸》認為「和氣」同「神氣」、「陽氣」一樣，皆為生存之根本，曰：

> 夫和之於物也，剛而不折，柔而不卷，在天為繩，在地為繩，在陽為規，在陰為矩。不行不止，不與不取，物以柔弱，氣以堅強，動無不制，靜無不與。故，和者，道德之用，神明之輔，天地之制，群生所處，萬方之要，自然之府，百祥之門，萬福之戶也。
>
> 　　（〈卷七‧天之道〉）

萬物因「和」而得以生，生成之後亦需存有和氣，如此才得以柔弱而長生。而存和氣之道，仍為不使和氣浮動而去，《指歸》以為「和氣易動，若病在人，陽泄神越，……精神去之，音聲內竭，外實有餘，道德離散。」（〈卷四‧知者不言〉）若是和氣浮動，陽氣神氣也隨之而泄，最後道德離散，也就離死不遠了。

　　就生理之氣而言，人身中有「血氣」。關於「血氣」，《指歸》曰：「是以，人始生也，骨弱筋柔，血氣流行。」（〈卷七‧人之飢〉）《指歸》以嬰兒為例，嬰兒身中有血氣，其血氣不但充沛，甚至通暢，是以生機暢旺。

　　又言：

> 夫原我未兆之時，性命所以，精神所由，血氣所始，身體所基，以知實生於虛，有生於無，小無不入，大無不包也。（〈卷二‧不出戶〉）
>
> 萬物之守身也，有分。稟受性命，陶冶群形。開導心意，己得以生。藏府相承，血氣流行。表裏相應，上下相任。屈伸便利，視聽聰明。
>
> 　　（〈卷七‧人之飢〉）

從以上敘述，可以得知血氣源之於空虛的道德神明，血氣稟道德神明之後，於體內的五臟六腑之間，流行不已，不但構成臟腑間聯絡的機制，而成為人

體內外、上下聯絡的機制。於此可見形氣之關連性；此外，《指歸》以為赤子
因為神明居之，是以得以血氣流行，如此又可見氣神之關連性。因此形氣神
三者的重要性，明顯可見，乃神重於氣，氣又重於形，歸結到底，掌握人身
機制的重心仍在神明身上。

3. 神

精神，主要是指人的思想意識、思維、情緒、感知等心理活動，即魂、
神、魄、意、志的綜合反應，這些神志活動雖各有區別，但總的主宰是心。

以精神層面來說，《指歸》通書重視精神層面更甚於形體層面，因此對精
神的闡述也較為詳實。關於精神層面，《指歸》中論及的有稟性、神明、意志、
情欲等，其中除稟性涉及才性論，並與先天稟賦有關，難以移易外。神明、
意志、情欲等皆統之於心，且會隨後天修養情形而有所變化。又意志、情欲
之屬會妨害神明的存去，因此如何修持，去除心中之意志、情欲，並「忘其
心」、「虛心」，以存神明，即成養生的一大要務，也因此「心」所扮演的角色
也顯得十分重要，是以《指歸》言「心為身主，身為國心，天下應之，若性
自然。」（〈卷一‧上士聞道〉）以政體與身體的互喻，顯明心在體中的主導作
用，乃早期思想之共法。《管子‧君臣下》即云：「君之在國都也，若心之在
身體也。」〔註22〕所謂有諸上必化於下，感諸內必形於外。《管子‧心術上》
云：「心之在體，君之位也；九竅之有職，官之分也。……故曰：上離其道，
下失其事。」〔註23〕〈素問‧靈蘭秘典論〉亦云：「心者，君主之官也，神明
出焉。」〔註24〕以下細說之。

（1）稟性

人身為萬物之一，生成之路徑與萬物並無不同，要皆依道德、神明、太
和之順序而來，雖則人之生成順序並無不同，然人生下來之後，卻有千差萬
別之差異，《指歸》以為人與生俱來的千差萬別，是因其稟性各不相同之故，
關於「性」之定義，《指歸》如是說：

> 所稟於道，而成形體，萬芳殊類，人物男女，聖智勇怯，小大脩短，

〔註22〕〔周〕管仲 撰；〔明〕凌汝亨 輯評：《管子輯評》（中國子學名著集成編印委
員會 1977.11），頁 405。

〔註23〕〔周〕管仲 撰；〔明〕凌汝亨 輯評：《管子輯評》（中國子學名著集成編印委
員會 1977.11），頁 453。

〔註24〕〔唐〕王冰 注：《內經素問二十四卷》，〔清〕紀昀：《四庫全書薈要》p39。

　　仁廉貪酷，強弱輕重，聲色狀貌，精粗高下，謂之性。

　　（〈卷三·道生〉）

人皆稟道之宗主而來，然卻千差萬別，以性別而言，有男有女；以德行而言，有聖智勇怯、仁廉貪酷之別；以壽命而言，有小大脩短；以身體而言，有強弱輕重；以外觀而言，有聲色狀貌之不同，這種種的差異，皆謂之「性」。

　　探討人之「稟性」之所以千差萬別，在於生成的各個階段，包含道德、神明、太和等，在質量上各有差異，這些質量分配比例之不同，於是形成形形色色之人，《指歸》云：

　　天地所由，物類所以；道為之元，德為之始，神明為宗，太和為祖。道有深微，德有厚薄，神有清濁，和有高下。清者為天，濁著為地，陽者為男，陰者為女。人物稟假，受有多少，性有精粗，命有長短，情有美惡，意有大小。或為小人，或為君子，變化分離，剖判為數等。故有道人，有德人，有仁人，有義人，有禮人。

　　（〈卷一·上德不德〉）

凡人生成的過程，皆循道德、神明、太和而來，並無分別。然人人所稟受之道德、神明、太和，卻有深微，厚薄，清濁，高下之別，這是質的不同；至於「人物稟假，受有多少」，這是量的不同。進一步說，天地男女因清濁陰陽之不同而有別，這是質之不同所造成的差異。而性命、情意之不同，則是質量的比例分配所造成的差異。由道德、神明、太和質量之不同，已形成男女、性命、情意之種種組合類型，再加以男女、性命、情意的再次排列組合，於是有小人、君子、道人、德人、仁人、義人、禮人、無名、皇、帝、王、伯等。縱言之，其組合變化可謂「千變萬化，不可為計，重累億萬，不可為名。」（〈卷一·上德不德〉）然而，值得注意的是，《指歸》在強調「稟氣」差異的同時，《指歸》也樂觀地承認了回歸自然的可能，這是特就人關於「自然」的承繼而言的，恰恰在於人從道所承繼而來的「性」。〔註25〕

　　此外，嚴遵關於「性」的觀點，嚴遵認為「性」是自然生成的，其形成有其固有的規律，不可移易，可以移易的只是「事理」。〈卷六·民不畏死篇〉即云：

　　夫嬰兒未知而忠信于仇敵，及其壯大，欺殆兄嫂。三軍得意則下亡虐，窮溪之歠不避兕虎。其性非易，事理然也。（〈卷六·民不畏死〉）

────────────

〔註25〕陳廣忠：《中國道家新論》（合肥：黃山 2001.11 初版一刷），頁 545～552。

嬰兒之性本忠信，三軍之性本兇殘，獸之性本畏虎，這些本性都是不可移易的，然而嬰兒長大欺殆兄長，三軍謙下於俘虜，獸不畏虎，這是因為情勢改變，時勢所逼，不得不然。

再者，《指歸》認為人與生俱來之本性，或有差異，只要順其自然，亦可醹然自足。物以同類相聚，各有喜好，這也是事理之必然，不必因為本性之不同，而勉強有為，如此反而適得其反。《指歸》云：

> 道德天地，各有所章，物有高下，氣有短長。各勞其所樂，患其所患，見其所見，聞其所聞，取舍殳繆，畏喜殊方。
>
> （〈卷一・上士聞道〉）
>
> 故規矩不相害，殊性孰相安。賢聖不為匹，愚智不為群。大人樂恬淡，小人欣於戚戚。堂堂之業而不喻於眾庶，棲棲之事不悅於大丈夫。鳥獸並興，各有所趨。（〈卷一・上士聞道〉）

萬物各有所趨，但求任其所趨，順應自然，各得天性即可，此種思想與《莊子・逍遙遊》中北冥之魚與燕雀之各自自足於自我境界之義，有異曲同工之妙。

（2）神明

就萬物生成的過程而言，「神明」是一個重要環節，缺少了這個環節，萬物就無法生成，人身為萬物之一，情況亦復如此。《指歸》於是如此說：

> 天地，物之大者，人次之矣。夫天人之生也，形因於氣，氣因於和，和因於神明，神明因於道德，道德因於自然，萬物以存。
>
> （〈卷二・道生一〉）

由生成之結果，天地萬物向上溯源，天人之生，先源於形，形又源於氣，氣又源之於和氣，和氣又源之於神明，神明又源之於道德，中間任一環節，皆缺一不可。

再者，萬物生成之後，生成的各個環節，也隨著生成運動，而內在於萬物人身，人身務求各個環節的存有貞固，如此生命方得以常存；反之，若令其漏失，生命亦隨之而去。就「神明」的情況而言，亦復如此。《指歸》云：

> 故強者離道，梁者去神，生主以退，安得長存？（〈卷二・道生一〉）

道德與神明，為人身必須保存之物，因為道德與神明皆為「生主」，強梁者違背道德「柔弱」之性，人背離了道德，神明亦隨之離開，生主皆去，人安得長存？又：

存物物存，去物物亡，智力不能接而威德不能運者，謂之二。

（〈卷二‧道生一〉）

「二」即是「神明」，神明存於物則物存，神明去物則物亡。人身為萬物之一，情況亦復如此，神明存身則身存，神明去身則身亡。既知神明之於人身如此重要，因此欲求長生，不得不在此下功夫，曰：

是以，地狹民少，兵寡食鮮，意妙欲微，神明是守。

（〈卷二‧道生一〉）

是以聖人，柄和履正，治之無形。遊於虛廓，以鏡太輕。遺魂忘魄，休精息神。（〈卷二‧大成若缺〉）

故存身之道，莫急乎養神；養神之要，莫甚乎素然。

（〈卷六‧民不畏威〉）

於是在《指歸》中，可以找到無數類似上文所列文句，要皆要人「守神」、「息神」、「養神」，以獲長生。

又若從修煉的角度而言，煉養「神明」，除卻可以保有此身之存有，甚者，當修煉至某種程度之時，更可以運用「神明」飄忽，無所不在，無孔不入，使精神達於逍遙，俯仰天地，來去自如。《指歸》云：

夫有形鐮利不入無理，神明在身，出無間，入無孔，俯仰之頃經千里。（〈卷二‧至柔〉）

身體居一，神明千之，變化不可見，喜欲不可聞，若閉若塞，獨與道存。（〈卷一‧上士聞道〉）

此種利用「神明」之修煉，出無間，入不孔，千變萬化的境界，與《莊子》中所描述之至人、神人一樣，可以達於逍遙，精神上達於無限自由之境。此外，〈卷一‧上士聞道〉又提及：「言於不言，神明相傳，默默不動，天下大通。」神明也具有感通的功能。

（3）魂魄

關於「魂魄」，《淮南子‧主術訓》提及：「天氣為魂，地氣為魄。」〔註26〕〈精神訓〉亦有「其魄不抑，其魂不騰。」〔註27〕高誘注《淮南子》中的「魂魄」為陽神、陰神。〔註28〕學者李慶升用今日語言詮釋「魂魄」為：

〔註26〕〔漢〕高誘 注：《淮南子》（上海：上海古籍 1991.4 初版三刷），頁85。
〔註27〕〔漢〕高誘 注：《淮南子》（上海：上海古籍 1991.4 初版三刷），頁71。
〔註28〕〔漢〕高誘 注：《淮南子》（上海：上海古籍 1991.4 初版三刷），頁71。

魂，精神活動的一部份，乃古人認爲精神中能「離開」形體而存在
的部份，可理解爲當今所説的想像、夢覺、幻想等；魄，古人所指
的精神活動中依附形體而顯現的部份，如本能的感知覺和動作，以
及與形體相關的精神綜合表現，如精力、膽識等。〔註29〕

從上述二種說法觀之，此二說大抵將「魂魄」視爲精神範疇。至於許愼《説
文解字》注「魂」爲：「陽氣也，从鬼云聲。」〔註30〕「魄」：「陰神也，从鬼
白聲。」〔註31〕許愼爲東漢時人，因此許愼對「魂魄」二字的注解，或許可
以歸納出漢人關於魂魄的幾個觀點：其一，漢人以爲魂魄是人身中相對的概
念，魂屬陽，魄屬陰。其二，魂屬氣，魄屬神。若以許愼的觀點，觀之於《指
歸》的魂魄，則無法明顯看出此種趨向，試觀《指歸》之〈卷二·名身孰親〉
之言，曰：

> 一喜一憂，魂魄浮遊；一憂一喜，神明去矣。身死名滅，禍及子孫。

此言喜憂等情緒會影響魂魄以及神明的動盪不安，甚至離開人身，一旦魂魄、
神明離開人身，那麼形體也隨之而滅，甚至禍延子孫。〔註32〕然而值得注意的
是「一喜一憂，魂魄浮游；一憂一喜，神明去矣。」此四句，其中第一句與第
三句只是次序前後顛倒，意思並無改變。於是可以看出《指歸》將「魂魄」與
「神明」放在對等的位置，從這樣的安排看來，魂魄應該是神明，其說應接近
於《淮南子》之說。又〈卷六·用兵〉提及「鬼神孤魂」的概念，曰：

> 惟彼先祖，皆有神明之德通於天地、聖智之勞加於萬民，故剖符丹
> 書，受土賜姓，列爲君王，光顯祖考，業流子孫。是天地之心，萬
> 載之功。而繼體者，不務屈身屬節、摩精鍊神、修行德以奉其先，
> 乃忽小善而易小惡，日以消息，月以陵遲，宗廟崩弛，國爲丘墟，
> 族類離散，長無所依，鬼神孤魂，無所棲息乎。

此以上古之聖君與當今之帝王作比，上古之聖君務修道德，因此神通天地，
光顯祖考，業流祖孫。當今帝王不知務修道德，爲惡而不知行善，以致於國
家破滅，族群流離，而鬼神孤魂。由此觀之，鬼神不知是否有「魄」，但知有

〔註29〕 李慶升 主編：《中醫養生學》（北京：科學出版社 1996.6 第一版第二刷），頁
　　　　 21～22。
〔註30〕 〔清〕段玉裁 注：《說文解字注》（台北：黎明文化 1991.8 增訂八版），頁 439。
〔註31〕 〔清〕段玉裁 注：《說文解字注》（台北：黎明文化 1991.8 增訂八版），頁 439。
〔註32〕 烏恩溥亦言：「魂，陽氣。古人認爲它附於人身則活，離身而去則死。魄，陰
　　　　 神。」烏恩溥：《氣功經典譯注》（長春：吉林文史出版社 1993.1 初版第一刷），
　　　　 頁 103。

「魂」，可知「魂」爲人鬼所共有，而人鬼所共有者只能是「神」，而不是「形」。
而此種將「魂魄」視爲神明的觀點，在《河上公注》中更顯而可見，《河上公
注》以爲五臟之中藏有五臟神，五臟神分別是魂、魄、神、精、志，如此觀
之，《河上公注》是將魂魄都視爲「神」了。相較之下，《指歸》的魂魄觀看
起來是較近似於《河上公注》的魂魄觀，以爲「魂魄」皆屬「神」的範疇。

　　既然魂魄屬於神明，那麼，《指歸》對於神明的觀點，在魂魄中也大致相
同。如認爲知識、思慮、意志，情欲之屬，會導致魂魄的離散，〈卷三‧聖人
無常心〉即云：

> 故知者之居也，耳目視聽，心意思慮，飲食時節，窮適志欲，聰明
> 並作，不釋晝夜，經歷百方，籌策萬事，定安危之始，明去就之路，
> 將以全身體而延大命也。若然，則精神爲之損，血氣爲之敗，魂魄
> 離散，大命傷夭。

智者未求全身而延命，往往逞其私智，用盡心意思慮，運籌帷幄，趨吉避凶；
講究飲食視聽，窮其志向，適其情欲，結果非但不能全身延命，反而使精神、
血氣、魂魄因而耗損離散，並導致大命傷夭。如此可知，知識、思慮、意志，
情欲之屬，對於魂魄的安存於人身，是有妨害的。因此，欲存魂魄，則需將
知識、思慮、意志，情欲之屬去之又去，《指歸》曰：

> 既不思慮，又無障蔽，神氣不作，聰明無識。柔弱虛靜，魂魄無事。
> 樂無樂之樂，安無欲之欲。生不枉神，死不幽志。故能被道含德與
> 天地同則，蜂蠆虫蛇無心施其毒螫，攫鳥猛犬無意加其攫搏。骨弱
> 筋柔，握持堅固。不睹牝牡，陰陽以化。精神充實，人物並歸。啼
> 號不嗄，可謂志和。（〈卷四‧含德之厚〉）

《指歸》以嬰兒爲例，以爲嬰兒因知識、思慮、意志，情欲不作，因此魂魄
不受干擾而無事，神明也得以保全，形體得以健全，於是道德同於天地，有
害之物亦無意加害。《指歸》在〈卷七‧小國寡民〉也主張人應過著純樸簡單
的生活，如此則得以「精神不耗，魂魄不毀，性命全完。」

　　（4）意志

　　「意」，是思維過程的起始階段，指意念、印象等。〔註33〕。關於「意」
的定義，《指歸》云：

〔註33〕李慶升　主編：《中醫養生學》（北京：科學出版社 1996.6 第一版第二刷），頁
　　　21～22。

因命而動，生思慮，定計謀，決安危，通萬事，明是非，別同異，

謂之意。（〈卷三・道生〉）

人人所秉持之「性命」不同，在接觸外物的同時，於是產生思慮，因思慮而有計謀，而有是非同異之價值判斷與分別之意。當然盛德之人與眾人性命不同，其接觸外物之同時，其「意」亦有不同，大抵而言，盛德之人，其性命高超，於是在接觸外物之時，無所動其心，亦無所動其意；反之，俗人性命低淺，於接觸外物之時，心多思慮與紛擾，隨著心之所動，意念亦隨之而動，於是神明道德隨之淪喪。因此為求長生，必須「損心去意」、「塞其心意」、「塞民心意」、「鍵之以心」、「去心與意」。

「志」，是精神思維的一種形式──記憶。〔註34〕關於「志」的定義，《指歸》云：

因於情意，動而之外，與物連，常有所悅，招麾福禍，功名所遂，

謂之志。（〈卷三・道生〉）

所謂「志」是情意進一步的發展，當人接觸外物之時，隨物引發喜怒哀樂之情，且隨著事情的發展，在內心產生思慮、是非、同異、安危等價值判斷，甚著隨著情意這些內在精神變化，與日俱增，意識漸趨清楚，於是漸漸的影響外在行為，而發為行動，而有所為，謂之「志」。依《指歸》，凡是「有為」，必落入「為者必敗」的發展趨勢之中，因此「志」之有為，固不可取，但追本溯源，仍需向「志」之源頭──「情意」等下功夫，如此方能正本清源、對症下藥。然而必須強調的是，《指歸》中儘管反對人為意志的作用，但若是意志的趨向在於「道德」，《指歸》也認為並無不妥，如〈卷二・至柔〉：「道德至靈……聖人以意存之物也。」

（5）情欲

關於「情」，指喜怒哀樂驚恐等種種情緒，《指歸》闡釋云：

因性而動，接物感寤，愛惡好憎，驚恐喜怒，悲樂憂悲，進退取與，

謂之情。（〈卷三・道生〉）

人因其本性之不同，猝然接於外物，因而產生喜怒哀樂驚恐取捨種種情緒，謂之「情」。依此分析，每個人稟性之厚薄深微不同，亦會影響其情緒發動之情形。大抵稟性深厚，道德高超之人，其情緒之發動也甚微；反之，則容易

〔註34〕李慶升 主編：《中醫養生學》（北京：科學出版社 1996.6 第一版第二刷），頁21～22。

產生許多不必要之情緒。《指歸》即以盛德之人與眾人對舉，從中約可略見此一情形，《指歸》云：

> 盛德之人，敦敦悾悾，若似不足，無形無容。簡情易性，化爲童蒙，無爲無事，若癡若聾。身體居一，神明千之，變化不可見，喜欲不可聞，若閉若塞，獨與道存。（〈卷一‧上士聞道〉）
>
> （眾人）神明潰濁，眾事並興。思慮迷惑，妄喜妄怒。
>
> （〈卷三‧道生〉）

盛德之人譬若赤子，無所用心，無有情緒之困擾，因此神明清靜，可以同神明一樣千變萬化，可以同道徜徉。反之，眾人其思慮也繁雜，其情緒也不定，導致神明漏失，情節輕者則傷身，情節重者則不免於死亡。如此可見，情緒於人之危害，不可不愼。

關於「欲」，《呂氏春秋‧仲春紀‧貴生》言有「六欲」－生欲、死欲、耳之聲欲、目之色欲、口之味欲、鼻之嗅欲。《指歸》則云：

> 順性命，適情意，牽於殊類，繫於萬事，結而難解，謂之欲。
>
> （〈卷三‧道生〉）

欲望之多寡與人的稟性密切相關，凡人之稟性中和淡泊者，其欲望寡少；稟性雜駁失和者，欲望則多。論到欲望之起，仍脫離不了情意的作用，當人心對某事產生喜怒哀樂的情緒，是非對錯的價值判斷，進一步在內心對這樣的情緒反應以及價值判斷產生「執著」，此即「結而難解」，意指一再固執而無法改變，在情緒上，可能陷溺於某種情感無法自拔，在價值上，可能陷於某種意念，而剛愎自用，凡是情緒上或是意念上的執著不放即是「欲」。

以上論人之精神活動，有稟性、神明、魂魄、意志、情欲等，其中稟性、神明、魂魄是人與生俱來，且爲存在必要條件，雖則稟性與身俱來，人皆不同，但皆無法移易，只得順其天性，鳶飛魚躍，各得其所。至於神明與魂魄則是人人必須極力保有，且使之固存者。談到意志與情欲，皆後天接觸外物時，所產生內心的動搖，或者外在的有爲，此二者非但會妨害生命之具「稟性」、「神明」與「魂魄」，〈卷三‧爲學日益〉即云：「情意多欲，神與物連。」甚至會妨害形體的健全，因此如何「去情欲」、「去意志」以保有天性，以存有神明，保全魂魄，即成養生一大核心。

（二）形氣神關係

關於形氣神的關係，可分作形神的關係，形氣的關係，以及氣神的關係

等細論之。以形神關係而論，形神之間的關係，恰如魏晉時著名養生家嵇康所言：「形恃神以立，神須形以存。」〔註35〕（《養生論》）也就是說，形是基礎，神是主導；無神則形不可，無形則神無所生，形體與精神之間存在著一種相互制約、互爲依存的密切關係：一方面，形的存滅決定了神的存滅，神只能即形而存，絕不能離形而生，神的生機旺盛只能建立在形體健康的基礎之上，用《黃帝內經》的話來說，就叫做「形體不敝，精神不散」〔註36〕（〈素問·上古天眞論〉）；另一方面，欲康健形體必須重視養神，否則「精神內傷，身必敗亡。」〔註37〕（〈素問·疏五過論〉）可見養形與養神，二者必須兼顧，不能偏廢。〔註38〕至於《指歸》，其〈卷一·上士聞道〉即言：「心爲身主，身爲國心，天下應之，若性自然。」心神爲一身之主宰，心主導身，神主導形。此外，〈卷二·不出戶〉又言：「四支九竅，趨務舛馳，異能殊形，皆元一心。」可見「心」統合所有的形體結構，使形體發揮功能作用。又〈卷三·聖人無常心〉言：

> 我之所以爲我者，豈我也哉？我猶爲身者非身。身之所以爲身者，
>
> 以我存也；而我之所以爲我者，以有神也。

此言人身之中並有形神，而個體存有之根柢不在形，而在於神。而綜上所論，人身並有形神，而神重於形，神具有主宰形的功能作用。但進一步說，神要發揮怎樣的主導作用，才可使行發揮最大效用，而保持形神的健全呢？〈卷三·聖人無常心〉中有一段耐人尋味的話，曰：

> 及其寐也，心意不用，聰明閉塞，不思不慮，不飲不食，精神和順，
>
> 血氣生息，心得所安，身無百疾。遭離凶害，大瘡以瘳，斷骨以續，
>
> 百節九竅，皆得所欲。

大抵人於白日活動之時，心意思慮聰明等極度發用，用之過度，以致神明耗用，進而引響血氣的衰微，又進而影響百節九竅、四肢骨骸的疾病。待人入寐之時，心意思慮聰明不用，神明得以修復，則連帶使得血氣充盈，形體之疾病以瘳。因此，從這段話可以歸結出兩個重點：其一形氣神的關係，在於

〔註35〕〔晉〕嵇康：《嵇中散集》（台北：台灣商務 1972.3 台一版），頁 23。

〔註36〕〔唐〕王冰 注：《內經素問二十四卷》，〔清〕紀昀：《四庫全書薈要》，頁 34。

〔註37〕〔唐〕王冰 注：《內經素問二十四卷》，〔清〕紀昀：《四庫全書薈要》，頁 326。

〔註38〕劉松來：《養生與中國文化》（江西：江西高校出版社 1994.6 第一版第一刷），頁 44。

神影響氣，氣影響形。因此形、氣、神三者息息相關，牽一髮而動全身，一體動則三者皆動。其次，神固然可以對形起主導的作用，但《指歸》在此處仍延續其一貫「無爲」的思維，以無爲則無不爲，神不起主導形，乃能發揮最大效用。

至於形氣的關係，上文提及嬰兒血氣充沛且通暢，因此形體應之以柔弱，故形體強健。或者當人神氣、陽氣充沛時，形體則應之以柔弱，故形體強健。再者，論神氣之關係，《指歸》中陽氣與神常常並論，以爲陽氣充裕，神明自然旺盛。反之，情形亦然。《指歸》中又以爲氣之質量皆佳者，其人稟具之本性亦較爲佳。是以，綜上所論，形氣神關係密切，息息相關。

三、死生一如

縱然嚴遵延續了道家「重身」的傳統，以生爲貴，但嚴遵一方面亦發揮莊子思想，對生命採取超然、無爲的態度，即不執著於生或死，自然而然。深究起來，嚴遵之所以視死生一如的原因約在於攝生之士，深闇大道「反覆相因」的運行規律，因此也不執著於攝生，而奉持自然之道。以自然之道而言：

> 是以，自然之道，常與物反。無身者生，有身者死；趨利者逢患，求福者得禍：不召自來，不迎而遇。聽造化者，煞（殺）之不憂，生之不喜，然後與道爲人，與天地友，長生久視。（〈卷七‧人之飢〉）

自然之道，常與物反，因此求福者反得禍，求禍者反得福，無爲於身者，反而得以生存；有爲於身者，反而自取滅亡。由此觀之，若欲依順大道運行的規律，就應該無爲於身，順應自然，面對生死之時，無不必有憂喜的情緒反應，一切任隨造化，即可與天地大道常在，而長生久視。攝生之士因深知此道，是以對生死的態度是：

> 生而不喜，死而不憂。閔閔挽挽，性命有餘。莫有求之，萬福自來。（〈卷二‧至柔〉）

> 夫立則遺其身，坐則忘其心。澹如赤子，泊如無形。不視不聽，不爲不言，變化消息，動靜無常。與道俯仰，與德浮沉，與神合體，與和屈伸。不賤爲物，不貴爲人，與王侯異利，與萬性殊患。死生爲一，故不別存亡。此治身之無爲也。（〈卷三‧出生入死〉）

> 是故，攝生之士，超然大度，卓爾遠逝。不拘于俗，不系於世。損
> 形於無境，浮神於無內。不以生爲利，不以死爲害。賊害之心亡於
> 中，而死傷之形亦亡於外也。（〈卷三‧出生入死〉）

嚴遵在此申述了兩個觀點：一是齊生死。視生死爲一，不別存亡，不以物爲
賤，不以人爲貴，不以生爲利、爲喜，不以死爲害、爲憂，做到殺之不憂，
生之不喜。這樣才能與道爲人，與天地友，從而長生久視。二是自然無爲。
不違背自然之道而千方百計地追求長生，要能夠遺其身，忘其心，完全與道
德、神明、和氣融合爲一，順應自然。「無以生爲，可以長久」（〈卷七‧人之
飢〉）。此即老子所謂「夫惟無以生爲貴者，是賢於貴生也」〔註39〕；亦即莊
子所謂「常因自然而不益生也」〔註40〕（〈德充符〉）。如此，才符合生命的本
性。嚴遵最理想的生命狀態，就是初生嬰兒，即「赤子」。因爲「赤子」不別
生死，無識無爲，生命力旺盛。他說：

> 夫赤子之爲物也，知而未發，通而未達，能而未動，巧而居拙。生
> 而若死，新而若弊，爲於不爲，與道周密。生不生之生，身無身之
> 身，用無用之用，聞無聞之聞。無爲無事，無意無心，不求道德，
> 不積精神。既不思慮，又無障截，神氣不作，聰明無識。柔弱虛靜，
> 魂魄無事。樂無樂之樂，安無欲之欲。生不枉神，死不幽志。故能
> 被道含德，與天地同則。……可謂志和。（〈卷四‧含德之厚〉）

這樣的生命狀態最能體現無爲之道。但赤子成人後，即脫離了這樣的生命狀
態，如何體現道呢？嚴遵認爲「道士」可「與赤子也同功」。因爲：

> 得道之士，外亡中存，學以變情，爲以治己。實而若虛，渾渾冥冥，
> 若無所以。容疏言訥，貌樸而鄙。情達虛無，性通無有，寂泊無爲，
> 若無所止。（〈卷五‧天下謂我〉）

> 鼓腹而樂，俯仰而娛；食草而美，飲水而甘。喬木之下，精神得全；
> 岩穴之中，心意常歡。貧樂其業，賤忘其卑，窮而恬死，困而忘危。
> 功與地配，德與天齊，反愚歸樸，比于嬰兒。（〈卷四‧含德之厚〉）

攝生之士經由修煉中能得「道」，待攝生之士修煉得道之後，成爲玄德之人，
雖仍視死生一如，但卻不像攝生之士一樣具有某些目的性，玄德之人只是自

〔註39〕《老子‧第十三章》，高亨：《老子正詁》（台北：新文豐1981），頁30。
〔註40〕〔清〕郭慶藩編：王孝魚 整理：《莊子集釋》（台北：萬卷樓1993.3 初版二刷），
頁221。

然而然合於大道，早已將生死置之度外，對於生死不將不迎，安時順處，隨遇而安，渾渾冥冥。易言之，視死生為一如，在攝生之士來說是方法論，但在玄德之人來說，則是境界論。

第二節　《河上公注》之生命觀

　　《河上公注》以為萬物皆是道運而氣化的結果，是以萬物無一不是由氣所組成，人身之形成與萬物並無不同。具言之，其順序在於，由道生「一氣」，此「一氣」即「太和之精氣。」一氣向下又「一分為二」，形成陰陽二氣，陰陽二氣中，陰氣下沉成地，陽氣上騰成天，如此形成天地之上下形位，之後天地陰陽之氣復上下升降，兩氣交感以生四時、五行以及人。從生成的順序看來，道氣之下貫成為人身之後，每一步驟的化生，乃是層層累加的因素，每一個階段的生成，最後都及於人身，而成為人身之結構。再者，這些氣化因素在形成人身之結構後，仍不斷地在人體之內變化著，成為影響人身的因素。又就生成的系鏈觀之，道、神明、精氣、元氣、和氣、陰陽二氣……這些因素，都是息息相關，緊密聯繫的，因此這些因素在人身之內也同樣具有相互影響的力量，因此倘若有單一因素減損，會牽一髮而動全身，造成其他因素的牽連減損，久之，當各個要素皆全然消逝，最後可能造成生命現象的消亡。因此討論生成歷程與途徑，實有助理解生命的要素，這即是身體結構的問題，進一步從身體的生成，去探究其生死之原因，並針對原因對症下藥，這是養生論的問題，總言之，對身體生成的闡述，實有助於養生論的開展。

　　不過，人雖然同為萬物之一，但與一般萬物仍有區別，人是萬物之靈，是萬物之中最貴者，原因在於人能贊天地之化育，這是其他萬物所做不到的。再者，人身基於「氣化」的前提之下，構成各個複雜的身體結構，人身之結構大別為形、氣、神三個部分，而形、神二者雖然與氣異名，然而一為「氣」物質化，一則為「氣」的精神化，或者說一是氣的實體化，一是氣的空虛化，因此仍是氣化的結果。至於同為人而有賢、不肖，昏庸聰敏之別，其根本之差異仍在於「氣化」差異，細言之，氣化過程中會造成的先天的、或後天的差異。此先天的差異或後天的差異，其差別在於氣的「量」與氣的「質」上，眾生在先天的氣「量」與氣「質」上有種種不同的組合排列結果，是以同為人也會有千差萬別的結果。再者，人稟受不同的氣「質」與氣「量」之後，

這些氣之質量在生命的歷程中又會有怎樣的變化，這些變化又會為人身帶來
怎樣的影響，這些都是以下所要討論的重點。

一、人身結構

　　人身猶如一個複雜的機器，在這個機器中有若干複雜的結構，而這些結
構皆由「氣」組成，且這些結構間基於同為「氣」的基礎上，可以相互感通。
甚至，人身之外的天地萬物，也因為同為氣所組成，因此得以與人身互相感
通。這樣的生命觀，是把身體各部當作一體系來看待，甚至把身體之外的世
界納入整體的考量之中，這樣的生命觀，也影響了養生的觀點是講求人身之
間的相互協調，甚至要求人身也必須與外在的世界相應和，從中充分達到效
益與協調。

　　關於人的身體，從〈成象·第六〉可以看出人體實為一極為複雜的組織
結構，曰：

> 天食人以五氣，從鼻入藏於心。五氣清微，為精神聰明，音聲五性。
> 其鬼曰魂，魂者雄也，主出入人鼻，與天通，故鼻為玄也。地食人
> 以五味，從口入藏於胃。五味濁辱，為形骸骨肉，血脈六情。其鬼
> 曰魄，魄者雌也，主出入人口，與地通，故口為牝也。
>
> （〈成象·第六〉）

《河上公注》此段是以對照寫法來論述，其所謂天地、鼻口、魂魄、玄牝、
性情、精神與形骸、雄雌、氣味、心胃、清濁，皆是相對的概念。在這樣對
照之中，可以闡釋出一些意涵，一則人體生成的源頭是天地，天地生成人之
後，乃復長養之。其二，人體猶如一個極其複雜的機器，其中有多重的組成
分子，有鼻口、性情、精神、形骸、心胃、魂魄，這些複雜的構造適足以成
為一個人，反之，若缺一則恐怕不得為人。其三，在對照之中，《河上公注》
寄寓其價值判斷，即以「天貴地賤，鼻貴口賤，心貴胃賤，精神貴，形骸賤，
魂貴魄賤，性貴情賤」〔註41〕。其四，縱然在相對之中，《河上公注》隱約
有其價值判斷，然而，所有相對的事物都必須同時並存才可成人，也就是說，
《河上公注》在凸顯其價值判斷之時，並沒有否認相反的一方存在的價值。
這樣的生命觀實際上正是其相對哲學觀的延伸，也就是主張以一方去彰顯另

〔註41〕陳麗桂：〈《老子河上公章句》所顯現的黃老養生之理〉，收錄於《中國學術年
　　　　刊》（第二十一期 2000.3），頁 204。

一方，以一方去存有另一方，如以弱存有強，以「無」存有「有」，以低存有高，以虛存有實。其五，《河上公注》所謂的魂魄、精神與形骸、心胃、聰明血脈，就其性質而言，不妨可視作即是身心或形神的不同說法，魂、精神、心、聰明，是抽象的心靈層面；體魄、形骸、五臟、血脈是具體的身體的層次。其六，從《河上公注》此段話看來，似乎在說精神由氣涵養，形骸由味涵養，的確人的形骸必須透過攝取食物才得以提供生理，人的精神卻必須透過修養才得以昇華。然而，若就生成的結構來說，則無論是身心、形神都由氣組成。因此，身心之間所流動的氣會相互影響，甚至，人體之氣與外在的氣也會相會影響感通。以下將身體結構大致整合而試分作形、氣、神三個部分來討論，當然此三者之中以「氣」最爲基本，因爲氣是聯絡形上、形下的關鍵，細言之，氣上可通「神」，下可成「形」，是故以下先就「氣」此一議題探討起。

（一）氣

　　《河上公注》所謂的生成過程，並不是由「道」之始源，「等量」的不斷的變化成下一個物質，最後原始的「道」蕩然無存，全部化作萬物。而是生成過程中的所有要素會透過生成的歷程，層層下貫至人身之中，最後並存於人身之中。如以人身之「道」而言，《河上公注》曰：「人能保身中之道。……則可以長久。」（〈守道・第五十九〉）可知「道」在透過一連串的生成過程以成萬物之後，道仍內存於人身之中，故「道」一方面是一個高懸的超越的、外在的本根，一方面又是內在於人身之中之實體，成爲人得以存在的依據，曰：「修道者昌，背道者亡。」（〈修觀・第五十四〉）因此，「道」即既外在而又內存。

　　其次，就人身之氣來論述，人身之氣皆由「一」不斷的運化而來，且因不同的階段，各有不同的「氣」，逐漸匯聚在人身之中，以下依其次第分作「一氣」、「陰陽之氣」與「天地之氣」觀之，首先論人身中之「一氣」。

　　1.「一」氣

　　依據〈能爲・第十〉言：「一者，道始所生，太和之精氣也，故曰一。」如此看來，「一」是「道始所生」，同時也是「氣始」，氣始之型態由「太和之精氣」觀之凡有三：其一爲精氣，最精純之氣；其二爲「和氣」，爲最協調之氣；其三，由於「一」爲「始氣」，故謂之「元氣」，「元」，開始之意。從〈道

化・第四十二〉可知「元氣」即「一」，經過分化成陰陽二氣，又形成天地之氣後，「元氣」並沒有被陰陽二氣與天地之氣所取代；相反地，透過這樣的生成順序之後，「一」之元氣也隨著這樣的生成順序被傳遞下來，而體現在人的身上，故云：「萬物中皆有元氣。」相同的情況，「精氣」亦復如此，從「專守精氣使不亂」、「治身者呼吸精氣，無令耳聞」（〈能爲・第十〉），可知人身之中，確有「精氣」的存在。再從和氣觀之，曰：「人生含和氣，抱精神，故柔弱也。人死和氣竭，精神亡，故堅強也。」（〈戒強・第七十六〉）可見人身之中也確有「和氣」之存在。以上確認「一氣」在下啓陰陽、天地之生成過程中，最後皆體現在人身上。

其次，筆者發現「一氣」與「道」同樣既內在萬物、人身之中，復外在於萬物、人身之中，試觀「言鼻口之門是乃通天地之元氣所從往來。」（〈成象・第六〉）又說：「萬物中皆有元氣。」證明「元氣」之既內在人身，又外在人身的特性，再者，從鼻口能通天地之元氣，可知這些既內在復外在的氣可以透過某些管道、孔竅，互相流通、出入進出，這也奠定了人得以透過內外之氣的進出，以養攝眞氣的基礎。同樣的狀況，一如〈能爲・第十〉言：「治身者，呼吸精氣，無令耳聞。」又：「天門謂鼻孔，開謂喘息，闔謂呼吸也。」可知「精氣」一樣既內存於人身，又外在於人身，且內外之精氣可以透過「鼻」這個孔竅，進出精氣，以求長生。至於「和氣」，則一方面說：「天地之間空虛，和氣流行。」（〈虛用・第五〉）一方面又說：「人生含和氣。」（〈戒強・第七十六〉）因此和氣同樣既內存又外在。

再者，元氣、精氣、和氣三者基於同爲「一」，三個概念可以相互融通。學者陳麗桂即以《淮南子》的研究爲例，以爲《淮南子》中的元氣、精氣、血氣，名稱雖異，但大抵相同。他說：

> 大抵，就其爲一種無形不可見，卻又明明是存在，且具有隨處流衍、充滿，能夠交合、孕生的物質能而言，泛稱爲「氣」。在談到宇宙的創生時，要特別強調這種物質能是肇生宇宙萬物的根源，則在「氣」上加個「元」字，稱「元氣」。而當講到萬物的創生與人生命的修養時，爲要凸顯人的生命品質優於其他物類，便把這個「元氣」的品質分爲「精」、「煩」兩類，然後說人的生命就是那高品質「精氣」的孕生，一切形、神官能都是這種高品質「精氣」的賦予。而當它要進一步解釋形、神方面活動時，爲了表示這種物質性能源可以在

　　　　體內隨處聚集、流衍，即其要構成吾人筋骨血肉，乃至生命活動的
　　　　積素兩項質性，因稱之為「血氣」。〔註42〕

其實在《河上公注》中，情況也是一樣。舉凡「元氣」，雖表明其在時間上為
始氣之性質，然《河上公注》云：「萬物中皆有元氣，得以和柔。」(〈道化・
第四十二〉) 對照到〈戒強・第七十六〉：「人生含和氣，……故柔弱也。」可
知元氣就時間上來說，雖是始氣，然其可以使萬物柔弱、和柔的功能，卻與
「和氣」並無二致，是知「元氣」與「和氣」可以相通而不悖；又「專守精
氣使不亂，則形體應之而柔順。」(〈能為・第十〉) 專守精氣使不紊亂，其形
體也會因之而柔和、柔順，又再次對照到：「人生含和氣，抱精神，故柔弱也。」
(〈戒強・第七十六〉) 可知形體之柔弱，其前提必先具備「和氣」，而專守精
氣，效果亦同，如此可知，精氣與和氣之間，基於同為「一」，並無不同。此
三氣之其中一氣，只要質變，或者消失，都會牽動其他二者的質變與消失，
如此生存也會就此受到影響，曰：

　　　　和氣去於中，故形體日以剛強也。萬物壯極則枯老也，老不得道，
　　　　不得道者早已死也。(〈玄符・第五十五〉)

萬物中皆有和氣，和氣存則形體柔弱而生，和氣去則形體剛強則死，可見和
氣之存去影響生命的存在與否。〈論德・第三十八〉更明確提道：「上德……
言其德合於天地，和氣流行，民得以全也。」在上位者，無所妄為，順乎自
然，則和氣自能遍佈天地之間，如此非但王者得以自存，天下蒼生亦得以自
存，如此可知「和氣」確為人身保全之道。至於「精氣」亦復如此，曰：

　　　　當深藏其氣，固守其精，使無漏泄。深根固蒂者，乃長生久視之道。
　　　　(〈守道・第五十九〉)

如此看來，「精氣」是一種生命的能量，一旦消耗殆盡，生命將就此結束，因
此對於「精氣」的態度除了一方面含攝外氣以自養，還要「深藏不露」，如此
生命才能細水長流，綿延久遠。當代醫書〈素問・五藏別論〉亦言：「所謂五
藏者，藏精氣而不寫也。」〔註43〕又從「專守精氣使不亂，則形體應之而柔
順。」(〈能為・第十〉) 觀之，則精氣專守使不亂，又使其氣和，如此則形體
應之以柔順而長生。復以元氣的情況觀之，曰：「萬物中皆有元氣，得以和柔。」

〔註42〕陳麗桂：《秦漢時期的黃老思想》(台北：文津 1997.2 初版一刷)，頁 82。
〔註43〕〔唐〕王冰　注：《內經素問二十四卷》，收錄於〔清〕紀昀：《四庫全書薈要》，
　　　　頁 49。

有元氣斯得以和柔，和柔者長存。是以，「元氣」之有無仍關乎生命之存廢。因此，總結說來，「一氣」之存廢所關乎者大，實關乎生命之存廢。

　　2.「二」氣

　　人身中之「二氣」實包含陰陽二氣與天地二氣。關於陰陽二氣，《老子·第四十二章》說：「萬物皆負陰抱陽，沖氣以為和。」意指萬物皆陰陽二氣「沖氣」所生。是以萬物之中，並有陰氣與陽氣。《河上公注》亦曰：「天不呼召，萬物皆負陰而向陽。」（〈任為·第七十三〉）萬物負陰氣而向陽氣，此乃萬物自然之性。〈道化·第四十二〉更明確說到：「陰陽生和、清、濁三氣，分為天、地、人也。」意指人在負陰氣、抱陽氣的同時，在陰氣、陽氣的揉合變化中，化合為人，是以「人身」之中必存有陰氣與陽氣。進一步說，陰氣、陽氣和合為人，其陰陽調配之協調與否，影響到諸多層面，舉凡材性之優劣，陰陽調平者為優；陰陽調配不平者為劣。又如身體之健康與否，陰陽調平者健康，故長壽；陰陽不調平者，身體孱弱，故早夭。換個角度來看，如果說「一」此一「和氣」是先天的，渾然天成的和氣，那麼，陰陽所化合的氣，乃是經過一番分裂後，再度的排列組合，此排列組合就位階上必然不如「一」之渾然天成。但人卻可以透過後天的修為、修養，而使陰陽調平，而上追「一」之境界。

　　至於天地是生成中最後之一階段，在天地形成之前，舉凡精氣、和氣、元氣以及陰陽二氣已然具全，且隨著生成運動的不斷遞嬗，精氣、元氣、和氣以及陰陽二氣已具全於天地，細言之，天地中具備精氣，可由〈辯德·第三十三〉之「不失其所受天之精氣」，可知天中具備精氣。天地中具備元氣，從〈成象·第六〉之「鼻口之門是乃通天地之元氣所從往來」，可知天地之中具備元氣。天地中具備和氣，可從「天地之間，和氣流行」（〈虛用·第五〉），可知天地之間，具備和氣。總而論之，天地之間之具備精氣、元氣、和氣，此三氣乃由「一」遞嬗而來。至於天地之間具備陰陽二氣，則從〈法本·第三十九〉可知，曰：

> 言天當有陰陽弛張，晝夜更用，不可但欲清明無已時，將恐分裂不
> 為天。言地當有高下剛柔，節氣五行，不可但欲安靜無已時，將恐
> 發洩不為地。（〈法本·第三十九〉）

在此段話之中揭示出兩兩相對趨向的概念，蓋有陰有陽，有高有下，有剛有柔，有動有靜，有弛有張，有晝有夜，原則上天以陽氣為主，陽德為剛健，

天為動態，天為張，天是晝，天之形位在上；相反地，地以陰氣為主，陰德為陰柔，地為靜態，地為弛，地是夜，地之形位在下。原則上，天地有其判然若分的特質。實際上，《河上公注》以為天地雖有其主體特性，但所謂天的特性，並不是一種絕對的特性，而是在相對中所凸顯出來的天的特性，如此說來，天的特性固然是相對中的屬於陽的，剛的，動的，張的，晝的，上的一方，但仍須有陰的，柔的，靜的，弛的，夜的，下的一方，如此一方面能在相對中突顯天之正位，一方面可以透過反向的一方，去確保、穩固天的正位，故曰：「天當有陰陽弛張。」相反地，地也有地之所以為地的主體特性，但是此相對的特性，也必須由反向的一方去凸顯，去確保，去穩固。此也正是《老子・第二章》所謂：「有無相生，難易相成，長短相形，高下相傾，音聲相和，前後相隨」〔註44〕的辨證，意指相對事物之相輔相成，總言之，無論從天之陰陽偏陽，抑或地之陰陽偏陰，要皆天地之間蓋有陰陽二氣顯然可知。如此觀之，所有生成過程中之要素，諸如元氣、精氣、和氣、陰陽二氣已於天地的階段作一匯歸，最後再由天地將此生成要素遞嬗移轉，而使這些生成要素最後皆成人身氣化的一部份。具言之，試從一些注句，可知天地的確是扮演著最後最重要的仲介角色，如：

　　人能自節養，不失其所受天之精氣，則可以（長）久。

　　（〈辯德・第三十三〉）

　　天地之間空虛，和氣流行，故萬物自生。（〈虛用・第五〉）

　　言鼻口之門是乃通天地之元氣所從往來。（〈成象・第六〉）

由此三段文字觀之，無論是「精氣」、「元氣」或「和氣」無非都是依靠「天」，或「天地」而成為人的一部份。如果沒有天地，精氣、元氣、和氣無法獲得圓滿的移轉。

　　至於精氣、和氣與元氣，其於天地間的形位又是如何？《河上公注》以為精氣乃出於天，此說法道是可以呼應先秦黃老家著作《管子》之說，其以為萬物者分作精、形二個部分，此兩個部分乃源之於天地，曰：「天出其精，地出其形。」蓋精氣由天出，《河上公注》中則有兩處可以印證此說法，其一曰：

　　天人相通，精氣相貫。（〈鑒遠・第四十七〉）

〔註44〕高亨編注：《老子正詁》（台北：新文豐 1981），頁5～6。

天人之間可以相通，其媒介所以靠的是天人之間的精氣，天有其精氣，人也有其精氣，透過精氣的相感，天人亦可以相感。如此可知，精氣存於天。《河上公注》中另有一處可以印證此說，〈成象‧第六〉曰：「天食人以五氣，……為精神聰明，音聲五性，……。地食人以五味，……，為形骸骨肉，……。」從此看來，《河上公注》的確是把人的身體結構分作兩個部分，一者為形，一者為神。《河上公注》認為形的部分是由「地」之「味」所構成，而神的部分是由「天」之「氣」構成，這樣的說法的確與《管子》的「天出其精，地出其形」〔註45〕有相當程度的呼應，既然氣出自於天，因此說，精氣出於天，應當是一個合理的說法。至於和氣與元氣，其形位將它定位為天地之間的氣，天地之間的氣合為和氣與元氣，分為陰氣與陽氣。

　　總上文之論述，可得出二個推論，其一，生成的進路雖是一步步的推移，然而隨著生成步驟的推展，位於生成的前步驟並不會因為生成的推展而消失，相反地，隨著生成的推展，生成的前要素一方面仍外存於萬物之外，保持一定程度的獨立自主性，一方面又隨著生成的推移，不斷地往下傳遞、傳承。最後造成萬物的形成，抑或人的形成，即所有前要素的輻輳。具言之，《河上公注》生成的進路為：道生一（元氣、和氣、精氣），一生陰陽，陰陽生天地，天地生五行，五行生萬物。依據上文的論述，所謂人，實質上皆為道、神明、一（元氣、和氣、精氣）、陰陽、天地、五行的輻輳。其次，若就氣的觀點來看，人身之形成，「氣」實佔極大的位置，歸結起來人身之中的氣有精氣、和氣、元氣與陰陽之氣與天地之氣。其中精氣、和氣、元氣是攸關生存的重要之氣，《河上公注》中屢言精氣、和氣、元氣一方面宜固守，一方面宜存養，要之不可使精氣、和氣、元氣，使用耗竭，且認為精氣、和氣、元氣一旦耗竭，生命就此終結。其次，於陰陽之氣上，《河上公注》強調陰陽之間的調平，認為陰陽調平乃合乎於道，生命現象也會就此穩定。反之，陰陽不調，勢必會造成災殃。且《河上公注》認為「氣」是天地之間最重要的媒介，氣的因素實不可單純的去看，因為「氣」的系統所包含的是一個極其複雜且龐大的體系，當中只要有任何一個環節有異，往往牽一髮而動全身。以陰陽問題來說，陰陽之不調，則生災殃。在《河上公注》中則言，陰陽不調，則其氣不和，其氣不和，是其氣為濁，氣濁、不和，則和氣散，和氣散，則形體剛強，剛強者不若柔弱，剛強者夭。

〔註45〕　《管子‧內業》，〔明〕凌汝亨輯評；陳立夫等編修：《中國子學名著集成——《管子》輯評》（明萬曆庚申吳興凌氏刊朱墨套印本）（中國子學名著編印基金會1978初版），頁546。

（二）形

對人體來說，形的內容包括了許多方面，大體而言則主要是五臟六腑、骨骼肌肉、皮膚毛髮、腦髓筋脈、精血津液等，總之，凡人體有形有狀之器官、組織、成分都可歸入人體形的範疇。〔註46〕人體是一形神相抱的複合體，神固然是人身之中最具神靈，具有意識、思考的存在，然而單有神，而無形，神無處可以掛搭，也無法獨立存在。因此，形須恃神以生，然神也需恃形以存。形神雖有其本質、特性上的差異，然而異中有同，其所相同者，就在形神皆是氣化的結果，神是氣化向上往道的昇華；而形則為氣化往下物質化的結果；或者有可說「神」是氣的空虛化，而「形」是氣的凝固化。此外，形除了是神所存在的場所，其他舉凡情欲、思慮者，也是抽象、無形之物，這些東西也無法獨立存在，也必須依恃一個宿主才能存在，因此形體在這樣的情況下，也成了情欲掛搭的對象。如此，那麼，形體成為情欲與精神共存的場所，然情欲與精神者又相背而行，相互衝突者，情欲會損及精神，又會損及形體，於是形體成了情欲與精神拉鋸的場所。再者，形體除了是無形之體的宿主之外，形體還有其他的作用，那就是形體其實也是行氣的管道，氣者，無所不在，然而，倘若是一個封閉的場所，氣也無法突破這個封閉的場域，因此人身中有一些形體便是提供氣行的管道，且這樣的管道，依其流通、溝通對象之不同，又有不同，其一，為溝通人體之內氣與外氣的管道，這些管道叫做「孔竅」。其二，為人體內氣運行的管道，謂之「經脈」。有「孔竅」、「經脈」，則外內之氣得以流通無礙。

1. 臟腑〔註47〕之器

人之形體總體說來謂之「形」，謂之「身」，然而就形體再去細分，又分五臟的結構，竅關、經脈等主要結構。以臟腑之器而言，蔡璧名由《素問‧五藏別論》岐伯與黃帝的問對中，「奇恒之府」與「傳化之府」的對比，爬梳

〔註46〕見楊玉輝：《道教人學研究》（北京：人民 2004.12 初版一刷），頁 24。

〔註47〕在《河上公注》中有明確的五臟之說，五臟所指為肝、肺、心、腎、脾五者。至於六腑，則為《河上公注》未曾提及的說法，然察〈成象‧第六〉一章中，「天食人以五氣，從鼻入藏於心」以及「地食人以五味，從口入藏於胃」二句，則「心」顯然為五臟之一，而「胃」乃五臟所無，又黃維三先生據《內經》之說法，言：「府獨有六，為胃、大腸、小腸、膽、膀胱及三焦。」見黃維三編著：《難經新解》（台北：中醫研所 1993.8 初版），頁 232。因此筆者將「胃」歸於腑臟，且本節所論腑臟也僅限於《河上公注》確有提及之「胃」，其餘腑器為《河上公注》所未論及者，此處亦不論之。

出二者在身體中不同的作用：「五臟」（肝、心、脾、肺、腎）主藏精氣（神）以濡養機體而不瀉於體外，「六腑」（傳化之府：膽、小腸、胃、大腸、膀胱、三焦）則消化、吸收、輸送水穀而不貯藏。一句話，「『藏』藏精神，『府』傳化物。」〔註48〕以五臟來說，人身之中凡有五臟，凡有肝、肺、心、腎、脾五者。《河上公注》曰：

> 肝藏魂，肺藏魄，心藏神，腎藏精，脾藏志。五臟盡傷，五神去之。

（〈成象‧第六〉）

《河上公注》此章一方面指出五臟為肝、肺、心、腎、脾五者，依筆者的認知，五臟同源於氣，氣化成五臟後，五臟雖形體、功能有異，但五臟仍是一個關係密切的組群，它們彼此之間是既獨立又合作的關係，就獨立而言，五臟各有所司，然而五臟之中因為有「氣」作為某種繫聯，因此五臟之間是相互牽動的關係，五臟之一臟發生任何問題，皆會產生「牽一髮而動全身」的連鎖效應。又就五臟之合作關係而言，五臟雖有其個別功能，但在實質上五臟並不是一種以獨立的形體結構為單元的存在，而是以功能活動為單元的存在，心、肝、脾、肺、腎實質上是人體五個大的功能系統。五臟合起來是要共同負起人身的整體運作。又五臟不只是一個器官而已，實際上它還包含周邊的血脈、神經等組織，每個各別的臟器雖有其所負責的主要工作，實際上這個單一臟器與周邊組織合起來，乃是一個極其複雜的體系，這個體系所負責的也是一連串的功能系統，用現代的醫學來解釋，任一器官所代表的並不只是任一器官本身，而是一個系統的功能，例如心不單指心臟這個器官，而是脈搏、動靜脈所共同組成的循環系統；而肺也不單指肺臟這個器官，它所代表的是呼吸的系統；而肝臟也不是單指肝臟本身，實則包含整個消化的系統。而這五臟加以其所附屬的整個系統、體系，經過某種特定功能意義的程式系統。通力合作啟動整個身體運作的機制，這五臟及其體系就好比是一個龐大組織的工廠，臟器系統是這個龐大組織下的各個單位，尋常各有所司，但將各個單位所作的事作一組織、整合，於是完成整個組織工廠的正常運用。當五臟之互動合作協調，則可以構成一個健康的形體；反之，則身體則多疾病。

從〈成象‧第六〉又指出五臟與五神形神相依的關係，蓋五神乃寄存五

〔註48〕 蔡璧名：《身體與自然——以《黃帝內經素問》為中心，論古代思想傳統中的生命觀》（台北：台大文學院 1997 初版），頁 285～287。

臟以生，《黃帝內經・靈樞・本藏》亦言：「五藏者，所以藏精神、血氣、魂魄者也。」〔註49〕同樣指出無形之精神寄存於有形之五臟，因為神依於形，是以五臟若滅亡，則五神無處可以寄存，五神乃去。如此說來，五臟作為身體的結構之一，它所扮演的是一個「宿主」的角色，它之所以能做為一個「宿主」的角色，乃是因為五臟它具有具體的形象，因此任何無形無象的事物即需倚靠這個「宿主」來寄存，而無形的事物則包含有神、魂、魄、情、欲、思、志等，在這些無形的事物中，神、魂者乃為人身之所必須，因為人身之中如果單有物質之形軀，而無精神的存在，則此物質的形軀只是一個軀殼，如行屍走肉，沒有意識，沒有思維，來主導形軀之活動，這樣的人不能稱之為一個具有生命力的完整的人，因此人身之中無神或魂魄者，則將招致死亡。曰：「人所以生者，以有精神。」（〈愛己・第七十二〉）又曰：「人載魂魄之上而得以生。」（〈能為・第十〉）如此可知，魂魄與精神的確人身之所必須，《河上公注》不認為有沒有意識、神靈、精神的單純的形軀的存在，也不認為單獨的形軀具有獨存的可能性。然而，除卻神與魂魄之外，其他的無形的存在如情欲者則並非人身之所必須，於是當必須之魂魄與精神與非必須之情欲，共存於五臟此宿主之時，勢必產生某種衝突，而就實際的狀況來說，在二者並存於五臟的情況下，情欲往往會消耗、折損精神，且隨著精神耗損的程度不同，也會對五臟、形體造成相應的傷害。一旦情欲全然充斥於五臟之中，則使形神耗弱而致死，《河上公注》曰：

> 出生謂情欲出於五內，魂定魄靜，故生。入死謂情欲入於胸臆，精
> 神勞惑，故死。（〈貴生・第五十〉）

五內者，五臟也。情欲離開五臟，則五臟空虛，五臟空虛，則神乃歸之，五臟持續保持空虛的狀態，則魂魄得以安存於五臟之中，魂魄者，五神之二也，魂魄安於五臟者，形神相抱也，形神相抱，故得生。反之，情欲入於胸臆，胸臆，所指仍為五臟，蓋五臟，或云五內，乃存於胸腹之中，因此胸臆所指仍為存於胸臆中之五臟。是情欲入於五臟，而排擠了精神、魂魄等五神的生存，最後五神全然地離開五臟，那麼五臟也無法獨存，於是最後形神雙亡，生命也就因此結束了。再者，五臟除了可以存神之外，五臟也可以存氣，《河上公注》中提到幾段注文，曰：

〔註49〕楊維傑譯解：《黃帝內經靈樞譯解》（台北：樂群文化 1989.12 增訂十版），頁349。

和氣去心，不能聽無聲之聲。(〈檢欲‧第十二〉)

天食人以五氣，從鼻入藏於心。(〈成象‧第六〉)

從這幾段注文可知，五氣、和氣等也都寄存五臟中的心，易言之，「心」是五氣、和氣之「舍」，因此心若是受到外物的引誘牽動，也會影響到氣的洩漏、流失。因此無論就存形，存氣，或存神來說，情欲之去除實為重要功夫。

至於〈成象‧第六〉中與「天食人以五氣，從鼻入藏於心」相對照的一句，為「地食人以五味，從口入藏於胃」，則依其對照關係推論，若「心」為五氣之「舍」，則「胃」為五味之「舍」，的確，胃是寄存人體食用水穀之處，《黃帝內經‧靈樞‧本藏》於此有更明確的說法，曰：「六府者，所以化水穀而行津液者也。」〔註 50〕因此，胃則為人體的腑器之一。進一步說，人體的腑氣還不只是儲藏從口攝入之五味，根據《黃帝內經‧素問‧太陰陽明論》：「今脾病不能為胃行其津液，四支不得稟水穀氣，氣日以衰。」〔註 51〕是知胃儲存五味之後，甚至將五味交付給「脾臟」，經過脾臟的一番消化，而化五味為水穀之氣，以滋養「形軀骨肉，血脈六情」，甚至形神等，這也是《黃帝內經》中所謂「營氣」〔註 52〕，指人後天收納的水穀，至體內轉化成對機體功能的運作起積極作用的物質。雖然形骸、骨肉之得以保全，必須倚賴口攝五味才得以生存，但過度的飲食，反而會引發血脈的不和，六情的擴張，以及氣血的阻滯不通〔註 53〕。因此《河上公注》主張對於飲食，其態度仍要節制，要「節滋味」、「節飲食」，否則將適得其反。

2. 九竅四關

人體是一個極其精密的組織，在氣化成形之後，氣化在人身上的作用並

〔註 50〕楊維傑譯解：《黃帝內經靈樞譯解》(台北：樂群文化 1989.12 增訂十版)，頁349。

〔註 51〕〔清〕張志聰校注：方春陽等校注：《黃帝內經集注》(杭州：浙江古籍 2001.12初版一刷)，頁 226。

〔註 52〕《黃帝內經‧素問》：「水穀之精氣也，和調于五臟，灑陳於六腑，乃能入於脈也。故循脈上下，貫五臟，絡六腑也。」總結「營氣主要是來自於脾胃運化的水穀精氣，由水穀精氣的精華部分所化生。」引自史語所郭正宜：〈醫書中所言人體的氣〉，收錄於《道教學探索》(台南：成功大學歷史系道教研究室 1990.12.21)，頁 110。

〔註 53〕《呂氏春秋‧盡數》曰：「凡食之道，無飢無飽。」《管子‧內業》亦曰：「飽不疾動，氣不通於四末。合此兩段觀之，飲食之道無過飢，無過飽，過飢則營氣不足，五臟之形無以養；過飽，則氣血阻滯不通，無以循環。

未消失，在氣化永無止境的運動變化之中，人身不過是與其他萬物一樣，只是氣化的一個過程，而不是氣化的終點。既然氣化在人身上並無停止，因此在人的形體形成之後，在人體組織中必有一可以持續接受氣化的組織、器官，以利氣化運動的不斷進行。就氣的特性來說，氣的特性是無形、無象，無處不往，無處不在的，且氣的另一大特性爲處虛，必須處在空虛而可以流動的開放空間，反之，若是一個密閉且實心的空間，氣就無法存在於其中。譬如〈仁德・第三十五章〉即曰：「一者去盈而處虛。」意指「一」無法存留於盈滿的環境中，因爲一旦盈滿，就失去容納他物的空間，相反地，空虛的環境可以使「一」自然而然的充滿於其中。既然氣性質爲「處虛」，因此人身之中要不斷的有氣化運動的進行，就不得不有「空虛」的結構，以與氣通。在人身中，像這樣具備空虛結構，而能使氣流通者有二種：其一爲溝通人身外內之氣者；其二爲人身之內，內氣之傳導。前者爲九竅四關，後者爲血氣脈絡。

　　此處首先介紹負責流通、傳遞人身內外之氣的孔竅，謂之九竅四關。許慎《說文解字》釋「竅」曰：「空也。」〔註54〕又「空」、「竅」互訓，釋「空」曰：「竅也。」〔註55〕段玉裁則注「空」曰：「今俗語所謂孔也，天地之間亦一孔耳。」〔註56〕是以「竅」字之意指的是空虛的孔洞，而天地即是一個其大無外的孔洞，天地因爲空虛，故可以容納萬物於其內，也可以容納空氣於其內，故《河上公注》曰：「天地之間空虛，和氣流行。」（〈虛用・第五〉）至於「關」，《說文》釋「關」爲：「以木橫持門戶也。」〔註57〕依此，「關」字本意所指爲：門戶上的橫木，藉以關閉門戶者，所以關者當指控制門戶開闔的關鍵，也是開關外內的關鍵。

　　就「竅」、「關」的本義來看待人身中的「九竅四關」，那麼九竅當指人體中九個空虛的孔竅，它可以納氣於其內，也可以使氣在其間流通，當然除了無形的氣可以透過孔竅以溝通內外，其他無形的東西也可能透過孔竅之內。至於四關是人體中對外的重要關口、隘口，決定內外之物的溝通流動與否，

〔註54〕　〔漢〕許慎著；〔清〕段玉裁　注：《說文解字注》（台北：黎明 1991.8 增訂八版），頁 348。

〔註55〕　〔漢〕許慎著；〔清〕段玉裁　注：《說文解字注》（台北：黎明 1991.8 增訂八版），頁 348。

〔註56〕　〔漢〕許慎著；〔清〕段玉裁　注：《說文解字注》（台北：黎明 1991.8 增訂八版），頁 348。

〔註57〕　〔漢〕許慎著；〔清〕段玉裁　注：《說文解字注》（台北：黎明 1991.8 增訂八版），頁 596。

它的性質大抵與「九竅」近似。至於九竅是那九個孔竅,「一說耳、目、鼻俱有二竅,加口一、舌一、喉一,合為九竅;一說以耳、目、鼻各二,加口一,前後二陰,合為九竅。」〔註58〕(《難經新解》)而「四關」據東漢高誘注《周禮》云:「四關,耳目心口。」就九竅四關的生成而言,《管子‧水地》言五藏已具而後生肉。脾生隔,肺生骨,腎生腦,肝生革,心生肉。五肉已具,而後發為九竅。脾發為鼻,肝發為目,腎發為耳,肺發為竅。〔註59〕九竅四關是人體與外在聯繫的重要管道,若能正確的利用九竅四關與外在作正確的聯繫,則可以引外氣以自養,而得以延年益壽;反之,若不知正確的聯繫,而使九竅四關接受外在的聲色犬馬的牽引,久之,人的內在精氣則隨之而去,神明也隨之而去,最後形神相離,壽終亡身。關於「九竅四關」的說法,《河上公注》中僅一見,其言曰:

> 言生死之類各有十三,謂九竅四關也。其生也,目不妄視,耳不妄聽,口不妄言,舌不妄味,手不妄持,足不妄行,精不妄施。其死也反是。(〈貴生‧第五十〉)

此段話言生死之類各有十三,此十三即所謂「九竅四關」也。九竅之加以四關,故凡有十三。或生或死關鍵即在於「九竅四關」,九竅四關之具體內容為何?從《河上公注》此段話之中不能得到明確的答案,《河上公注》此處似乎將九竅與四關混同在一起言說,把目、耳、口、舌、手、足、精當作是九竅四關,然而若把目、耳、口、舌、手、足、精當作是九竅四關,其實也有無法解釋得通的地方:其一,九竅四關合而觀之凡有十三,而目、耳、口、舌、手、足、精,合起來不過是八種,於數並不符合。其二,「竅關」之為物,當是人體之中能溝通內外的孔竅、器官,然而「目、耳、口、舌、手、足、精」,其中之舌、手、足、精,顯然並不是孔竅,或者可以溝通內外的器官,因此其註解本身並不是非常周延。然姑不討論「九竅四關」名實是否相副的問題,《河上公注》的確是把目、耳、口、舌、手、足、精泛指作是「九竅四關」,並認為「九竅四關」是存亡的關鍵,以為「九竅四關」不妄則生;「九竅四關」妄則死。然則,何謂「妄」?何謂「不妄」?「妄」與「不妄」之間又以何為限度?如「貪淫好色」即是「妄視」;「好聽五音」即是「妄聽」;「人嗜於五味」,即是

〔註58〕 黃維三編著:《難經新解》(台北:中醫研所 1993.8 初版),頁 224。

〔註59〕 〔周〕管仲 撰;〔明〕凌汝亨 輯評:《管子輯評》(中國子學名著集成編印委員會 1977.11),頁 481。

「妄味」;「馳騁呼吸」、「心貪意欲」則是「妄行」、「妄施」,依此,所謂的「視」、「聽」、「味」、「呼吸」、「心意」本身並不構成「妄」的程度,相反地,「視」、「聽」、「味」、「呼吸」、「心意」本身還是生存的條件之一,尤其是「味」、「呼吸」,人若不食五味,則無法維持基本的生理需求,如此則無法生存。人若不呼吸,不開闔喘息,沒有氣以進行身體的基本運作,亦無法存活。那麼,構成「妄」的關鍵在於「好」、「嗜」、「馳騁」、「貪欲」,對於任何事物若已到達愛好、嗜好、馳騁、貪欲的程度,這就構成「妄」的程度,也就是說凡是過於其度,到達耽溺、沉迷,非有不可的地步,這已然過於虛妄。因此對於「視」、「聽」、「味」、「呼吸」、「心意」,必須達到不過於其度的地步,且站在道家的立場,最理想的是能對這些外物盡量作到「恬淡」的境地,也就是希望感官只為滿足基本生理需求即可,不多作額外的要求。如此「妄視」、「妄聽」、「妄味」、「妄持」、「妄行」、「妄施」的結果是「傷精失明」、「和氣去心」、「精神散亡」(〈檢欲‧第十二〉),精氣神或失或散或亡的結果當然必招來死亡。這就是九竅四關輕易開啓,而使外在的聲色犬馬,循著九竅四關進入人身,反將生命的能量精氣神牽引而去的結果,最後至之死地。因此求生之道,乃在於閉塞九竅四關,尤其是要對外在的聲色犬馬採取閉塞的推拒,其言曰:

> 兌,目也。(使)目不妄視。門,口也。使口不妄言。人當塞目不妄
> 視,閉口不妄言,則終身不勤苦。開目視情欲也。濟,益也。益情
> 欲之事。禍亂成也。(〈歸元‧第五十二〉)

此以耳目等感官之開闔對舉,耳目等感官若是「開」,則不過是開啓自己的情欲,且情欲之事一旦開啓,感官必定會受到牽引,一日甚於一日,最後必遭致禍患,所謂禍患,在此雖並沒有直陳所謂的「禍患」為何?但依據《河上公注》通書的思想,可知所謂的「禍患」,必定指對身體精神的種種衝擊,導致身體的衰弱以及精神的渙散,嚴重者則死亡。反之,所謂「閉塞」耳目等感官,即是要阻絕外物透過耳目的關竅,而牽引出內在的精氣神,以阻絕外物對人體生命能量的不當消耗,以減緩年壽的虧夭。且「閉塞」耳目正與「開啓」耳目對舉,「開啓」耳目即在「視情欲」;反之,「閉塞」耳目其實也正是在「去情欲」。以上論閉塞九竅四關以損情去欲。實際上九竅四關也有其積極的功效,那就是利用「九竅四關」以行氣,引外氣以自養,此正〈成象‧第六〉所云:以鼻口之玄牝之門,通天地元氣之所從往來,不斷的吸納天地之氣以養身,如此則可修煉不死之道。

3. 精血脈絡

「精」一概念，在《河上公注》中相當複雜，它一方面是「氣」，謂之「精氣」，如「太和之精氣」、「人身之精氣」；它一面又是物質，謂之「精」，是人身最精微的物質；一方面又是寄存於「腎」的五臟神，謂之「精神」；又有房中之精的意思。以作為人身物質基礎的「精」來說，《河上公注》有言：「愛精重施，髓滿骨堅。」（〈安民・第三〉）從中可知「精」之於人，乃是代表一種生命能量，此說可以參閱醫經《黃帝內經》之說，曰：「腎藏精」〔註60〕（〈靈樞・本神〉），又曰：「腎主骨」〔註61〕（〈素問・宣明五氣〉），又曰：「腎生骨髓」〔註62〕（〈素問・陰陽應象大論〉），於是整理腎、精、骨髓其間的關係則為，腎藏精，當「愛精重施」之後，則精足氣滿，精足氣滿之後，腎也隨之強健，當腎強健之後，則骨髓自然也隨之而生。《想爾注・第三章》中也有相應的說法，曰：「氣去骨枯，……氣歸髓滿。」〔註63〕氣去則骨枯髓竭，氣存則骨滿髓堅。既然「愛精重施」，會連帶的影響腎以及骨頭、髓海的強健與否，因此如何的愛精重施變成一個關鍵的問題，〈檢欲・第十二〉於是曰：「貪淫好色，則傷精失明。」「目不妄視，妄視洩精於外。」由此可知，精之施用似乎與「色」、「視」、「目」這一類的概念相關，鄭燦山先生也說精：「實乃人生命之原動力，所以它與人身的官能有相當的關係，特別是視覺。」〔註64〕因此欲愛精重施，即應當守住「目」這個孔竅，避免精由目這個孔竅散逸而去。

又〈儉欲・第四十六〉提出「陽精」之說，曰：

> 治國者兵甲不用，卻走馬以治農田，治身者卻陽精以糞其身。
>
> （〈儉欲・第四十六〉）

據《老子》原著，此章原本在闡述為政者治國之道，應當清淨無為，無欲無為，使走馬得以用於農耕，使百姓能在不受干擾的情況下，各營生計，各遂其生。而《河上公注》此章刻意將治國的道理推擴至治身之上，以為

〔註60〕楊維傑譯解：《黃帝內經靈樞譯解》（台北：樂群文化 1989.12 增訂十版），頁89。

〔註61〕〔清〕張志聰校注；方春陽等校注：《黃帝內經集注》（杭州：浙江古籍 2001.12 初版一刷），頁189。

〔註62〕〔清〕張志聰校注；方春陽等校注：《黃帝內經集注》（杭州：浙江古籍 2001.12 初版一刷），頁144。

〔註63〕饒宗頤：《老子想爾注校證》（上海：上海古籍 1991.11 初版一刷），頁6。

〔註64〕鄭燦山：〈老子河上公注長生思想析論〉，見《孔孟學報》（第七十七期 1999.9），頁190。

治身者應當保守其陽精，用陽精以養其生，〔註65〕而不使陽精逐於外物，而有所消耗。如此看來，「精」同於「氣」而有相互對待的陰陽之分，而陽精據莊曉蓉的說法，以爲〈居位・第六十〉言：「人得治於陽，鬼得治於陰。」，所以「陽精」即爲陽世之人身上之精，〔註66〕不過，此精一般確信應指房中之精。〔註67〕

　　其次，再論血脈，人身之氣透過九竅四關與內外溝通，然外氣透過九竅四關進入人身之後，這些氣在人身之內是如何運作的？又單論人身之中的內氣，內氣在人身之內又是如何運行的？又人身之中有五臟，五臟彼此之間又是如何聯繫的？這些問題的背後都指向人身之中應該另有一個複雜的交通網絡，這些複雜的網絡，在人身之內串起了五臟之間的聯繫，也完成了人身的內氣運轉循環。而這個網絡即是指經脈。歸結起來，經絡的作用有二：一是能夠運行氣血，將精緻物質輸送到全身，從而保證全身各個組織器官正常的活動能力。二是能夠傳導信息。人體中的臟腑、經絡構成一個巨大的信息網，如果臟腑有並會成爲信息源以經絡爲通道，表現在相關的經絡穴位或本系統的功能器官上。〔註68〕經絡是人體內經脈和絡脈的總稱，根據《黃帝內經・靈樞・脈度》：「經脈爲裏，支而橫者爲絡。」〔註69〕意指「經」有路徑的意思，是經絡系統中上下直行的幹線；「絡」，有網絡的意思，爲經左右橫行的分支，若作一比喻，則「經脈似長江大河，絡脈則猶江河間的溪流、溝瀆。」〔註70〕早在《莊子・養生主》中即有「緣都以爲經」之說，意思是說：行氣之法當循著都脈此幹線作一運行。《黃帝內經・靈樞・經脈》也說：「經脈者，

〔註65〕孫以楷所主編之《道家與中國哲學》中將「卻陽精以冀其身」，視作道家「還精補腦」的高深修鍊功夫，案《河上公注》中並無直接證據顯示該說法，因此對說姑且存而不論。「還精補腦」說見孫以楷主編，陳廣忠、梁宗華著：《道家與中國哲學》（漢代卷）（北京：人民 2004.6 初版一刷），頁 69。

〔註66〕莊曉蓉：《身國一理的《老子河上公章句》》（華梵東方人文思想碩論 2003），頁 65。

〔註67〕陳麗桂：〈《老子河上公章句》所顯示的黃老養生之理〉，收錄於《中國學術年刊》（第二十一期 2000.3），頁 188。

〔註68〕韓廷傑、韓建斌：《道教與養生》（台北：文津出版社 1997.8 初版一刷），頁 105。

〔註69〕楊維傑譯解：《黃帝內經靈樞譯解》（台北：樂群文化 1989.12 增訂十版），頁 190。

〔註70〕郝秦、楊光文：《道在養生——道教長壽術》（四川：四川人民 1994.7 初版一刷），頁 79。

所以能決生死，處百病，調虛實，不可不通。」〔註 71〕人身之中以經脈作爲
氣血流通的管道，氣在經脈、脈絡中運行，務使其通暢流轉，氣行通暢則陰
陽調而生機暢旺，則百病不生，反之，氣在經脈，凝滯不通，則每隨氣血凝
滯處，往往會造成疾病，甚至當氣血凝結不動，生機死寂，則生命隨之。《黃
帝內經·五常政大論》也說：「夫經絡以通，血氣以從，復其不足，與眾齊同，
養之和之，靜以待時，謹守其氣，無使傾移，其形乃彰。」〔註 72〕因此經脈、
脈絡作爲氣運行的通道，乃以通暢爲貴，血脈如能通暢，則形體健康。在《河
上公注》中，對於經脈的說明，僅見於〈成象·第六〉：

> 地食人以五味，從口入藏於胃。五味濁辱，爲形骸骨肉，血脈六情。

（〈成象·第六〉）

《河上公注》中不言經脈、經絡，而言「血脈」，大抵血脈之性質與經絡、經
脈性質是接近的，血脈者，血氣脈絡，輸送血氣之脈絡，或與血絡意思接近，
而血絡者，「身體淺表之靜脈血管」〔註 73〕，血脈如形骸、骨肉一樣是有形的
形體，這些有形的形體都是由口所攝入的五味來供需存養的，當口攝入五味
之後，五味進入人身並不能由人體五臟等器官直接運用，而是這些五味食物
須經腑臟的轉化之後，形成血氣、營氣，再由脈絡、經脈輸送到五臟之中，
以存養五臟、形骸、骨肉。此外，人以鼻口之門所攝入的天地之間的元氣，
在從鼻口之孔竅進入人身之後，並不是直接的散入五臟之中以養五臟之神，
而是透過經脈的輸送進入五臟之中，以存養五臟之神。因此，如此說來，無
論是養分的供給，亦或精神的存養；或者是說五臟的調養，還是五臟神的存
養，都必須倚靠經脈的系統，因此經脈若是通暢，輸送的體系即可以發揮其
功能作用，因此形神皆得以健全，是以《黃帝內經·靈樞·本藏》說：「經脈
者，所以行血氣而營陰陽，濡筋骨，利關節者也。」〔註 74〕反之，經脈阻滯

〔註71〕 楊維傑譯解：《黃帝內經靈樞譯解》（台北：樂群文化 1989.12 增訂十版），頁
　　　　105。
〔註72〕 〔清〕張志聰校注：方春陽等校注：《黃帝內經集注》（杭州：浙江古籍 2001.12
　　　　初版一刷），頁 536。
〔註73〕 施又文言：「絡脈是由經脈分出來呈網狀的大小分支。廣義的絡脈又可分爲十
　　　　五絡、絡脈、孫絡和浮絡。……從絡脈分出，更細小而有極多分支的，即孫
　　　　絡，位於皮下淺表的絡脈，稱爲浮絡。身體淺表的靜脈血管，則稱血絡。」
　　　　見其〈《黃帝內經》關於「臟腑經絡」的生理觀〉，收錄於《中國文化月刊》（第
　　　　二五七期）（2001.8），頁 25～26。
〔註74〕 楊維傑譯解：《黃帝內經靈樞譯解》（台北：樂群文化 1989.12 增訂十版），頁
　　　　349。

不通，即便是五味、五氣入於人身，但輸送系統發生問題，無法傳送至目的地，也無法發揮存養形神的功能。是以「整個經絡系統是一個『疏而不漏』的無形網絡，穴位則是這個縱橫交織的網上鈕節，正是這個在臨床上有極寶貴價值的無形的系統，將人體全部有形部件聯結成一個有機的整體。」〔註75〕經脈系統「是人體網狀氣場中密集程度最高的氣血流通線路。因此，經脈的暢通與否決定了人體健康狀況的好壞。」〔註76〕

（三）神

　　人的身體大抵分作兩大部分：一是物質的身體，一是精神的身體，也就是形體與精神。完整的身體應同時包含形體與精神兩個部分，少了任一部分，就不能稱之爲完整的身體，少了任一部份，另一部份也無法獨存，最後勢必造成形神雙亡，生命隨之的境地。就精神來說，精神乃是人體之中與形體相對的部分，形體是具體的、有形的部分；而精神是抽象的、無形的部分。因此廣義說來，精神應包括人身上所稟具的無形的所有部分，皆屬於精神的範疇，舉凡情性、五神等，皆屬於精神的範圍。就情、性、神三者來看，情欲是屬於負面的精神活動，而性則是人身所初稟之天性，是自然而然的，是趨向於善的。其中，情與性常常被放在一起說明，蓋情與性是相對的概念。以下分就情性、與五神來說明人的精神層面。

1. 情性

　　首先談到性是所謂五性，至於「五性」的具體內容爲何？《河上公注》中並無點明是那五者，但根據當代書籍觀之，則《漢書・翼奉傳》晉灼注：「肝性靜，靜行仁，甲己主之。心性躁，躁行禮，丙辛主之。脾性力，力行信，戊癸主之。肺性堅，堅行義，乙庚主之。腎性智，智行敬，丁壬主之也。」〔註77〕則五性與五臟相配，分別是靜、躁、力、堅、智，或者仁、禮、信、義、敬。至於東漢班固之《白虎通義・情性》則云：「五性者何？謂仁、義、禮、智、信也。」〔註78〕。然而在《河上公注》並無法找到與此完全相應的內容，

〔註75〕蕭漢明：《易學與中國傳統醫學》（北京：中國書店 2003.6 初版一刷），頁 98。
〔註76〕楊維傑譯解：《黃帝内經靈樞譯解》（台北：樂群文化 1989.12 增訂十版），頁 38。
〔註77〕〔唐〕顏師古 注：《漢書》（新校本廿五史）（台北：史學出版社 1974.5 台北影印一版），頁 3171。
〔註78〕漢語大辭典編輯委員會：《漢語大辭典》（1）（漢語大辭典編輯委員會 1995.11 五刷），頁 364。

《河上公注》中充其量也只提到「靜」與「躁」二者，〈重德・第二十六〉中分別就治國與治身來談靜、躁，以治國而言，曰：「聖人終日行道，不離靜與重也。」「王者躁疾則失其君位」，強調靜於治國之有功，躁於治國之危害；以治身而言，曰：「治身不靜則身危。」言治身靜則身安，治身不靜則身危。至於仁義禮智信者，《河上公注》稟承《老子》的看法，認為所謂的仁義禮智信為道德之末流，但從這些論述中並無法確知「靜躁」、「仁義禮智信」是否隸屬於其所謂「五性」。不過從另一些注文中仍可瞭解《河上公注》對於「性」所採取的看法。首先，《河上公注》以為「性」是指先天所稟賦之性，這與儒家所謂「生之謂性」並無不同，也就是《呂氏春秋・知分》所謂：「生，性也」〔註79〕的意思。然何以所謂「性」，是先天所稟賦之性，這可以從幾段話觀察出這種趨向，《河上公注》曰：

> 眾人學問（皆）反，過本為末，過實為華。復之者，使反本（實）也。教人反本實者，欲以輔助萬物自然之性也。聖人動作因循，不敢有所造為，恐遠本也。（〈守微・第六十四〉）

眾人所學所問皆與「道」相反，並不合於「道」，而與「道」背道而馳。甚者，所學所問亦多，則離道亦遠。眾人所學所問「過本為末」，本者，在《河上公注》一書中多指「道」，言「過本為末」者，意即眾人所學問遠離「道本」，眾人所學問者「道末」也。眾人所學問之事乃捨本逐末。而「過實為華」意思亦類似於「過本為末」。「實」者道也，道性樸實，眾人所追求者華而不實。因此，眾人從「華而不實」要達到「樸實之本」，並不是順著華而不實的方向前去。相反地，必須稟棄「華而不實」的道路，而採取「復反」的道路，因此，《河上公注》曰：「反本實者，欲以輔助萬物自然之性也。」意思是說：人本稟承道而來，人之始生身上存有整全之道，此整全之道於人身之體現即為人性，人性最初是最自然〔註80〕，也是最善良，同時是最貼近於道的性，以人的生命歷程來說，嬰兒乃初稟道而來，因此其所稟具之性，最為自然，

〔註79〕　〔宋〕陸游評；〔明〕凌稚隆批；陳立夫等編修：《中國子學名著集成——《呂氏春秋》》（明萬曆庚申吳興凌氏刊朱墨套印本）（中國子學名著集成編印基金會 1978 初版），頁 576。

〔註80〕　學者李霞言：「生命源於『道』，生命的本質是『道』的本質的外化，人的本性是道性的體現，只有最接近『道』的狀態才是生命的本然狀態，而只有生命的本然狀態才是生命與生具有的本質和本性。」見李霞：《生死智慧——道家生命觀研究》（北京：人民 2004.5 初版一刷），頁 62～63。

最貼近道，這個最貼近道的本性，才是真正的自然之性。卿希泰所編《中國
道教史》亦有相同的說法，他說：在《河上公注》看來，「安靜無為」既是道
的特性，又是人的本性，他在二十九章中即云：「人乃天下之神物也，神物好
安靜，不可以有為治。」〔註81〕剋實言之，這個最初的本性應與其源頭——
道之性若合符節，大抵為自然、質樸、本真。不過，人隨者生命歷程的逐步
開展，容易受到外在事物的影響，而牽動情欲，本性遂逐漸亡失。甚者，人
之有欲有為更會妨害生命之本真。因此，欲找回亡失的本性，即必須丟掉生
命中所有的包袱，而回到生命最初無思無慮的狀態。再者，五性從何而來？
〈成象・第六〉曰：

> 天食人以五氣，從鼻入藏於心。五氣清微，為精神聰明，音聲五性。
>
> （〈成象・第六〉）

五性以及精神、聰明、音聲等人體中這些抽象的特質，皆由無形的五氣所成。
具言之，人透過鼻之天門孔竅，將天之五氣吸納而入，並將五氣入藏於心，
再透過心以及經絡系統，將五氣布達出去，而涵養人的精神、聰明、音聲、
五性等。

　　其次，談到情，情是指「六情」，「六情」之具體類項，根據《禮記・禮
運》：「何謂七情？喜、怒、憂、懼、愛、惡、欲，七者弗學而能。」〔註82〕
又《白虎通・情性》謂：「六情者，何謂也？喜、怒、哀、樂、愛、惡謂六情。」
〔註83〕《河上公注》中並無完全相應的說法，但有類似的說法，如〈能為・
第十〉曰：「喜怒亡魂，卒驚傷魄。」又河上公注《老子・第四十四章》之「甚
愛必大費」，曰：「甚愛色，費精神，甚愛財，遇禍患。」（〈立戒・第四十四〉）
又〈歸根・第十六〉言：「得道之人，捐情去欲，五內清靜，至於虛極。」在
這裡提出幾種情，有喜、怒、愛、驚、欲五者，從中並可大概觀察情與五臟
之間的關係，以及情與五神的關係，即六情會傷害五臟的安危，六情會消耗
傷害精神的靈明。接著談到六情之所從出，《河上公注》談到情欲之有乃與生
俱來，曰：

> 始，道也。有名，萬物也。道無名能制於有名，無形制於有形也。

〔註81〕希泰　主編：《中國道教史》（第一卷）（四川：四川人民出版社 1992.5 第一版
　　　　第二刷），頁 76～78。

〔註82〕漢語大辭典編輯委員會：《漢語大辭典》（1）（漢語大辭典編輯委員會 1995.11
　　　　五刷），頁 161。

〔註83〕班固著；陳立 疏證：《白虎通義》（中）（台北：台灣商務 1968.3 台一版）。

既，盡也。有名之物盡有情欲，叛道離德，故身毀辱也。

（〈聖德・第三十二〉）

道無名，而物有名。人身為萬物之一，亦屬有名。又「有名之物盡有情欲。」既然人是屬於萬物的一員，無可避免的與其他萬物一樣具有情欲。人之有情欲乃人之常情，但情欲的過度擴張會妨害自然之性的發展，也會使得精氣神受到耗損，性命亦隨之而去。因此，欲保持自然之性，欲保有精氣神，欲保有性命而不衰，必定要對情欲有所節制，不能任之毫無節制的發展。再者，既然人無可避免的會有情欲，那麼情欲在人身之中又是如何興起的呢？〈成象・第六〉曰：

地食人以五味，………五味濁辱，為形骸骨肉，血脈六情。

（〈成象・第六〉）

從〈成象・第六〉之文句，言「五味濁辱，為形骸骨肉，為血脈六情。」乍看之下會使人誤以為形骸六情是由五味所生成的，五味者，「酸鹹苦甘辛也」〔註84〕，然而實際上，《河上公注》在談及萬物之生成時，從未談到萬物是由「味」所生成的，相反地，《河上公注》在大部分的時候都把萬物視作道生氣之後變化的結果，因此，所謂的形骸六情應該還是道生氣之後的作用，只不過這樣的氣與五味的性質一樣同為與天之五氣相對應的「濁」氣，因此，總結說來，六情與形骸仍是氣化的結果，只不過在氣化完成之後，形骸必須倚賴地所生成的五穀雜糧，來維持形骸的持續存在，就因為這層關係，因此說五味養人；至於六情與五味的關係在於：人被生成之後，雖然需要依靠五味去維持生命的存在。然而，在很多時候，人類所追求的並不是單純的五味，而是受到五味的牽引，而產生種種喜怒哀樂的情緒反應，甚者，對於五味的追求不以滿足單純的生理需求為基準，而毫無節制的過度要求五味的享受，如此便失去原有的「中和」，因而陷入「欲望」的深淵。又據〈體道・第一〉所言，曰：「謂有欲無欲也。同出者，同出人心也。」據此以知，慾望乃出自於人心，人心受到外物的眩惑，因而產生對外物的執著與追求，欲望並就此生根。因此，嚴格說來，五味是維持形骸的持續，而非直接生成形骸；五味是牽引六情的來由，而不是生成六欲。這個問題，也可從《河上公注》第一章中的得到印證，其言曰：

〔註84〕《河上公注》：「道出入於口，淡淡，非如五味有酸鹹苦甘辛也。」（〈仁德・第三十五〉）

萬物母者，天地含氣生萬物，長大成熟如母之養子也。

（〈體道・第一〉）

〈體道〉章此句明顯的道出：萬物之生成是由天地所含之氣以成，天有陽氣、清氣，地有陰氣、濁氣，相合以成萬物，人身爲萬物之一，其生成方式也不例外，也是同爲天地之氣所成。如此對應到〈成象・第六〉之視形神、情性爲一對比的概念，那麼神、性既爲天地之氣中的天氣、清氣所生，那麼，據此反推形、情當是天地之氣中另一股氣——地氣、濁氣——所造成。

既然情性皆由「氣」所構成，清氣構成性，濁氣構成情，清濁二氣是構成萬物不可或缺的因素，人不能只有清氣，人也不能只有濁氣，就好像人是陰陽之合成物，純陰不能成物，純陽也不能成物。人之所以必須同時存有清濁，同時存有陰陽二氣，是因爲在《老子》之中肯定宇宙間萬物皆是由相對事物共同組成，在《河上公注》中也承繼了這樣的思想，以爲天地間必須要有相對事物的循環，如此才能一方面保持生命本身的活力，使萬物在衝突矛盾中，激發其生命力；一方面也透過這樣的對轉互換，以確保事物本身的屬性。關於這樣的思想，從《河上公注》的一些篇章可觀其趨向。譬如〈法本・第三十九〉有言：

言天當有陰陽馳張，晝夜更用，不可但欲清明無已時，將恐分裂不爲天。言地當有高下剛柔，節氣五行，不可但欲安靜無已時，將恐發洩不爲地。言神當有王相休廢，不可但欲靈（變）無已時，將恐虛歇不爲神。言穀當有盈縮虛實，不可但欲盈滿無已時，將恐枯竭不爲穀。言萬物當隨時生死，不可但欲（長）生無已時，將恐滅亡不爲物。言侯王當屈己以下人，汲汲求賢，不可但欲（貴）高於人（無已時），將恐顛蹶失其位。言必欲尊貴，當以薄賤爲本。……言必欲尊貴，當以下爲本。（〈法本・第三十九〉）

《河上公注》此段以天、地、神、穀、萬物、侯王爲例，說明天、地、神、穀、萬物、侯王固然有其質性，如天以清明爲主體質性；地以安靜爲主體質性；神以靈變爲主體質性；穀以盈滿爲其主體質性；萬物以生爲貴；侯王以貴高爲性。然而天、地、神、穀、萬物、侯王固然各有其主體質性，但不可只執著於其主體質性，必須在其主體質性之餘有向其主體質性之反面運動的必要，如此，天、地、神、穀、萬物、侯王才不致因爲執著其主體質性，而由於缺乏變化，導致僵化死寂，也就不會因爲僵化死寂，而使主體生命因乏

生命活力，而導致其主體特性的改變或死亡。因此，為維持天、地、神、穀、萬物、侯王的主體特性與生命的延長，就應當接受天、地、神、穀、萬物、侯王有其變化。依此，人體固然需有生死的變化，在人體之內既以清氣所構成的性為重要，當然同時也必須承認濁氣所構成的情欲為不可缺少者。只是在性與情欲之間，仍以性為重，情欲之重要不可超出性的範圍，絕不可因情欲的過度擴張而泯滅了人性。

上文分別從五情、六性的角度談它可能的內容，它是怎樣產生的，從這些分別的敘述中，可以隱約感受到情與性在性質上似乎是背道而馳的。首先就氣化的觀點來說，情與性是不同的氣所生成的。從〈成象・第六〉可知，氣之清微特質構成了性；味之濁辱特質構成了情。五氣乃稟天所成，是以性清之特質是一貫而下的，那是因為天之陽氣清所以五氣清；五氣清是以五性清；反之，五味乃稟地而成，是以情濁之特質也是一貫而下的，那是因為地味濁所以五味濁；五味濁是以六情濁。所以從養情性者觀之，五味養六情，五味濁，是以六情濁；五氣養五性，五氣清，是以五性清。從五氣清，五性清；五味濁，六情濁，可看出性情清濁之勢乃相反而行，是以情性相反。其次，從氣味與性情之清濁，也可看出《河上公注》對清濁的看法，以「氣清味濁」是把無形者視作清，把有形的、凝固的視作濁。以「天清地濁」是把在上者視作清，把在下者視作濁。又天為陽氣上升所成，地為陰氣下沉所成，陽氣清，而陰氣濁，是以可知它把質量輕而上升者稱之為清氣，把質量重而下沉者視作濁氣。又以「性清情濁」觀之，是把自然的、本始的視作清，把後天的、人為的、執著的，視作濁。因此清濁同陰陽一般，已不是絕對的意義，而是形成一組相對意義的群組意義。

以上論證情性之背道而馳，情性是相互對舉的觀念，情惡性善，而情濁而性清，因為二者相反的特性，因此在價值判斷上，很自然地必會擇取其一，那就是取五性而去六情。因此〈檢欲・第十二〉即明白指出：

> 守五性，去六情，節志氣，養神明。（注「是以聖人為腹。」）目不
> 妄視，妄視泄精於外。（注「不為目。」）去彼目之妄視，取此腹之
> 養性。（注「去彼取此。」）（〈檢欲・第十二〉）

守五性是為助養神明。且若對照注文與原文，可以看出《河上公注》把「為腹」注作「養神明」，因為腹中有神，是以為腹，即是為神明。然而下句「去彼取此」，若照《老子》原文，去彼取此，是去彼為「目」而取此為「腹」，

注文「去彼目之妄視」大抵與上文「目不妄視」相應和，然「去此腹之養性」，卻由「養神明」改成「養性」了，是以從文句的對照中，可知「神明」與「性」若不是相同的東西，也必定是相似性質的東西，然而，若要把「性」直接等同於「神明」，尚沒有其他有利的證據可以證明，故姑且把二者當作相似性質的東西，是以「守五性」可以輔助「養神明」。去六情，是為存養神明。蓋情與神明乃並存於五臟與胸臆之中，養神可以不死，情者傷身，故要去情以存神。

2. 五神

至於神，據〈成象・第六〉所言：「神謂五藏之神：肝藏魂，肺藏魄，心藏神，腎藏精，脾藏志。五藏盡傷，則五神去矣。」據此段可知，《河上公注》之「神」有二義：廣義的說，「神」指的是寄存於五臟之中的五臟神，五臟神分司五臟。狹義的說，「神」單指寄存於「心」所謂的「心神」。此外，從〈成象・第六〉也可知神者並非獨立存在，神乃寄存於五臟之中，五臟之中各有其所屬之神，五藏是形，五藏神是神，形神乃是相依相存。這種形神相依的「五臟神」觀念，在《河上公注》之前的醫書《黃帝內經》有極為類似的說法，其言曰：

> 五藏所藏，心藏神，肺藏魄，肝藏魂，脾藏意，腎藏志，是謂五臟
> 所藏。〔註85〕（《黃帝內經・素問・宣明五氣》）

然而，因為五臟與五臟神相互依存，因此兩者相互影響，五藏之形若受到傷害，五臟神也無法倖免。是以，形體強健是精神靈明的基礎，精神寓於形體之上，形全而後神全。如《荀子・天論》說：「形具而神生」。因此，形是神的依存體，沒有形，神就無處可依，因此曰：「五藏盡傷，則五神去之。」反過來說，神對於形來說也是十分重要的，一個生命體單有形體而無神明，就好比一個行屍走肉。那麼，這個單有形體而無神明的軀體，也無法存活，因此形神之間具有相當密切的互為依存的關係，也有非常密切的影響關係，所以一個完整的生命必須是形神兼具，且形神相抱者才可以稱得上是一個完整的生命。

以下談到神之所以必須依存於形才得以生的原因，蓋神者乃精神上無形、抽象之虛體，故無法單獨存在，必須掛搭在一有形、具象之實體上，才

〔註85〕〔清〕張志聰校注：方春陽等校注：《黃帝內經集注》（杭州：浙江古籍 2001.12
　　　　初版一刷），頁 189。

得以存在，是以神必須依附於形，然就人的精神層面來說，固然有神，但是
也有其他負面的精神活動，如情與欲，情與欲同樣是精神層面無形、無象之
物，情欲同於神明一樣，無法獨立存在，因此情欲也必須依附於五臟之形體，
於是在五臟之中同時可能並存著情欲與五神，然情欲與五神是相背而馳的，
情欲濁而五神清，因此情欲與五神是互相排擠且抵銷的，而且更多的時候，
是情欲會折損、消耗五神，當情欲完全佔據五藏之後，即表示五神已完全被
驅離五臟之外，此時人的形體將產生死亡的變化；反之，人的五臟全被五神
所佔據，情欲完全離開人的五臟，則形體將可因此而長生。以下再細言魂魄
神精志之五神。

（1）魂魄

關於「魂魄」的觀念，今存有關「魂魄」之論述文字，將可溯自《左傳·
昭公七年》子產的一段話，其言曰：

> 人始生曰魄，既生魄，陽曰魂。用物精多，則魂魄強，是以有精爽，
> 至於神明。〔註86〕

關於子產此段，可以分析出幾個觀點，其一，人身俱有魂魄，然魂魄產生之
先後，爲魄在先，而魂在後。其次，若以陰陽論魂魄，則魄屬陰，而魂屬陽。
其三，精氣強則魂魄隨之而強，甚至達於神靈虛明之境。但是從子產此段，
仍無法確知魂魄究爲何物？於是試觀其他注家對此之解釋，茲以杜預與孔穎
達二家之注爲代表，杜預以「形」釋「魄」，以「陽神氣」釋「魂」〔註87〕，
如此可知，杜預將魄視爲具體的形魄，將魂視爲抽象的靈魂〔註88〕。至於孔
穎達則解釋曰：

> 人之生也，始變化爲形，形之靈者，名曰魄也，既生魄矣，魄內自
> 有陽氣，氣之神者，名曰魂也。魂魄神靈之名，本從形氣而有。……
> 附形之靈爲魄，附氣之神爲魂也。附形之靈者，謂初生之時，耳目
> 心識、手足、運動、啼呼爲聲，此則魄之靈也。附氣之神者，謂精
> 神性識，漸有所知，此則附氣之神也。是魄在於前，而魂生於後，

〔註86〕 左丘明著：竹添光鴻 會箋：《左傳會箋》（天工 1993.5.10），頁 1462～1463。

〔註87〕 楊儒賓：《中國古代思想中的氣論及身體觀》（台北：巨流圖書 1993.3 初版一
刷），頁 16。

〔註88〕 錢穆先生則以理性的思維抱持「無靈魂的人生觀」，其以魄爲形體，魂爲形體
所展現的精神活動，見其〈中國思想中之鬼神觀〉，收錄於《靈魂與心》（台
北：聯經 1990 初版七刷），頁 53～110。

故曰既生魄，陽曰魂。魂魄雖俱是性靈，但魄識少而魂識多。〔註89〕

孔穎達此說，則將魂魄皆視爲神靈，不過魄先而魂後，魄識少而魂識多。今人周與沉統合各說，就魂魄作出兩點詳實的辨析，曰：

1. 性能、情狀方面，就虛實言，魂屬陽、屬天而較爲虛化飛動，魄屬陰、屬地而較爲凝斂沉實；由形神分說，魂近神而魄近形；與精神相比照，魂類神而魄類精；性能上看，魂主動而魄被動；狀態上魂動而魄靜。

2. 部居與職司方面，按醫家觀點則魂居於肝而主情志之怒，魄居於肺而主情志之悲。〔註90〕

試將上述諸說保留用以解釋《河上公注》之魂魄觀，則《河上公注》對於魂魄的說法有幾：其一，魂魄爲五神（魂魄神精志）之一，若依此則魂魄則爲精神上的神靈，故《河上公注》之魂魄觀應近於孔穎達之說，再者，《河上公注》又言：

天食人以五氣，……五氣清微，爲精神聰明、音聲五性。其鬼曰魂也，魂者雄也。……地食人以五味，……五味濁辱，爲形骸骨肉，血脈六情。其鬼曰魄，魄者雌也。（〈成象·第六〉）

從此段又延伸出幾個觀點：其一，從「其鬼曰魂，……其鬼曰魄。」可知魂魄一方面作爲人身存在的「神」，一方面又作人死的存在的「鬼」，綜言之，魂魄既是「神」，也是「鬼」。反過來說，人活著的時候，具有魂魄，人死以後，仍具有魂魄。關於人死之猶有靈魂之說，李建民先生嘗研究《漢書·景十三王傳》，文中提到景王寵妾陽平昭信的一段話，曰：「前殺昭平，反來畏我，今欲靡爛望卿，使不能神。」論證漢人的魂魄觀，以爲人死之後猶有魂魄，而此魂魄仍會寄存於肉身，並進而危害人，因此漢人相信如果將死人骸骨破壞殆盡，那麼其靈魂就無法作崇害人〔註91〕，此外，靈魂不死的觀念在這一時期也很流行，如馬王堆漢墓中出土的帛畫即繪有人死後靈魂所去的「天堂」及「黃泉」。如此可知人死之後，靈魂仍然存在不滅。總之，無論是活著

〔註89〕〔唐〕孔穎達 疏；〔清〕陸費逵 總勘：《春秋左傳正義》（四部備要本）（台灣：中華 1966.3 台一版），頁8。

〔註90〕周與沉：《身體：思想與修行——以中國經典爲中心的跨文化觀照》（北京：中國社會科學出版社 2005.1 初版第一刷），頁230。

〔註91〕李建民：〈屍骨、骷髏與魂魄——傳統靈魂觀新論〉，收錄於《當代》（第九十期 1993.10.1），頁48～54。

的魂魄，抑或死後的魂魄，皆同爲神靈性的存在，此說又呼應孔穎達之說。
其次，〈成象·第六〉也從另一個角度來闡釋魂魄，即以「魂者雄也。……魄
者，雌也。」又從〈謙德·第六十一〉：「牝，陰類也。……女所以能屈男，
陰勝陽。」可知，牝，屬女，陰類；母，屬男，陽類。實際上，牝牡、女男
與雌雄並無不同，因此可以推知：雄，陽類。雌，陰類。依此審視〈成象·
第六〉之「魂，雄也。……魄者，雌也。」可以推知魂乃屬陽類；魄乃屬陰
類。其三，魂魄除以陰陽分以外，「魂」由其爲「精神聰明，音聲五性」之鬼
而論，則「魂」大抵爲較高層次之神靈，亦即孔穎達所謂「附氣之神，謂精
神性識」；相反地，「魄」由其爲「形骸骨肉，血脈六情」之鬼而論，則「魄」
大抵爲較低層次的神靈，亦即孔穎達所謂「附形之靈者，謂初生之時，耳目
心識、手足、運動、啼呼爲聲」者。總此以論，則《河上公注》之魂魄，大
抵指人的兩種神靈〔註92〕。

　　辨明魂魄的性質後，接著談魂魄於人體的重要性，其言曰：

　　　人載魂魄之上得以生，當愛養之。(〈能爲·第十〉)

所謂「人載魂魄之上得以生」，意指人之所以得以生是因爲人載有魂魄，人有
魂有魄則得以生，這揭示了人身中重要的兩大結構，即爲魂魄。人身需共有
魂魄才得以生，反之，人身失去魂魄，或失去魂魄之其一，將無法生存。因
此，存養魂魄便成爲必須注重的課題，至於愛養魂魄的具體方法則見〈能爲·
第十〉，曰：

　　　喜怒亡魂，卒驚傷魄。魂在肝，魄在肺。美酒甘肴，腐人肝肺。故
　　　魂靜志道不亂，魄安得壽延年也。(〈能爲·第十〉)

此處雖把魂魄分開來論述，「喜怒亡魂，卒驚傷魄」，「魂靜」、「魄安」，實際
上，喜怒卒驚皆屬情緒的發動、反應，屬於同一範疇；而「魂靜」與「魄安」，
「安靜」也沒有很大的差異。因此總此說來，存魂與存魄之道，乃一體相通。
那麼，由此看養形之道，可知情緒之過度反應與感官的過度享受皆有害於形，
因此欲存形魄，勢必要節制情緒，使心情平和，也要節制飲食的享受，使形
體勿受過度的刺激，如此形體方得以全。

〔註92〕余英時先生認爲魂魄是指人兩種靈魂，而持一種「靈魂二元論」的主張，見
　　　　其所著〈中國古代死後世界觀的演變〉，收錄於《中國思想傳統的現代詮釋》
　　　　（台北：聯經 1987 初版），頁 123～143。

（2）神精志

狹義的神指心神，心神由道氣生成以後，進一步也由氣來存養，〈成象·第六〉言：「天食人以五氣，從鼻入藏於心，五氣清微，爲精神聰明」，此言「神」、「精神」，即由「五氣」所存養的。至於五氣究爲那五氣，《河上公注》並無說明，只知五氣乃源之於天，若就〈道化·第四十二〉可知，天實爲陽氣、清氣所構成，因此五氣之爲氣，應當是天之陽氣、清氣進一步的劃分，是以下句言「五氣清微」的確呼應天氣之清的說法，且言五氣「從鼻入藏於心，……爲精神聰明。」可知這個入藏於「心」所涵養的精神，所言當指狹義的神，即心神之意。總此以論，心神由氣而生，乃復從氣以養。此由氣生之神乃先天之神，而吐納五氣以存養之神爲後天修爲之神。人必須在先天神之保持下，復存養後天之神使其神明充沛，如此才可常保神明，使不散逸，如此才可以長存。

再者，心神之所以爲心神，蓋因神舍於心，既然「心」爲神「舍」，因此欲存神必得滌除存於心之種種雜物，才得以使心神安存於其間，於是《河上公注》針對心舍之滌除有一連串的說法，如要「虛其心」，其具體之法在於「除嗜欲，去煩亂。」（注「虛其心」〈安民·第三〉）將存於心之慾望、煩亂除去，還原心之潔淨面貌。又言要「洗其心」，曰：「當洗其心使潔淨也。心居玄冥之處，覽知萬事，故謂之玄覽也。」（〈能爲·第十〉）當心潔淨空虛之後，則神能入舍，神能入舍則能達於一種高妙的玄冥境界，若此則能智慧清明，又以玄冥之清淨心神，又照見萬事之理肌。由此觀之，心神爲人身中最重要的意識、思維，依此，心神爲五神中最重要之神〔註93〕。又言要「使心不亂」，曰：「不淫邪，不惑亂也。」（注「使心不亂」〈安民·第三〉）不使外物之淫邪惑亂此心。此等講求洗心以存神的功夫，與同爲黃老道家之《管子》有相同的思考理路，如〈心術上〉之「掃除不潔，神乃留處」。

其次談到「精」，《河上公注》中談及「精神」一詞凡有二十七次，當中

〔註93〕池田知久提出中國思想中：「『心』對於身體諸器官的支配。」，見池田知久：〈馬王堆漢帛書《五行篇》所見身心之問題〉，收錄於楊儒賓：《中國古代思想中的氣論及身體觀》（台北：巨流 1997.2 初版），頁 336～344。強調心於人身中之主宰位置。在《河上公注》中雖無明確的說法，然從「心」可以覽知萬事，能生智慧，的確可以感受到心於諸器官中的重要性。到了後世道教，又有更明確的說法，將身體諸器官，與官職體系作一比附，其中「心」即居人身諸器官中「君主」的位置，因而有「心君」的說法。

有些泛指廣義的「神」的總稱，有些或許指的是深藏於「腎」的精神。不過大體看來，《河上公注》中對兩者的態度應該是一致的。如一方面主張內守精神，如〈顯德・第十五〉云：「執者質厚，樸者形未分，內守精神，外無文采也。」其次，認爲精神之旺盛與否，與氣之充沛與否有關，如〈戒強・第七十六〉云：「人生含和氣抱精神故柔弱也。人死和氣竭精神亡故堅強也。」再者，又提出人的諸多有爲造作，會造成精神的離散喪亡，如：

多事害神，多言害身，口開舌舉，必有禍患。不如守德於中，育養精神，愛氣希言。（〈虛用・第五〉）

專守精氣使不亂，則形體能應之而柔順。能如嬰兒內無思慮，外無政事，則精神不去也。（〈能爲・第十〉）

人精神好安靜，馳騁呼吸，精神散亡，故發狂也。（〈〈儉欲・十二〉〉）

甚愛色費精神，甚愛財遇禍患，所愛者少所亡者多，故言大費。

（〈立戒・第四十四〉）

出生謂情欲出無內魂定魄靜故生也。入死謂情欲入於胸臆精神勞惑故死。（〈貴生・第五十〉）

綜合上述引言，不外在論述有爲造作之於精神之危害，因此欲存精神，應當無爲、無事、無思慮，希言愛氣，除情去欲，清靜自守。

談到「志」，《說文》釋「志」曰：「意也」〔註94〕。人的意念亦屬於精神的發用。關於「意念」，《河上公注》的態度，以爲意念的發用，乃是一種精神的外逐，故主張意念的發用應有所節制，甚至應使意念靜而不動。曰：

和柔謙讓，不處權也。（注「弱其志」〈安民・第三〉）

節志氣，養神明。（〈檢欲・第十二〉）

志靜無欲。（〈玄德・第五十六〉）

當復歸志於嬰兒，惷然而無所知也。（〈反樸・第二十八〉）

對於「意念」當「弱」、「節」、「靜」、「復歸」，意即削弱、節制、沉靜，回復歸反，從從些字句中可知，對於意念，並不主張積極的擴張，而主張淡漠其志，而至於無志無欲。又志等於意也，於是〈玄符・第五十五〉言：

赤子筋骨柔弱而持物堅固，以其意專而不移也。（〈玄符・第五十五〉）

〔註94〕 〔漢〕許愼著：〔清〕段玉裁 注：《說文解字注》（台北：黎明 1991.8 增訂八版），頁 506。

如果意念、意志是消極的不應被發展的，那麼它唯一可以積極的就是將意志專一於「一」，「志一無二」也，也就是專注於「抱一」、「守一」以合道也。曰：「人能強力行善，則爲有意於道，道亦有意於人。」（〈辯德・第三十三〉）人若將意志專注於「道」，則能與「道」互相感通。

　　最後要談的一個觀念是五神之源頭的問題，在此提出兩位學者的論點，其一是蔡璧名先生，其以《黃帝內經》爲例，提出五神之共名與別名的說法，曰：

>　　與其說「魂、神、意、魄、志」爲「肝、心、脾、肺、腎」五臟之神，
>　　不如說「魂、神、意、魄、志」，實爲共名之「神」，佈居於形軀，其
>　　當「肝、心、脾、肺、腎」處，就其特殊功能所立之別名〔註95〕。

依其說法，魂、神、意、魄、志爲「神」之「別名」，而「神」即是此五神之「共名」。換個方式說，神是主項，而魂、神、意、魄、志是「神」之下的分項，就邏輯上來說，則應先有主項，而後有分項，如此說來，「神」則不但是五神之「共名」，甚至還是五神之「共源」，也就是說，「神」在一開始並無分別性的功能，而是在神分別入於五臟之後，才分別依五臟之性質而區分五神的功能性。再者，鄭燦山先生以《河上公注》爲範疇，討論五神之源頭，曰：

>　　道、天皆具有神格性，所以「道」經由鼻口而進入人身，如此而分
>　　化爲五神，……因此魂魄神精志五者就好比五位神明居住於五臟之
>　　內般，……五臟藏五神，人能除情去欲，則天地間的神明便會前來
>　　依附己身〔註96〕。

與蔡璧名先生的說法相較，則鄭說同樣肯定五神是同源的，不過鄭說進一步從宇宙論去談，認爲五神共源於「道」，五神源出於道後，一分爲五，進駐於五臟之中，成爲宰制、管理五臟的五位神明，且五臟因其本身性質不同，因此進駐於五臟之五神，亦發爲不同的神靈。《河上公注》之「五藏神」，即自然之氣進入五臟後所轉生的生命力。此說之優點在於將人身之系統與宇宙接軌，然而卻也爲人身之結構增添一些神秘的色彩，並且也提供了人生境界之與神明世界相通的超越之可能性，同時也隱約指出人生境界在於往宗教的境

〔註95〕蔡璧名：《身體與自然──以《黃帝內經素問》爲中心，論古代思想傳統中的生命觀》（台北：台大文學院 1997 初版），頁 134。

〔註96〕鄭燦山：〈老子河上公注長生思想析論〉，見《孔孟學報》（第七十七期 1999.9），頁 189。

界昇華，而《河上公注》作爲一部道教聖典，能提供這樣的可能性是合理的。
於是在《河上公注》之後的道教經典——《太平經》，其五臟神有更明確的神
格化，發展出圖畫存思五藏神以解禍求福之法，以爲五臟神能報二十四時氣，
又說：五臟神「神長二尺五寸，隨五行五臟服飾等。」〔註97〕「四時五行之
氣來入人腹中，爲人五藏精神。」〔註98〕「此四時五行精神入爲五藏神，出
爲四時五行神精。」〔註99〕日人吉元昭治也歸納道教身神的概念曰：「其將以
五臟六腑爲首的所有身體部位，模擬爲宮殿，並認爲其中居住著神。這些『神』
身著不同的服裝，大小不等，職能各異。」〔註100〕可見五臟神之宗教化，《河
上公注》實爲一個轉捩點。

　　總結上文主要在論述人的身體結構，人體的結構主要分作形氣神三者，
形氣神三者皆是氣化所成，形是人體的物質層次，亦即「場域的身體」〔註101〕，
氣是人體的精神與物質的仲介層次，亦即「流動的身體〔註102〕」，氣下可凝固
成形體具象，上可昇華成神明。而形氣神基於同爲一氣之化，故基於同爲一
「氣」的基礎下，三者在「氣」的相互牽引下，具有相互影響的關係，即所
謂「牽一髮而動全身也。」故《淮南子・原道訓》說：「夫形者，生之舍也；
氣者，生之充也；神者，生之制也；一失位，則三者傷矣。」〔註103〕因此形、
氣、神任一受到損傷，其結果是全面的敗亡，因此形、氣、神三者皆須特別

〔註97〕 〈盛身卻災法〉，王明編：《太平經合校》（北京：中華書局，1997.10 初版五刷），頁 722。

〔註98〕 〈齋戒思神救恐訣〉，王明編：《太平經合校》（北京：中華書局，1997.10 初版五刷），頁 292。

〔註99〕 〈齋戒思神救恐訣〉，王明編：《太平經合校》（北京：中華書局，1997.10 初版五刷），頁 292。

〔註100〕 日人吉元昭治：《道教與不老長壽醫學》（楊宇譯）（四川：成都 1992.9 初版一刷），頁 256～267。

〔註101〕 日人石田秀實先生以爲外顯的軀體，包含外露的的體表和內在的骨骼、五臟六腑等。見石田秀實：〈由身體生成過程的認識來看中國古代生命觀的特質〉，收錄於楊儒賓：《中國古代思想中的氣論及身體觀》（台北：巨流 1997.2 初版），頁 190～192。

〔註102〕 日人石田秀實先生以爲非外顯的軀體，包含氣和氣所流布的路線和中心。見石田秀實：〈由身體生成過程的認識來看中國古代生命觀的特質〉，收錄於楊儒賓：《中國古代思想中的氣論及身體觀》（台北：巨流 1997.2 初版），頁 190～192。
案依石田秀實之說，氣與經脈皆屬於流動的身體，然筆者以爲經脈終究是氣「流動」的「場」，因此將經脈歸於「形」的部分來論述。

〔註103〕 〔漢〕高誘 注：《淮南子》（上海：上海古籍 1991.4 初版三刷），頁 15。

的注意個別的養護，避免因為連動性的影響，造成連鎖的反應。尤其形神之間具有相抱的關係，完整的生命是形神兼具得生命體，形與神缺一不可，又形神無法相抱而相離，生命也無法持續下去，形神二者，又以「神」格外重要，《淮南子‧泰族訓》故云：「治身太上養神，其次養形。」〔註104〕人體的結構若就氣的觀點來說，則是精氣神三者所構成，精氣神三者異名而同為一氣之化，精者，氣之精華純粹者；神者，氣之靈明昇華者，健全的身體必須是精氣神三者充足而飽滿，且精氣神三者也絕非獨立之體，三者也是互為影響，精不足氣不滿則神不生。此外，從「精」、「精氣」、「精神」三個名詞之難以劃分，也可知三者關係密切，具有某種融通性，而得以相互轉化而無礙。總言之，人身作為一複雜之結構，它實是精氣神三者的統一，也是形氣神三者的統一。

二、因氣立質

　　人是氣化的產物，然而在氣化的過程中，個人所稟受之氣在質量上有所差異，而這種氣化的差異直接影響到此人的材性差異，因此〈虛心‧第二十一〉言：「經營主化，因氣立質。」此言萬物因其所承之氣，而樹立其本身的性質。是以萬物之差異是由「氣」來決定的，同理可推，人身與萬物相較，人身雖是同一群類，然而就人身作細部比較，還是同中有異，而此同中之異仍是由「氣」來決定。且進一步說，所謂氣化的質量差異，在質的部分，所指是氣化過程中陰陽二氣的質，也就是陰陽二氣分配的比例，或偏陰，或偏陽，或陰陽二氣配置相當而達到一種均衡，此不偏陰不偏陽，不偏不倚，謂之「中和」。就《河上公注》而言，或偏陰，或偏陽，都不是最好的狀態，最佳的狀態是陰陽二氣達到一種均衡。在《河上公注》中就以人體陰陽二氣之「中和」與否論人材性之別，它是以「中和」為聖賢；以「不中和」為貪辱。其次，在量的部分，指的是人所稟受於天地之氣在總量上的多寡，多者謂之厚，寡者謂之薄。稟氣厚者為聖賢；稟氣薄者為貪辱。或者以稟氣厚者為壽；稟氣薄者為夭。以下分就氣之質量兩點論人體之差異。

（一）質

　　在氣化的過程中，個體的差異，在質的方面，主要由陰陽之配置所主宰。

〔註104〕〔漢〕高誘　注：《淮南子》（上海：上海古籍 1991.4 初版三刷），頁 225。

如此說來，陰陽於個體產生關鍵的影響力。關於陰陽在萬物之中居關鍵地位，早於醫家經典《黃帝內經》之中即有這樣的論點。《黃帝內經》之〈陰陽應象大論〉說：

> 陰陽者，天地之道也；萬物之綱紀。變化之父母。生殺之本始，神
> 明之府也。〔註105〕

陰者地道；陽者天道。陰陽共合成天地之道。陰者柔，陽者剛，陰陽二者形成天地剛柔之德。萬物皆由天地生成，因此天地之陰陽柔剛之性，於是直接影響到萬物本身的性質。言陰陽為「萬物之綱紀」者，意即陰陽為構成萬物之成分因素，一陰一陽適成萬物之經緯，二者缺一不可。再者言陰陽為「變化之父母」，陰陽之變化影響萬物之種種變化，陰陽之瞬息萬變，每一動皆牽動萬物，萬物亦隨之而改。陰陽也影響萬物之生殺、存廢。陰陽因其相對而相互激盪，在相互激盪中也許會相互抵銷，但也由於陰陽的相互矛盾，因而激發出陰陽兩股勢力的生命力，使生命力因而延長。陰陽也是深藏神明之所。是以《黃帝內經》此章謂〈陰陽應象大論〉，其旨即在論陰陽於現象的對應，陰陽之動，動輒在現象有所符應。《河上公注》基本上並沒有否認《黃帝內經》這樣的說法，不過《河上公注》也沒有如《黃帝內經》一般論述得這麼清楚。在《河上公注》中的確運用陰陽二氣的組合變化來論人之材性。先就人在先天上陰陽的組合對材性的影響。《河上公注》中〈體道‧第一〉有一段話，其言曰：

> 言有欲之人與無欲之人，同受氣於天也。……稟氣有厚薄，得中和
> 滋液則生聖賢，得錯亂污辱則生貪淫也。……除情去欲，守中和，
> 是謂知道要之門户也。（〈體道‧第一〉）

在這裡，《河上公注》首先承認人同受氣於天，事實上還是同中有異。在這裡，《河上公注》提出人有多種，有聖賢、有貪淫。實際上，這兩段話是相對的文字，不妨從互文中對照其意，如此則可歸出人有聖即有不聖；有賢即有不肖；有貪淫則必有廉潔。也就是說人可從品德、操守、智慧各分面論其高下。至於人之所以分化為如此多種類型的關鍵在於個人所稟受之氣，進一步說個人所稟受之氣又有厚薄、中和滋液與錯亂污辱之別，至於厚薄也就是指所承受之氣之多寡，這是所承受之氣的「量」的問題；另外，中和滋液與錯亂污

〔註105〕〔清〕張志聰校注：方春陽等校注：《黃帝內經集注》（杭州：浙江古籍 2001.12
初版一刷），頁34。

辱乃對舉而言，這是所承受之氣的「質」的分配的問題。此處先就稟氣之「質」的部分作說明。而欲就稟氣之「質」作探討，則必定須抓住「中和滋液」與「錯亂污辱」的關鍵，可以理解的是「中和滋液」與「錯亂污辱」是截然相反之稟氣，「中和滋液」意指在程度上達到某種中間值、不偏不倚，此儒家謂之「中庸」，道家謂之「中和」，因爲中道而達到某種協調、調和，也就是人所稟受的陰陽二氣達至均衡、不偏不倚，不偏陰也不偏陽，此謂之中和，此所呈顯出來的氣是一種不衝突、不矛盾的協調之氣，謂之「和氣」，人能稟此和氣，則可因陰陽的等量而相互刺激、消長，而使陰陽二氣得以持續不斷的延續，此謂之「滋液」。人能承此中和滋液之氣則能成聖賢、廉潔之人。反之，人所稟受之氣，陰陽相距懸殊，或偏陰，或偏陽，若一開始陰陽即有偏頗，那麼強的一方則恆強，弱的一方恆弱，陰陽自始至終都無法獲得平衡，那麼，生命無法因陰陽的相互激發而延長，相反地，會因爲恆強恆弱而導致生命的停滯死寂，此謂之「錯亂污辱」，凡氣錯亂污辱則成愚、不肖、貪汙等。且從情欲的觀點來看，情欲之有無也由「氣」來決定，「氣」之性質如何即決定情欲之有無，從「除情去欲，守中和」一句可知，「除情去欲」與「守中和」有某種程度的因果關係，除情去欲得以守中和，那麼，反過來說，中和之氣必定是無情無欲；失中和之氣並定充斥著情欲，也就是「中和滋液」是無欲之人；而「錯亂污辱」是有欲之人。《河上公注》對於人在「質」的差異，僅分作「中和」與「失中和」兩種，然而實際上陰陽因其偏仄的程度不同，可以有無數的排列組合，關於此，《黃帝內經・靈樞・通天》則有更精細的劃分，其言曰：

> 太陰之人，多陰而無陽，其陰血濁，其衛氣澀，陰陽不和，緩筋而厚皮。
>
> 少陰之人，少陰少陽，小胃而大腸，六府不調，其陽明脈小，而太陽脈大。
>
> 太陽之人，多陽而少陰。……少陰之人，多陽少陰，經小而絡大，血在中而氣外。
>
> 陰陽和平之人，其陰陽之氣和，血脈調。〔註106〕

〔註106〕譯解：《黃帝內經靈樞譯解》（台北：樂群文化 1989.12 增訂十版），頁504～505。

陰陽二氣依其調配分作太陰、少陰、太陽、少陽以及陰陽和平這五種人，此
五種人各因其陰陽調配而反映出不同的生理狀態，其陰陽清濁各產生不同的
弊病，唯有「陰陽和平」之人，氣血調和，是最理想的狀態。《黃帝內經・上
古天眞論》還說此等陰陽和平之人，往往能夠「天壽過度，氣脈常通而腎氣
有餘。」〔註107〕其精氣充沛，可以至「七七」四十九歲，「八八」六十四歲而
不衰，壽命比起一般人還來的長壽。《黃帝內經》的說法大致與《河上公注》
一致，都認爲陰陽中和之人爲稟氣最佳之人，然而比起《黃帝內經》分五種
作精細的敘述，《河上公注》的說法顯然簡略的許多。然而，《河上公注》把
「壽夭」與「聖貪」、「賢愚」，即年壽、德性、材性都以陰陽合氣的狀況作說
明，其適用範圍確比《黃帝內經》之單論生理來得廣。陰陽的配置除了可以
決定年壽、德性、材性的差異外，就性別來說，《河上公注》也以陰陽來作區
別分野，其言曰：

> 牝，陰類也。柔謙和而不唱也。女所以能屈男，陰勝陽，以（其）
> 安靜，不先求之也。（〈謙德・第六十一〉）

牝、女屬於陰氣之一類，且陰氣其德爲柔順、貞靜〔註108〕，因此牝、女的一
類大抵較爲柔順謙和且沉靜。相反地，牡、男屬於陽氣的一類，且陽氣其德
爲剛健、活動，因此玄、男的一類大抵較爲剛健、積極且好動。陳攖寧先生
嘗從修鍊的角度論男女，其說法亦可與此相應，曰：「女子修行與男子有別。
男子陽從下泄，女子陽從上升。男子體剛，女子體柔。」〔註109〕，《河上公注》
並以柔弱勝剛強，論證牝能勝牡，陰能勝陽，靜能勝動。

　　以上從先天所稟受之氣論人之差別性，總歸一句，從氣的質（內容）來
說，陰陽二氣分配達於中和則成聖賢、廉潔、無欲之人；反之，陰陽二氣失
其中和則成愚笨、不肖、貪汙、有欲之人。雖然，先天之稟氣會影響所成形
之人的品德、智慧、操守，然而，《河上公注》的作者並不是像王充《論衡・
無形》一樣主張「用氣爲性，性成命定」〔註110〕，也就是說《河上公注》雖

〔註107〕〔清〕張志聰校注；方春陽等校注：《黃帝內經集注》（杭州：浙江古籍 2001.12
　　　　初版一刷），頁 6。

〔註108〕《易經・繫辭上》中以「乾道成男，坤道成女。」案乾卦爲陽，陽者爲男，
　　　　又陽德剛健，故男爲剛健。坤卦爲陰，陰者爲女，又陰德柔順，故女爲柔順。

〔註109〕轉引自洪丕謨：《道教長生術》（浙江：浙江古籍 1992.7 初版一刷），頁 451。

〔註110〕〔清〕惠棟批校：《論衡》（台北：中國子學名著集成編印基金會 1978 初版），
　　　　頁 75。

然同樣主張人之性由「氣」決定，但認爲先天之氣固然會影響一個人的性，但不會因爲先天的性而全然的決定這個人的命運，也就說它並非「宿命論」者，它認爲透過後天的「除情去欲」還是可以養性，以彌補先天之不足。甚者，人體中之陰陽二氣並非固定不變者，而是與時變遷者，即便是先天稟承中和之氣，後因後天的失調而偏仄，也會改變其先天的材，因此欲保持中和之性仍需時時作調節。

（二）量

　　在「量」的部分，人與人之間的差異一部份是由陰陽氣化的比例決定；另一部分則是由所稟受之氣的多寡來決定，所謂氣之多寡，在《河上公注》中謂之「厚薄」。原則上，稟氣多者其材性爲聖賢；稟氣少者其材性爲昏庸不肖。實際上，從《河上公注》其餘的注解文字中還可從所稟受之氣的多寡觀其生命力。也就是說：先天所稟受之氣多，其生命的能量也就多，體現於具體生命上，就是其壽命較長；反之，所稟受之氣寡，其生命能量也就較爲寡少，體現於具體生命上，就是其壽命較爲短。理論上來說是如此，實際上壽命之長短，除了由生命能量決定之外，其影響的因素還有其消耗能量的速率。假設其生命能量原本就較寡少，再加以生活中對於飲食、情欲不加以節制，如此以往，壽命會加速減少。另外，也許先天稟受之氣寡少，且生活之中消耗之氣也多，但如能深諳養生納氣之道，能納天地之氣以自養，那麼，或許也會稍微減緩生命能量消耗的速度。綜言之，在量的方面，影響個人的材性及壽命的長短，其因素有先天的因素，有後天的因素，而後天的因素又包含情欲、飲食所消耗的部分以及納氣、行氣所增添的部分。以下論氣之「量」所影響之個別差異，先就氣量所影響之材性，同樣以〈體道・第一〉爲例，曰：

　　　稟氣有厚薄，得中和滋液則生聖賢，得錯亂污辱則生貪淫也。能知
　　　天中復有天。（〈體道・第一〉）

就材性來說，聖賢、無欲之人所稟承之氣多而厚；貪淫不肖、多欲之人所稟承之氣寡而薄。這裡似乎是以稟承之氣之厚薄，論德性、材性之厚薄，稟氣厚者德性、材性亦豐厚；稟氣薄者德性、材性亦薄弱。又此處言「天中復有天也」，是說人雖同稟天（地）之氣而來，然個別所稟受之天（地）卻有異，此謂天外有天，且隨著人人所稟承之天氣不同，人材亦有高下優劣之分，這就是人外有人。易言之，聖賢之人其所稟受之天氣特多，故能成其聖賢。昏

庸貪淫不肖之人，其所稟受之天氣較少，故而成其昏庸貪淫不肖。相同的說法在後來的《論衡・自然》也出現了，其言曰：

> 至德純渥之人，稟天氣多，故能則天，自然無為；稟氣薄少，不遵道德，不似天也，故曰「不肖」，不肖者，不似也，不類聖賢，故有為也。〔註111〕

《論衡》的說法其實與《河上公注》的說法一致，但更為明確合理。《論衡》以為聖賢之人所稟天氣多，故多具天之德，故道德純厚。且聖賢之人因本來稟具天之善性，只要順天性而為即合於天理。反之，庸愚之人所稟之天氣少，故不似天之德，故道德低劣。又庸愚之人本性離天道甚遠，又加以胡作妄為，則離天道益遠。《論衡》此說直以「氣」為媒介，論述人之肖天程度多寡論其德性之多寡，顯得簡明而清楚。至於《河上公注》言「天中復有天」、「天外有天」，以天的異質性論人的異質性，《河上公注》此說則顯得複雜而紛亂。再者，人雖先天所稟受之氣有多寡之別，而間接影響其情欲之多寡，如此可知稟氣之多寡與情欲之多寡，除了是一種「應」「對」的關係，氣多則「應」之以無欲；氣寡則「應」之以有欲。此外，也可知「情欲」與「含氣」是一種相互排擠的關係，情欲多則排擠氣，而成氣寡；氣之多則排擠情欲，而成情欲之寡，在二者的排擠效應之下，以及二者的價值觀之下，知當取「氣」而去「情欲」。因此，在後天的養性的措施下，必當去情欲以存有「氣」，如此昏庸不肖貪淫，可以因氣之涵養修鍊，而轉變成聖賢之人。

其次，《河上公注》的「氣」就形軀的意義來說，「氣」代表的是一種生命的能量，氣之多寡、有無則代表不同的生命現象。氣量之多寡代表生命能量的強弱。氣量之有無則代表生命之生滅。《黃帝內經・素問・天元紀大論》明確地說道：「氣有多少，形有盛衰」〔註112〕。氣之多則形盛；氣之少則形衰。《論衡・氣壽》則說：「稟氣渥則體彊，體彊則命長；氣薄則其體弱，體弱則命短。」〔註113〕稟氣之多寡厚薄即決定其體之強弱與壽之長短。在《河上公注》則說：

〔註111〕 〔清〕惠棟批校：《論衡》（台北：中國子學名著集成編印基金會1978初版），頁390。

〔註112〕 〔清〕張志聰校注：方春陽等校注：《黃帝內經集注》（杭州：浙江古籍2001.12初版一刷），頁457。

〔註113〕 〔清〕惠棟批校：《論衡》（台北：中國子學名著集成編印基金會1978初版），頁49～50。

> 人生含和氣，抱精神，故柔弱也。人死和氣竭，精神亡，故堅強也。
> 和氣存也。和氣去也。（注「人之生也柔弱，其死也堅強。萬物草木
> 之生也柔脆，其死也枯槁。」）〈戒強・第七十六〉）

人之所以生在於存有和氣，有和氣是以能保其精氣，有和氣才能將氣昇華成神。反之，和氣耗竭，則精神去身，則人將遭死亡。意即人之生死存亡取決於一氣，一氣存則生存；一氣亡則死亡。此外，不僅人的生死存亡由一氣之存乎決定，萬物之存亡亦不逃乎此理。而且，若把「氣」視作生命的能量，生命能量之有無決定了生命之存亡。那麼，「氣」之多寡亦當如《黃帝內經・素問・天元紀大論》所云，決定了生命形態、生命現象之強弱，也因此《河上公注》中才一再的重申「愛氣」之重要，「愛氣」的目的是爲了減少生命能量的消耗。

三、壯極而老

　　生命的歷程簡言之就是由生而至死的過程，由生至死其實只是一息之存與否的分別罷了，一息尚存爲生，一息不存則爲死。然而從一氣之存與一氣之不存間還有無數的變化。大抵生命一旦成形之後，氣化的運動並不會因爲生命的成形，而稍加休歇。相反的，人一旦稟承道、氣、陰陽、天地、五行之氣之後，氣仍在人體內不斷地交互作用著，單就體內之氣來說是如此，但是如果把外在環境考慮進去的話，那麼，其間的變化則不知凡幾。生命固然是瞬息萬變，變化莫測，但總體說來，仍有其主要趨向。以下試從兩個方向來談生命的歷程。其一，生命歷程中交互作用的氣，它是如何的運動，而它如何之運動又會怎樣的改變生命的形態。其次，論述生死的過程趨向。

　　其一，生命的歷程中交互作用的氣有許多，舉凡陰陽二氣、天地之氣、五行之氣、精氣、和氣、元氣、濁氣等。以陰陽二氣來說，以陰陽的交互變化來論及人事的變化者，由來已久，早於《易經》，即以陰陽之排列組合來論述人事之盛衰。《黃帝內經》也表明陰陽對於人體的關鍵影響，曰：「陰陽者，變化之父母，生殺之本始也。」至於陰陽如何具體影響人身之變化，大抵要從人身之生成說起，《老子・第四十二章》中說：「萬物負陰而抱陽，沖氣以爲和。」表明萬物中有陰氣、有陽氣，陰陽二氣合和而成萬物。《河上公注》繼承《老子》說，以爲人身是陰陽、天地、清濁二氣所組成，人初生之時所稟持的是陰陽二氣配置相當的和氣，然隨著成長，受外物的影響，陰陽二氣

就量化的分配上不斷地產生變化，或陰盛陽衰，或陽盛陰衰，陰陽二氣在相互衝突、對抗中，不斷地產生轉化，陽盛而衰，陰衰而盛，陽變陰，陰變陽，原則上，人生之時所稟賦之氣為陰陽調和之和氣，然隨著生命歷程的推展，受到外物的種種牽引與影響，尤其是情欲之逐漸擴張，使得原本調平之和氣逐漸變濁辱，和氣轉變為濁辱之氣，和氣於是消失，和氣消失，人就即將面臨死亡。以五行之氣來說，五行之氣為王相囚死休（廢），此五行之氣彼此相生相剋，隨著五行的生剋，體現在人身上的則各有王、相、囚、死、休各氣，且隨著五氣之體現於人身，則人身上各有旺盛、衰弱，乃至死亡的變化。以清濁之氣而言，人體的精神層次由天清之氣所養，人體的形骸層次由地濁之氣所養，作為一個完整的人體，必須形神兼備，因此清濁之氣也必須於人體中有相當的配置，倘若一方衰歇，則或影響形，或影響神，最後形神互影響，以至於敗亡。以精氣、元氣、和氣來說，人生而俱稟精氣、元氣、和氣，人若稟具此三氣，則能量充沛，形體柔弱，氣和而生，反之，隨著生命的推移，生命無可避免的受到外物的影響，精氣、元氣、和氣日益消耗，當這些氣全數消耗殆盡，且伴隨著臟腑的虛衰，最後形神去之，生命亦就此結束。

其次，關於生命的歷程，佛家說生命的歷程是生老病死，成住壞空，《老子‧第三十章》論生命的歷程為：「物壯則老，是謂不道，不道早已。」人在初生之時，形體極為柔弱，意志極為柔和，一如嬰兒，因為形體柔弱，所以遇外物的侵擾，可以應物變化，而可以不斷傷自己的性命，因為意志柔弱，所以沒有執著，也不會使意志受到損抑，因此，反而可以求得長存。反之，人一旦成長，不但形體隨之堅強，意志也隨之堅強，因為形體堅強，所以遇外物的打擊，不能隨之屈曲，因此容易摧折；因為意志堅強，遇事執著，容易使心志受損。因此就《老子》的思想來說，老子以為柔弱是勝過於剛強者，柔弱是生存之道，而剛強者近死。柔弱者合道，而剛強者失道，因此生命的歷程由柔弱而至剛強，實是由合道而至失道。合道者長存，失道者亡。到了《河上公注》，其對於生命的歷程也有相近似的看法，曰：

> 草木壯極則枯落，人壯極則衰老也。言強者不可以久。枯老者坐不
> 行道也。不行道者早死。（〈儉欲‧第三十〉）

《河上公注》以草木為喻，說明草木壯極則枯亡，這一方面表示壯極則剛強，而剛強者死道也。一方面也揭示出：物極必反的道理，物盛極則衰，因此盛極必定會由盛轉衰，壯極必定會由壯轉弱，是以「壯」、「盛」對萬物而言非但無益反而有害。因為「壯」、「盛」其實正宣告著「弱」、「衰」即將來臨，

不若「弱」、「衰」有無限的潛力往「壯」、「盛」來發展，如果以爬山作喻，那麼，「弱」、「衰」是上坡將永遠保持著旺盛的生機，保持奮發的意志；反之，「壯」、「盛」則是下坡，是每況愈下，狀況將來愈來愈差。且以道的觀點來看，剛強、枯老者不合大道，不合大道者，且早晚死亡。若就氣的觀點來看，人初生之時秉持和氣，和氣存故形體柔弱，和氣存則生，形體柔弱亦生。反之，人死和氣竭，和氣竭則形體剛強，和氣竭將死亡，形體剛強亦近死。要之，生命的歸宿不免走向死亡，而成爲人鬼，唯一可以擺脫此道的途徑即是修道以解死，長生而成仙。〔註114〕

第三節 《老子想爾注》之生命觀

　　《想爾注》延續道家一系「貴生」的傳統，除了重新賦予「道」「生」的涵義外，《想爾注》中修煉的人物典範——僊士，亦將「身體」視作最珍貴之物，絕不以身殉貨，《想爾注》即云：「僊士與俗人異，不貴榮祿財寶，但貴食母。食母者，身也。」（〈第二十章〉）此即云僊士貴身，而輕榮祿財寶。此外，《想爾注》作爲一本宗教性質之書，宣教勸善意味極爲濃厚，對於身體的觀點卻討論得不多，以下即就《想爾注》所論及生命觀點略作說明。

一、人身神受

　　就人身之生成而言，無論是《指歸》，或是《河上公注》，皆可大體歸納成道生氣，氣生萬物的生成圖式。然而到了《想爾注》，由於道本身集物質與精神，集形而上的道，形而下的氣，以及宗教上的神靈於一身，於是其生成圖式立即簡化成道生萬物。若將《想爾注》的道義聚焦於神靈義，即太上老君。那麼，宇宙萬物之生成，即成神明創世說。詹石窗先生即云：

　　　　道教神創論建立在兩個主要的基點上，一是以太上老君爲『道』的
　　　　形象代表，從而建立太上老君創世說；二是以盤古神話和劫運思想
　　　　爲基礎，建立了天尊創世說。〔註115〕

〔註114〕楊玉輝先生以道教立場言「人生的最終歸宿」，不外有二，其一爲「修道成神仙」；其二爲「死亡成鬼魂」。見楊玉輝：《道教人學研究》（北京：人民 2004.12 初版一刷），頁 118～123。

〔註115〕詹石窗：《道教文化十五講》（北京：北京大學出版社 2003 第一版），頁 146 ～147。

宇宙萬物既爲太上老君所創，那麼人身亦爲「神」所受，既人身爲神所受，
這就構成神學生命觀。能支持此種說法的譬如在《想爾注》中不但言「道」
爲創生萬物之母，同時也是教化聖人如孔子，甚至發展人類器物，乃至文明
的創世主、造物主。曰：

> 道甚大，教孔丘爲知。（〈第二十一章〉）

> 古未有車時，退然，道遣奚仲作之。愚者得車，貪利而已，不念行
> 道，不覺道神。賢者見之，乃知道恩，黙而自屬，重守道眞也。亦
> 與車同說。道使黃帝爲之，亦與車同說。此三物本難作，非道不成。
> （〈第十一章〉）

孔子是儒家代表人物，代表人類精神文化的高度發展；奚仲作車，便於交通；
黃帝造室，便於居住，此爲人類物質文明的高度發展，《想爾注》將這些文明
的進展歸功於「道」，此說大有西方上帝創世的神學意味，對此顧寶田、張忠
利先生亦評論道：

> 《想爾注》把《老子》有無之辯曲解爲宗教創世說。把道說成至高無
> 上創造一切的尊神，世間一切都是道指令造出來的。從解《老》的學
> 術性來看，雖然價值不高，但爲道教創世說提供信仰依據。〔註116〕

既然世間一切皆由這個富神學意味的「道」所創生而來，人身亦不例外，而
這個「道」又有喜怒，又有意志，又主宰萬物，那麼，人身的一切，皆須聽
命於這個「道」。進一步說，人身之生成，乃至人身形成之後，人身的種種變
化，包含生老病死，無一不受道所左右，無一不受道所宰制。如《想爾注》
言：

> 道尊且神，終不聽人，故放精邪，變異汾汾，將以誡誨，道隱却觀。
> （〈第三十五章〉）

> 道設生以賞善，設死以威惡。（〈第二十章〉）

> 天曹左契，算有餘數，精乃守之。（〈第二十一章〉）

此言道至尊且神，雖則隱微，但卻以各種災異以及懲罰誡誨世人，以尊道守誡。
道並依世人尊道情形，命天官加以計算人之得失，行善爲惡相抵，若又餘數，
則得賞，使人得以安守精氣，得以長生；反之，行善爲惡相抵若不足，則奪其

〔註116〕顧寶田、張忠利：《新譯老子想爾注》（台北：三民書局股份有限公司 1997.1
初版），頁 47。

精氣，奪其壽命，使其夭折。此種「人身神受」的神學生命觀，大大的影響《想爾注》的疾病觀，認爲人之壽夭疾病等等問題的病因，在於所作所爲是否合乎「道意」，是否合於神旨，對於「道」是否虔誠信仰。凡是合乎神旨、道意的即得長生，甚至永生；不合道意、神旨的即夭折或患病等。當然，此種帶有神學色彩的生命觀，也影響其養生觀，使其養生觀，不全然理性的看待人身這個複雜的機器，而是迴向於對道的信仰。是以〈第三十二章〉云：

> 王者尊道，吏民企效。不畏法律，乃畏天神。不敢爲非惡，皆欲全身。（〈第三十二章〉）

王者、吏民爲求保全生命，而敬畏天神，尊道守誡，就是這種生命觀發展下所形成的特殊養生法。

二、人身結構

　　若就《想爾注》「道」之形上本體義切入，則《想爾注》之「道」，即是合精、氣、神於一體者，於是道生人身之時，乃依元神生元氣，元氣生元精，元精生形的順序，〔註117〕順生成人。而人生形成之後，即由先天轉後天，由後天的交感之精、呼吸之氣、意識之神共同維持人身之運作。而先天後天之精、氣、神適成人身形、氣、神之結構。形是人有形可見的成分，它構成人的結構基礎，同時形也是氣和神賴以產生存在的基礎。氣是人的生命活動的動力和泉源，氣一方面由精所化生，同時又爲神的產生存在提供條件。神是人一身的主宰，負責人的全部活動的組織指揮，它對氣和神都具有主導和支配作用，但同時也依賴氣和形而存在。〔註118〕

（一）形

　　就人身之結構而言，《想爾注》認爲人身結構可別爲形、氣、神三部分，關於這樣的整體認知，與《指歸》與《河上公注》大致上是一致的。以形的部份來說，《想爾注》中所提及人身中形體之結構，概略分作精血、骨髓、生殖器官，感官器官，五臟系統。

〔註117〕上陽子：《金丹大要・卷四第七・精氣神說下》言：「是以三物相感，順則成人，逆則生丹。何謂順？一生二，二生三，三生萬物。故虛化神，神化氣，氣化精，精化形，形乃成人。」，收錄於施博爾編：《正統道藏》（第四十冊）（台北：藝文 1977.3 初版），頁 31973。

〔註118〕楊玉輝：《道教人學研究》（北京：人民出版社 2004.12 初版第一刷），頁 19。

關於「精」，是形之精髓，也是構成人體和維持生命活動的精微物質，陳榮捷、林語堂都把「精」譯爲「生命力」（life-force）。〔註119〕「精」，可分作「先天之精」，與「後天之精」，「先天之精」即爲「元精」，它是人體生長發育的基礎，主要來源於父母的精、血，被視爲人體生命活動的原始微觀物質。《黃帝內經》稱：「人始生，先成精。」指的就是這種先天之精。先天之精又源之於「道」，稱作「道精」，《想爾注》即云：

> 大除中也。有道精分之與萬物，萬物精共一本，其精甚眞，生死之官也，精其眞，當寶之也。（〈第二十一章〉）

> 萬物含道精，並作，初生起時也。吾，道也。觀其精復時，皆歸其根，故令人寶慎恨也。（〈第十六章〉）

道精遍佈宇宙，並分之於萬物，成爲萬物之根本，萬物得之則存，失之則亡，它是人生存之根本，於是「寶精」、「惜精」、「存精」於是成爲養生之一大要務。其次，因爲「道精」爲萬物所共有的，即爲道與人、人與人、人與萬物共一本的「道精」。「道精」或云「元精」施與人身之時，人身即載營之，此精即精落深藏於腎臟之中。《想爾注》云：

> 魄，白也，故精白與元同色。身爲精車，精落故當載營之。神成氣來，載營人身。（〈第十章〉）

> 精白與元炁同色，黑太陰中也。於人在腎，精藏之，安如不用爲守黑，天下常法式也。（〈第二十八章〉）

精同於魄與元氣，色白，精以人身爲營載之所，人身承載精之後，大體入於五藏，骨髓、生殖器官以及感官器官，除卻形成形體各部份，也維持形體的正常運作。《想爾注》即云：

> 所以精者道之別氣也。入人身中爲根本，持其半，乃先言之。夫欲寶精，百行當備，萬善當著，調和五行，喜怒悉去。天曹左契，算有餘數，精乃守之。（〈第二十一章〉）

由此二段文字觀之，精關乎人之存亡，精足氣滿，則身強體壯；精枯氣竭，則百病叢生，乃至死亡，是以《素問‧金匱眞言論》亦言：「夫精者，身之本也。」〔註120〕。後天之精又稱「臟腑之精」，它主要來自於後天五穀飲食之營

〔註119〕陳鼓應：《老子注譯及評介》（北京：中華書局 1984 第一版），頁 150。
〔註120〕〈素問‧金匱眞言論〉，〔唐〕王冰 注；〔宋〕林億等校：《黃帝內經素問》（臺北：臺灣商務 1967 臺二版），頁 12。

養，通過肺的呼吸調節，脾胃的消化吸收，從而將營養物質的精微部分轉化到人體的各個臟腑而構成，即成後天之精，亦云「交感之精」。

　　「精」儘管存在「先天」、「後天」之別，但二者又是相輔相成，互為依存的。「先天之精」要依靠「後天之精」不斷補充，「後天之精」則必須依賴「先天之精」的活力，而且它們還共同儲存於人的兩腎之中，形成所謂「腎精」。腎精作為人體生命活動的重要物質要素之一，它主要發揮以三種生理功能〈1〉推動人體生長發育〈2〉參與人體生殖繁衍。〈3〉濡養人體臟腑組織器官。〔註121〕以推動人體生長發育而言，由於腎藏精，腎又主骨，精足氣滿則髓滿骨堅，自然發育健全。以參與人體生殖繁衍而言，交感之精，依今日醫學研究，包含著多種激素和其他未明因素及細胞遺傳的基礎物質ＤＮＡ和ＲＮＡ等等，〔註122〕此精經過陰陽交合之後，又能進一步繁衍滋乳。《想爾注》即云：

> 陰陽之道，以若結精為生。年以知命，當名自止。年少之時，雖有，
> 當閑省之，綿綿者微也，從其微少，若少年則使存矣。今此乃為大
> 害，道造之何？道重繼祠，種類不絕，欲令合精產生，故教之。年
> 少微省不絕，不教之勤力也。勤力之計，出愚人之心耳，豈可怨道
> 乎！上德之人，志操堅彊，能不戀結產生，少時便絕，又善神早成。
> 言此者，道精也，故令天地無嗣，龍無子，仙人無妻，玉女無夫，
> 其大信也。（〈第六章〉）

這裏講述了幾個問題，「陰陽之道，以若結精為生。」此處之「結精」，即後文所說「合精」，意即合男女之精則得以生育產生。道重「繼祠」，以求種類不絕，生生不息。其次，「少時便絕，又善神早成，言此者，道精也。」此處提出少時便絕意於男女之精，則精實神成，又說此者「道精」，似乎道出先天精與後天精之關係，在於後天精若能保之而不漏，則精足氣滿神足，得以充實先天精。換言之，先天精與後天精具有相輔相成之牽動關係。就濡養臟腑組織器官而言，人體之精雖則身藏於腎，然透過「氣」的推動流通，精氣得以周流全身，達到濡養臟腑組織器官之作用。此外，精又可以凝成血，俗言道：「一滴精，十滴血。」自古即有所謂「精血同源」之說，

〔註121〕劉松來：《養生與中國文化》（江西：江西高校出版社1994.6第一版第一刷），
　　　　頁130～132。
〔註122〕李遠國：〈論《老子想爾注》中的養生思想〉，（《中國道教》2005.6），頁42。

論「血」必及「精」。〔註123〕《想爾注》亦言:「凡含血之類,莫不欽仰。」(〈第五章〉)此含血之類,即爲萬物,此表明萬物之中有精血。氣通過網居全身的經絡以貫通身心,在機體器官與心神情志之間回環鼓盪。但離了血的營養與滋潤作爲生理基礎,氣亦難奏其功。血液行於脈管,貫串全身循環不息,外而皮肉筋骨,內而五臟六腑,皆爲所充布、濡養,機體的運營與心志的發用亦得以正常運行。〈素問・五臟生成篇〉云:「肝受血而能視,足受血而能布,掌受血而能握,指受血而能攝。」〈靈樞・平人絕谷〉云:「血脈和利,精神乃居。」點明了血行全身的重要性。血的流布運行,由心所鼓動,並靠其他臟器的固攝作用來平衡、協調,肺宣血、肝藏血、脾統血、腎藏精以化血的功能,都非常重要。其中,氣的推動、統攝更是根本因素。《素問・八正神明論》云:「血氣者,人之神,不可不謹養。」血與氣即是這種相濟、相用的關係,氣化能生血、氣運能行血、氣充能攝血,血則是氣的載體與生理基礎,「氣爲血之帥,血爲氣之舍,二者是互根互用的。」〔註124〕

綜言之,有了精,才進一步能構成骨髓、生殖器官、感官器官以及五臟系統。有了精,人體才有生機活力的泉源。有了精,人身才具備繁衍繼祠的物質。有了精,才能進一步煉精化氣,煉氣化神,以達「仙壽」。因此「精」之於人體至關重要,在《想爾注》中也以大量篇幅談論「實精」、「結精」、「寶精」之法。

關於骨髓,骨即骨頭,構成人體主要架構;髓之藏於骨腔者,謂之「骨髓」,藏於脊椎骨者稱爲「脊髓」,藏於腦者稱爲「腦髓」,腦爲髓海。腦髓與脊髓相連,也與骨髓相關。而腦髓之充足與否,又與腎以及藏腎之「精」相關,腎精充足則腦髓充足,則精力充沛,勞作持久,《想爾注》則云:「氣歸髓滿」(〈第三章〉)。《河上公注》則云:「髓滿骨堅」(〈安民・第三〉);反之,腎精耗損則髓海不足,就會出現疲乏、頭暈、嗜睡、記憶力減退等病狀〔註125〕,《想爾注》則謂之「氣去骨枯」(〈第三章〉)。

〔註123〕周與沉:《身體:思想與修行——以中國經典爲中心的跨文化觀照》(北京:中國社會科學出版社 2005.1 初版第一刷),頁 111。

〔註124〕陳樂平:《出入「命門」:中國醫學文化學導論》(上海:生活・讀書・新知上海三聯書店 1991 第一版),頁 108。

〔註125〕韓廷傑、韓建斌:《道教與養生》(台北:文津出版社 1997.8 初版一刷),頁 33。

　　關於生殖器官，《想爾注》提出「人身像天地。」(〈第十章〉) 之說，並以天地結構去比附人身結構，云：

　　　　男女陰陽孔也。(〈第十章〉)

　　　　陰孔爲門，死生之官也，最要，故名根。男荼亦名根。(〈第六章〉)

男性生殖器官名男荼，女性生殖器官名陰孔，陰陽孔是生命的根源，故又云「根」。天地之生萬物，一如男女構精之生人，故天一如男根，地一如女孔，此說乃承漢人「天人同構」的概念而來。

　　感官系統則包含眼、耳、口，《想爾注》云：

　　　　目光散故盲。非雅音也。口爽者，糜爛生瘡。(〈第十二章〉)

眼以視物，耳以聽聲，口以食用，但若於其度，反而會使目光渙散，聽力失聰，口生爛瘡，失去原有的功能，同時也會使感官在外觸外物的同時，使元精散逸而去，因此感官之用度應有所節制，方有助於養生。《想爾注》又說：

　　　　不欲視之，比如不見，勿令心動。(〈第三章〉)

此言使目不視見外物，則此心可以避免觸及外物時而產生動搖，產生感官上的執著，精神隨之而去。當然，不只視覺感官的發用會引發心意動搖，擴大來說，所有的感官，都可能引發心念之執著，對身心產生不良的影響，因此必須加以避免。

　　至於五臟系統，中國古人認知系統中的「藏」，不是解剖學意義上的有形「臟器」，而更是藏神、含氣的柔性所在。其實所謂「藏」本身就不是從器質，而是從功能上命名的。謝松齡即明確指出，儘管五臟六腑的理論，「已包含了相當多的解剖知識」，但是，「『五臟六腑』從來不是解剖的概念，心絕不等同於現代醫學中的『心臟』。五臟六腑是『系統功能』。」〔註126〕石田秀實也說五臟系「指五個臟與寄宿其中的『臟氣』」，及由臟氣擴充的身體網狀組織，不同於近代醫學的臟器。〔註127〕此種情形在《想爾注》中情形亦然。在《想爾注》中，五臟是通常合而論述，五臟所指爲心肝脾肺腎，五臟中存有五氣，五氣者，金木水火土之氣。至於五藏與五氣相配的情形，《想爾注》並無明言，但或可參酌《黃帝內經·素問·陰陽應象大論》之說，心屬火，肝屬木，脾

〔註126〕轉引自周與沉：《身體：思想與修行——以中國經典爲中心的跨文化觀照》(北京：中國社會科學出版社 2005.1 初版第一刷)，頁108。

〔註127〕石田秀實著；楊宇譯：《氣·流動的身體：中醫學原理與道教養生術》(臺北：武陵 1996 一版二刷)，頁186。

屬土，肺屬金，腎屬水，五臟透過五氣而形成一個整體，五氣若是相和，五臟也因此合和，能發揮其正常功用；反之，若是五氣不和，一方過少或者偏至，則五臟也因此受到傷害，身亦隨之產生疾病。於此，《想爾注》曰：

> 五藏所以傷者，皆金木水火土氣不和也。和則相生，戰則相剋，隨怒事情，輒有所發。發一藏則故克所勝，成病煞人。人遇陽者，發因刻王，怒而無傷，雖爾去死如髮耳。如人衰者，發王刻因，禍成矣。情性不動，喜怒不發，五藏皆和同相生，與道同光塵也。
>
> （〈第四章〉）

人之五藏失和，若巧遇人身體旺之時，或許不免於病；更何況人身體衰之時，恐怕即成無可挽救的災禍。此種理論，是將人體五臟六腑視作整體，並將人體五臟肝、心、脾、肺、腎，同五行木、火、土、金、水互相配置，使五行成為五臟及其功能的邏輯符號。五行之間存在相生、相克的整體制約關係。五臟合論情形是如此，若是分開來說，《想爾注》則分別提出腎、胃來說，以腎的情形而言，《想爾注》言：「於人在腎，精藏之。」由於精藏於腎，故腎若受損，精則離去，人的生命力也因而衰弱；又或者精一旦隨情欲而去，腎也會因此產生疾病，並牽動其他臟器，乃至引發一身的疾病。《想爾注》又提出胃的臟器，《想爾注》云：

> 俗人食穀，穀絕便死。士有穀食之，無則食氣。（〈第二十章〉）

胃為人身中之食母，也是腸內的囊袋，食用者有穀與氣，其中食氣則可以直接以「氣」周流體內，以滋養五臟。若是食穀，則先將穀消化而化為「營氣」，再以營氣周流體內，涵養五臟。因此，胃於五臟的滋養實有關鍵地位。然若以修煉的角度而言，食氣更勝於食穀，《大戴禮記‧易本命》即云：「食氣者神明且壽。」葛洪《抱朴子‧內篇‧雜應》亦言：

> 道書雖言欲得長生，腸中當清；欲得不死，腸中無滓。又云食草者善走而愚，食肉者多力而悍，食穀者智而不壽，食氣者神明不死，此乃行氣者一家之偏說耳，不可便孤用也。〔註128〕

葛洪此說，雖對道書所言提出批判，認為是一家偏說，但從另一個角度而言，倒也記錄了當代修煉家的普遍想法，認為闢穀食氣為修煉之要方。

另外，《想爾注》也提出「腹為道囊」的說法，曰：

〔註128〕〔晉〕葛洪：《抱朴子》（中國子學名著集成編印委員會 1977.11），頁 273～274。

　　腹者道囊，氣常欲實。心爲凶惡，道去囊空（〈第三章〉）
腹中空虛，適成道囊，使得道氣來歸；反之，若是腹中充斥情欲思慮志意之
屬，則道氣離去，人身衰亡。《想爾注》此處所謂「腹」，當是後世道教修煉
所謂「丹田」、「鼎爐」，《想爾注》重視腹部之修煉，適與後世的煉丹之說可
以銜接。《想爾注》又說：「骨隨腹仰。」（〈第三章〉）意指筋骨強壯依賴臟腑
之充實，可見腹中道囊充實，能連帶的帶動筋骨的強健；反之，氣若衰微，
則氣去骨枯。

（二）氣

　　關於「氣」，萬物莫不有氣。宇宙間有宇宙之氣，自然界有自然之氣，天
有天氣，地有地氣……。氣遍在宇宙自然之間，無處不到，無所不在。氣是
事物之中介，形神之橋樑。

　　《想爾注》以爲人身之氣主要有：元炁、精氣、五臟之氣、呼吸之氣、
食氣。關於元炁，在道教看來，人的孕育發生是男女陰陽二氣交合的結果，
父精母血在元氣的作用下形成胎兒，於世人就得以在母腹中產生孕育。至於
一個人具體產生的過程則是，在父母陰陽兩性交合之時，由道所化生的原始
先天太乙眞氣即先天眞氣，被招攝進母腹之中，與父精母血結合成胎元，並
將性命寓於其中。到十月期滿，胎兒長成，出離母腹，分娩時「哇」的一聲，
先天祖氣斷開，呼吸之氣入身，後天氣生，於是人就來到世上。〔註129〕《想
爾注》中提及「元炁」僅有一處，曰：

　　精白與元炁同色，黑太陰中也。（〈第二十八章〉）
此言元炁與精同爲清明之色，此外對元炁並無多論，然依道教思維理路，「元
炁」當爲先天之氣。顧寶田、張忠利先生即嘗注《想爾注·第二十九章》：「道
喻水，喜歸空，居惡處便爲善，炁歸滿，故盈。」一句之「炁」云：「炁指先
天之氣，此處與道同義。」〔註130〕案此處之「元炁」當如二人所說先天之氣」。
而嬰兒之時，所稟之先天之元氣多，發而爲至柔之氣，待人身成長之後，接
受知識薰陶教化，產生執念，元炁逐漸消耗，身體日益孱弱，其氣轉而堅強，
《想爾注》以爲此趨強之氣，於人身大不利，故須經由養氣使之致柔，此所
謂「專氣致柔」也。

〔註129〕楊玉輝：《道教人學研究》（北京：人民出版社 2004.12 初版第一刷），頁 99。
〔註130〕顧寶田、張忠利：《新譯老子想爾注》（台北：三民書局股份有限公司 1997.1
　　　　初版），頁 112。

　　關於「精氣」，「精」有作爲人體物質基礎的精，也有運行於人體臟腑器官以及人身內外之間的「精氣」，雖則「精」與「精氣」密切相關，但二者仍有分別，對此，蔡璧名先生有精闢的辨析，曰：

> 相較於「氣」之得在經脈系統中周流，「精」則在空間上較局限性地被藏於五臟，「氣」的能動性遠強於「精」，「精」乃由「氣」所散，故雖可布、散，但無法自行，兩者爲陰體爲陽氣相對，有陰靜陽動的互補特性，藉著「氣」之引行，五臟所藏之「精」遂得布散於氣所通往身體上的各個角度。〔註131〕

依此，「精」之能動性較差，只能固守腎臟，或者五臟；至於「氣」之能動性較佳，可以自由來往於人身各處，甚至可以自由來往於人身內外，宇宙之間。若依此觀念辨析「精」與「精氣」，情況亦然。此處談精氣，將試從兩方面談起，一是宇宙間之精氣下貫人身的情形，其次是人身中精氣運作之情形。以宇宙間精氣下貫人身的情形而言，《想爾注》曰：

> 所以精者，道之別氣也。分之與萬物，萬物精共一本。
>
> （〈第二十一章〉）

理論上，精是物質，但此處又言「精」是「道之別氣」，似又把「精」說成是「氣」，所以道精在施與人身或萬物之時，到底是以一種物質的形式，或者氣的虛空形式入於人身，不得而知？若以道精施與萬物，及在萬物之間相互「流通」的情形觀之，道精應是以「氣」的形式施與人身及萬物，較爲合理，也或者道在施與人身及萬物之時，是全然渾沌不明的狀態，而在此狀態之下，精的物質形式與精氣的虛空形式同時兼有，而入於人身也未可確定。

　　其次，《想爾注》約略提及精氣入於人身在人身之中的狀況，云：

> 人之精氣滿藏中，苦無愛守之者。（〈第九章〉）
>
> 庸庸之人，皆是苟苟之徒耳，精神不能通天。所以者，譬如盜賊懷惡，不敢見部史也。精氣自然與天不親，生死之際，天不知也。
>
> （〈第五章〉）

依此，「精氣」因卻較「精」更具能動性，不只遍佈五臟，甚至透過人體的種種網絡，可以及於人身各處，此即《想爾注》言：「人之精氣滿藏中」之眞義。

〔註131〕蔡璧名：《身體與自然──以《黃帝內經素問》爲中心，論古代思想傳統中的生命觀》（台北：台大文學院 1997 初版），頁 291～295。

再者，精氣以其能動性不只來往於人身各處，甚至可以溝通人身內外，與天相通。

　　至於五藏之氣，它的存在也與精氣息息相關。除卻上文所提及，五臟藏精氣，胃能食氣外，《想爾注》言五藏尚有五行之氣，云：

> 五藏所以傷者，皆金木水火土氣不和也。和則相生，戰則相剋，隨
> 怒事情，輒有所發。（〈第四章〉）

五藏存有五行之氣，金木水火土五氣也，《想爾注》強調心性和諧，五氣則隨之和諧，五藏相生，產生輸受、平衡的動態效應：肝生心（木生火），心生脾（火生土），脾生肺（土生金），肺生腎（金生水），腎生肝（水生木）。五藏亦隨之而安；反之，心性不和，情欲作祟，五氣不和，五藏亦隨之不安，肝剋脾（木剋土），脾剋腎（土剋水），腎剋心（水剋火），心剋肺（火剋金），肺剋肝（金剋木）。

　　胃能食氣，胃所食之氣有二，一是直接接透過口鼻呼吸，所食之自然之氣，《象言破疑》言：「後天之氣，自口鼻而下，下於氣海，與先天元氣相合。先天爲體，後天爲用，後來借先天而呼吸往來，先天借後天蓄養血脈。」[註132]；二是透過食用食物，食物之精華經消化又成營氣，以爲人所吸收。

（三）神

　　廣義的「神」，包含形氣之外，人所有的精神生活。《想爾注》中指涉精神涵義者可分爲三種類型：一是行善遵道的正向精神生活；一是圖惡情欲之屬的負向精神生活。三爲透過精氣的煉養而成的元神。然無論行善遵道之正向精神生活，與圖惡情慾之負向精神生活，皆統之於「心」，《想爾注》云：

> 心者，規也，中有吉凶善惡。（〈第三章〉）
>
> 心應規製萬事，故號明堂。（〈第二十一章〉）

心名曰「明堂」，統領主宰萬事之趨向，心可善可惡，心向善則得吉，向惡則得凶。具言之，此心向善可得諸多益處：

> 是以人當積善功，其精神與天通，設欲侵害者，天卽救之。
> （〈第五章〉）

[註132]　〔清〕悟元老人：《象言破疑》，《藏外道書》（第八冊）（成都：巴蜀書社 1992），
　　　　　頁 177。

奉道誡，積善成功，積精成神，神成仙壽，以此爲身寶矣。

（〈第十三章〉）

遵道行善所得益處，就行事方面，可因爲天人通神，而得天之庇護，逢凶化吉，免於災難；就身體方面，可因行善，使精氣源源不絕，源源不絕之精氣，不斷積累，而煉精化氣，煉氣化神，神成而可以成仙，長生不死。是以修道之人明瞭行善存神之重要，無不終日行之，不以須臾離也。

《想爾注》更提出道神修鍊而成，不但可以因存神而不死，更可以在必要時使形體「託死」而繼續修煉，待時機成熟，復使此形起死回生，沒身不殆。《想爾注》云：

道人行備，道神歸之，避世託死過太陰中，復生去不爲亡，故壽也。

俗人无善功，死者屬地官，便爲亡矣。（〈第三十三章〉）

太陰道積練形之宮也。（〈第十六章〉）

此以「道人」、「俗人」對舉，提出「道人」與「俗人」之別。「俗人」未能行善存神，生命結束之時形神俱亡，歸於地官，不復爲生。「道人」行善存神，道神歸之，精神不滅，或遇亂世，便假託死亡，其實形神俱至「太陰」，「太陰」者應是宗教上之「他界」，雖與「地官」所在場域，同屬「他界」，但屬性顯然相反，入「太陰」得生，入地官之他界，則必死。道人在「太陰」之「他界」，得以繼續修鍊形神，形神在太陰之他界，以一種特別的方式續存，並得以返還人間，繼續存活。

反之，心若圖惡則得凶。細言之，圖惡包含「心不念正」，不遵道誡，多情欲，或者志意思慮不在正道，而往財富虛名等方向發展等。在情欲方面，情者包含喜怒不節，欲者包含在感官財貨上之多求。又心若圖惡且多情欲，會有如何之後果呢？在行事方面：

庸庸之人，皆是努苟之徒耳，精神不能通天。所以者，譬如盜賊懷惡，不敢見部史也。精氣自然，與天不親，生死之際，天不知也。

（〈第五章〉）

圖惡努苟之徒，神去不得與天相通，且與天相背離，遇生死存亡之際，天不知其危，無法庇護之，猝然遇凶事禍端，即歸之地官，性命隨之而去。在身體方面，「心」牽動「志」，「志」牽動「氣」，「氣」牽動「形」，最後形神俱亡。

志隨心有善惡，骨隨腹仰。氣彊志爲惡，氣去骨枯；若其惡志，氣歸髓滿。（〈第三章〉）

志者，心之所向也。心圖惡，則志趨惡，志趨惡，則身體之氣將散逸而去，身體之氣散逸離去後，骨髓枯竭，身弱體衰。更具體的說法，是《想爾注》中所云：

> 五藏所以傷者，皆金木水火土氣不和也。和則相生，戰則相剋，隨怒事情，輒有所發。發一藏則故剋，所勝成病煞人。人遇陽者，發囚剋王，怒而無傷；雖爾，去死如髮耳。如人衰者，發王剋囚，禍成矣。（〈第四章〉）

人若圖惡且喜怒無常，正如《素問・舉痛論》所說：「余知百病生於氣也，怒則氣上，喜則氣緩，悲則氣消，恐則氣下，……驚則氣亂，……思則氣結。」〔註133〕喜爲心志。心神愉悅則志喜。正常情況下，喜能緩和緊張情緒，使氣血和調，營衛通利，心氣舒暢。但是，喜樂太過又容易使心氣渙散，精神不能專一，而影響心神的正常功能。怒爲肝志。肝爲將軍之官，體陰而用陽，質柔用剛，如果肝用不當，就會因怒而氣亂；或因肝氣升發太過，氣機紊亂而致氣血失調，形成疾病。憂、悲皆爲肺志。憂、悲或自內生，或自外發。自內而者生者。或因心胸狹窄，心神怯弱，多愁善感；或因己所不能，強思而憂；或因神不能受，思慮傷神而成憂。自外而發者，或因事出意外，但不能排解，即成憂悲；或因涉世不深，屢遭挫折，遂生憂悲。思爲脾志。思是認識事物、處理問題的精神活動。思之太過，則使人氣機鬱結而，引起種種疾病。所以《內經》有「思傷脾，思則氣結」之論述，即是指思慮過度的危害。驚、恐爲腎志。驚、恐是人受到突然刺激所產生的一種緊張情緒和心理活動表現。如驚恐過久過重，則使人神志散亂。如上所述，在正常情況下，七情對機體生理功能起著協調作用。如果七情太過，作爲一種強烈的、超出人體適應能力的精神刺激，人體自身調節功能失控，就會使臟腑氣血功能紊亂，而導致疾病。總言之，情緒將牽動五藏之氣失和而相剋，並生囚死之惡氣疾病因之而生。《想爾注》又假設體壯之人，其王相之善氣盛，然即便是氣盛之人，遭遇行惡所招致的囚死之氣，尚且元氣大傷，離死不遠；遑論體衰之人，更那堪惡氣之侵襲，更不免病死。因此，《想爾注》更明確說道：

> 喜怒五行戰傷者，人病死，不復待罪滿地。今當和五行，令各安其位勿相犯，亦久也。（〈第三十三章〉）

〔註133〕李慶升　主編：《中醫養生學》（北京：科學出版社 1996.6 第一版第二刷），頁26。

人招致死亡的原因，或有因犯罪遭外力結束生命者。但有時自身喜怒無常，心圖惡事，亦會導致五藏失和，招致死亡。這種醫學理論，將人體五臟六腑看作一個整體，診病的目的在進行臟腑功能分析。這種理論影響後世中醫學將人體五臟肝、心、脾、肺、腎，同五行木、火、土、金、水互相配置，使五行成爲五臟及其功能的邏輯符號。五行之間存在相生、相克的整體制約關係。

精神的第三個層面爲煉養之元神，依《想爾注》，此神乃由煉精化氣，煉氣化神而來，待化神之後，人身得以由後天而返先天，此先天之元神，與道最爲接近，元神練成，則可以與太上老君一樣列位仙班，和太上老君一樣上天下地，來去自如，遇危難之時，可以入太陰宮中，可以神與天通。

此外，《想爾注》中關於「神」的思想，有部份來自對當代如《河上公注》以及《太平經》思想的反對，蓋《河上公注》以及《太平經》以爲人身中有「身中神」的存在，人得以透過對「身中神」的「存思」以及「祭拜」，達到貞固身中神並求得長生。對此，《想爾注》即提出不同的看法，以爲：

> 世間常僞伎指五藏以名一，瞑目思想，欲從求福，非也；去生遂遠矣。（〈第十章〉）

《想爾注》以爲大道來去自如，行止不定，不只充滿於五臟，更充滿人身之中，同時也在人身之外，萬物之中，宇宙之中。因此，存思五臟，並不能存神，《想爾注》認爲信道、行道、遵道、守誡、積善，方爲存神之道。

談到形氣神三者的關係，可謂環環相扣，以形氣的關係而言，《想爾注》以爲「氣」會影響「形」，如說「腹」爲道囊，氣充其間，若氣去則骨枯，又說五臟之氣失和，則五臟產生疾病，要皆言氣之影響形。以「神」與「氣」之關係而言，《想爾注》以爲「神」會影響「氣」，人身之中若充斥著負面「神」，若情欲之屬，則氣會離開人身。

以「形」與「神」之關係而言，《想爾注》認爲形神二者必須合一而相抱，試從《想爾注》中「尸」這個名詞概念入手，去探討去形神關係，《想爾注》鄙夷所謂「尸人」，所謂「尸人」乃指只有軀殼而無靈魂之人，或者其神離於形體之外，不得自主，也就是行尸走肉之人，這種人只有「形」而無「神」。

> 不知長生之道。身皆尸行耳，非道所行，悉尸行也。道人所以得仙壽者，不行尸行，與俗別異，故能成其尸，令爲仙士也。（〈第七章〉）
>
> 其五經半入耶，其五經以外，眾書傳記，尸人所作悉邪耳。
>
> （〈第十八章〉）

又有「尸生」以及「尸死」之說，曰：

> 尸死爲弊，尸生爲成。獨能守道不盈溢，故能改弊爲成耳。
>
> （〈第十五章〉）

所謂「尸生」，亦指形體受損，神明仍在，而爲形神暫離之人，這種人雖云「形神暫離」，但由於其神仍常在，且其人更因修煉之故，其神得以來去自如，來到太陰宮中，因此仍有機會煉其形體，據《集仙錄》云：

> 死者尸體如生，爪髮潛長，蓋默煉於地下，久之則道成矣。〔註134〕

待形體修復，形神仍復相抱爲一，故云「尸生」。至於「尸死」，亦指形體衰亡，神明亦復隨之，形神俱亡之人，這種人由於神明已亡，不復有起死回生之可能，故云「尸死」。因此，從這些說法中，也可知《想爾注》中，重視精神更甚於形體，因此言：「身常當自生，安精神爲本，不可恃人，自扶接也。」（〈第二十九章〉）

　　以「氣」與「神」之關係而言，「神」的生成主要以先天之精爲基礎，以後天的精氣補養培育而成。「神」是在「精」和「氣」這些生命物質要素的基礎上產生的。正因爲如此，所以「神」的盛衰與精、氣的盈虧密不可分。只有作爲生命物質要素的精氣充足，作爲生命活動功能外在表現的「神」才可能旺盛。在中國養生學理論中，精、氣常常相提並論，不予嚴格區分。〔註135〕

三、仙無骨錄

　　《想爾注》在論證人身道受的同時，在大道的面前，《想爾注》除卻一再強調大道之偉大外，對人身之差異並不特別強調，但從《想爾注》反對僞伎邪文「仙有骨碌」之說，曰：

> 謂詐聖知邪文者。夫聖人天所挺，生必有表，河雒著名，然常宣眞，
> 不至受有誤。道不信明聖人之言，故令千百歲大聖演眞，滌徐邪文。
> 今人無狀，載通經藝，未貫道眞，便自稱聖。不因本而章篇自撰，
> 不能得道，言先爲身；不勸民眞道可得仙壽，修善自勤，反言仙自

〔註134〕轉引自顧寶田、張忠利：《新譯老子想爾注》（台北：三民書局股份有限公司
　　　　1997.1 初版），頁 67。

〔註135〕劉松來：《養生與中國文化》（江西：江西高校出版社 1994.6 第一版第一刷），
　　　　頁 134～135。

有骨錄；非行所臻，云無生道，道書欺人，此乃罪盈三千，爲大惡
人。(〈第十九章〉)

可見《想爾注》認爲在大道面前，眾生都是一樣的，「仙無骨碌」，眾生在大
道面前，都同樣具備成仙的潛質，只要願意「信道」、「行道」、「法道」，都有
機會成爲「仙士」、「道人」。《想爾注》主張仙無骨錄，其意義有幾：其一，
站在信仰的角度，仙道對所有信眾一視同仁的展開，可以鼓勵信眾努力修道、
信道，增強信仰忠誠度。此外，《想爾注》另有一段亦可作爲此說的論據，《想
爾注》注解《老子·第三十三章》「不失其所者久」言：

富貴貧賤，各自守道爲務，至誠者道與之，貧賤者無自鄙，強欲求
富貴也。不強求者，爲不失其所，故久也。又一說曰，喜怒五行戰
傷者，人病死，不復待罪滿地。今當和五行，令各安其位勿相犯，
亦久也。

《想爾注》以爲無論富貴貧賤，只要至誠守道，喜怒適中，五行諧和，各安
其位，不失其所，人人皆可求得長生。尤其「貧賤者無自鄙，強欲求富貴也」
一句，奉勸貧賤者無妄自菲薄，只要尊道守誠，一樣具有長生成仙的可能，
此說無疑在苦難的社會環境中，給予社會下階層的人一線希望。顧寶田、張
忠利先生即云《想爾注》「主張仙界大門對平民開放，……這就擴大了道教傳
布的群眾基礎，表現了民間道教的特點。」〔註136〕其次，站在教派的角度，《想
爾注》突出自己教義的不同，以與當代其他教派做爲區隔。如《太平經》只
有貴族才能成仙，神人、眞人、仙人、道人、賢人皆「生各自有命」，「命貴
不能爲賤，命賤不能爲貴。」〔註137〕其三，《想爾注》此說其實也是對漢代「性
成命定」以及「骨相說」的反動，漢人以爲人外在的形貌、容色、體態、表
徵，與其內在的德性、人生功業乃至福澤壽數，有著神秘的聯繫。所謂「人
命稟於天，則有表候於體。」〔註138〕(《論衡·骨相》)「人身體形貌皆有象類，
骨法角肉各有分部，以著性命之期，顯貴賤之表。」〔註139〕(《潛夫論·相列》)，

〔註136〕顧寶田、張忠利：《新譯老子想爾注》(台北：三民書局股份有限公司 1997.1
　　　　初版)，頁 92。
〔註137〕王明編：《太平經合校》(北京：中華書局，1997.10 初版五刷)，頁 289。
〔註138〕〔清〕惠棟批校：《論衡》(台北：中國子學名著集成編印基金會 1978 初版)，
　　　　頁 119。
〔註139〕〔漢〕王符著；〔清〕汪繼培 箋《潛夫論箋》(台北：大立 1984.元初版)，頁
　　　　308。

皆此意也。其四，學者李霞析論道家生命觀中的平等意識概括起來可歸結爲兩點；一是關於「人」這一類存在內部即人與人之間的平等，二是關於人與自然或人與天之間的平等。〔註140〕而《想爾注》此說正是對道家平等生命觀的承繼。

　　《想爾注》除了駁斥「仙有骨錄」之說，又對人之成仙提供怎樣的論據，關乎此，可從幾個方面來考察，其一從「仙道」之成立性來說，《想爾注》言：

　　　　何以知此道今端有，觀古得仙壽者悉行之，以得知今俗有不絕也。

　　　　能以古仙壽若喻，今自勉厲守道眞，即得道綱紀也。(〈第十四章〉)

《想爾注》一方面從古代成仙長壽之人來論證「道」的眞實存有性；一方面又由此論證出來的「道」，提出古人正是行此大道而得仙壽，因此《想爾注》是以傳說之仙人來論證「仙道」之成立，在論證上實屬薄弱。

　　其次從人的身體結構來說，從人之陰陽屬性以及人之神性兩方面看起，就陰陽屬性而言，在道教看來，天上的神仙是純陽無陰的存在，在地獄的鬼魂是純陰無陽的存在，而所有現實的凡人則既有陰也有陽，是陰與陽的統一。〔註141〕因此《呂祖全書・卷三十二・修眞論道集》即云：「純陰而無陽者，鬼者；純陽而無陰者，仙也；陰陽相雜者，人也。惟人可以爲鬼，可以爲仙。」〔註142〕在《想爾注》中人的確同時具備陰陽屬性，只要修道去陰以煉純陽，則可「神成氣來」(〈第十章〉)、「結精成神，陽炁有餘。」(〈第九章〉)

　　再就就人之神性而言，天地萬物之中，只有人才具備神性，所以也只有人才能得道成仙。〔註143〕《雲笈七籤》：「人身中百神，皆與天靈通同久存，呼之則載人升天也。」〔註144〕而神性作爲人成爲神仙的現實條件者要表現在以下兩個方面：

　　　　神性的存在爲人的体道悟道和修道提供了現實的意識能力。神性構
　　　　成了現實的人能成爲所謂神仙的內在根據。這是因爲人的神性與神

〔註140〕李霞：《生死智慧——道家生命觀研究》(北京：人民出版社 2004.5 第一版第一刷)，頁 384。

〔註141〕楊玉輝：《道教人學研究》(北京：人民出版社 2004.12 初版第一刷)，頁 116。

〔註142〕〈論眞仙一〉，〔唐〕呂洞賓：《呂祖全書》(第六冊)(台北：皇極出版社 1982.10)，頁 1886。

〔註143〕楊玉輝：《道教人學研究》(北京：人民出版社 2004.12 初版第一刷)，頁 139。

〔註144〕《雲笈七籤・存思部・第四十三》，〔宋〕張君房著；蔣力生等校注：《雲笈七籤》(北京：華夏出版社 1996.8 第一版第一刷)，頁 251。

　　仙之性具有內在的同一性和一致性，如它們都具有虛無的特性，自
　　由的特性，自主的特性，超越時空的特性等等。〔註145〕

依此，檢視《想爾注》之說，《想爾注》中論人身的確具備神性（精神意識），
關乎此，上文以論之甚詳，此處不再贅述。不過，依上文所論，人身之精神
層面駁雜不純，有正向的精神活動，亦有負向之精神活動。因此，在神性與
成仙之間仍有相當的距離，是以如何去除駁雜，以歸純粹，仍須相當的修煉
功夫，之後即可如《想爾注》所云：

　　道人行備，道神歸之，避世託死過太陰中，復生去為不亡，故壽也。

　　俗人無善功，死者屬地官，變為亡矣。（〈第三十三章〉）

道人以其所稟具之「神性」，加以行善修道，於是可以突破生死之藩籬，而超
越時空；甚者，更可擺脫形軀之限制，在天地之間來去自如，自主自在。

第四節　小結

　　就兩漢《老子》注之生命觀而言，其身體結構大致皆分作形、氣、神來
論，且大體而言，皆將「神」分作正向與負向兩類，而負向的神如情欲之屬，
非但會排擠正向之神明的安存，也會進一步導致氣、精氣、血氣的喪失或失
調，最後牽連形體的衰微。此外，就形氣神的關係而言，皆以為透過「氣」
的連通，形、氣、神自身會相互影響，甚至彼此之間也會相互牽連。然而，
就論述的重心而言，《指歸》偏向於「神」的論述，《河上公注》偏向於「氣」
的論述，《想爾注》則偏重於「精」的論述。

　　就稟性來說，《指歸》以為稟氣之不同，形成人的殊情異性，儘管人與生俱
來本性不同，但只要順其自然，保持天性，亦可全神而自在。《河上公注》也認
為氣之質量不同，形成形形色色的人，人一方面可以安守天性，一方面也可藉
氣之存養以求長生久視。《想爾注》則站在修道的立場，提出「仙無骨錄」之說，
主張對眾生開啟修仙之平等大門。就生死觀來說，《指歸》以超然的態度看待生
死，視死生為一；《河上公注》則對形體有較多的執著，提出「貴生惡死」的主
張；《想爾注》更執意於追求不死，不僅「畏死樂生」，更主張「賤死貴仙」。就
身體與天地萬物關係而言，《指歸》指出萬物因為「同體」、「同氣」，因此連屬

〔註145〕楊玉輝：《道教人學研究》（北京：人民出版社 2004.12 初版第一刷），頁 139
　　～142。

爲一體，於是得以同吉凶，共福禍。《河上公注》也認爲天人因爲「同氣相求」、「同類相應」而得以天人相通，精氣相貫，相互感應。《想爾注》則提出爲有積善修道之人，精神得以與天相通，相互感應，而於危難之時蒙天所救。

※本章結論列表：

表5-1：兩漢《老子》注之生命觀——身體結構

	形	氣	神	形氣神關係
指歸	臟腑 九竅——出入之戶 五官——交接之器 血脈——生命能量 四肢百節	神氣 陽氣 和氣 血氣	神明 魂魄 意志 情欲	因「同體」、「同氣」、而表裡相應、上下相任、氣化連通
河注	臟腑——五神存所 九竅——出入之戶 四關——交接之器 精血——生命能量 脈絡——氣血流通之道	精氣 元氣 和氣 五氣 陰陽之氣 天地之氣	五神： 魂魄神精志 五性 六情	因「同氣相求」、「同類相應」而一體相牽
想爾	五臟——中有五氣 五官——交接之器 精髓——生命能量 陰陽孔——生死之官	精氣 元炁 水穀之氣 五行之氣	精神 道神 元神 情志	神影響氣，氣影響形。

表5-2：兩漢《老子》注之生命觀——性命觀等

	性命觀	生死觀	身體關鍵	人與天地萬物關係
指歸	因稟氣不同，形成殊情異性，只要順其自然，保持天性即可。	生死一如	神	萬物一體，吉凶同，福禍共。
河注	氣之質量不同，形成形形色色的人，人可守性，或藉氣之存養以求長生久視。	貴生惡死	氣	天人相通，精氣相貫。

	性命觀	生死觀	身體關鍵	人與天地萬物關係
想爾	主張仙無骨錄，對眾生開啓修仙之平等大門。	畏死樂生賤死貴仙	精	精神與天通，相互感應。

第六章 兩漢《老子》注養生之方法

「養生」思想乃是根源於「貴生」、「重生」的思想，也就是說，因為「貴生」、「重生」，而深切體認生命的價值，因而有了保全生命的想法，而保全生命的課題即是養生的課題。而這種「貴生」的思想，早在戰國時的楊朱等即倡言生命之貴，楊朱主張：「智之所貴，存我為貴；力之所賤，侵物為賤。」〔註 1〕他倡貴生輕死之說，主張去名崇實。他說：「生民之不得休息者為四事故：一為壽，二為名，三為位，四為貨，有此四者，畏鬼畏人，畏威畏刑。」〔註 2〕楊朱將生命放在第一位，所有事物在生命第一的基準之下，都成了不重要的身外之物，甚者，楊朱「拔一毛而利天下，不為也。」（《孟子‧盡心上》）也是站在生命本身的考量下所作的價值判斷。到了《莊子》，亦有「重生、養生、保生」的思想貫穿於其中。〔註 3〕

延續兩漢《老子》注身體觀的討論，緊接著探討的是兩漢《老子》注之養生方法。正由於兩漢《老子》注之身體觀各有偏重，影響所及，及養生方法亦各有偏重。以《老子指歸》而言，由於其身體觀著重於「神」的探討，因此其養生方法亦多落在「神」的涵養上；以《河上公注》而言，其形氣神的身體結構，主要以「氣」作貫串，因此發展出以「氣」為主，而形神為輔的養生方法論。至於《想爾注》，則以「精」的存養為主，該書屢言「寶精」、「愛精」、「存精」即是。此外，由於經典本身洋溢著濃厚的神學色彩，因此也發展出以信仰方式養生的特色。

〔註 1〕 《列子‧楊朱》，楊伯峻：《列子集釋》（台北：成文 1982），頁 234。
〔註 2〕 《列子‧楊朱》，楊伯峻：《列子集釋》（台北：成文 1982），頁 251。
〔註 3〕 李澤厚、劉綱紀主編：《中國美學史》（第一卷）（北京：中國社會科學 1984），頁 261。

第一節 《老子指歸》之養生方法

《老子指歸》延續道家重生、貴生的傳統，以爲生命重於財貨名利權貴，財貨名利權貴與生命相比，根本不足爲貴。《老子指歸》即云：

> 崇高顯榮，吉祥盛德，深閎浩大，尊寵窮極，莫大乎生。萬物陳列，奇怪珍寶，金玉珠璧，利深得巨，莫大乎身。(〈卷二·名身孰親〉)

> 含德之士，重身而輕天下，猶慈父孝子，不以其易其鄰。大身而細物者，猶良賈察商，不以珠玉易瓦鉱鉛也。(〈卷四·含德之厚〉)

如此可見，《老子指歸》對生命重視之程度。雖然，嚴遵對生命極其看重，但卻也現實的體認到「草木黃而後落，人化盡而後終。」(〈卷四·治大國〉)萬物生而必死的現實，因此其所謂養生，並非求其不死，也不在延年益壽，其所謂養生，只是依個人性命之本然狀態，求得全其性命，安其天年而已。易言之，也就是不去傷害折損性命本然之年壽，即其所云：「萬物盡生，民人盡壽，終其天年，莫有傷夭」(〈卷四·治大國〉)而已。所以嚴格說來，嚴遵的「養生」思想，應該說是「順生」思想。

承上所言，嚴遵雖不認爲人可以延年益壽，甚至認爲人種種延年益壽的作爲，非但不能達到延年益壽的目的，反而使生命在種種造作的過程中，受到折損，也強調性命有其限制，但是他仍認爲人的最終年壽仍操之在己，其言曰「伺命在我，何求於天？」(〈卷六·民不畏威〉)「憂畏得意，安樂困窮。成敗存亡，求之於身。」(〈卷六·民不畏威〉)即強調人具有決定自己性命發展程度的力量，這也提供了「養生」這個議題之所以成立的可能性。

再者，養生之「生」，據嚴遵思想，分作形神二元。細言之，形包含四肢九竅，五官臟腑等。神則包含正向的道、德、神明之屬，負向的情欲、思慮、意志、知識之類。形神基於「同體」之故，會產生相互影響的效應。二者之中，以其重要性而言，神又重於形，嚴遵以爲形是養生之外具，神才是養生之內具。嚴遵云：

> 是故，虛、無、清、靜、微、寡、柔、弱、卑、損、時、和、嗇，凡此十三，生之徒；實、有、濁、擾、顯、眾、剛、強、高、滿、過、泰、費，此十三者，死之徒也。夫何故哉？聖人之道，動有所因，靜有所應。四支九竅，凡此十三，死生之外具也；虛實之事，剛柔之變，死生之內數也。故以十三言諸。(〈卷三·出生入死〉)

「十三」之說，歷來各有不同，或以爲「十分之三」，而《老子指歸》此處將

十三解作「十又三」，而其所謂「十三」，又有兩組說法，一是虛、無、清、靜、微、寡、柔、弱、卑、損、時、和、嗇，他認爲這是死生之內具；一是四肢九竅，他認爲是死生之外具。據此觀之，他所說的死生之內具不外乎涵養神明的修養；而死生之外具，明顯的是形體的器官。且觀《老子指歸》通書，對死生之外具的論述並不多，如此可知，嚴遵以爲神重於形，故存神即爲養生之要點，《老子指歸》故云：「存身之道，莫急乎養神。」（〈卷六・民不畏威〉）「捐棄萬物，唯神是秉，身存名榮，久而不殆。」（〈卷二・天下有道〉）又形神基於同體之故，因此若能存神，則形體自能相安，之後形神相抱，而能安其天年，全其性命。至於嚴遵所提及具體養生方法有幾：

一、虛靜無爲

以人的精神層面而言，包含了正向的道德、神明等，也包含了負向的情欲、意志、思慮、知識等，用後世道教的概念來詮釋，前者指的是元神，後者指的是識神，此二者並存於人心之中，卻有排擠效應，識神存則元神去。因此，養生應存元神，而去識神。就產生的根源而論，元神乃與生俱來之靈虛之神，此元神隨性命而有厚薄，就嚴遵的思想來說，元神無法以人爲的力量與日增加，相反地，只會與日遽減，甚至會因爲種種人爲的作爲，而加速消亡。至於識神，其產生的方式，往往因爲感官外接於外物之時，而產生思慮、意念、情欲，而後或有執著。因此欲存元神，去識神，勢必正本清源，在源頭上下功夫。依此分析，存元神之法，除一方面要去識神之後，也要避免人爲造作，也就是「無爲」。至於去識神，則要去除感官之享受，也要避免感官在外接事物之時，產生分別心而有是非價值判斷，進而產生意志，情欲的執著。以下首先談去識神之方法，要之是要使此心保持空虛，清靜。

（一）虛靜

虛者，空也。大道空虛，故爲萬物之奧。器物空虛，故能容物。此心空虛，故能存元神，甚至含德抱道，嚴遵故云：「虛以含神。」（〈卷五・萬物之奧〉）「虛心以原道德。」（〈卷二・至柔〉）「虛爲道門。」（〈卷一・上士聞道〉）「虛」則能消除掉主觀心知的作用力，掌握到道的律動，也才能夠因時順勢地操持。〔註4〕靜者，不擾也，不躁也。此心清靜，則神明則能貞固於內，而

〔註4〕陳麗桂：〈《老子指歸》的聖人論〉，《中國學術年刊》（第22期2001.5），頁131。

不向外漏失。嚴遵故云：「靜氣以存神明。」（〈卷二・至柔〉）「虛靜」是一種消解己身主觀意志的方法，唯有如此，才能不受環境變動的影響，明確地依道而行。〔註5〕「嚴遵一方面講究虛心養神，另一方面也講究靜氣積和，兩者是雙向互動式的循環作用」〔註6〕透過虛靜的工夫，使氣神皆得安存，相輔相成。此外，虛靜尚有其他益處，嚴遵曰：

> 夫虛生充實，無生常存，清則聰達，靜則內明，……是謂益生。
>
> （〈卷三・出生入死〉）

益生所求不外充實，常存，聰達，內明，然而益生之道卻要從反面著手，需求虛無清靜。

其次，談到虛與靜之關係，嚴遵云：「靜爲虛戶，虛爲道門。」（〈卷一・上士聞道〉）「守靜至虛，我爲道室。與物俱然，渾沌周密。反初歸始，道爲我襲。」（〈卷三・天下有始〉）可知虛靜乃相輔相成，靜極而虛，致虛之極，守靜之篤處，神明乃生，道德乃存。而虛靜之道除卻無爲之外，最重要是「去」的工夫。具言之，要去什麼呢？即去心之識神，因此嚴遵屢言「去心」，如：

> 夫以一人之身，去心則危者復寧，用心則安者將亡，而況乎奉道德，
>
> 順神明，承天心，養群生者哉！（〈卷三・聖人無常心〉）
>
> 去心釋意，務於無名，無知無識，歸於玄冥。殊途異指，或存或亡。
>
> （〈卷二・道生一〉）

去心即去除心的作用，去心則神存，神存、則身體安寧；用心則神去，神去則身體危亡。倘若心的作用已起，充塞了意志、情欲、知識、思慮，則要將這些外來之外一一除去，使心恢復原來的虛靜。以下將就去知慮，去情欲，去意志幾個要項，略作說明。

1. 去知慮

知慮，知識與思慮。上古文明尚未開化，人們並無知識思慮，與鳥獸同處，雖性命不同，喜好各殊，但相忘於道術，各得其宜。彼時萬物齊一於道，並無是非貴賤大小之分，即嚴遵所謂「貴賤同域，存亡一度。」（〈卷一・上

〔註5〕 林俊宏：〈《老子指歸》之政治思想試論〉，《政治科學論叢》（第 22 期 2004.12），頁 123。

〔註6〕 羅因：〈《老子指歸》的養生思想〉，國立政治大學中國文學系主編：《漢代文學與思想學術研討會論文集》（第六屆）（台北：政大中文系 2008.3 初版），頁 219。

士聞道〉）既無貴賤大小生死，同時也就沒有爭名逐利，或者因爲爭名逐利帶來的權謀機心以及得失。直至三代以後，儒家聖人制禮樂，定名分……，知識一開，而有是非，而有貴賤，而有得失，大道自此滅絕。嚴遵對此感嘆道：

> 悲夫！三代之遺風，（禍）儒墨之流文，誦詩書，修禮節，歌雅頌，彈琴瑟，崇仁義，祖絜白，追觀往古，通明數術，變是定非，已經得失，身寧名榮，鄉人傳業：中士之所道，上士之所廢也。閑居幽思，強識暗物，設僞飾非，虛言名實，趨翔進退，升降貴集，治闥門之禮，偶時俗之際，卿側傴仰，務合當世，阿富順貴，下眾耳目，獲尊蒙寵，流俗是則：此下士之所履，而中士之所棄。

（〈卷一·上士聞道〉）

三代以後，詩書禮樂數術仁義傳行，人們受此影響，知識開化，思慮開啓，正如莊子所言，一旦有了「成心」，也就有了是非對錯貴賤大小的價值判斷，一旦有了價值判斷，人們爲了爭勝居上，不顧自己原本的性命，互相傾軋爭奪。就社會政治來說，社會政治因爲爭名奪利而不斷上演紛爭的戲碼，原始的素樸平和，已然破壞。就個人來說，人與人之間的爭奪，正如莊子所言「與物相刃相靡」，就個人性命本身原本就是一種傷害。再者，就個人來說，最適情最適性的生活方式，是合乎性命本然的生活方式，若是依照世俗價值觀生活，對性命本身也是一種斲傷。關乎此，在《莊子·至樂》中即曾做了一個比喻，曰：

> 昔者海鳥止於魯郊，魯侯御而觴於廟，奏九韶以爲樂，具太牢以爲膳。鳥乃眩視憂悲，不敢食一臠，不敢飲一杯，三日而死。此以己養鳥也，非以鳥養鳥也。夫以鳥養鳥者，宜棲之深林，遊之壇陸，浮之江湖，食之……，咸池九韶之樂，張之洞庭之野，鳥聞之而飛，獸聞之而走，魚聞之而下入，人處水而死，彼必相與異，其好惡故異也。[註7]

魯侯庭中來了一隻海鳥，齊侯終日聽之以韶樂，食之以酒肉，不三日，海鳥早夭而死。莊子藉此點出「以己養鳥」則鳥早夭，「以鳥養鳥」，鳥方得以保其性命之眞，而終其天年。同理可推，獸、魚、人，也各有其性命，各有其喜好，即便同樣是人，不同的人，在性命上，在喜好上，也各不相同，因此

[註7] 〔清〕郭慶藩編；王孝魚 整理：《莊子集釋》（台北：萬卷樓1993.3初版二刷），頁621。

用同一套仁義禮智的道德標準，來限制所有的人，對人來說，無異是一種束縛，一種斲傷。如此可見知識與思慮無益於養生。對於知識與思慮之無益於養生，嚴遵也論述到：

> 上知天高，下知地厚。明陰陽之分，知萬物之數。晝見星於天，夜見魚於川。耳比八風之調，目領群獸之毛。此思慮之極也，無益於存。(〈卷三‧為學日益〉)

> 莊子曰：我之所以為我者，豈我也哉？我猶為身者非身，身之所以為身者，以我存也。而我之所以為我者，以有神也。神之所以留我者，道使然也。託道之術，留神之方，清靜為本，虛無為常，非心意之所能致，非思慮之所能然也。(〈卷三‧聖人無常心〉)

不管知識如何淵博，耳目如何聰明，對於生存都無任何助益。那麼決定存亡的關鍵又是什麼呢？嚴遵承襲莊子的思想，以為人存在的意義不在於「自我」，而為性命之本有之「真我」，而「真我」之存有又牽繫於神，因此欲存神則須清靜虛無，若是處心積慮以存神，非但無益，反而有害。因此，欲全性命，或者說，欲恢復性命，則需停止思慮機心的運作，打破知識系統的建構，恢復萬物齊一，貴賤同欲，生死一如的境界。嚴遵因此言：

> 是以聖人，去知去慮。虛心專氣，清靜因應，則天之心，順地之意。政舉化流，如日之光，禍亂消滅，若雲之除。(〈卷二‧大成若缺〉)

> 是故，得道之士，……解其所思，散其所慮，奄若不知，匿若獨存。滅禍無首，反於太素，容貌不異，服色不詭。因循天地，與俗變化，深入大道，與德徘徊。(〈卷四‧知者不言〉)

聖人亦或得道之士因能去知、去慮、解思、散慮，是以得以清靜，並順天則地，同於道德。嚴遵進一步又說：

> 是以，聖人去力，去巧，去知，去賢。……則性簡情易，心達志通，遠所不遠，明所不明。重神愛氣，輕物細名，思慮不惑，血氣和平。筋骨便利，耳目聰明，冗膚潤澤，面理有光。精神專固，生生青青，身體輕勁，美好難終。(〈卷三‧善建〉)

去除知慮、機巧之後，則性情簡易素樸，心志通達開明，神明得全，之後連帶的將影響形體，使形體健全美好，面容潤澤有光，這便是養生得法之明證。

2. 去情欲

關於情，嚴遵詮釋道：「因性而動，接物感寤，愛惡好憎，驚恐喜怒，悲

樂憂患，進退取與，謂之情。」(〈卷三‧道生〉) 依此，所謂「情」，是本性在接觸外物的同時，本性動搖而產生的心理狀態。《老子指歸》中對「情」的各種表現歸納得更爲詳盡。它包括愛、惡、好、憎、驚、恐、喜、怒、悲、樂、憂、意、進、退、取、與等十六個方面。〔註8〕至於「欲」，嚴遵詮釋道：「順性命，適情意，牽於殊類，繫於萬事，結而難解，謂之欲。」(〈卷三‧道生〉) 如此說來，當「情」進一步發展，使人離性命更遠，使人受外物俗事所牽繫，甚至產生執著而不願放開，這就變成「欲」。情欲的源頭雖是性命，但性命受外物的牽引日深，到了情欲的程度，已全然使性命背離生命之本然現象。前文論述到生命一旦背離本然，性命將受到斲傷，嚴遵談到情欲於人的危害云：

> 一喜一憂，魂魄浮遊；一憂一喜，神明去矣。身死名滅，禍及子孫。
> (〈卷二‧名身孰親〉)

喜怒哀樂等情緒，會令魂魄游離於人身之外，會令神明游離於人身之外，一旦形神無法相抱爲一，人身即會滅絕，甚至禍延子孫。又說：

> 故和五味以養其口，肥香甘脆，不顧群生；變五色以養其目，玄黃纖妙，之不計民貧；調五音以養其耳，極鐘律之巧，不憂世淫；高臺榭，廣宮室，以養其意，不懼民窮；馳騁田獵以養其志，多獲其上，不順天心。(〈卷三‧爲學日益〉)

眼耳口鼻以及心志，若貪圖享樂，縱情享受，將使感官失去功能，引起衰微，或疾病。而疾病依其程度之嚴重與否，有些止於皮毛分理，有些止於有些在於臟腑，有些入於骨髓。隨著病情之不同，治療亦有難易之別，《指歸》云：

> 是故，大難之將生也，猶風邪之中人。未然之時，愼之不來；在於皮毛，湯熨去之；入於分理，微箴取之；在於藏府，百藥除之；入於骨髓，天地不能憂而造化不能治。(〈卷五‧爲無爲〉)

疾患止於皮毛者，治療最易，尋常湯藥即可調理；病患達於分理者，須以針灸治癒；病患入於臟腑，則需飲用百藥，其並方瘳；若是病患已入於骨髓，則病入膏肓，無可救藥。因此當疾患止於皮毛之時，即需知道防微杜漸。因此爲全其性命，即應除情去欲。嚴遵更反過來談除情去欲之益處，嚴遵言：

> 是以明王聖主，損欲以虛心，虛心以平神，平神以知道，得道以正心，正心以正身。(〈卷四‧以正治國〉)

〔註8〕孫以楷編，陳廣忠、梁宗華著：《道家與中國哲學》(漢代卷)(北京：人民 2004.6 初版一刷)，頁 250。

> 奄民情欲，順其性命，使民無知，長生久視。(〈卷二‧至柔〉)
>
> 生而不喜，死而不憂。閔閔軵軵，性命有餘。莫有求之，萬福自來。
>
> 　(〈卷二‧至柔〉)

除情去欲可以虛心存神，復其性命，正身得道而長生久視。至於具體的除情去欲之法，在除情方面，由於情是「因性而動，接物感寤」所生，因此為避免情緒的發動，可以避免性命與外物的交接，而性命與外物的交接，主要是透過眼耳鼻口等感官，因此若是隔絕感官與外物的接觸，或可在源頭上解決情緒發動的問題，嚴遵因此說：

> 塗民耳目，飾民神明。絕民之欲，以益民性。滅民之樂，以延民命。
>
> 捐民服色，使民無營。塞民心意，使得安寧。(〈卷一‧上士聞道〉)
>
> 是以聖人，虛心以原道德，靜氣以存神明，損聰以聽無音，棄明以
>
> 　視無形。(〈卷二‧至柔〉)

養生之要，一方面要減損耳目心性與外物的接觸，一方面要使耳目心神內返，視無形，聽無音，此所謂「無形」「無音」正是內在於人身之大道，如此一方面可使心神不外耗，一方面可使心神貞固於內，存有大道，此於養生則大有助益。

至於去除欲望，嚴遵《老子指歸》中所提及的欲望問題，包含諸多層面，譬如感官方面的享受，目欲視美色，耳欲聞美聲，口欲食美食，舌欲嘗美味，心欲耽享樂。其次有名利方面的欲望，財貨方面的欲望，權勢地位方面的欲望，甚至是求得長生的欲望。嚴遵認為養生之人，必須將精神上由對這些對外物感官權勢的企求，收返於內，避免精神外馳所造成神明的耗損，嚴遵曰：

> 內用其光而外不違衣食，耕穫桑織有餘，福積禍消，人給家贍，心
>
> 不載求，賤不望貴，貧不幸富。纖微尊儉，內外不過，奉上養下，
>
> 人道盡備。復歸其內，神明不耗，槩積固畜，不敢以為。
>
> 　(〈卷三‧天下有始〉)

其中「內用其光」、「復歸其內」是很重要的養性方法，其理論依據在於人的神明會在外觸外物的同時，漏失而去，即便是為了養生，而積極的從事養生功法的涉獵，養生方法的推行，都會使精神隨外物而去，因此，與其一面養生，一面在養生的有為法中使精神漏失而去，根本之道，在於收返視聽，收返欲望，讓精神回歸於內，如此神明內守，則可用其神光照見生命之清明，

大道之光明，這在《老子》謂之「和光」，〔註9〕在《莊子》謂之「朝徹」、「見獨」，在《河上公注》謂之「伏光」、「潛光」。〔註10〕

　　此外，針對不同類型的欲望，應該採取不同的方面以革除，以感官方面的欲望來說，嚴遵以為欲望是情緒進一步的執著，因此去除欲望一方面可從情緒方面下手，如同上文所述，關閉耳目，避免耳目外接於物而產生情緒，沒有情緒的問題，也就沒有欲望執著的問題。至於名利、財貨、權勢、地位方面的欲望，嚴遵則不厭其煩的強調名利、財貨、權勢、地位於人的妨害，藉此方式讓人知所取捨。嚴遵曰：

> 得名得貨，道德不居，神明不留，大命以絕，天不能救。失名失貨，道德是祐，神明是助，名顯自然，富配天地。故細身大名，未可與論至道也；輕身重國，未可與圖利也。夫無名之名，生我之宅也；有名之名，喪我之彙也。無貨之貨，養我之福也；有貨之貨，喪我之賊也。是故，甚愛其身，至建榮民，為之行之，力之勞之，強迫情性，以損其神。多積貨財，日以驕盈，驕亡之道，貨名俱終。故神明不能活，天地不能全也。(〈卷二・民身孰親〉)
>
> 夫使神擾精濁，聰明不達，動失所求，靜喪所欲者，貨與學也。
>
> (〈卷五・其安易持〉)

嚴遵此處用對照的方式表明名貨、利益、權勢與道德、神明與性命不能兩全，擁有名貨、利益、權勢，則道德、神明與性命就要喪失；擁有道德、神明與性命，則必須除去對名貨、利益、權勢的欲望。對此，嚴遵更做了一個比喻，曰：「故名利與身，若炭與冰，形性相反，勢不俱然。」(〈卷二・名身孰親〉)「故生生趨利，為死之元也；無身去利，為生之根也。」(〈卷七・人之飢〉)名利與身，勢如水火，兩不相容，勢不兩立，是以養生之人應該知所取捨。

　　此外，嚴遵又說聖人「其無欲也，非惡貨而好廉也，天下之物莫能悅其心也。」(〈卷四・含德之厚〉)意指從價值取向來評價世俗的欲望，與大道神明諸等，世俗的欲望簡直不足為道，因此聖明的聖人，知道選擇大道神明而捨棄世俗的欲望。除卻用「喻之以理」的方式讓人知所抉擇之外，嚴遵也勉

〔註9〕　《老子・第四章》：「和其光同其塵。」高亨：《老子正詁》(台北：新文豐1981)，頁12。

〔註10〕　《河上公注・守微・第六十四》：「聖人欲人所不不欲，人欲彰顯，聖人欲伏光；人欲文飾，聖人欲質樸；人欲色，聖人欲於德也。」

勵人應「知足知止」，避免「基本需求」的過度擴張，而變成戕害人形神的欲望，嚴遵曰：

> 是以，知足之人，體道同德，絕名除利，立我於無身。養物而不自
> 生，與物而不自存。信順之間，足以存神，室家之業，足以終年。……
> 知止之人，貴為天子，不以枉志；貧處巖穴，不以幽神；進而不以
> 為顯，退而不以為窮。無禍無福，無得無喪，不為有罪，不為有功。
> 不求不辭，若海若江，遊揚玄域，神明是通。動順天地，故不可危；
> 殊利異害，故能常然。是以，精深而不拔，神固而不脫，魁如天地，
> 照如日月。既精且神，以保其身。知足而止，故能長存。
>
> （〈卷二‧名身孰親〉）

知足知止，則能回歸素樸，過著淡泊簡易的生活，如此則可以使人既精且神，甚而長生久視。

又或者用道德來消解欲望，曰：

> 夫使神擾精濁，聰明不達，動失所求，靜喪所欲者，貨與學也。唯
> 能鍊情易性，變化心意，安無欲之欲，樂無事之事者，道與德也。
>
> （〈卷五‧其安易持〉）

此段先談財貨與學識於人之妨害，它使人精神失去清明，喪失天真；它使人耳不聰目不明，失去耳目的基本功能；它使人動靜失其所欲，心失去自主的自由。為除此害，只有修養道德，才能安於無欲，無欲則心意單純，性情簡易，如此性命以全，長生可待。嚴遵又說：

> 無欲則靜，靜則虛，虛則實，實則神。動歸太素，靜歸自然，保身
> 存國，富貴無患，群生得志，以至長存。（〈卷六‧言甚易知〉）

無欲之後，則能起一連串的連鎖反應，無欲則能去躁而歸靜，歸靜而後則能使心虛無，心虛無之後，則能使神明充實於心。神明充實之後，則能入道反自然，如此則可以長生。

3. 去意志

意志同於情欲思慮，都是離開了性命而產生的。嚴遵解釋「意志」云：

> 因命而動，生思慮，定計謀，決安危，通萬事，明是非，別同異，
> 謂之意。因於情意，動而之外，與物連，常有所悅，招麾福禍，功
> 名所遂，謂之志。（〈卷三‧道生〉）

所謂「意」，是人離開了性命之本然後，在外接於物時，因思慮而產生的價值

判斷。所謂「志」，心之所向也，當人產生了「意」的價值判斷後，人進一步隨其心意喜好，在行事上有了定向，謂之「志」。意志同情欲思慮一樣，都是人生所不必的，它們除了擾亂生命的本質，使生命無法清靜之外，它們也使人離開性命之本然越來越遠，人一旦離開性命之本然越遠，人的年壽也因此折損。嚴遵即舉例說明生活中意志對人的殘害，曰：

> 故知者之居也，耳目視聽，心意思慮，飲食時節，窮適志欲，聰明
> 並作，不釋晝夜，經歷百方，籌策萬事，定安危之始，明去就之路，
> 將以全身體而延大命也。若然，則精神爲之損，血氣爲之敗，魂魄
> 離散，大命傷夭。(〈卷三・聖人無常心〉)

平居若是思保全身體而延長壽命，但每日一睜開雙眼，卻竟是耗費眼力以視，耗費耳力以聽，飲食貪求甘美，思籌策，定謀略，以定安危，以明去就之路，此即嚴遵所謂「意」的發用，甚至依其「意」，從其「志」，進而執著以成「欲望」，其結果非但不能全身體而延性命，反而使精神耗損，血氣衰敗，魂魄離散，形神分離，大命幾近滅絕。此外，此段也提示了另一個重點，也就是將「意志」施用於外物的追逐，固然無法全身體延大命，即便是將「意志」用於形體的養生，也是不可行的。反過來說，當人們不用意志，任其自然，又有怎樣的情形呢？嚴遵曰：「四肢九竅不諭心之所導，故可全也。」(〈卷五・善爲道者〉)心不去主導形，形體反而得以全。此即林安梧教授所謂：道家養生並非「以心控身」，而是講求心神合一，形神相抱，「身心一如」。〔註11〕又曰：

> 及其寐也，心意不用，聰明閉塞，不思不慮，不飲不食。精神和順，
> 血氣生息，心得所安，身無百疾。遭離凶害，大瘡以瘳，斷骨以續，
> 百節九竅，皆得所欲。(〈卷三・聖人無常心〉)

人於白日之時，不斷思索養生之籌策，非爲無益，反增傷害。反倒在入夜睡眠之時，耳目閉塞了，飲食停止了，意志思慮都不用了，精神反而安適，連帶的影響到形體也跟著安樂，疾病也跟著痊癒了。如此可見意志於人百弊而無一利，即應除而去之。因此：

> 是故，得道之士，損聰棄明，不視不聽，若無見聞；閉口結舌，若
> 不知言。挫其銳，釋其所之，意無所守，廓似無身。
>
> (〈卷四・知者不言〉)

〔註11〕林安梧：《新道家與治療學：老子的智慧》(台北：台灣商務 2006 初版)，頁
124～125。

俱得其性，皆有其神，視無所見，聽無所聞。遺精忘志，以主爲心。

（〈卷三·聖人無常心〉）

得道之士明白意志於人之妨害，因此「意無所守」、「遺精忘志」，能作到此，可以全神復性，並且可以得道，而年壽也在修養的同時，獲得保全了。

（二）無爲

「無爲」有兩層意思，一是無所作爲，二是無刻意爲之。前者是什麼都不做，人生於世，什麼都不都做，確有其困難，充其量不過可以盡量少爲。而後者則是無目的性的爲，無意識的爲。細究《老子指歸》一書，《老子指歸》所言之「無爲」並非絕對的無所作爲，而是強調不可違背性命之道而任意妄爲，以免傷害性命之正道，至於順性命之道之作爲則不僅不能人爲地制止，而且應該提供條件使其能順利進行，以因應性命的需要。探討道家思想之所以強調「無爲」的背後原因，在於他們的思維中，認爲凡有「爲」必有所「應」，尤其有目的性的「爲」，或者可以因其所「爲」，「應」其目的，但相對地事情的發展，往往也會超出人們的想像，超出人們的控制，產生許多意想不到的「應」。如：道家反對仁義的宣揚，認爲仁義的宣揚或許可以達到敦品勵志的作用，但相對地也會引發假仁假義等詐僞情事的發生，這樣就連原本的目的都失卻了。關於這種情形，嚴遵在《老子指歸》中舉一個深入淺出的例子，他說人之鼻上有灰，人不以斤斧去之，這是因爲害怕未蒙其利，先受其害，所以「爲」即是未蒙其利，先受其害的舉措，因此，與其「爲」而蒙受其害，莫若「無爲」。因此嚴遵言：

> 故用心思公，不若無心之大同也；有欲禁過，不若無求之得忠也；
> 喜怒時節，不若無爲之有功也；思慮和德，不若無事之大通也；明
> 於俞跗之術、岐鵲之數以治之，不若使世無病之德豐也；挾黃帝太
> 公之慮，秉孫氏之要以勝之，不若仗天下不事、智力之不營也。故
> 道德之所生，無欲無求，不創不作，無爲無事，無載無章，反初歸
> 樸，海內自寧。（〈卷四·以正治國〉）

此段，以「用心」與「無心」對舉；以「有欲」與「無求」對舉；以「有情」與「無爲於情」對舉；以「思慮」與「無事於思慮」對舉；以「有治於病」與「使世無病」對舉；以「用智」與「不事，不用智」對舉；對舉之下，前者皆不如後者。因此，無欲無求，無爲無事，不創不作，無載無章，無情無

病，回歸大道之自然，歸返太初之素樸，則天下太平，人民安樂。如此，可知「無爲」之有益於「爲」。

當然，在養生方面而言，〈卷三‧出生入死〉言：「無爲，生之宅；有爲，死之家。」此即明確表達「無爲」於養生之用。具體說來則要無爲於言，無爲於養生。嚴遵即云「無爲無言者，成功之至而長存之要也。」（〈卷六‧言甚易知〉）又云：

> 故言行者，治身之獄也；時和先後，大命之所屬也。是以，君子之立身也，如暗如聾，若樸若質。藏言於心，常處玄默。當言深思，發聲若哭。和順時適，成人之福。應對辭讓，直而不飾。故言滿天下而不多，振動四海而不速，連接萬物而不有，辭動天下各得所欲。
>
> （〈卷五‧萬物之奧〉）

言行是關涉治身的關鍵。君子之處世，最好能保持玄默無言，質樸如聾啞，藏言於心；若是非不得已必須出言，則當三思而後言，出言之時非但要盡量寡言，還要時然後言，並且出言要出於至誠，避免矯飾做作，能這樣則能有益於治身。至於具體的絕言之道，嚴遵云：

> 絕言之道，去心與意；止爲之術，去人與智。爲愚爲愨，無知無欲。
>
> （〈卷六‧言甚易知〉）

去除心意、知慮，沒有了知識系統、價值判斷，就沒有論辯闡述的必要，如此即可過著純樸簡單生活。

其次，在無爲於養生方面，養生固然重要，但若刻意養生，則適得其反，嚴遵云：「爲生者死。」（〈卷五‧其安易持〉）反之，「無以生爲，可以長久。」（〈卷七‧人之飢〉）此言無爲於養生則得生，有爲於養生，雖在求生，反而卻得死了，因此嚴遵認爲即便是對「養生」，也應採取自然無爲的態度。嚴遵即云：「生不生之生，身無身之身」（〈卷四‧含德之厚〉）、「無以身爲」（〈卷一‧得一〉），意思是說用不養生的方式養生，以無身的方式存身，易言之，也就是一種不刻意求生，順應自然的方式。無爲於養生的具體作法，第一步即是不刻意修養形神，嚴遵曰：

> 貪生利壽，唯恐不得。強藏心意，閉塞耳目。……形神並作，未嘗休息。此治身之有爲也。（〈卷三‧出生入死〉）

就養神方面，存神是《老子指歸》養生的重心，因此存神非常重要，近一步說，養神則必須去除心意作用，閉塞耳目之外接，但若勉「強」爲之，

反而會耗費神明，故不可勉「強」爲之。因此無爲於神，嚴遵曰：

> 比夫萬物之託君也，由神明之居身而井水之在庭也：水不可以有爲
> 清也，神不可以思慮寧也，夫天地之間，萬物並興，不可以有事平
> 也。（〈卷一·上德不德〉）

《老子指歸》此段旨意在強調「無爲」之重要，嚴遵在此做了一個淺顯的比
喻：水要求清澈，與其有爲，不如無爲靜待一切塵埃落定；同樣的道理，欲
求神明居存於人身，任何思慮作爲，都不如無爲，靜待神明自動來歸。同樣
的道理，嚴遵又云：

> 故不爲虛而虛自起，不爲靜而靜自生，不休神而神自定，不和氣而
> 氣自平。（〈卷四·含德之厚〉）

虛、靜、神、氣，固然是養生所要存養的，但並不能使用「有爲」的方式；
相反地，需要使用無爲的方式，虛、靜、神、氣，自能生養。

就養形方面，《老子指歸》通書之於養生，從來所強調的就是神養，而非
形養，是以嚴遵曰：

> 導引翔步，動搖百節。吐故納新，吹煦呼吸。被服五星，飲食日月。
> 形神並作，未嘗休息。此治身之有爲也。（〈卷三·出生入死〉）

所謂的導引、吐納、飲食、筋骨的活動屈伸，並不爲嚴遵所強調，更何況從
事這些活動，是「有爲」於養生，此於嚴遵思維看來，不過勞累形體，耗費
體力，於養生並無助益。

無爲於養生的第二步即是齊一生死，齊一壽夭，在莊子看來，「死生如晝
夜。」（《莊子·至樂》）生與死都是道之運行的一種形態，無所差池。再者，
生死相依，莊子說：「方生方死，方死方生。」（《莊子·齊物論》）「生也死之
徒，死也生之始，孰知其紀！人之生，氣之聚也。聚則爲生，散則爲死。若
死生爲徒，吾又何患？故萬物一也。」（《莊子·知北遊》）如此看來，莊子認
爲生和死，沒有絕對的界限，是相對的，都是道的型態變化，既然俱屬於「道」，
所以「齊一」，當然也就沒有區別的必要。莊子並由「齊生死」，導引出對生
死採取一種超然的態度，即「不知說生，不知惡死」，「安時順處，哀樂不入」。
此與《指歸》的「死生爲一」，「不以生爲利，不以死爲害」也是一致的。嚴
遵因此言：

> 死生爲一，故不別存亡。此治身之無爲也。（〈卷三·出生入死〉）
> 是故，攝生之士，超然大度，卓爾遠逝。不拘於俗，不繫於世。損

形於無境，浮神於無內。不以生爲利，不以死爲害。

（〈卷三·出生入死〉）

能視死生爲一，存亡一體，那麼生不爲之喜樂，死不爲之憂懼；生不爲利益，死不爲損害，如此則生死不能引起人們的情意、志欲，情意、志欲不被引起，性命則可以保持本然狀態。

無爲於養生的最高境界，即是忘身。老子曾云：「及吾無身，吾有何患。」〔註12〕嚴遵則言遺忘其身，遺忘其生，「忘身」身之適也，「忘生」生之適也。忘記身體的存在，生命的存在，讓身體生命自然優游大道中，相忘於江湖之中，這是對身體，對生命最好的對待。《指歸》曰：

夫立則遺其身，坐則忘其心。澹如赤子，泊如無形。不視不聽，不爲不言，變化消息，動靜無常。與道俯仰，與德浮沉，與神合體，與和屈伸。……此治身之無爲也。（〈卷三·出生入死〉）

是以，玄聖處士，負達抱通，提聰挈明，順道奉德，棄知亡身，屬志憂畏，唯恐蹉跌。（〈卷三·行於大道〉）

當人去除了感官的作用，知慮心志的干擾，忘卻身心的存在，等於把生命外層的包覆，一層一層的突破，直到完全沒有包覆，沒有束縛的同時，即與生命本始的太和、神明、道德接軌並且同體，於是可以和陰陽同消息，可以和太和同屈伸，可以和神明同變化，可以和德同浮沉，可以和道同俯仰。這種過程就如同莊子的「坐忘」，墮肢體，黜聰明，離形去智，也像莊子的「心齋」，無聽之以耳，而聽之以心，無聽之以心，而聽之以氣，而其境界亦同於莊子的「坐忘」、「心齋」，同於大通。心齋，是戒除物質欲望，戒掉名、利、色，使人心自然虛明坦白，最終達到「無我」的境界。虛到沒有任何主見，連「我」也不復存在，對於世俗事務，一切無心。既已無心、無我，對外界的一切干擾，可逆來順受，隨遇而安。而「坐忘」則主張離形棄知，忘記一切知識，取消一切區別。宇宙間一切事物的區別都忘記了，只剩下混沌的整體一「大一」、「元」。這可見單是「忘仁義」、「忘禮樂」還不夠，還要「墮肢體」，忘手足，「黜聰明」，忘耳目，閉目塞昕，「離形去知」，忘去自己的身體與一切外界知識，達到「同於大通」的境界，即人與「道」相合。〔註13〕此種對形

〔註12〕《老子·第十三章》，高亨：《老子正詁》（台北：新文豐1981），頁30。

〔註13〕唐明邦：《論道崇眞集》（湖北：華中師範大學 2006.2 第一版第一刷），頁51〜58。

體的「忘」與「墮」，絕非一味地重心棄形，而是對固著於經驗層面之物性結構的解蔽。〔註14〕

養生固然要無爲，但若過度無爲於養生，使它變成一種執著，即成有爲於「無爲」，一旦落入有爲，養生成效就會大打折扣。因此，嚴遵主張要打破有爲與無爲，即要打破任何立場，要建立沒有立場的立場，有爲的立場，固然不可取，無爲的立場，也要破除；或者換個說法，有爲也可以，無爲也可以，或有爲或無爲，一切順乎自然。關於此，嚴遵曰：

> 由此觀之，爲不生爲，否不生否，明不生明，晦不生晦。不爲不否，
> 不明不晦，乃得其紀也。（〈卷二·大成若缺〉）

> 是以聖人，不爲有，不爲亡，不爲死，不爲生，游於無、有之際，
> 處於死、生之間，變化因應，自然爲常。（〈卷五·爲無爲〉）

> 夫聖人之言，宗於自然，祖於神明，常處其反，在默言之間，甚微
> 以妙，歸於自然。……在爲否之間。清靜柔弱，動作纖微，簡易退
> 損，歸於無爲。（〈卷六·言甚易知〉）

此三段話，甚爲玄妙。嚴遵舉出各種相反的情形，包含爲與否，明與晦，有與無，生與死，默與言，就認知層面來說，嚴遵承襲莊子齊物思想，於是爲否，明晦，有無，生死，默言，就這個角度看來，是齊一無分的。就執行面來說，爲不生爲，否不生否，明不生明，晦不生晦，有不生有，無不生無，生不得生，死不得死，默不得默，言不得言。那麼，反過來，以無爲生爲，以不否生否，以不明生明，以不晦生晦，以不有生有，以不無生無，以不生得生，以不死得死，以不默得默，以不言得言，就可以了嗎？嚴遵認爲一旦陷入固定的對治關係，而爲人爲所操作，就成了「有爲」。〈卷七·天之道〉即云：「固一不變，已中其網，不可得解。」意指固守常規而不變化，一如陷入網羅，而無法解脫。因此，要消除這種對治關係，就要悠遊於無否、明晦、有無、生死、默言之間，或超越於無否、明晦、有無、生死、默言之間，這才是眞正的無爲，這才合乎自然，這才是道紀。

二、順應自然

養生除了要做到保持生命本然的狀態之外，面對自身性命之「變」數，或

〔註14〕周與沉：《身體：思想與修行——以中國經典爲中心的跨文化觀照》（北京：中國社會科學出版社 2005.1 初版第一刷），頁 105。

者外在事物的「變」遷，人又應當如何自處呢？《老子指歸》以爲面對這些「變」異，人應當順應自然。那麼，這種順應自然的養生觀是如何形成的呢？原來自戰國秦漢以來形成了「天、地、人」一體互參的生命意識，在其支配下，發展了一種有關生命和身體的養生文化，將養生活動置於大的系統環境中去考察和認識，從而形成了「人與天合」的養生法則與方法。〔註15〕《指歸》因順這種思維，將天人關係納入整體的思維考量，主張人應順天則地以養生。

　　進一步說，何謂「自然」？所謂自然，就是天然，自然而然，「凡物莫能使之然，亦能使之不然，謂之自然。」〔註16〕劉笑敢先生也提出道家關於自然的理解具有「自發性」、「原初性」和「延續性」三種基本含義。自然的本意可以包括自己如此、本來如此、勢當如此之意。〔註17〕進一步說，何謂「順應自然」？「順應自然」當指依事理發展之趨勢，而採取相應的作爲，而沒有絲毫勉強的意思。如：春有百花，秋有月，夏有涼風，冬有雪，配合時令之特色，春賞百花，秋賞月，夏乘涼風，冬賞雪，人的作爲便與外在環境「相應」，沒有絲毫的勉強。反之，若是春欲賞雪，夏賞百花，秋欲賞雪，冬乘涼風，這便是勉強，這便是不相應。自然是道的唯一原則，是道的根本性質和屬性，在《指歸》看來，自然是事物變化的原因和規律，它不因人爲意志而轉移，人們只能遵循它，順應它，不能以自己的主觀願望來改變它，違背它，否則，就要自食其果，《指歸》說：

　　　　自然之道，不可強制。水流下動，人動趨利。釋下任事，眾弱爲一，

　　　　出於不意，此強大之所以亡也。（〈卷四‧大國〉）

萬物循道而動，自有其趨勢，若不能順應之，而欲以強力改變，非但絲毫無法改變萬物運行之趨勢，反而在爭強好勝的同時，受到打擊摧殘而折損。

　　此外，在《老子指歸》中，嚴遵承襲《老子》「人法地，地法天，天法道，道法自然」〔註18〕的思維，因此其道、德、天、地，都是「自然」。因此，順道、應德、法天、則地即是順應自然，是以這樣的句子，在《老子指歸》中，屢次可見，如：

〔註15〕鄒登順：〈論戰國秦漢「人與天合」養生文化範式的建構及其特點〉，《貴州社會科學》（總 177 期第 3 期 2002.5）之摘要。

〔註16〕詹劍峰：《老子其人其書及其道論》（湖北：湖北人民出版社 1982.9 第一版），頁 204。

〔註17〕劉笑敢：〈《老子》自然觀念的三種含義〉，《哲學動態》（第六期 1995），頁 39。

〔註18〕《老子‧第二十五章》，高亨：《老子正詁》（台北：新文豐 1981），頁 61。

上順道德之意，下合天地之心。(〈卷六・以正治國〉)

言順天地而不已，行合人心而不恃。名成而不顯，功遂而不有。情
性自然，不以爲取。將以順道，不以爲己。萬物歸之，爲天下宰。
(〈卷五・萬物之奧〉)

是以聖人，信道不信身，順道不順心。(〈卷五・江海〉)

是故，得道之士，……因循天地，與俗變化，深入大道，與德徘徊。
(〈卷四・知者不言〉)

凡事順應自然，則沒有因爲矛盾所產生的阻力，同時也是最合乎經濟效益的
行事作風。《指歸》承襲《莊子》之說，以「安時順處」來詮釋注解「無爲自
然」的部份含意。嚴遵體認到宇宙間人事物時隨時都在變遷，以人而言，人
的才性千差萬別，命運各不相同；以事物而言，事物隨時都在遷移變化之中；
以時而言，時間不斷的推移遞進，面對人事物時不斷的變遷，人應該順應種
種形勢的變化，作適當的因應。以性命來說，嚴遵要人「順其性命」、「存其
性命」、「各守醇性」；以事物的變遷來說，嚴遵要人「因循天地，與俗變化」；
以時序的變遷來說，嚴遵要人「因時應變」、「與時推移」。在《莊子・養生主》
則說：「安時而處順，哀樂不能入也，古者謂是帝之縣解。」具體的說，安時
順處，則包含對「人際往來」、「處理世事」、「順境逆境」、「命運生死」的情
形的因應。以下分就安性，順命，順時，安分四個要點，談養生之順應自然。

(一) 安性

中國思想中，心與天、道的相通可說是不言自明，內在根據在儒是「性」，
在道是「德」，都是性。〔註19〕「性者，生之質也」〔註20〕(《莊子・庚桑楚》)，
亦從自然生命之本然議論性。性是生而具有的基核，含藏於生命中隨其發用
而自然呈露。「性之動，謂之爲；爲之僞，謂之失」、「動以不得已」、「動而非
我」〔註21〕自然合道、合理，「若性之自爲」〔註22〕(《莊子・天地》)，否則

〔註19〕周與沉：《身體：思想與修行——以中國經典爲中心的跨文化觀照》（北京：
中國社會科學出版社 2005.1 初版第一刷），頁 201。

〔註20〕〔清〕郭慶藩編：王孝魚 整理：《莊子集釋》（台北：萬卷樓 1993.3 初版二刷），
頁 810。

〔註21〕《莊子・庚桑楚》，〔清〕郭慶藩編：王孝魚 整理：《莊子集釋》（台北：萬卷
樓 1993.3 初版二刷），頁 810。

〔註22〕〔清〕郭慶藩編：王孝魚 整理：《莊子集釋》（台北：萬卷樓 1993.3 初版二刷），
頁 453。

即於放佚無度而害生。「失性有五」，耳目鼻口心各有表徵，此所謂「以物易性」〔註23〕。(《莊子・徐無鬼》) 學者趙芃指出道家「自然」的概念有兩層基本涵義：一、內在本性；二精神境界。〔註24〕詹姆斯・C・利文斯頓也說：「本性與自然是同一個詞 (nature)，可以互換。」〔註25〕依此，順應自然的內涵之一即是順應萬物內在本性。《指歸》承襲黃老貴生思想，主張反其性命之宗，得其性命之情，從而達到全身保眞，並以安守性命作爲順應自然的養生方法之一。

　　試觀《指歸》中萬物生成的歷程，則萬物皆由道生德，德生神明，神明生太和，太和生天地萬物的順序而來，然生成的過程中，「道有深微，德有厚薄，神有清濁，和有高下。」(〈卷一・上德不德〉) 正因生成要素質量分配的不同，而造成人的本性各不相同。此外，嚴遵也爲「性」，下了明確的定義，他說：

> 所稟於道，而成形體，萬芳殊類，人物男女，聖智勇怯，小大脩短，
> 仁廉貪酷，強弱輕重，聲色狀貌，精粗高下，謂之性。
>
> 　(〈卷三・道生〉)

嚴遵指出，「性」是所稟受于自然而形成的人的本能。聰明、智慧、勇敢、怯弱，高大和矮小，強壯和瘦弱，仁慈、廉潔、貧婪、殘暴，聲音、膚色、形體、外貌，精明、粗疏、高才、愚昧，這些都是由人的天性而形成的。正如〈卷一・上德不德篇〉指出的那樣「人物稟假，受有多少。性有精粗，命有長短，情有美惡，意有大小」。正因爲稟性不同，才形成各自獨立的天性不同的世界，嚴遵云：「萬物之性，各有分度，不得相干。」(〈卷二・身名孰親篇〉)

　　嚴遵以爲人「性」各殊，聖人之性是「通達」的。〈卷六・知不知篇〉：「是故聖人操通達之……，托不知之體。」而民性是「醇」朴、敦厚、美好的。〈卷六・知不知篇〉云：「民俯而無放，……各守醇性。」不同性命的人應該採取怎樣的生活方式，才是合乎自然，順應自然呢？嚴遵對此有一番見解，曰：

> 道德天地，各有所章，物有高下，氣有短長。各樂其所樂，患其所

〔註23〕《莊子・天地》，〔清〕郭慶藩編：王孝魚 整理：《莊子集釋》(台北：萬卷樓 1993.3 初版二刷)，頁 453。

〔註24〕趙芃：《道教自然觀研究》(四川：四川出版集團巴蜀書社 2007.11 初版第一刷) 導言，頁 2～3。

〔註25〕詹姆斯・C・利文斯頓著：何光滬譯：《現代基督教思想》(四川：四川人民出版社 1999)，頁 7。

患，見其所見，聞其所聞，取舍殽繆，畏喜殊方。故鶉鷃高飛，終日馳騖，而志在乎蒿苗；鴻鵠高舉，逕歷東西，通千達萬，而志在乎陂池；鸞鳳翱翔萬仞之上，優游太清之中，而常以爲卑。延頸舒翼，凌蒼雲，薄日月，高翔遠逝，曠時不食，往來九州，棲息八極，乃得其宜。三者殊便，皆以爲娛。故無窮之原，萬尋之泉，神龍之所歸，小魚之所去。高山大丘，深林巨壑，茂木暢枝，鴻鳥虎豹之所喜，而雞狗之所惡。悲夫！三代之遺風，（禍）儒墨之流文，誦詩書，修禮節，歌雅頌，彈勤瑟，崇仁義，祖絜白，追觀往古，通明數術，變是定非，已經得失，身寧名榮，鄉人傳業……故規矩不相害，殊性孰相安。賢聖不爲匹，愚智不爲群。大人樂恬淡，小人欣於戚戚。堂堂之業而不喻於眾庶，棲棲之事不悅於大丈夫。鳥獸並興，各有所趣。群士經世，各有所歸。（〈卷一‧上士聞道〉）

從自然的現象觀之，自然界中本來就有形形色色的物種紛然並陳，而且自原始以來，紛然並陳的物種一直在同一場域中相安無事的過著各自的生活。直到文明開化之後，某些物種因爲自我的優越感，開始區別貴賤高低人我，於是各種爭名逐利的現象開始產生，自然的生態一旦失去平衡，對各種物種來說，反而是一種戕害，反而使物種無法全其性命，終其天年。因此《老子指歸》此段，首先承認萬物道德、神明、稟氣各有不同，於是性命也隨之不同，隨著萬物性命之不同，喜好也各不相同，《老子指歸》這裡沿襲《莊子‧逍遙遊》的精神，舉鶉鷃、鴻鵠、鸞鳳爲例，說明這三者因爲性命不同，各自有喜愛的生活方式，但即便是性命不同，生活方式不同，那又何妨呢？一來牠各過各的生活，「各有所趣」，「各有所歸」，卻也相安無事；二來牠們的生活方式都與牠們的性命相應，過得自在愉快，沒有絲毫的勉強，這便是合乎自然啊！倒是三代以後，由於標舉仁義禮智，區別是非貴賤，使得原本平和素樸的世界失卻了，人們原本的性命遭到扭曲，生命亦隨之而去。所以嚴遵說：

奄民情欲，順其性命，使民無知，長生久視。（〈卷二‧至柔〉）

六合之外；毫釐之內，靡不被德蒙仁，以存性命，命終天年，保自然哉！（〈卷五‧善爲道者〉）

民俯而無放，仰而無效，敦愨忠正，各守醇性，惆惆洋洋，皆終天命。（〈卷六‧知不知〉）

順其性命，存其性命，守其性命，如此即可順應自然，終其天命，長生久視。

而欲順其性命的具體方法，就是讓性命保持本然的狀態，要讓生命保持本然的狀態，除了除情去欲，除去知識外，還包含上文所論，除意去志，除去思慮，虛靜無為等。

（二）順命

　　關於「命」，嚴遵曰：「所授於德，富貴貧賤，夭壽苦樂，有宜不宜，謂之天命。」（〈卷三‧道生〉）嚴遵認為，富貴、貧賤、壽夭、苦樂、有宜、不宜，都是自然賦予的，他稱之為「天命」。可知這裏的「天命」，是指人類享受的自然的福祉壽命。它與王充《論衡‧命祿》中所說的「有死生、壽夭之命，亦有貴賤、貧富之命」〔註26〕的含義相同。

　　嚴遵對「命」的分類，除了「天命」外，尚有「遭命」與「隨命」之說，嚴遵曰：

> 遭遇君父，天地之動，逆順昌衰，存亡及我，謂之遭命。萬物陳列，吾將有事，舉錯廢置，取舍去就，吉凶來，禍福至，謂之隨命。
>
> （〈卷三‧道生〉）

嚴遵對「命」的分類，後為當代的王充《論衡‧命義》以及班固《白虎通》所採納。〔註27〕此二書中也有「遭命」和「隨命」之說。《論衡‧命義》云：「隨命者，戮力操行而吉福至，縱情施欲而凶禍到，故曰隨命。」〔註28〕「隨命者五十而死；遭命者初稟氣時遭凶惡也，謂妊娠之時，遭得惡也，或遭雷雨之變，長大夭死。」〔註29〕又「遭命者，行善得惡，非所冀望，逢遭於外而得凶禍，故曰遭命。」〔註30〕而《白虎通義‧壽命》則云：「命有三科以記驗。有壽命以保度，有遭命以遇暴，有隨命以應行。」〔註31〕綜此諸說，可

〔註26〕〔清〕惠棟批校：《論衡》（台北：中國子學名著集成編印基金會 1978 初版），頁 40。

〔註27〕孫以楷編，陳廣忠、梁宗華著：《道家與中國哲學》（漢代卷）（北京：人民 2004.6 初版一刷），頁 249。

〔註28〕〔清〕惠棟批校：《論衡》（台北：中國子學名著集成編印基金會 1978 初版），頁 68。

〔註29〕〔清〕惠棟批校：《論衡》（台北：中國子學名著集成編印基金會 1978 初版），頁 70～71。

〔註30〕〔清〕惠棟批校：《論衡》（台北：中國子學名著集成編印基金會 1978 初版），頁 p68。

〔註31〕〔漢〕班固 撰；〔清〕陳立 疏證：《白虎通義疏》（中國子學名著集成編印委員會 1977.11），頁 463～464。

以發現「遭命」、「隨命」與「天命」最大的不同，在於「遭命」與「隨命」皆為「人為」力量所造成的命運，而「天命」為自然所賦予的「命運」。進一步區分「遭命」與「隨命」，則「遭命」為「外在」的人為造作所造成的；而「隨命」而「自我」的人為造作所造成的。然而無論是「隨命」或「遭命」，其下場都是不堪的，嚴遵以為「隨命」與「遭命」，或可能因為外力導致逆順昌衰存亡之命，或可能因為自我作孽導致吉凶禍福。王充更直言隨命者而死，遭命者夭死。班固也說隨命者遇暴虐，遭命者得報應。如此說來，無論是遭命或隨命，對人的壽命都有折損，因此人應順「天命」，而不要「遭命」、「隨命」，欲不「遭命」、「隨命」，則應除去任何的人為造作，人君無為順自然，則天清地寧，天下太平，人民安樂；人民無為順自然，則天命得以全。

具體說來，對富貴、貧賤、壽夭、苦樂、有宜、不宜的順應之道為何？關於貧賤，〈卷四·知者不言〉言：「貧賤不以為辱，富貴不以為榮，……和順時得。」聖人不別貧賤，不別貴賤，無論貧賤抑或富貴，皆處之泰然。關於福禍，〈卷四·以正治國〉：

> 福生於禍，禍生於福。福之與禍，俱亡俱存，異情同服。相隨出入，
> 同來異極，非有聖人，莫能獨得。故去福則無禍，無禍則無福。無
> 福之福，至微玄默，天下好知，莫能窮極。唯無為者，能順其則。
>
> 正在福禍之間，無所不剋。(〈卷四·以正治國〉)

嚴遵承襲老子「福禍相倚」思想，〔註32〕以為福禍相生、相隨，雖是事物的兩個極端，但卻是共存亡的同一件事。聖人體悟到此，因此對於福禍，既不追求，也不去除，只是順應大道自然無為之則，安時而順處，哀樂不能入。關於壽夭，莊子具有超越、達觀的生死觀，他對死亡態度區分三個層次：第一層次是「善死」；第二層次是「樂死」；第三層次是「超越死亡」。〔註33〕嚴遵也承襲莊子這樣的思維，屢言「死生為一，故不別存亡。」(〈卷三·出生入死〉)早已將生死壽夭置之度外，一切依造化而行。

（三）因時

宇宙萬物無時而不變，無時而不化，無時而不移，面對時局的變化，《老

〔註32〕《老子·第五十八章》：「禍兮福之所倚，福兮禍之所伏。」
〔註33〕龍江：〈莊子的生死觀〉，鄭曉江、鈕則誠編：《解讀生死》（北京：社會科學文獻 2005.11 第一版第一刷），頁 83～86。

子指歸》上承道家「與時遷移，應物變化」〔註 34〕的思想，以爲應當「與時俯仰，因物變化。」（〈卷一‧得一〉）所謂「因」，即因循自然、順應自然之意，這是黃老學派的思爲特色之一，如《管子》有君道「貴因」的主張，《呂氏春秋》也提出君主「因而不爲」的君術，《黃帝四經‧姓爭》亦言：「靜作得時，天地與之，靜作失時，天地奪之」的意義。〔註 35〕此外，《黃帝內經》亦有「因時」的養生法，如《靈樞‧歲露》說：「人與天地相參也，與日月相應也。」〔註 36〕用於養生，則要求人順天時地利安排自己的起居生活，如一日之中，應日出而作，日入而息，不應反其道而行之，以免剋伐生氣。一年之中，應守春生、夏長、秋收、冬藏的四季養生法，以順天時，發展出一套時間醫學。〔註 37〕《指歸》承襲黃老思想之說法，以爲在無時無刻的變動中能夠遵循（其實就是「因」）終極的「常」——自然，就是最好的因應。〔註 38〕嚴遵即云：

> 是以，大丈夫之爲化也，……因時應變，不豫設然。秉微統要，與時推移，取捨屈伸，與變俱存。（〈卷一‧上德不德〉）

大丈夫面對時局的變化，並不作預設立場，也不作預先準備，這與儒家「凡事豫則立，不預則廢」〔註 39〕的思維是背道而馳的。此外，與時局的變化共存，隨著時局的變化而變化，隨著時局的推移而推移。因此，就某種程度而言，大丈夫變化的韻律與時局變化的韻律，正好合拍，也正由於二者正好合拍，因此大丈夫根本就融入變化之中，或者融入自然之中，成爲大自然變化的一部份，這就是「順應自然」。於是《老子指歸》中，類似「屈伸俯仰，與時和俱。」（〈卷三‧出生入死〉）這樣的說法，屢見不鮮。至於「與時和俱」的思想與養生有何關係呢？嚴遵曰：

> 時和先後，大命之所屬也。（〈卷五‧萬物之奧〉）

〔註34〕《史記‧太史公自序》，瀧川龜太郎編：《史記會注考證》（台北：宏業 1990.10.15 再版），頁 1334。

〔註35〕陳鼓應註譯：《黃帝四經今註今譯》（台北：台灣商務印書館 1995 初版），頁 327。

〔註36〕《黃帝內經‧靈樞》（北京：中華書局 1991 第一版），頁 336。

〔註37〕韓廷傑、韓建斌：《道教與養生》（台北：文津出版社 1997.8 初版一刷），頁 64。

〔註38〕林俊宏：〈《老子指歸》之政治思想試論〉，《政治科學論叢》（第 22 期 2004.12），頁 124。

〔註39〕《中庸》，〔宋〕朱熹：《四書集註》（台北：學海 1991.3 再版），頁 31。

時則通達，和則得中，嗇則有餘。是謂益生。能行此道，與天地同，
為身者久。(〈卷三‧出生入死〉)

神明為制，道為中主，動與化鄰，靜與然交。和順時得，故能長久。
(〈卷四‧知者不言〉)

「時」是掌握生命的關鍵之一，「時」是死生內數的十三要項之一，能順應時
節，而應物變化則能通達無礙，而能長生久視。既然「時」於養生如此重要，
那麼該如何應時而變化呢？又要怎樣應時變化才能合乎自然，而不流於權謀
呢？嚴遵曰：

天地自作，群美相隨，萬物自象，百蠻自和。萬民蚩疑，不知所之，
隨明出入，託於四時。(〈卷三‧為學日益〉)

小心敦朴，節儉強力，順天之時，盡地之力，適形而衣，和腹而食，
日出而作，日入而止，不薄所處，不厭所食，萬民之所以守其身也。
(〈卷七‧人之飢〉)

春生夏長，秋收冬藏。奉主之法，順天之命。內慈父母，外絕名利。
不思不慮，不與不求。獨往獨來，體和襲順。辭讓與人，不與時爭。
此治家之無為也。(〈卷七‧人之飢〉)

尋常生活須遵守時間節律，使人體內部生命活動與自然節律一致。以一日而
言，白晝陽氣旺盛，人應順陽氣之發越，活動勞作。時至夜晚，陽氣沉伏，
陰氣充足，人應因應陰氣之旺盛，蟄伏安息。是以日出而作，日入而息，這
是順應日夜的變化。以一年而言，四季不同，陰陽變化亦有所不同，如春季
主昇發之氣，宜晚睡早起，外出散步，使精神調暢，情志怡悅。夏季長養，
亦應晚睡早起，多動以使陽氣長養，勿生滯礙，控制怒氣，以免陽氣耗散。
秋季自然之氣收斂，應早睡，使體內精氣收斂、固密，不應多動而耗之。冬
季自然之氣閉藏，人亦應潛心靜慮，像動物蟄居一樣，減少運動，早睡晚起，
以收藏精氣。是以春生夏長，秋收冬藏，這是順應四時的變化，〈卷一‧上德
不德〉也說上禮之君應知「則陰陽，順四時」。依照此理，「滄浪之水清兮，
可以濯吾纓；滄浪之水濁兮濯吾足」，這就是順應時局的變化；又或者天下「有
道則仕，無道則隱」，這也是順應時勢的變化。能順時而變化，即能全然融入
時節的脈動，而無扞格阻礙，則性命能全而不受傷害。能順時而變化，即能
通達，則能逍遙自在。

（四）守分

在性命上，嚴遵以為人各有性命；在生活上，嚴遵以為人應該依其職位，守其本分，大家各守本分，分工合作，人民就可安居樂業。嚴遵說：

> 道德之生人也，有分；天地之足人也，有分；侯王之守國也，有分；
> 臣下之奉職也，有分；萬物之守身也，有分。（〈卷七・人之飢〉）

嚴遵以為天地萬物皆須各守本分，「守分如常」，才符合「道德之所以分人」的本意，才不會亂套。既然道、天、君、臣、民各有職分，那麼其「分」各自為何呢？嚴遵曰：

> 動靜失和，失道之分；耕織不時，失天之分；去彼任己，失君之分；
> 創作如偽，失臣之分；衣食不適，失民之分。（〈卷七・人之飢〉）

道之職分，或動或靜，維持太和，化生萬物；天之職分，在於使人民耕織得時，物質豐足；君之職分，在於去除己之私意，聽任大臣治理政事；侯王之職分，在於守住分封之國；大臣之職分，在於創制體制，奉守其職；人民之職分，在於耕織衣食，安守身心。更具體的說，嚴遵對於君、臣、民的職分，有更深入的闡釋，嚴遵說：

> 是以明王聖主，正身以及天，謀臣以及民。法出於臣，秉之在君；
> 令出於君，飾之在臣。臣之所名，君之所覆也；臣之所事，君之所
> 謀也。臣名不正，自喪大命。故君道在陰，臣道在陽；君主專制，
> 臣主定名；君臣隔塞，萬事自明。故人君有分，群臣有職，審分明
> 職，不可相代，各守其圓，大道乃得，萬事自明，寂然無事，無所
> 不剋。臣行君道，則減其身；君行臣事，必傷其國。（〈卷六・用兵〉）

> 道以制天，天以制人君，人君以制臣，臣以制民，含氣之類，皆以
> 活身。《老子指歸輯佚・將欲歙篇》。

> 小心敦樸，節儉強力。順天之時，盡地之力。適形而衣，和腹而食。
> 日出而作，日入而止。不薄所處，不厭所食。萬民之所以守其身也。
> （〈卷七・人之飢〉）

君、臣、民的三種角色是營造共同生活時必然分工的結果，「審分明職，不可相代」。君王的職分就是治國理民，臣下的職分是遵從上位，奉公守職，使名實相符，老百姓的職分就是依時勞息，從事耕織，這種「有分」的狀態是道德所決定的，是自然存在的和諧狀態，任何人都不得違背這種職分，人的任何活動都不得超越這種「分」，否則就是「失分」，「失分」就會造成嚴重的後

果，只有上下各安其分才能出現一種自然無為、和諧寧靜的政治局面。〔註40〕
君、臣、民如能「守分如常」，則「與天地通。損己餘分，與道俱行。祭祀不
絕，後世繁昌。」（〈卷七‧人之飢〉）在這裡，《指歸》偏重於分析君與臣的
分工和職能，或是君道與臣道的問題。從中可以體會《指歸》所謂「守分」
不僅僅是職責與身分相互呼應而已，這裡的「分」並非《慎子‧君人》中所
言「法之所加，各以其分。」〔註41〕的「分」，《指歸》的「分」進而有「自
然之理」的深刻意義！學者林俊宏進一步剖析：

> 《指歸》在此說了兩件事：第一，身分、屬性、階層、角色的出現，
> 以及內在於這些概念的特質都是「自然之理」（分）的範疇，是一種
> 合於自然之理的安排；第二，對於這種身分、屬性、階層、角色定
> 制化安排的接受，是一種對於自然之理的恪守，進而這樣的活動本
> 身也是自然之理的一部分。〔註42〕

是以，「守分」應當是守住「自然之理」，它包含了對身分、職位、角色的順
應不違；也包含了對該身分、職位、角色的職責的遵守。前者證成了政治角
色分工的必然性，從後者言，證成了統治與服從統治的正當性（是一種政治
義 politicalengagement）。〔註43〕學者林俊宏又說「守分」乃是「無為」的一部
分，或是趨近無為的一種方法。〔註44〕

「守分」是人世動作進退的重要依據，一旦失據就會造成秩序的混亂。
關於「失分」，所造成的危害，《指歸》云：

> 失道之分，性不可然；失天之分，家不可安；失主之分，國不可存；
> 失臣之分，命不可全；失民之分，身不可生，（〈卷七‧人之飢篇〉）

儒家談修身、齊家、治國、平天下，認為修身、齊家、治國、平天下的根本
在於「誠意」、「正心」。《指歸》則透過恪守「自然之理」（守分），得致世間

〔註40〕 張運華：《先秦兩漢道家思想研究》（長春：吉林教育出版社 1998.12 第一版第
一刷），頁 282～283。

〔註41〕 〔周〕慎到 撰：〔清〕金山潛熙祚校：《慎子》（北京：中華書局 1985 新一版），
頁 7。

〔註42〕 林俊宏：〈《老子指歸》之政治思想試論〉，《政治科學論叢》（第 22 期 2004.12），
頁 107。

〔註43〕 林俊宏：〈《老子指歸》之政治思想試論〉，《政治科學論叢》（第 22 期 2004.12），
頁 107。

〔註44〕 林俊宏：〈《老子指歸》之政治思想試論〉，《政治科學論叢》（第 22 期 2004.12），
頁 107。

的秩序，這是一個從「人（失道之分，性不可然）——個人（「失臣之分，命不可全」、「失民之分，身不可生」）——家（失天之分，家不可安）——國（失主之分，國不可存）」的論證系統」，[註45]不然，則世間秩序紊亂，天下無法太平。

醫家經典《素問·陰陽應象大論》提出養生、卻病的基本原則爲：「天有四時、五行以生長收藏，以生寒暑燥濕風；人有五臟化五氣，以生喜怒憂悲恐。故喜怒傷氣，寒暑傷形，喜怒不節，寒暑過度，生乃不固」。後人將此說歸結爲四維機制相關原理：一、注重生理機能—五臟、六腑機能的相互作用；二、考慮自然環境—四時、五運、六氣對人體機能的作用；三、計較心理作用—七情六欲對生理、病理的影響；四、聯系社會環境—生活條件、人己關係對病原及病態心理的的影響，包含貧富、貴賤、勞逸、饑飽等社會因素。[註46]這裏強調養生必須注重生理、自然、心理、社會四維因素的整體協調，依此檢視比對《指歸》順應自然的養生方法，則其「安性」爲注重「生理」因素的協調；「順命」、「守分」爲注重「社會」因素的協調；「因時」爲注重「自然」因素的協調；而其「虛靜無爲」則爲注重其「心理」因素的協調，此種因養生而關照全體生活的方法，無疑是中國養生文化的一大特點。

三、柔弱處下

《老子·第四十章》言：「反者，道之動。」[註47]意指道運行的規律，循「大曰逝，逝曰遠，遠曰反。」[註48]的規律運行，經此運行之後，自然會朝事物相反的方向運行，此規律非但適用於道，舉凡宇宙萬物無一不是循此規律運行。察乎此，老子則進一步提出「弱者，道之用。」[註49]的說法，意指既明白萬物會循相反方向運行，因此若是恃強，則容易在運行規律中，朝向柔弱方向運行；反過來，若是守柔，反而可以發揮勝強的功能。依乎此，老子則發展出一套守柔、守雌、不爭、處下的處世哲學。《指歸》承襲老子這

〔註45〕林俊宏：〈《老子指歸》之政治思想試論〉，《政治科學論叢》（第22期2004.12），頁107。

〔註46〕唐明邦：《論道崇真集》（湖北：華中師範大學2006.2第一版第一刷），頁51～58。

〔註47〕高亨：《老子正詁》（台北：新文豐1981），頁91。

〔註48〕《老子·第二十五章》，高亨：《老子正詁》（台北：新文豐1981），頁61。

〔註49〕《老子·第四十章》，高亨：《老子正詁》（台北：新文豐1981），頁92。

樣的思維，進一步更自覺的、更積極的從反面發揮柔弱的「權謀」之用。《老子指歸》云：「道之爲物，……，反覆相因，自然是守。」（〈卷三・天下有始〉）道反覆相互爲因，相互因襲，反復爲覆，覆復爲反，這就是依乎自然的運行。因此，爲使養生達於最佳狀態，則必須守柔，藉守柔來存有強，由守柔進一步所延伸出來的概念爲微寡、謙下等。嚴遵並用對照的方式，闡述由「反覆相因」，所呈現出來的運動變化，曰：

> 微生彰顯，寡則生眾，柔生剛健，弱生堅強，卑則生高，損則生益，……，嗇則有餘。是謂益生。能行此道，與天地同，爲身者久，爲國者長，雖欲不然，造化不聽。

微、寡、柔、弱、卑、損、嗇等，乍看是衰弱的生命徵象，但依自然之道的運行，卻會轉變成顯、眾、健、強、高、益的有利形勢，因此爲保有顯、眾、健、強、高、益，當從反面下功夫，讓它最後自然反轉朝向有利的一方。反過來，嚴遵說：

> 顯則生微，眾則生寡，剛生柔弱，強生弱殃，高生卑賤，滿生損空，過則閉塞，泰則困窮，貴則招禍。是俱不祥。有行此道，動而之窮。
> 爲身不久，爲國不平。雖欲不然，天地不從。（〈卷三・出生入死〉）

顯、眾、健、強、高、益，乍看之下，是強健的生命徵象，但在自然之道的運行之下，非但不能長久保有顯、眾、健、強、高、益，反而會轉向衰弱的微、寡、柔、弱、卑、損、嗇一方。在此對照之下，爲求「益生」，該怎麼做，就很顯明了。以下分就柔弱、微寡、謙下三點，再進一步闡述嚴遵的相關說法。

（一）柔弱

嚴遵養生思想，屢次強調養神的重要，而養神又與守柔有密切關係，嚴遵以爲守柔則神存，神存則得以長生。如：

> 故強者離道，梁者去神，生主以退，安得長存？（〈卷二・道生一〉）

> 故神明聖智者，常生之主也；柔弱虛靜者，神明之府也。
> （〈卷七・生也柔弱〉）

因此，欲得長生，必得去強歸柔，如此則神明存之，道德存之，生主存之，而得長生。《老子指歸》除卻談論柔弱與神明之密切關係外，還提及柔弱與形氣神的關係，曰：

是以，人始生也，骨弱筋柔，血氣流行，心意專一，神氣和平。面
有榮華，身體潤光，動作和悦，百節堅精。時日生息，旬月聰明。
何則？神居之也。及其老也，形槁容枯，舌縮體伸。何則？神去之
也。草木之始生也，枝條潤澤，華葉青青，豐茂暢美，柔弱以和。
何則？陽氣存也。其衰也。華葉黃悴，物色焦殃。及其死也，根莖
枯槁，枝條堅剛。何則？陽氣去之也。（〈卷七・生也柔弱〉）

故神明、陽氣，生物之根也；而柔弱，物之藥也。柔弱和順，長生
之具而神明、陽氣之所託也。萬物隨陽以和弱也。故堅強實滿，死
之形象也；柔弱滑潤，生之區宅也。（〈卷七・生也柔弱〉）

積堅者敗，體柔者勝。（〈卷七・柔弱于水〉）

從上述引言看來，柔弱可以影響氣的運行，可使血氣暢通，陽氣存身，而依
據陽氣主生，陰氣主殺的道理，陽氣存身，則得以長生。柔弱可以影響神明，
它可使神明存身，可以使神氣和平，神明聰敏。柔弱可以影響形體，它可以
使形體容光煥發，身強體健，如此如何而不能長生呢？總之，神明、陽氣為
存身之關鍵，而柔弱又為影響神明、陽氣的樞機。

（二）微寡

聖人因為深諳自然之道運行的規律，因此曉得從事物的反面去掌握事
物，眾人不知這種道理，因此只知死守強盛，並承受強盛而後衰弱的苦果，
嚴遵言：

故眾人之教，變愚為智，化弱為強，去微歸顯，背隱為彰，暴寵爭
逐，死於榮名。聖人之教則反之。愚以之智，辱以之榮，微之以顯，
隱之以彰，寡之以眾，弱以之強。（〈卷二・道生一〉）

眾人追求智、強、顯、彰、爭逐，殊不知這種強勢並無法持久，到頭來只有
走向衰敗，甚至使人在爭名逐利中，以身殉名，或以身殉利。聖人則與此相
反，身體反而得以保全。

（三）處下

同樣的道理，處下非但不會招來非議阻力，更會因為謙虛處下，而為人
民所推，位居上位。嚴遵云：

自今及古，飛鳥走獸、含氣有類之屬，未有不欲得而全其性命者也。

故居君者爲虜，居虎者爲鼠。名在青雲之上，身處黃泉之下。居牛
馬之位者，無牛馬之患；託犬羊之列者，無犬羊之咎。是以，得道
之主，建心於足，游志於止，辭威讓勢，孤特獨處。捐棄萬物，唯
神是秉，身存名榮，久而不殆。(〈卷二‧天下有道〉)

飛鳥走獸，含氣之類都追求性命的保全，人身爲萬物之一，亦屬含氣之屬，
當然也不例外。然在追求性命保全的過程中，位居高「位」的，最後不免淪
爲「俘虜」、「鼠輩」，擁有高「名」的，最後則必須以身殉名。如此說來，高
「位」、高「名」等名利權勢之屬，於人是有百害而無一利的。反過來說，居
於「牛馬犬羊」之列位者，位低權輕，反而可以無災無咎，如此說來，至少
位居低位是不會招來禍患的。嚴遵由此導引出一調保全性命之道，在於對名
利權位應「知足知止」，應「辭讓不處」，應「捐棄不用」，如此，身反而獲得
保全，名反而得以榮華，並且持之不衰。

四、中和儉嗇

「中和」與「儉嗇」亦是養生之內具。關於「和」，「和」在《指歸》中
是一個多層次概念範疇，陳廣忠在《中國道家新論》一書曾就「和」在《指
歸》中的使用，作出了分類，以爲「和」有多個含義：指精氣；指自然律；
指精神境界；指中和位置；指含和柔弱；指自然祥和之氣；指仁愛恩澤；指
協調運行的規律；指一種心態。〔註50〕至於林俊宏先生則歸納「和」的概念
內容約有數種：一、某種「道」的屬性。二、「和氣」。三、「和同」。四、主
觀意識涉入的「和」。五、德澤。〔註51〕

若從養生的觀點來看待「和」，「和」作爲某種道的屬性，基於「道」之
恆久，因此道之屬性也成爲法道必須遵行的法則；又或者由「和」之作爲自
然義來看，《指歸》中屢言法自然、行無爲以長生，那麼，「和」又爲養生之
必需。因此，《指歸》言：

夫和之於物也，剛而不折，柔而不卷，在天爲繩，在地爲准，在陽
爲規，在陰爲矩。(〈卷七‧天之道篇〉)

「和」剛柔適中，爲天地陰陽之準繩，當然，也是爲人處世養生之準繩。又云：

〔註50〕陳廣忠：《中國道家新論》(合肥：黃山 2001.11 初版一刷)，頁 552～554。
〔註51〕林俊宏：〈《老子指歸》之政治思想試論〉，《政治科學論叢》(第 22 期 2004.12)，
頁 125～126。

故，和者，道德之用，神明之輔，天地之制，群生所處，萬方之要，

自然之府，百祥之門，萬福之戶也。（〈卷七・天之道篇〉）

「和」是道德的功用，神明的輔助，天地的節制，群生的居處，萬方的樞機，自然的府庫，百祥的通道，萬福的門戶。人能行「和」，則得道德之用，輔助神明，順天則地，群生安處，百祥萬福。

又就「和」之作爲和氣，據〈卷一・上德不德〉：「天地所由，物類所以，道爲之元，德爲之始，神明爲宗，太和爲祖。」「太和」固然是宇宙生成的一個階段，也是萬物生成的要素之一，畢竟根據〈卷七・天地不仁〉所言：

天高而清明，地厚而順寧，陰陽交通，和氣流行，泊然無爲，萬物

自生也。（〈卷七・天地不仁篇〉）

天之形位在上，地之形位在下，之後天地陰陽清濁之氣相互交通，於是在中間之形位形成「和氣」，和氣流行於天地之間，萬物得之而自生。萬物得和氣而自生後，此和氣即此內存於人身中，成爲人身根本之一。

以上論證「和」或「和氣」於養生之必需，「是以聖人，……守之以和」（〈卷一・得一〉）以頤養生命。進一步說，既然「和」與「和氣」之於養生如此重要，那麼，「和」在養生上具體的操作情形爲何？這就牽涉到「和」之「和同」義，林俊宏先生解釋「和同」的「和」，既作動詞，也做名詞，「是一個連續的概念，意謂著朝向某種穩定和諧態的發展、發展的規律以及發展的結果。」〔註52〕是以，〈卷一・上士聞道〉曰：

在爲之陰，居否之陽，和爲中主，分理自明，與天爲一，與地爲常。

凡事以和爲宗旨，朝著「和」的狀態發展，萬物之理自然分明，如此即可如同天地一樣長久。然而，《指歸》卻反對主觀意志涉入的「和」。《指歸》曰：

故萬物不可和也，天地不可適也。和之則失和，適之則失適。弗和

而後能和之，弗適而後能適之也。（〈卷六・知不知篇〉）

主觀意識涉入的「和」，是有爲，有違於自然，因此，反而適得其反。

《指歸》中的「和」除了作爲屬性與規律的意義之外，除了強調「和光同塵」的《老子》義，也強調了身段上的「柔軟」以及主體的消解，從《老子》義理的「和」試圖轉向到《莊子》義理的「主體遊牧」。延續這樣的理解，《指歸》中進一步談到了「化」，「化」是《指歸》在談論宇宙生成論時極爲

〔註52〕林俊宏：〈《老子指歸》之政治思想試論〉，《政治科學論叢》（第22期2004.12），頁126。

重要的概念，它代表了「化生」或是「主體與客體冥合」的一個過程，強調
非主觀力量強加的和合過程：

> 道之爲化也，始於無，終於末，存於不存，貸於不貸，動而萬物成，
> 靜而天下遂也。（〈卷一・上士聞道篇〉）

> 故不道之道，不德之德，正之元也；不名之名，不功而功，化之根
> 也。（《老子指歸輯佚・道可道篇》）

「化」不限於「變化」，反而在陳述變化的根源，不是不確定性，而是不受限
圍的可能性，《莊子・逍遙遊》的「鯤化爲鵬」可以說是這類道家自由思維的
源頭，「化」正是連繫《莊子》與《指歸》在「無爲」理念上的重要概念，從
「和」到「化」恰好也標誌了《指歸》由老而莊的部分思維轉折。〔註53〕

　　另一個部分是「嗇」。這是《老子・五十九章》言「治人事天莫若嗇，夫
唯嗇是謂早服，早服謂之重積德，重積德則無不克，無不克則莫知其極，莫
知其極可以有國，有國之母可以長久，是謂深根固柢長生久視之道」的進一
步闡釋，《說文通訓定聲》說：「嗇字本訓當爲收穀，即穡之古文也。」「嗇」
本主收藏之義，衍爲愛而不用之義，《老子》之意當爲收藏其神形而不用，以
歸於無爲也，〔註54〕這樣說來，「嗇」如同「虛靜」一樣從消極的意含中透出
蓄藏的積極，還帶有一種自根本固藏的動機，王弼云「圖其根然後營末，乃
得其終也。」（《老子注・第五十九章》），點出了《老子》蘊積極於消極之中
的深意；透過「嗇」的概念讓我們或許可以替《老子》（道家）的「無爲」先
作個辯解，至少「無爲」就不當從「無所作爲」一義上理解，從「早服」、「重
積德」、「可以有國」到「長生久視之道」，說的並不是什麼事都不做，反而有
「知機蓄藏」的深意；〔註55〕《指歸》在一些篇章中也肯定了這樣的理解：

> 故治國之道，生民之本，嗇爲祖宗。（〈卷四・方而不割〉）

> 爲嗇之道，不施不予，儉愛微妙，盈若無有，誠通其意，可以長久，
> 形小神大，至於萬倍，一以載萬，故能輕舉，一以物然，與天同道，
> 根深蒂固，與神明處，眞人所體，聖人所保也。（〈卷四・方而不割〉）

〔註53〕陳麗桂：〈《老子指歸》的聖人論〉，《中國學術年刊》（第二十二期 2003），頁
　　　　117～145。

〔註54〕高亨：《老子正詁》（台北：新文豐 1981），頁 123。

〔註55〕林俊宏：〈《老子指歸》之政治思想試論〉，《政治科學論叢》（第 22 期 2004.12），
　　　　頁 127～128。

治國者，當愛民財，不爲奢泰；治身者當愛精氣，不爲放逸。夫獨
愛民財，愛精氣，則能先得天道也。（〈守道·第五十九〉）

欲治天下，還反其身，靜爲虛戶，虛爲道門，泊爲神本，寂爲和根，
嗇爲氣容，微爲事功。（〈卷一·上士聞道〉）

《指歸》與《老子》不同的地方在於將「知機蓄藏」從「時」向「身」過渡，從「判斷」與「統治應變的能量」往「愛氣養身」的方向作移動，這當然是受到氣化的宇宙生成論的時代氛圍所影響，特別是《指歸》把「嗇」拉高到與虛、靜、泊、寂、和一樣的思想高度。

第二節　《老子河上公注》之養生方法

　　《河上公注》是漢代崇黃老和修仙道思潮融會與演變的歷史產物，也是《老子》由道家學說向道教教義演變的過渡性著作。《河上公注》在各章注文中蘊涵著豐富的養生思想，而《河上公注》之所以有豐富的養生思想實乃源之於其對人的生命的看重，以爲人是萬物之中最爲貴者，細言之，人之所以貴爲萬物之靈，其理由蓋有多種，譬如：人爲天下之神物，是萬物中唯一具有精神神靈者，正因爲如此，人可以思考，可以創造，可以在德性上有一番作爲，而修道成仙。又就宇宙生成論觀之，人得以贊天地之化育。人名列爲域中之四大，⋯⋯；再者，《河上公注》沿襲道家之傳統，而具有「貴生」之思想。

　　《河上公注》之養生思想與其宇宙本根有非常密切的關係，蓋《河上公注》之宇宙本根爲道，而道家的道，往往是集本根、根據、規則、理想、目標、境界於一身者；再者，養生所求不外是長生久壽，而宇宙間最爲長久者不外是道，正因爲如此，因此養生之理論欲回歸者爲道，欲取法者亦爲道，欲求切者亦是道。這樣的養生理論可歸納爲返道、法道、合道三者。以返道來說，人之生成蓋承道、陰陽、天地而來，而道、陰陽、天地之間又以「氣」爲媒介，完成生成層層的推進，因此欲反道，必須以氣爲媒介，層層反推至天地、陰陽，最後以至於道，這也就是宋人所謂「逆成丹」之養生大法，這是復歸於道的歷程。若以人的生命歷程來說，每個人皆由嬰兒不斷成長至成人，就生命歷程的各個階段而論，則嬰兒時期無思無慮，無志無欲，精足氣滿，氣和形柔，自然之性具足，爲最貼近道的階段，因此在修養上不斷地去

其情欲，去之而去，損之而損，以至於無爲，復歸於嬰兒，復歸於樸，復歸於靜，則近於道，如此則可如嬰兒一般柔弱而長生。以法道來說，道乃宇宙間最爲長久者，未有天地，自古以固存，獨立而不改，周行而不殆。因此，《河上公注》以爲法道，則可如道一般長久。至於道者爲柔弱、虛靜、無爲、無形、無名、無功、無欲、不有、不恃、不宰……，因此只要取法道的這些特性，自然可以如道一般長久。最後談到無論是法道，抑或是反道，最終之目標皆在達到合道，與道相合，甚至使人泯除了人的特性，使人超越人的層次，而達於天，達於道，使人根本成了道的「再現」，如此人似乎就是道，如此當可如道一樣長久。的確從《河上公注》中所謂道德修養崇高，且長生久壽之人，如聖人、道人、德人、眞人來說，這些人所表現出來的行爲，的確無一與道相違，的確無一不與道相合。

就《河上公注》養生思想之源流而言，它一方面繼承先秦道家的養生論，以順乎自然、依乎大道爲旨趣，以清靜無爲、抱一寡欲爲途徑，偏重崇眞、尚善、愛美的精神養育；另一方面又增添了富有開拓性的創意，融養生與仙術於一體，使其養生論具備宗教神仙色彩，不過，《河上公注》的養生思想距離肉體長生的思想，仍有距離。〔註 56〕它雖然與神仙方術思想有關，但它不是尋求不死之藥，以圖成神成仙，而是主張懷道抱一，導引行氣，依靠自身修練，達到長生久壽，這種長生思想爲後來的道教進一步繼承和發展，爲道教的產生提供了某些理論上、思想上的契機。〔註 57〕爲道家學說向道教過渡架構了理想的仲介橋樑。〔註 58〕以下試就《河上公注》養生之道加以討論。

一、節精愛氣

人稟氣而生，氣是一種生命能量，生命能量並非取之不盡而用之不竭的能量，隨著生活所遭所遇，往往對「氣」的量有所消耗，此《莊子・齊物論》言之爲：「一受其成形，不亡以待盡。與物相刃相靡，其行進如馳，而莫之能止，不亦悲乎！終身役役而不見其成功，茶然疲役而不知其所歸，可不哀邪！」

〔註 56〕 張運華：〈《老子河上公章句》與道家思想的世俗化〉，《江西社會科學》（第 8 期 1997），頁 14。

〔註 57〕 張運華：〈《老子河上公章句》與道家思想的世俗化〉，《江西社會科學》（第 8 期 1997），頁 14。

〔註 58〕 劉軍麗：〈《老子河上公章句》與中國古代道家養生思想〉，《四川烹飪高等專科學校學報》，（2007.2），頁 27。

〔註59〕人一旦成形爲人，在活著的每一天，免不了要與外物有所接觸，而外物帶給人們感官上的刺激，使人不由得進入永無止境的追逐，而人往往爲了追求感官上的享受，而驅使感官又做更多更多的事，於是在欲望還未獲得滿足，人就已經消耗太多的能量；即便是感官欲望已獲得了滿足，人也已經精疲力竭，人在追逐欲望滿足的時候已是一層能量的消耗；而人在享受欲望的同時，又是另一層能量的消耗。就這樣，人們受到感官的驅使不斷的消耗能量，直到油盡燈枯的一天，生命也就此結束了。莊子對於人之不能自主，而受外物牽絆；對外物有所求，而此心有所待的境況，感到悲哀。而《河上公注》則從中體悟到：人與物的接觸的同時，感官所發用的，與情欲所施加的「量」，與人與物接觸的同時所消耗的「能量」的關係極爲密切。感官情欲之發用愈多，其所消耗的能量也愈多，二者成正比關係。因此，基於「氣」是生命能量的前提下，要對治生命能量的的消耗，所衍生的養生方法，即是減少能量的消耗，以保存氣體。

（一）愛精重施

　　莊曉蓉指出《河上公注》之「精」，蓋有四義：一是「精氣」；二是「精神」；三是天或人的「精華」；四是「房中之精」。〔註60〕除卻「精氣」以及「精神」外，其餘皆傾向於人身之物質結構，同時也是存身所必須保存者。以人身之精華而言，《河上公注》以爲當「固守」、「愛惜」，曰：

> 言當深藏其氣，固守其精，無使漏泄。深根固蒂，乃長生久視之道。
>
> （〈守道・第五十九〉）
>
> 愛精重施，髓滿骨堅。（〈安民・第三〉）

言「固守」者，當使精氣堅守人身之中，不輕易發動；言「愛精」者，當愛惜精氣，不輕易施用。

　　至於要固守精氣之具體做法在於防止「精」由「九竅四關」的孔竅散逸出去，至於孔竅之中的氣會散逸而出的原因，主要在於感官受到外物的利誘，而耽戀於感官的享受，導致感官在發用中，使精散逸而去。因此要對治精之由九竅四關散逸而出，則應當：

〔註59〕〔清〕郭慶藩編：王孝魚 整理：《莊子集釋》（台北：萬卷樓 1993.3 初版二刷），頁 56。

〔註60〕莊曉蓉：《身國一理的《老子河上公章句》》（華梵東方人文思想碩論 2003），頁 60。

其生也，目不妄視，耳不妄聽，鼻不妄香臭，口不妄言味，手不妄
持，足不妄行，精不妄施。其死反是。（〈貴生·第五十〉）

廣義的說，使「九竅四關」——耳、目、鼻、口、手、足之用合於節度，不
妄施用，即為守精之道。能在耳、目、鼻、口、手、足各方面知所節制，則
能固精守精，求得長生。狹義的說，「精」之散亡往往與「目」之妄施有更大
的關係，《河上公注》曰：

貪淫好色，則傷精失明，⋯⋯目不妄視，妄視泄精於外。去彼目之
妄視，取此腹之養性。（〈檢欲·第十二〉）

「好色」、「妄視」，顯然所指為「視覺」方面的感官，視覺方面的妄施、妄用，
有欲、有為，最易引起精的外泄，因此，若就精之外出而言，最要緊的養生
之功在於閉塞耳目，使耳目不因過度妄施，而使精外泄。除了感官的種種妄
用而導致精的流散外，推擴說來，舉凡思慮、情感的妄用，即便是欲養生以
求長生的意念，如是過於其度，違反自然，仍會消耗精，因此，《老子·第五
十五章》以為凡人能如嬰兒一般無思無慮，即可保持充沛之精氣，曰：「含德
之厚，比於赤子。⋯⋯骨弱筋柔而握固，未知牝牡之合而朘作，精之至也。」
〔註61〕意思是說，嬰兒含有深厚的德性，無思無慮，無為無欲。嬰兒筋骨柔
弱，而小拳頭卻攢得很緊；不知男女交合之事，而小生殖器卻常常翹起，這
都是其體內之精充足的緣故。可見，養生的關鍵在於守精，只要能守精，即
可一如嬰兒般精力充沛。

此外，〈重德·第二十六〉曰：「治身輕淫則失其精。」〈居位·第六十〉
曰：「治身煩則精散。」從此二句可知，即便是治身，也應謹守莊重、清靜、
簡約的方式，避免過於煩亂輕淫而招致反效果。

其次，以房中之精而言，〈儉欲·第四十六〉注解「卻走馬以糞」為：「卻
陽精以糞其身。」就此，學者陳麗桂詮釋作：

以「陽精」釋「走馬」，以固精不洩釋「卻走馬」，將老子的反戰理
論詮釋為固精不洩的養生之術，⋯⋯自此以後，以「走馬」為「洩
精」，以「卻走馬」為「固精不洩」的說法卻成了道教房中術的特
殊用語，其後《抱朴子·微旨》說：「善其術者，則能卻走馬以補
腦」所指即此還精補腦之說，而這種解「卻走馬」為「固精不洩」

〔註61〕高亨編注：《老子正詁》（台北：新文豐 1981），頁 115～116。

　　的說法，尤其是《河上公章句》轉化《老子》學說爲養生術的明證。
〔註62〕

還精補腦，是房中交而不泄之術，此種修煉方法源於戰國，盛於漢魏。長沙馬王堆漢墓出土的竹簡《十問》、《合陰陽》、《天下至道談》等都是專論房中術的。《漢書・藝文志》將房中與醫經、經方、神仙一併列入「方技」類，其載房中書籍有八家，共 186 卷。〔註63〕所謂「交而不泄」應該是在精氣尙未離開陰囊進入精道之前，也就是欲動未動之時，通過抽提法而控制精氣不進入俗道。〔註64〕之後使精氣過會陰穴、尾閭、命門、大椎、夾脊、玉枕，到達腦頂泥丸宮〈即百會穴〉。泥丸宮的部位，正是腦神經中樞。其中「腦垂體」更是中心的中心。腦垂體是受中樞神經系統控制的內分泌器官，它分泌10種不同激素，這些激素分別調節全身其他內分泌器官機制，如甲狀腺、胸腺、腎上腺、性腺……等等。人體的所有部位，都受它的調節影響。〔註65〕徐光澤先生解釋得很清晰，「只要把精煉成了『炁』，必然會沿督脈上行，經過大腦中神經及腺垂體而達到補腦以及滋潤全身機能之目的。這就是道家所說的『順行爲俗，逆行爲仙。』──精下行以繁衍後代，精氣上行以滋潤大腦神經以及全身肌膚，從而獲得延年益壽之目的。」〔註66〕

（二）愛氣希言

　　「氣」作爲人身之重要結構，務必要善加保存，如此才得以精足氣滿神全，而求得長生久視。因此欲保存較多的「氣」，對待「氣」的態度勢必要格外珍惜，必要「儉」、「嗇」，以不輕施爲原則，《河上公注》於是乎說：

　　　　治身者愛氣則身全。（〈能爲・第十〉）

愛之所以惜之，惜之所以不輕施；不輕施是以能保全；能全氣是以能全身。《河上公注》又說：

〔註62〕 陳麗桂：〈《老子河上公章句》所顯示的黃老養生之理〉，收錄於《中國學術年刊》（第二十一期 2000.3），頁 188。

〔註63〕 李平：《氣功與中國文化》（陝西：陝西人民教育出版社 1998.9 第一版第一刷），頁 8。

〔註64〕 徐光澤：《中國道家養生之道》（河北：河北科學技術出版社 1994.7 第一版第一刷），頁 138。

〔註65〕 徐光澤：《中國道家養生之道》（河北：河北科學技術出版社 1994.7 第一版第一刷），頁 136。

〔註66〕 徐光澤：《中國道家養生之道》（河北：河北科學技術出版社 1994.7 第一版第一刷），頁 135。

> 人能以氣爲根，以精爲蔕，如樹根不深則拔，（果）蔕不堅則落。言
> 當深藏其氣，固守其精，無使漏泄。深根固蔕，乃長生久視之道。
> （〈守道·第五十九〉）

植物深根固柢，根基盤固，故能行之久遠。人亦復如此，氣「深」藏其人身，不因外物而受之牽引，不因耳目心思而輕用其氣，則可保全其氣，長生久視。具言之，要「愛氣希言」（〈虛用·第五〉），希言者所爲愛氣也，不說無謂的話，不作無謂的交際，無事，無言，使自己生活恬淡，如此方爲愛氣之行爲，也因此才能守住其氣。又《河上公注》言要「守氣」而毋「妄有作爲」[註67]（〈玄符·第五十五〉），以爲「妄有作爲，則和氣去於中，故形體日以漸強也。」和氣是人生存的要件之一，和氣一去，人就要面臨死亡。或者說，和氣一去，形體則剛強，剛強乃死之道。

> 人生含和氣，抱精神，故柔弱也。人死和氣竭，精神亡，故堅強也。
> 和氣存也。和氣去也。（注「人之生也柔弱，其死也堅強。萬物草木
> 之生也柔脆。其死也枯槁」。）（〈戒強·第七十六〉）

和氣存則生；和氣竭則死。人之生死即由「和氣」之存廢所決定，既然人之生死是由「和氣」所決定，因此能保存較多的「和氣」，避免「和氣」的消耗，則可保持生命的現象，且不只人如此，即便是草木，其生死存廢也由「和氣」決定，當然推擴來說，所有萬物莫不如此。再者，此處固然舉「和氣」爲例，說明「和氣」爲生存之要素，實際上，「和氣」、「精氣」、「元氣」乃同源於一，三者相互牽動影響，因此「和氣」竭，「精氣」、「元氣」也會耗竭。相對地，在「精氣」、「元氣」情況亦復如此。

再論「精氣」的情形，《河上公注》中，天人基於「同構」的前提下，可知舉凡天、人、萬物之間皆爲「精氣」的場域，且天、人、萬物之場域並非「封閉」的場域，而是「開放」的場域，既爲「開放」的場域，則精氣可由外在的場域進入人身的場域之內；但同時也可能由人身的場域流出外在的場域。至於精氣進出場域的管道，在萬物泛稱是「孔竅」，在人則爲「九竅四關」。精氣透過「九竅四關」以出的情形，即是「九竅四關」的感官受到誘惑而迷惑昏亂，且隨之九竅四關的日益外馳，精氣亦在同時間隨之散亡。而精氣據

[註67] 《老子·第五十五章》言：「心使氣曰強，物壯則老，謂之不道，不道早已。」是言心不當使氣，當使氣平和，而毋使弄其氣，使氣失其平和。《孟子》有言：「持其志毋暴其氣。」此處「使氣」當有「暴其氣」之意，《老子》言使氣則物壯，物壯極而衰，究非長久之道。

《河上公注》身體觀之觀察，又是人存在的要件，精氣一旦動搖，抑或消散，所致後果，是精盡人亡，因此《河上公注》主張對待「精氣」的態度，即是必須守持原本固有之精氣，使固有之精氣，無所消耗。因此《河上公注》一再談到必須：

> 專守精氣使不亂，則形體應之而柔順。（〈能爲・第十〉）

> 言人能抱一，使不離於身，則（身）長存。（〈檢欲・第十二〉）

如此可知，「專守」是對待精氣所應有的態度與做法。言「專守」，意即應專守精氣，志一而無二，心無旁鶩，意即《莊子・人間世》所謂「若一志」；再者，「專守」精氣也可謂之「抱一」，關於「抱一」的說法，在道教修鍊學中又名「守一」，然無論是「抱一」，抑或「守一」，學者對之解釋蓋有數種：其一，以爲「抱一」乃守持精氣神，使之不內耗，不外逸。〔註68〕其二，乃據《老子・第十章》之「載營魄而抱一」，營魄者，魂魄也，又根據《左傳》杜預之說法，將魂魄解釋成形神，是以將「抱一」解釋成形神相抱。〔註69〕是推敲此二說法，筆者以爲前者爲是，其原因之一，爲「一」者，「太和之精氣也」。且根據《河上公注》生成論之研究，在宇宙生成進路中，精、氣、神大略屬於「一」、「二」、「三」中之「一」的階段。其二，又據《河上公注》之身體觀觀之，則在《河上公注》中，魂魄俱屬於神，人之生也具有魂魄，此魂魄乃五臟神中之二；即便是人死爲鬼之後，魂魄依然存在。依此，則魂魄俱是神，那麼所謂的形神相抱的說法便不成立。故抱一，也就等於抱守「太和之精氣」，能抱守太和之精氣，不使之須臾離於身，則可以身體柔弱，而得以長生久壽。又〈辯德・第三十三〉也提出「節養」之法，曰：

> 人能自節養，不失其所受天之精氣，則可以（長）久。

> （〈辯德・第三十三〉）

人對於精氣應該有的態度，即是要「節養」之，一方面有所節制，一方面又要善加存養，至於節制精氣之具體方法，簡言之，即無爲，毋任意妄爲，舉凡感官的發動，情欲的發動，思慮的發用，皆不可過於其度，如此才不致使精氣作無謂的消耗。

〔註68〕高秀昌、龔力：《哲人的智慧──《老子》與中國文化》（河南：河南大學1997.8初版二刷），頁169。

〔註69〕高秀昌、龔力：《哲人的智慧──《老子》與中國文化》（河南：河南大學1997.8初版二刷），頁169。

人能專守精氣，則精氣充沛，可一如初生嬰兒，初稟天道之精氣，未有消耗而精氣飽滿。《河上公注》即曰：

> 赤子未知男女之合會而陰作怒者，由精氣多之所致也。

（〈玄符・第五十五〉）

初生之赤子，精氣充沛，所體現出來的是極其飽滿的生命力，而如此飽滿的生命力，便是長生久壽的標記。反之，未經修鍊的老者，精氣因長年的消耗而精氣耗竭，所體現出來的生命現像是極其衰微者，這也正是不久人世的標記，是以復歸於嬰兒亦是固守精氣之法。

二、呼吸行氣

在中國傳統文化中，一切生命現象均被視為「氣」活動的結果。這就是晉代葛洪在《抱朴子・內篇・至理》中所說的：「人在氣中，氣在人中，自天地至於萬物，無不須以生者也。」〔註70〕養生學認為「氣」的存在是通過一定的生理功能表現出來的，這些生理功能主要體現在以下五個方面：推動作用：「氣」具有推動臟腑組織活動和促進血脈運行的作用。溫煦作用：「氣」具有維持人體正常溫度，保持身體與外界環境協調平衡的功能。防禦作用：「氣」具有護衛肌表、防禦外邪入侵的能力。固攝作用：「氣」具有控制人體血、汗、尿、精不外泄的功能。氣化作用：「氣」具有維持臟腑功能正常活動和精、血、津液新陳代謝過程順利進行的作用。〔註71〕然而這些作用的推動，都必須是氣處於動態的情況中，人身之氣與外氣的流通主要靠「呼吸」；而人身之氣在內在的循環則靠「行氣」。

（一）呼吸精氣

就精氣之外出而言，守精不失是消極的保存本有之氣的做法，而積極的做法更在使外在場域的氣能內進於吾身，使吾身之氣能更為擴充，如此雙管齊下，養生將更形成效，曰：

> 治身者呼吸精氣，無令耳聞。……天門謂北極紫微宮，開闔謂終始五際也。治身，天門謂鼻孔，開謂喘息，闔謂呼吸也。

（〈能為・第十〉）

〔註70〕〔晉〕葛洪：《抱朴子》（中國子學名著集成編印委員會 1977.11），頁 103。
〔註71〕劉松來：《養生與中國文化》（江西：江西高校出版社 1994.6 第一版第一刷），頁 133～134。

此謂透過呼吸喘息使場域內外之氣息獲得交換，如此人身與天地之精氣形成一個大循環，人身好比是一個小宇宙，天地好比是一個大宇宙，大宇宙、小宇宙之間的氣息互相交流，而有新陳代謝，且隨著大宇宙與小宇宙之相互循環，小宇宙所在之人身，也從大宇宙之中吸納入更多的精氣，人的精氣越旺盛，生命力也就越強，生命力越強，年壽也能因此獲得延長。至於大宇宙、小宇宙交流互通的孔竅在於「鼻孔」，「鼻孔」謂之「天門」，顧名思義是導引天氣出入人體之門戶，又謂「北極紫微宮」。「開闔」意即呼氣吸氣，也就是「吐故納新」之吐納之術，吐納有「終始五際」，有終有始，有王相因休廢，意指吐納須有盛衰始終之循環往復，如此人氣方有新陳代謝，如此人氣日新又新，才得以生生不息。至於「呼吸精氣，無令耳聞。」這已論述到吐納之術的呼吸要訣，「無令耳聞」，指的是：呼吸之細、深、綿、長，藉著輕微的呼吸吐納，使得氣在人體之內得以蘊蓄深藏。另外，「無令耳聞」之呼吸法，對照到《莊子‧人間世》之「心齋」，即「若一志，無聽之以耳，而聽之以心，無聽之以心，而聽之以氣。」〔註72〕無令耳聞，指的是呼吸行氣須達「聽之以心」，「聽之以氣」的境界，即「拋開耳聽，用心留意鼻端一來一往呼吸之氣」，甚至「耳根不聽，心中知覺亦止息，其時神氣合一，漸入渾然。」〔註73〕

總此以論，存養精氣之道在於積極憑藉鼻口之門，以吐故納新，新陳代謝，達到場域外的精氣與場欲內的精氣相互流通，形成一個大循環，甚而打破場域內外的限制，使得我在場域之內，場域也在我之內；我在自然之中，自然也在我之中，如此冥化於天地自然間，而得以與天地自然同垂不朽。

（二）行氣導引

《河上公注》所言「保全」其氣，實是消極的做法；其積極的做法在於藉著氣功吐納又吸納場域之外的氣以為己身之氣。此種藉氣功吐納以存養人氣，由來已久，早於戰國時即有所謂「行氣玉佩銘」，銘文為：

> 行气深則蓄。蓄則伸，伸則下，下則定，定則固，固則萌，萌則

〔註72〕〔清〕郭慶藩編；王孝魚 整理：《莊子集釋》（台北：萬卷樓 1993.3 初版二刷），頁 147。

〔註73〕洪丕謨：《道教長生術》（浙江：浙江古籍 1992.7 初版一刷），頁 99。

長。長則退，退則天。天幾舂在上，地己舂在下，順則生，逆則

死。〔註74〕

此段銘文藉「行」、「深」、「蓄」、「伸」、「下」、「定」、「固」、「萌」、「長」、「退」
幾個動詞，說明「行氣」的要訣，「行」在於運氣使氣血循環；「深」說明吐
納時「鼻息深深」；「蓄」說明吐納時須有蘊蓄，先存氣暫止；「伸」說明藉氣
的蘊蓄，使氣得以得以延伸，周至全身，使氣通體運行；「下」使氣下至丹田，
簡言之，其要領在於藉綿長之呼吸，以使氣血循環，新陳代謝。此說明至戰
國已有「煉氣導引」之觀念。而《莊子·刻意》又有：

吹噓呼吸，吐故納新，熊經鳥申，為壽而已矣；此導引之士，養形

之人，彭祖壽考者之所好也。〔註75〕

吹噓呼吸所指為以鼻口呼吸調息之法，藉此以「吐故納新」，所謂吐納之術，
藉由呼吸吞吐空氣，以納入清氣以維持生命之新陳代謝；又吐出濁氣以排出
有害於人體之物質。又「熊經鳥申」，所指為藉著模仿動物的動作，以導引體
內之氣，以促進氣血的循環，古人藉著此呼吸導引之術，以養形，以養壽，
以長生久視也。又《莊子·養生主》有言：「緣督以為經」〔註76〕，此亦為行
氣導引之術，然古往今來學者多不明其所以，以致疏解有扞格不入。所謂「緣
督以為經」，依道教氣功學理論，人體有三關九竅、奇經八脈，「督」指「督
脈」，位於人體背部與位於胸前的中丹田「任脈」相對，〔註77〕透過行氣導引，
使任督二脈氣血循環，以養精氣神。《莊子·大宗師》言：「古之真人，……
其息深深。真人之息以踵」〔註78〕，是一種進行深長呼吸的煉氣法，施作時
重點在上丹田（神），中丹田（氣），下丹田（精）之交氣息貫通。〔註79〕至
《黃帝內經》的《素問》、《靈樞》裡更有按摩引導說。如此可知，中國煉氣
之學之發展由來已久。

〔註74〕陳邦懷：〈戰國《行氣玉銘》考釋〉（《古文字研究第七輯》），引自張榮明：《中
國古代氣功與先秦哲學》（台北：桂冠1992初版），頁69～70。

〔註75〕〔清〕郭慶藩編；王孝魚 整理：《莊子集釋》（台北：萬卷樓1993.3初版二刷），
頁535。

〔註76〕〔清〕郭慶藩編；王孝魚 整理：《莊子集釋》（台北：萬卷樓1993.3初版二刷），
頁115。

〔註77〕張和：《中國氣功學》（台北：五州2000年初版），頁284。

〔註78〕〔清〕郭慶藩編；王孝魚 整理：《莊子集釋》（台北：萬卷樓1993.3初版二刷），
頁228。

〔註79〕金師圍：《道家道教》（台北：中國文化大學1985），頁121～125。

　　《河上公注》在前人的基礎之下，也發展出一套氣功煉養之學，其內容為：

　　　不死之道，在於玄牝。玄，天也，于人為鼻；牝，地也，于人為口。
　　　天食人以五氣，從鼻入藏於心。五氣清微為精神聰明音聲，五性其
　　　鬼曰魂。魂者，雄也。出入人鼻，與天道通，故鼻為玄也。地食人
　　　以五味，從口入藏於胃。五味濁厚為形骸骨肉血脈，六情其鬼曰魄。
　　　魄者，雌也。出入於口，與地通，故口為牝也。（〈成象・第六〉）

由上可知，能使人延年益壽、長生不死的奧妙在于「玄牝」，即天地。而代表
天的器官是鼻，代表地的器官是口。天以「五氣」滋養人，地以「五味」護
育人，而人取「五氣」是通過鼻吸入胸，人取「五味」是通過口吸入胃。「五
氣」會使人精神爽快、頭腦清醒、潤喉清肺、聲質優美，從而增益雄魂；而
「五味」能益於形體、增盈骨肉、健全骸骨、豐滋血脈，從而健魄壯雌。明
顯可知，《河上公注》認為人體呼吸器官是鼻口，只有通過鼻口呼吸天地自然
之氣，方能將人與天地自然緊緊連接起來，將人融於天地之中，成為自然之
有機構成，同時也有益人體的持久健康。於是《河上公注》緊接著論：

　　　言鼻口之門，乃是通天地之元氣所從往來也。鼻口呼潝喘息，當綿
　　　綿微妙，若可存，復若無有。用氣當寬舒，不當急疾勤勞也。

　　　（〈成象・第六〉）

鼻口對元氣的吐納亦有程度與大小之別，程度不同直接影響養生之效果。它
說：「治身天門謂鼻孔。開謂喘息。合謂呼吸。」（〈能為・第十〉）鼻孔張開，
使大氣出入叫「喘息」；鼻孔回合，均勻吐納叫「呼吸」。此為利用鼻口之孔
竅，與天地之氣互相流通、交流，使人氣與天地之氣完成一個大循環，在此
循環之中，人將濁惡之氣交換而出，而吸取天地之元氣，如此新陳代謝的結
果，人氣才能不斷的保持其活力，也才能日新又新，生生不息。甚者，必須
把天地當作一個「橐籥」〔註80〕，一個大的風箱，人藉著呼吸喘息與天地這
個大風箱，一起鼓動，一起同聲呼氣。鼻口呼吸喘息，當綿綿微妙，「綿綿」
者指呼吸當綿、細、深、長，「微妙」者，呼吸雖似微小，然於細微中有其妙

〔註80〕《老子・第五章》：「天地之間，其猶橐籥乎？虛而不屈，動而愈出。」此就
　　　　氣功養生的觀點來說，可把天地當作一個空虛的容器，而這容器中間佈滿了
　　　　無處不在的「氣」；人身的結構也就如同一個虛空的容器，人身之中也有固守
　　　　期間的人身之氣，而人身為萬物之一，當可以使此身空虛，使此身之氣與天
　　　　地之氣相互交流，互通有無。

用，「若可存，若復無有」，即呼吸之微細若有似無，有其功而無其勞。「呼吸行氣」要微妙連綿，持續良久，吸要連續納入新氣，直至最大可能地容納；呼要持續吐出濁氣，仿佛要傾腹排出，盡可能做到吸要盈滿、吐要虛空，這樣經常吐出體內故氣，吸納天地間的新氣，便可健康長壽。〔註81〕「用氣當寬舒」，意指呼吸吐納之間，在時間上寬緩而有餘裕，希望透過緩慢而勻長的呼吸，使氣慢慢導引至身體各處，隨氣之所到，妙用亦隨之而到。至於所謂的將氣「導引」至身體各處，其路徑爲何？這是「導引」的問題，後人有「小周天」、「大周天」的說法，說明整個「氣」在身體各處循環的路徑，但觀諸《河上公注》一書對「導引」的路徑並無具體的說明，僅可從「氣」處虛的特色，知道氣將從身體的九竅四關作一個運行，並透過九竅四關再間接影響到身體其他五臟，乃至五神等。此種關係就如同人體的養分由血液吸收，再透過血管的運輸，將血液的養分運送到各個器官，再由各個器官的運作配合對人體產生更進一步的影響。「不當急疾勤勞也」，意指呼吸喘息不可侷促、急促，侷促、急促者，呼吸淺而短，氣無法完全的導引至身體各處，且亦使身體感到勞累，造成身體的種種負擔。就現代醫學來解釋古人的行氣，則其鍛煉方法旨在減少呼吸次數，減少吸入空氣的量。這樣，一方面增強肺呼吸功能，增加肺泡的使用率，以及吸入氧量的利用率，一方面充分將體內廢氣二氧化碳代謝排空。〔註82〕

再者，呼吸行氣亦應配合時間以養，蓋依據中國古代自然觀，以爲人是自然界的一個組成分子，因此當自然環境不斷的變遷的同時，人體也會受到相應的影響。有學者試以時間爲主軸，探討中國古代醫學與時間的關係，發現中國古代養生、醫學觀中，時間是影響養生、醫學的要素之一，並認爲《黃帝內經》所提出的「順養四時以養生」，「必先歲氣」，「先立其年，以知其氣」，「先知日之寒溫，月之盛衰，以候氣之浮沉」等，已初步確立了時間治療學的理論。〔註83〕晚近以來，的確也有時間生物學的研究，「證明日月的陰晴圓缺、晝夜的更替、四季的迭換等，對於人的血壓、體溫、情緒、智能、內分

〔註81〕中國昌：〈《老子河上公注》養生教育思想探析〉，中國道教：《道教論壇》，頁21。

〔註82〕韓廷傑、韓建斌：《道教與養生》（台北：文津出版社 1997.8 初版一刷），頁32。

〔註83〕周銘心、王樹芳：《中醫時間醫學》（台北：旺文 1999.7 初版二刷），頁4～5。

泌的調節、生老病死、藥物的作用發揮等，都有明顯的影響。」〔註84〕因此
無論從文獻上，抑或科學上，都可證明時間與養生的密切關係。細言之，面
對四時節候的變化，人應如何因應，《黃帝內經・素問・四氣調神大論》則曰：
「夫四時陰陽者，萬物之根本也。所以聖人春夏養陽，秋冬養陰，以從其
根，……逆其根，則伐其本，壞其眞矣。」〔註85〕四時陰陽之氣各有循環，
應順隨四時之特色以養氣，融入整個大自然的韻律節奏中。在《河上公注》
中雖無這麼明確的說法，然試觀：

> 聖人所以常教民順四時者，欲以救萬物之殘傷。（〈巧用・第二十七〉）

此處明確提出萬物或民必須順四時之運化，那麼人之修身行氣也應當遵四時
之運化，至於四時運化之具體狀況爲何，《河上公注》曰：「春夏陽氣躁疾於
上，萬物盛大。」（〈洪德・第四十五〉）從此句可知，春夏陽氣盛，相對地，
秋多則爲陰氣盛，因此順隨四時之特色，應當春夏養陽，使身體隨陽氣之盛
大而盛大；反之，秋冬養陰，使身體隨陰氣之盛大，而略爲藏拙。因此，《河
上公注》的四時養生法，當與《黃帝內經》所言者相同。又《河上公注》曰：

> 天道至明，司殺有常，猶春生夏長，秋收冬藏。（〈制惑・第七十四〉）

天道有其生殺，其規律爲春生，夏長，秋收，冬藏。細言之，春者「春陰陽
交通，萬物感動」，應順隨時節，養其陰陽之氣，使生機萌發；夏季陽氣正熾，
應順時以養陽氣，使生機盛大蓬勃；秋季陰氣略起，萬物蕭瑟，應順時養其
略起之陰氣，並準備藏拙；冬季陰氣大盛，萬物多眠，應順時養其陰氣，愛
氣而不施，藏氣而不用。後世道教還因此而發展出所謂的四時養生法，甚至
二十四節氣養生法，以及時辰養生法。〔註86〕

（三）和氣潛通

就氣之質而論，氣之質主要由陰陽來決定，古代關於「陰陽」的思想起
源的極早，早於西周末年《國語・周語》即記載伯陽父以爲：「陽伏不能出，
陰迫不能蒸，於是有地震。」〔註87〕此解釋陽剛當出頭而卻被困伏；陰柔當
蒸伏而卻出頭，陰陽皆失其位，是以有地震，此以陰陽之無法協暢來解釋自

〔註84〕Erich Hartmann：《中國傳統醫學》（台北：經史子集 2004.2 初版一刷），頁 5。
〔註85〕楊維傑譯解：《黃帝內經素問譯解》（台北：樂群文化 1990.2 增訂十版），頁 18。
〔註86〕田誠陽先生以爲修鍊之功法以「子、午、卯、酉四個時辰」爲佳。見田誠陽：
　　　　《修道入門》（北京：宗教文化 2000.5 第二版第二刷），頁 52。
〔註87〕《國語・周語上》，周・左丘明著；吳韋昭 注：《國語》（台北：漢京文化
　　　　1983.12.31），頁 26〜27。

然現象。其後春秋時醫和又提出：「天有六氣，……曰陰、陽、風、雨、晦、明也……過則為菑。陰淫寒疾，陽淫熱疾，風淫末疾，雨淫腹疾，晦淫惑疾，明淫心疾。」〔註88〕此把「陰陽」的概念帶入人身之中，說明天有六氣，此六氣若過於其「度」，則人身會產生種種不同相應的疾病，此處所強調的是「不過」於其度的觀念，但尚未提及相應一方「不及」的觀念，但也可以從中知道至春秋時，人們對於氣的「量」已有所注意。到了《老子》，其對陰陽的詮說是：「萬物負陰抱陽，沖氣以為和。」意指萬物皆有陰有陽，縱然萬物對陰陽的向背有所不同，但萬物終究是陰陽二氣，在相互沖激、激盪之下所形成的。戰國末至西漢初，《易傳》的出現，使陰陽學說獲得更系統的發揮。《易傳》言：「一陰一陽之謂道。」此一則言：道為陰陽之合，正如同《河上公注》所言道：「實神明相搏，陰陽交會也。」（〈虛心・第二十一〉）其次言萬物生化、發展、變化之道無不受到陰陽二氣的影響，就生化來說，萬物皆是陰陽二股力量的和合；就發展來說，萬物之生長過程其實正是陰陽相互消長、轉化的過程。具言之，即陰勝陽，陽勝陰，陽盛而陰，陰盛而陽，物極而反……。就變化來說，萬物的從出生到死亡的過程中，每隨著陰陽二氣的變動，萬物本身也會有相應的變化。因此，單陰陽的兩個概念，即可放諸天地萬物間，去做各種不同的詮釋。《河上公注》中也利用陰陽去解釋生化、變化、德性、壽命、材質等種種的問題，《河上公注》以為：人身雖同為氣所構成，然氣中又有陰陽之多種變化，陰陽之種種變化，適構成形形色色的人。陰陽之變化可大別為兩大類：一是中和；一是失中和。然則何謂「中和」，中者，《說文》曰：「中，和也」〔註89〕，至於「和」，楊樹達於《論語疏證》中指出：「和，……其實亦中字之意。」〔註90〕因此中和二字實相去不遠，鄭涵先生則於中和之功能上作細密的劃分，曰：「中是和的本體，和是中的呈現。」〔註91〕蓋中和者一體之兩面也。中和者以氣論之，則為中和之氣，〔註92〕中和之氣謂之「和

〔註88〕《左傳・昭公元年》，左丘明著；竹添光鴻 會箋：《左傳會箋》（台北：天工1993.5.10），頁35。

〔註89〕〔漢〕許慎著；〔清〕段玉裁 注：《說文解字注》（台北：黎明1991.8增訂八版），頁20。

〔註90〕楊樹達：《論語疏證》（上海：上海古籍1986初版），頁28。

〔註91〕鄭涵：《中國的和文化意識》（上海：上海世紀2005.1初版一刷），頁87。

〔註92〕《漢書・五行志》：「民受天地之中以生」，顏師古注「中謂中和之氣」。〔唐〕顏師古 注：《漢書》（新校本廿五史）（台北：史學出版社1974.5台北影印一版），頁1357～1358。

氣」；失中和之氣謂之「濁和氣」，意即「濁氣」。關於「中和」的問題又可分作兩個方向來說明：其一，萬物得和氣以生，萬物竭和氣則亡。就「得氣」與「竭氣」而言，這是「量」的有無存廢的問題，至於「和」一字則就「質」來論，陰陽合於中庸之度，則柔弱也，而柔弱者可以長久。因此〈偃武・第三十一〉即從和氣的變化來論盛衰之道，曰：

> 祥，善也。兵者驚精神，濁和氣，不善人之氣也。不當修飾之。兵
> 動則有所害，故萬物無有不惡之。（〈偃武・第三十一〉）

人之妄有作爲，則人身原本所稟具之「和氣」將發生變化，所謂「濁和氣」即是氣由「和」而變「濁」，和氣「質變」爲濁氣，如果和氣是人生存必須之氣，那麼，濁氣則是妨害人生存之氣，長此以往，必對生存造成威脅，而導致人之死亡。總此以論，人身本有和氣以維持生存，然而人若是妄有作爲，必導致和氣之結構產生變化，最後轉變爲濁氣，人身因此而剛強，剛強者早夭。

　　爲了實現保身體、養精神、延壽命的養生目的，《河上公注》十分注重「和氣」的重要作用，認爲「和氣」利於產生柔靜，柔靜則魂魄安、精神在，守精神會使精氣神和諧統一，因而長生不老、益壽延年，這是道之常理。故《河上公注》說：「人能知和氣之柔弱，有益於人者，則爲知道之常也。」（〈玄符・第五十五〉）和氣柔弱、益於養生的一般原理與物類是相似的：「萬物之中皆有元氣，得以和柔，若胸中有藏，骨中有髓，草木中有空虛，和氣潛通，故得長生也。」（〈道化・第四十二〉）「萬物草木之生也柔脆——和氣存也；其死也，枯槁——和氣散也。」（〈戒強・第七十六〉）人像萬物草木一樣體內有元氣，首先要愛氣、惜氣、藏氣，然後要力求虛空內藏，利於「和氣潛通」。氣和道通，機體便會產生柔弱品性，「人生，含和氣，抱精神，故柔弱」（〈戒強・第七十六〉）；而柔弱有利於生命的延續，「柔弱者，生也。」此外，「天道以中和爲上。」「天地之間空虛和氣流行，故萬物自生。」（〈虛用・第五〉）「中和」是天道所固有的最高尚品質，也是天道運行的基本規則。天道尚且以「和」爲上，何況養生乎？〔註93〕此外，西漢儒學大師董仲舒也同樣如此認爲，《春秋繁露・循天之道》曰：

> 能以中和理天下者，其德大盛；能以中和養其身者，其壽極命。
> 〔註94〕

〔註93〕中國昌：〈《老子河上公注》養生教育思想探析〉，中國道教：《道教論壇》，頁21。
〔註94〕〔清〕蘇輿 撰；鍾哲 點校：《春秋繁露義證》（北京：中華書局 1992.12 第一版第一刷），頁312。

如此說來，以「中和」爲養生之道，不只是《河上公注》自己的觀點，也可能是當代養生的普遍觀念，《雲笈七籤・卷九十一・十三虛無》亦言：「七日呼吸中和，滑澤細微謂之柔；八日緩形從體，以奉百事謂之弱。」〔註95〕可別爲一說。

相反，「人死和氣竭，精神亡，故堅強。」（〈戒強・第七十六〉）人如果不能和氣，陰陽失於中和，有所偏頗，則剛強，「物壯則老，謂之不道」，失道者不可以長久。其次，就〈體道・第一〉可知，人之氣中和與否，決定其德性中慾望之多寡，其氣中和者，其慾望寡少；其氣失中和者，其慾望多。又「名無欲者長存，名有欲者亡身也。」（〈體道・第一〉）

縱言之，無論從「柔弱剛強」的角度來看，抑或從「欲望」之有無以觀，持氣「中和」皆爲長生久視之道，於是乎順此，調陰陽之氣變成一個養氣過程中的重要課題。早期醫書《黃帝內經》對陰陽之調平亦有相同的見解，曰：

謹察陰陽所在而調之，以平爲期。〔註96〕

夫五運之政，猶權衡也，高者抑之，下者舉之，化者應之，變者復之，此生、長、化、收、藏之理，氣之常也，失常則天地四塞矣。

〔註97〕

陰陽之調平、斟酌實爲養生之一大要點，至於具體的調平之法，在於高者抑者，下者舉之，使得高低能持其平，多者寡之，寡者多之，使其數量亦能持其平。《黃帝內經》又說：「陰陽者，萬物之綱紀，生殺之本始。」陰陽二氣是構成萬物之經緯，萬物皆是「負陰抱陽，沖氣以爲和。」萬物之「和」不「和」，斯決定其或生或殺，或存或亡，因此，對待陰陽者不可不愼歟。至於調平陰陽的具體辦法，可從〈天道・第七十七〉知其大要，其言曰：

言張弓和調之，如是乃可用耳，夫抑高舉下，損強益弱，天之道也。

天道損有餘而益謙，常以中和爲上。（〈天道・第七十七〉）

此章本以張弓爲例，來譬況天道。張弓時，弓者須持平，過高過低皆不宜，須調而平之。譬若天道公正公平，強弱懸殊不合道之常，故須鋤強扶弱，濟

〔註95〕〔宋〕張君房著；蔣力生等校注：《雲笈七籤》（北京：華夏出版社 1996.8 第一版第一刷），頁 557。

〔註96〕《黃帝內經・素問・至眞要大論》，清・張志聰校注；方春陽等校注：《黃帝內經集注》（杭州：浙江古籍 2001.12 初版一刷），頁 599。

〔註97〕《黃帝內經・素問・氣交變大論》，〔清〕張志聰校注；方春陽等校注：《黃帝內經集注》（杭州：浙江古籍 2001.12 初版一刷），頁 502。

弱扶傾。且無論「張弓」也好,「天道」也罷,所追求者在一「中和」之道,此「中和」之道與儒家所言之「無過與不及」的「中庸之道」,並無不同,是知此道家已非先秦老莊之道家,雖然也崇尚「自然」,但一些想法經戰國以來,百家雜揉之後,此黃老道家已吸收其他家思想於其內。將此「中和」之道的具體做法套用於調平陰陽上,則所謂的調平陰陽,其具體的做法,不外乎過「陰」者,以「陽」調之,過「陽」者,以「陰」調之;不及「陰」者,以「陰」補之;不及「陽」者,以「陽」補之,以此充分達到陰陽調平的境地。此等「損有餘而補不足」的原理,在醫學、養生學上的運用頗廣,疾病的發生,從根本上說,是人體內陰陽的相對平衡遭到破壞,出現偏盛偏衰的結果。治療的方法,千頭萬緒,但不外乎「實則瀉之,虛則補之」〔註98〕。又,欲保持「和氣」尚需大腦的平衡協調,因此,《河上公注》說:「心當專一和柔而氣實內。」(〈玄符・第五十五〉)用心專一,力求和柔,養神守氣,長壽久安。

三、存養精神

　　精、氣、神是構成天地萬物的重要質素,同時也是構成人身的重要質素。其中,精與氣構成人身的物質基礎;神則構成人身的精神基礎。作為人身的存在,形的存在固然重要,神的重要更不可忽略。只有形而無神,則此形無異行屍走肉,《河上公注》即云:「人所以生者為有精神」(〈愛己・第七十二〉);只有神而無形,則此神則無處掛搭。因此,就養生來說,形神都極為重要,道教養生講求的是「性命雙修」,〔註99〕也是「形神雙修」的養生術,而二者之中,神又特為重要。《河上公注》中之「神」有廣狹二義,廣義的「神」,所指為五臟神,亦鄭燦山先生所謂「腹中神」的概念,古人以為五臟之中各有所司之神;狹義的「神」,所指為專司「心」之心神,「神」之存廢關乎一個人的生死,「神」存則人生,「神」廢則人亡。而「神」之存廢又牽涉到種種的因素,原則上,「神」此種精神性又神靈性之物,與物質性的具體之物有

〔註98〕《黃帝內經・素問・三部九候論》,〔清〕張志聰校注;方春陽等校注:《黃帝內經集注》(杭州:浙江古籍 2001.12 初版一刷),頁 163。

〔註99〕田誠陽先生解釋道家之性命雙修為:「性,心也,神也,意也,德也;命者息也,氣也,形也,功也。道家修煉注重性命雙修,既要涵養個人的心境,使之光明,又要堅固人的形體,使之長存。」案性命雙修亦可理解為形神雙修。見田誠陽:《修道入門》(北京:宗教文化 2000.5 第二版第二刷),頁 36。

很大的差異，物質性的具體之物得以用感官去掌握，然抽象性之物卻往往是「視之不見，聽之不聞，搏之不得。」因此存神之法絕不能以感官出發去掌握，甚者，以感官出發去掌握「神」，非但掌握不到「神」，反而徒傷生命能量而已。是以存神的方式是一個極爲特殊之方式，只能杜絕一切感官的打擾，以無思無慮的心境去體驗；「當受之以靜，求之以神，不可詰問而得之也。」（〈能爲・第十〉）因此，存神之道主要分作幾條路徑來進行，其積極的方式即是透過精與氣的節養以養神，爲此，《河上公注》十分注重愛精惜氣。如《老子》中有「強其骨」，《河上公注》解釋爲：「愛精重施，髓滿骨堅。」（〈安民・第三〉）又如《老子》中有「治人事天莫若嗇」之說，《河上公注》解釋爲：「治身者當愛精氣不放逸。」（〈守道・第五十九〉）精氣的吸納循環可以再經不斷的煉養，使之更純粹、更精緻，在虛靜無爲之中，化爲精神意識的「神」，此先秦宋銒、尹文所謂：「去欲則寡，寡則靜矣，靜則精，精則獨立矣，獨則明，明則神矣。」〔註100〕此說明精、神二者並非固定不變者，而是可以透過修煉存養以達到轉化的目的。此也就是宋人所謂：「煉精化氣，煉氣化神」，最後此神與道通，常言道：「聚精會神」，就《河上公注》之中，精足氣滿之後，精氣由「量變」將轉變成「質變」，則得以把精、氣轉化爲神，甚至可以修煉至與大道會通的地步，《河上公注》謂之：「德合神明」，「德與天通」，「與道通神」，進入一種徬徨不知所謂的「無窮無極」之境，不知所終，是與道同在，長生不死。至於養神其正面的方式即是要作到「虛靜」的地步，如此則能存「神」；其反面的方式即是去除情欲的種種干擾，如此神則來歸，雖說這幾條路徑有所不同，然其間實相輔相成，因爲要達到虛靜勢必要除情去欲，而除情去欲的結果也能導致身心的虛靜澄澈。

（一）內視存神

凡人身中皆有精神，此精神爲人身之中最爲可貴者。此精神必須寄存於形體之中，形神相抱，才能長生久世。因此形神之間具有非常密切的關係，形中必須存神，才可確保身體長存，反之，精神離開形體，則生命就此終結。就另一個角度說，神既卦搭於形之上，因此倘若形體消亡，那麼，精神也無法獨存。關於形神相依之密切關係，《河上公注》如是說：

〔註100〕據郭沫若先生與劉節先生考證，宋銒、尹文思想被保存在《管子》的〈白心〉、〈內業〉、〈心術〉上下四篇章中。轉引自張榮明：《中國古代氣功與先秦哲學》（台北：桂冠圖書出版社 1992.1 初版第一刷），頁 2。

　　人之所以有生者，以有精神。(〈愛己・第七十二〉)

　　五藏盡傷，則五神去矣。(〈成象・第六〉)

人之所以能生存是因爲有精神，如此可知，精神決定生存之與否，有了精神，形體才能存活。反之，精神離開了，形體也無法再繼續存活下去。這是精神影響形體的部分。至於形體影響精神的部分，〈成象・第六〉明確地說道：五神乃寄存於五臟之上的腹中之神，倘若五神受到傷害，正所謂「覆巢之下無完卵。」那麼，寄存於其上的五神也會受到影響。總此說來，形神之間是相互影響的。《史記・太史公自序》即曰：「神大用則竭，形大勞則蔽，形神離則死。」〔註101〕那麼，站在「養神」的立場上，也不能忽略到「養形」的重要性。至於養形之道其途徑有二：其一基於人身實則一氣之形構所成，因此，要養形少不了要養氣，養性，一方面減少氣之無謂消耗，無爲、無欲、無情、無思、無慮，一方面則少不了要吐故納新，行氣導引以充實氣實。另一方面，從〈成象・第六〉：「地食人以五味，……爲形骸骨肉，血脈六情。」揭示了養形的另一條道路，即是食地之味，以大地所生成之作物以滋養身體，原則上循著此二路徑，便得以養形，養形之後，寄存其上之神也才得以安然寄存。

　　《河上公注》又指出日常生活中，用其精神以視外物，倘若在所難免，也要能出能入，意思是說：用其精神以視外物之後，當知道收返其視，收返其神，使其視其神不至於耽溺於其中，以免心神最後往而不返，故曰：

　　用其目光於外，視時世之利害，復當反其光明於內，無使精神泄也。

　　內視存神，不爲漏失。人能行此，是謂習修常道。

　　(〈歸元・第五十二〉)

人生若是能清虛自守，完全不理會外物，必定可以全其精神，使精神不受任何的沾染，不受任何的耗損。但若外物的接觸無可避免，那麼必須知道心神之耗用，須適可而止，終必使心神歸反於內，並將神深藏五臟之中，不使精神受外物牽引而去，如此方爲長生之道。

　　關於「內視〔註102〕存神」，是一門重要的功夫，「內視」者，有兩層意思，

〔註101〕此《史記・太史公自序》評道家之句，〔漢〕司馬遷；瀧川龜太郎編：《史記會注考證》(台北：宏業 1990.10.15 再版)，頁 1334。

〔註102〕胡孚琛、呂錫琛：解釋「內視」功法，曰：「內視又名內觀，可以徹見體內五臟，另外，將自己的神光凝聚於一點，保存於一處，也是存神之法。以自己的神光返觀內自己軀體，可使災病難侵。」《道學通論——道家・道教・仙學》(北京：社會科學文獻 1999.1 第一版第一刷)，頁 383。

一層意思是要收返其視於內，具言之就是要閉目不視外在的五色，則其神不受外在五色等事物的牽引，閉目而養神也，也就是〈顯德・第十五〉所謂：「內守精神，外無文采也。」另一層意思是除了要閉目不視外在之物外，還要視內，視察五內五臟，〔註103〕內視功能良好者還可自如地觀察任何臟腑器官、肌肉骨骼、血流心跳等，〔註104〕並以虛靜的方式覺察、感應五臟之上的五臟神，內視內在五臟神的方式，與視外在之五色不同，視外在之五色，需用眼睛去看，但視內在五臟之神，卻不是以眼睛去看，反過來是要閉上眼睛去覺察，要「受之以靜」，當人能排除一切情欲、形軀的種種干擾，即能在最虛靜的狀態下覺察到五臟之神，也正是〈顯德・第十五〉所云：

> 道德深遠，不可識知，內視若盲，反聽若聾，莫知所長。

（〈顯德・第十五〉）

道德深遠之人，其境界徬徨而不可識知，不知其所窮極。蓋道德深遠之人以「內視若盲，反聽若聾」修養自我，所謂「內視若盲，反聽若聾」即如上文所言，一方面「內視」而不「外視」，「反聽」而不「外聽」，視聽皆收攝起來，停止其作用與干擾，感覺「若盲」，「若聾」，然而實際上由於感官之感覺收攝起來，於是心覺甚至是靈虛的神明反而清明了起來，尋常之「神明」，往往無法捕捉，甚者越是「有為」的去捕捉，神明反而離之越遠。唯有在一切都放空之後，神明則自動來歸，在沉靜中能深得神明之意。這也是《莊子》「心齋」所謂：「無聽之以耳，而聽之以心，無聽之以心，而聽之以氣，唯道集虛。」〔註105〕透過耳目、心、氣層層的遮撥，道則自然而然透顯出來。

此外「內視」字面上說「視」，除了一方面說明精神之漏洩往往從眼睛這個竅關出，妄視最易傷神外，實際上，所謂「內視」，不應只包含收攝視覺的感官，舉凡一切感官、慾望、情欲，皆應拋諸腦後，使其視覺不向外邊逐，使其精神不向外邊逐，而收返於內，以覺察精、氣、神，或覺察身中之道。

至若「存神」者，字面上的意思是保存精神，不為漏失之意。然而以道教的修鍊法來看待「存神」，則此「存神」，實際上就是「存思」之功法。關

〔註103〕洪丕謨先生解釋：「所謂『內視』，就是閉目內觀五臟六腑之法。……通過對自身五臟六府的觀照，使思想聚於一處，雜念不生。」見其所著《中國神仙養生大全》（北京：中國文聯 1994.8 初版一刷），頁 129。

〔註104〕劉天君：《氣功入靜之門》（人民體育出版社 1994.11 第一版第四刷），頁 31～44。

〔註105〕《莊子・人間世》，〔清〕郭慶藩編；王孝魚 整理：《莊子集釋》（台北：萬卷樓 1993.3 初版二刷），頁 147。

於「存思」法有幾種說法，其中之一是：「存思身體內的形、氣、神。如內視或內想體內……等臟腑器官。」〔註106〕若此，則「存神」之法則與「內視」之法爲相同之功法。又或有一說，以爲「存神」者，乃「存想自己身上的神靈。因爲道家認爲人身各處，都有神靈統領，存想這些神靈，就能守在自己身上，從而使生命牢固，做到長生久視。」〔註107〕又或者存思身外神，即存想道教各種天地尊神的的名號、狀貌、服飾、居處等。又或者存思身內外某種特殊景象，如五星、日月、玄白等。〔註108〕《孫眞人備急千金要方》論「養性」之法說「常常習黃帝內視法，存想思念，令見五臟如懸磬，五色了了分明，勿掇也。」「不得浮思外念」，「心想欲事；惡邪大起」，則練功失敗。道教的宣覺，在存神、存象思守活動中，含有形象式直觀的特徵。它在特定的認識環境中，借助於形象化方法，把抽象的認識物件，幻化爲某種具體圖形、圖像、畫面，通過神秘直觀而悟出認識對象的本質一「道」或「一」。〔註109〕若依此，則存神之法則是一種以意念方式以存五臟神，並且在存想中與人身之神靈密契，如此則得以相守。《三洞珠囊》之《坐忘精思品》引葛仙公語，論述存思的妙用說：「靜思期眞，則眾妙感會。內觀形影，則神氣長存，體冶道德，則萬神震伏，禍滅九陰，福生十方。」說明通過存思既可引起各種「妙感」，又能長存「神氣」，自能祛病延年。

且伴隨著「內視存神」這個主題，《河上公注》言用眼睛去看叫做用其目「光」，閉目養神叫做反其「光明」，有目光者，有神光者，有道之微明者，這些「光明」乃是一種生命的能量，〔註110〕因此應該盡量含藏於內，而不可

〔註106〕楊玉輝指出存思的具體方法有三：其一爲上文所引，二是「存思身外神，即存想道教各種天地間的尊神的名號、狀貌、服飾、居處等。」三是「存思身內外某種特殊景象，如五星、日月、玄白等。」見楊玉輝：《道教人學研究》（北京：人民2004.12初版一刷），頁207。

〔註107〕田誠陽：《中華道家修煉學概述》（上）（北京：宗教文化2003.12初版四刷），頁9。

〔註108〕楊玉輝：《道教人學研究》（北京：人民出版社2004.12初版第一刷），頁207。

〔註109〕唐明邦：《論道崇眞集》（湖北：華中師範大學2006.2第一版第一刷），頁51～58。

〔註110〕或另一種解釋，以爲「練功進入氣功狀態時，人體可能產生光子和釋放光子。因此練氣功的人身上要發光。……練氣功可能把人體的光子激發，可以發射出來。光子是物質，也能轉化成能量。」案此，則「光」若是一種氣之「功」，一種「能量」，故基於養生，應當不輕易耗用。

以上說法，見前新 培金：《嚴新氣功》（人民體育1995.2初版第五刷），頁14。

任意耗用，生命能量才得以保存，因此《河上公注》屢言要「伏光」、「潛光」、「韜光」，這也是要人內視存神，韜光養晦，含光藏輝，不爲漏失之意。

（二）除情去欲

神爲極其靈虛之物，不能受到任何塵染，一旦遭受塵染，勢必使其黯然不彰。因此《河上公注》一再指出「精神」之與「情欲」乃背道而馳者，情欲會妨害、排擠精神之發展，曰：「嗜欲傷神，財多累身。」（〈運夷‧第九〉）欲望之發展會阻礙精神，甚至會帶來禍患。情欲之所以會排擠精神之發展，蓋因情欲與精神皆發於、存於同一形體，但人之形體有限，所能負荷的載體亦相對有其限度。因此，情欲與精神勢必產生排擠效應。具言之，情欲與精神所共存的載體爲何？廣義的說實則五臟也。此可從幾段文字中，觀此現象。曰：

> 人謂五藏之神：肝藏魂，肺藏魄，心藏神，腎藏精，脾藏志。
>
> （〈成象‧第六〉）

由此可知，廣義的神，所指爲五神，所謂的五神——魂、魄、神、精、志，又從《河上公注》注「實其腹」爲「守五神」（〈安民‧第三〉），又言：「腹中有神。」（〈無用‧第十一〉）又注「聖人爲腹不爲目」爲「養神明」。總此以知，五神又爲「腹中之神」，此等重視腹部的養生法早於上古即有，古書載上古之人：「含哺而熙，鼓腹而遊。」是知上古之人即知鼓腹以養生，張榮明先生的《中國古代氣功與先秦哲學》即闡發中國腹中養生法之淵源，實因爲上古人民以狩獵爲生，在狩獵生活中常常必須追逐獵物，因此發展出「腹式呼吸法」，以補償消耗，恢復疲勞。且後世道家修鍊學、道教修鍊學也都強調「意守丹田」、「鼓腹陶氣」，〔註111〕如此可知，腹部養生法於中國由來已久。無論如何從《河上公注》此段文字確可知道五神深藏於五臟之中。至於狹義的的神則所指爲「心神」，是指存於五臟之中的「心」的這個心神。換個角度來看「情欲」，則可知情欲也是存在於五臟之中，《河上公注》如此說：

> 出生謂情欲出於五內，魂定魄靜，故生。入死謂情欲入於胸臆，精
>
> 神勞惑，故死。（〈貴生‧第五十〉）

此以情欲「出入」論人之生死。情欲之出入與精神、魂魄之存廢適爲相反，

〔註111〕張榮明：《中國古代氣功與先秦哲學》（台北：桂冠 1992.1 初版一刷），頁34、頁51。

情欲之出，精神、魂魄則存；情欲之入，精神、魂魄則廢。情欲之所以會勞惑、耗損精神，從此可看出端倪。廣義說來，情欲是存在於五臟之中，然狹義說來，情欲亦存在於心，曰：「謂有欲無欲也，……同出於人心。」（〈體道·第一〉）情欲與精神無論是並存於五臟之中，抑或並存於人心之中，二者皆會產生排擠效應。在這樣的排擠拉鋸之下，或精神勝於情欲，在這種情況下，適當地為滿足基本生理需求的情欲，是可以被接受的，然而，隨著情欲的日益擴張，對精神將造成相對的損害。反過來說，也可能是情欲戰勝精神的情況，在此種情況下，精神將日益孱弱，以至於最後精神消亡，生命亦隨之而去。因此，為存養精神，勢必去除情欲。因此《河上公注》屢言：

> 治身者當除情去欲，使五藏空虛，神乃歸之。（〈無用·第十一〉）

> 人能除情欲，節滋味，清五藏，則神明居之也。（〈虛用·第五〉）

人能去除情欲，使五臟空虛；或使情欲不入於心，滌除玄覽，使此心空虛，如此才可充滿精神。所謂「空虛」，是為了使「精神」充滿的。

進一步說，嗜欲的範圍極廣，舉凡對感官、名利的過度耽戀，都是欲望的範圍。因此，《河上公注》又有一些具體的說法，曰：

> 名遂則身退也。財多則害身也。好得利則病於行也。甚愛色，費精
> 神，甚愛財，遇禍患。（〈立戒·第四十四〉）

功成名就之後即當功成身退，功成而不身退，仍然戀棧虛名，最後非但無法守住既成之功名，反而會損害精神，遭來非議，引起更大的禍患。財多當佈施以為德，倘若死守錢財，最後非但無法守住錢財，反而會遭來橫禍，甚者在追逐錢財的過程中，人往往已消耗太多的精神，縱然最後坐擁萬貫之財，但精神也已耗竭，得不償失。好利者汲汲營營，無所不為，不擇手段，也會遭到災禍。過分強求視覺上感官的享受，就在享受感官的同時，精氣、神明隨著外物牽引而去。最後精神耗竭，生命亦隨之。此外，去除欲望所為雖是養生，但《河上公注》也提了一個特別觀點，它說：即便是為了養生，但是倘若太過，對身體起了過度的欲望，這也是不可取的，最後求生不成，反而成死了。《河上公注》曰：

> 人之求生，動作反之十三死地也。言人所以動之死地者，以其求生
> 活之事太厚，違道逆天，妄行失紀。（〈貴生·第五十〉）

人為了求生存，而以各種方式厚養己身，凡求生之具，無不具備，這樣的行為過於其度，違反天道，違反綱紀，原來的求生之舉反成了個「妄」，因此反

而遭來死亡了。《老子‧第七十五章》也說：「夫無以生爲貴者，是賢於貴生也。」無爲而生勝過有爲以求生。《莊子‧德充符》亦曰：「常因自然而不益生。」〔註112〕又《莊子‧達生》曰：「達生之情者，不務生之所無以爲。」〔註113〕意思是說：對於生命應採取的態度是順其自然，不過度強求生命所做不到的。而以現代醫學的角度來看，人的日常生活飲食起居各方面若太過優渥，任何的防護措施都作的太過周到，反而會使人身失去原本該有的抵抗力，使身體原本的求生本能失去，當然遭來反效果。因此，《河上公注》此段話不啻給養生太過之人一種警惕。如此說來，對名、利、富、貴，以及感官的種種享受，都是陷入欲望的深淵，久之，造成的後果，即是五神勞惑，精神散亡，生命隨之，甚至遭來橫禍，總此以觀，欲望的外逐，終究對生命造成無可彌補的傷害，對生命來說，終究是有害而無益。

除了對欲望的追逐，會造成神明的傷害，情緒之發動，若過於其度，亦會造成神明的重擔，關於情緒之發動所造成的害處，先秦以來，各家學派多有論及，儒家《中庸》提出中和之道，對治情緒之過於其度，曰：「喜怒哀樂之未發，謂之中；發而皆中節，謂之和。」意指對情欲所該有的態度，在於喜怒哀樂等情緒之發動，需合於法度，無過猶不及。《呂氏春秋‧季春紀‧盡數》亦曰：「大喜、大怒、大憂、大恐、大哀，五者接神則生害矣。」〔註114〕明確指出過度的情緒會造成精神的傷害。醫書《黃帝內經》則提出任何情緒若過其度，皆會產生相應的疾病，《黃帝內經‧素問‧舉痛論》篇曰：

> 怒則氣上，喜則氣緩，悲則氣消，思則氣結，恐則氣下，驚則氣亂，
> 憂則氣鬱。〔註115〕

各種情緒若過於其度，皆會影響氣的不正當運動，使氣失其中和，進一步則因氣的失和而產生各種疾病。《黃帝內經‧素問‧陰陽應象大論》曰：「怒傷肝，悲勝怒」；「喜傷心，恐勝喜」；「思傷脾，怒勝思」；「憂傷肺，喜勝憂」；

〔註112〕〔清〕郭慶藩編；王孝魚整理：《莊子集釋》（台北：萬卷樓 1993.3 初版二刷），頁 221。

〔註113〕〔清〕郭慶藩編；王孝魚 整理：《莊子集釋》（台北：萬卷樓 1993.3 初版二刷），頁 630。

〔註114〕〔宋〕陸游評；〔明〕凌稚隆批；陳立夫等編修：《中國子學名著集成——《呂氏春秋》》（明萬曆庚申吳興凌氏刊朱墨套印本）（中國子學名著集成編印基金會 1978 初版），頁 77。

〔註115〕〔清〕張志聰校注；方春陽等校注：《黃帝內經集注》（杭州：浙江古籍 2001.12 初版一刷），頁 285。

「恐傷腎，思勝恐」。〔註116〕《河上公注》雖不如《黃帝內經》就情緒之過於其度，論其所相應的疾病，但《河上公注》仍肯定情緒如沒有獲得一定的節制，任隨其發展，將會對形神造成傷害。曰：

> 人載魂魄之上得以生，當愛養之。喜怒亡魂，卒驚傷魄。魂在肝，
> 魄在肺。美酒甘肴，腐人肝肺。（〈能爲・第十〉）

「喜怒亡魂，卒驚傷魄，……美酒甘肴。」此段互文足意，意指喜怒哀樂、驚嚇等種種情緒，以及美酒甘肴等飲食的享受，會傷害魂魄肺腑。由此可知，愛養魂魄之道與養形之道，必須節制六情的抒發，不使六情之發動，過於其度，如此形神、魂魄才得以保全。另外，《河上公注》也認爲思慮會妨礙精神之保存，曰：「多事害神，多言害身。」（〈虛用・第五〉）因此對於思慮也要採取節制的態度，最理想的狀態是「能如嬰兒，內無思慮，外無政事，則精神不去也。」（〈能爲・第十〉）此外，對於「知識」也不去追逐，《莊子・養生主》言：「吾生也有涯，而知也無涯，以有涯隨無涯，殆矣。」〔註117〕生命有其盡頭，而知識卻無窮無盡，以有限的生命要去追逐無限之知識，這是不可能的事，即便是可能也是一件非常傷身傷神的事，站在生命的立場來看，實在沒有必要以身「殉」知。《河上公注》對於知識也採取相同的態度，曰：

> 小人不知道意，而妄行強知之事以自顯著，內傷精神，減壽消年也。
> （〈知病・第七十一〉）

道可道，非常道，道之幽深玄妙，實難測知，不應勉強求知，若勉強求知，也未必可以得道之精髓，甚者，極有可能求知不成，反又消耗自己的精神與生命能量，因此要絕學棄知。

　　上文論述情欲、思慮、知識等對精神的危害，因此欲「存神」，勢必去除「情欲」、思慮。至於除情去欲與去除思慮的具體方法又須從幾方面做起，首先要瞭解情欲之發動，其源頭爲何？並針對源頭作正本清源的工作。《河上公注》談到欲望乃出自於人心，〈體道・第一〉言：「謂有欲無欲也。……同出人心也。……名無欲者長存，名有欲者亡身也。」言欲望乃起自於人心，然無欲亦起自於人心，意即此心可有欲可無欲，兩者雖同出於人心，但其結果

〔註116〕《黃帝內經・素問・陰陽應象大論》，〔清〕張志聰校注：方春陽等校注：《黃帝內經集注》（杭州：浙江古籍 2001.12 初版一刷），頁 42。

〔註117〕〔清〕郭慶藩編；王孝魚 整理：《莊子集釋》（台北：萬卷樓 1993.3 初版二刷），頁 115。

有長存與亡身之別。其源頭雖無別，其結果卻相異，因此，此心不可不慎，
一念之制而無欲，一念之差卻成有欲。是以，去欲的功夫必在「心」上作，
將此心落實於具體事務，而一一作革除的功夫，「當洗其心使潔淨也。心居玄
冥之處，覽知萬事，故謂之玄覽也。」（〈能為‧第十〉）而所謂的「具體事務」
所包含的層面，則有感官、思慮、情緒等，就感官上來說，就是要革除人心
對感官的「過度」戀棧。其言曰：

> 其生也，目不妄視，耳不妄聽，鼻不妄香臭，口不妄言味，手不妄
>
> 持，足不妄行，精不妄施。其死反是。（〈貴生‧第五十〉）

人的感官固然是維持生理必要之具，但凡是有利必有弊，隨著感官的發用，
人的慾望也可能因此而被開啟，感官如果獲得妥善的運用，那麼將為人生帶
來助益，使人長生久壽。反之，如果感官不是被用來滿足基本的生理需求，
而要求過度的滿足以為享受，那麼結果是將適得其反，使感官承受過度的負
擔，而導致敗亡。因此，除情去欲將應該在感官上作節制的動作，使感官的
運用有所節制。《河上公注》又言：

> 甚謂貪淫聲色，奢謂服飾飲食，泰謂宮室臺榭。去此三者，處中和，
>
> 行無為，則天下自化。
>
> （注「是以聖人去甚、去奢、去泰。」〈無為‧第二十九〉）

此處之「甚」、「奢」、「泰」即以「程度」而言，聲色、服飾、飲食、宮室、
臺榭若為維持生活之所必須，僅達於最基本要求即可，除基本要求不作過分
豪華之享受，此乃合於法度之用度。然若過於其度，則謂之「甚」、「奢」、「泰」。
若基於養生之要求，則此「甚」、「奢」、「泰」將除而去之，還原於其原本之
限度，如此感官不致受到傷害，神明也不致遭到消損。張岱年先生於此外在
所加諸於身的種種慾望或有為有此一說，其言曰：

> 從事於道，要削減非自然所本有、人為所添增之一切，以復反於原
>
> 始的本來狀態。無為便是減損到極處。〔註118〕

凡是不屬於本性之所有，不屬於人身之所必要者，皆悉除而去之，如此才能
反本還性，神乃歸之。蔣錫昌先生則謂：「滌除種種妄見觀象，務至一塵不染，
一物不留也。」〔註119〕

　　至於情者，由〈成象‧第六〉所言，曰：

〔註118〕張岱年：《中國哲學大綱》（台北：藍燈 1992.4），頁 483。
〔註119〕蔣錫昌：《老子校詁》（四川：成都古籍書店 1988.9 初版），頁 61。

地食人以五味，從口入藏於胃。五味濁辱，爲形骸骨肉，血脈六情。
（〈成象·第六〉）

由此章可知六情乃透過口這個孔竅所攝入五味引起的，由於五味性質濁辱，因此影響到六情之性質也較爲濁辱，而此濁辱之六情，適與清微之精神對舉，而此濁辱之六情會妨害清微之精神，是以六情由五味出，五味又由口入，就情味的關係可以推敲出：六情之產生導因於人在攝入五味時，而產生對於味道種種酸鹹苦甘辛〔註120〕的知覺，在此知覺產生之後，基於對這些知覺的不同喜好，對於喜好者產生執著，或者因爲對這種知覺的喜好，所以想要一直擁有，於是又更強烈的在此心形成某種欲望，因此要節制六情，恐怕對於口所攝入之五味要有所節制，故《河上公注》言須：「節滋味」（〈虛用·第五〉）、「節飲食」。節飲食包含兩方面的意思，一是節制的意思，不可過飽，更不可暴飲暴食。《素問·痹論》：「飲食自倍，腸胃乃傷。」〔註121〕節飲食的另外一個含意就是飲食要有一定的節律。定時進餐，才能定量，不致因過饑而飽食。據現代醫學研究，胃腸蠕動有一定的周期節律，胃排空食物大概需要兩個小時。古人所講的定食飲食適應胃腸功能的規律，應當在日常生活中遵守執行。

此外，《河上公注》又提出節制情欲當有其時機，《河上公注》因此說：「情欲禍患，未有形兆時，易謀正也。」（〈守微·第六十四〉）凡是須防範未然，預防勝於治療，莫待情欲已然形兆，如此將積重難返。再者，除情去欲也非短時所能革除，而必須以漸進之方式除而去之，《河上公注》謂之「日以虛空」：

渙者解散，釋者消亡，除情去欲，日以虛空。（〈顯德·第十五〉）

捐情欲，又損之，所以漸去。當恬淡如嬰兒，無所造作。情欲斷絕，
德與道合，則無所不施，無所不爲也。（〈忘知·第四十八〉）

情欲之斷絕並非一蹴可幾，必須損之又損，必須漸而去之，將人身所背負的一些原本不屬於人身的東西，一件一件的逐步卸除，卸除至原來面貌，一如嬰兒一般恬淡無欲，「內無思慮，外無政事」，無思無慮，無有情欲而「復歸志於嬰兒，羔然無所知也。」（〈反樸·第二十八〉）能回歸到嬰兒的境界，無思無慮，如此至德能合於大道。如同《莊子·應帝王》所言：「遊心於淡，和

〔註120〕〈仁德·第三十五〉：「道出入於口，淡淡，非如五味有酸鹹苦甘辛也。」
〔註121〕〔唐〕王冰　注：《內經素問二十四卷》，收錄於〔清〕紀昀：《四庫全書薈要》
　　　　　p151。

氣於漠，順物自然而無容私焉，而天下志矣。」〔註122〕「心」與「氣」是要
修養的對象，「遊」與「和」是修養所用的功夫，而「淡」與「漠」為修養所
須之境界，希望在「淡漠」之中，無心、無為且自然而然的合於大道。

　　具體的說，消解情欲的方式，《河上公注》以為要以「道」來對治「情欲」
之蔓延、擴張，其言曰：

> 懷道抱一，守五神也。（〈安民‧第三〉）

> 善以道閉情欲，守精神者，不如門戶有關鍵可得開。

（〈巧用‧第二十七〉）

情欲之起，必會消耗精神，《河上公注》主張任何一種消解情欲的方式都不能
有效的阻絕情欲之擴張，都「有關鍵可得開」，只有心存大道，以大道之無欲
才能完全消解情欲之擴展，才能守住五神。在完全消解情欲、思慮的不當作
用後，回歸到初生之嬰兒，無思無慮，然因其自然柔弱，故能應物而不傷，
故能澄心以觀照。如：

> 能如嬰兒內無思慮，外無政事，則精神不去也。當洗其心使潔淨也。

> 心居玄冥之處，覽知萬事，故謂之玄覽也。（〈能為‧第十〉）

初生之嬰兒，無所作為，然一切具足，待嬰兒長成，落入世俗人情，耳目感
官受到外在之刺激，而欲望滋增。目欲觀五色，耳欲聽五聲等，當一欲望方
獲滿足，另一欲望又起而待之，如此情因欲而發動起伏，遂不得清靜安寧，
不得清靜安寧，則失其中和，自然之性遭蒙蔽，甚者，傷精、傷神，神明去
之，則精盡人亡。故欲修道者，須先除情去欲。欲除情去欲，則須減少感官
之發動，如《莊子‧大宗師》所言：「墮肢體，黜聰明，離行去知，同於大通，
此謂坐忘。」〔註123〕如能「逐步調馴自己的意識場，使之達到『無欲』而清
醒的境界。在調馴的過程中，人就漸漸放棄了後天神經系統的思維、辨解、
指揮等作用而不用，使其不再干擾整個人的整體場態，讓人體場盡量回歸到
自然的本然場態，使人體盡量和宇宙統一場態相同一」〔註124〕，當去除一切
人為的作用，那麼，使此身、此神一如宇宙間的自然的一物，人是自然之一

〔註122〕〔清〕郭慶藩編：王孝魚 整理：《莊子集釋》（台北：萬卷樓 1993.3 初版二
　　　　刷），頁 294。

〔註123〕〔清〕郭慶藩編：王孝魚 整理：《莊子集釋》（台北：萬卷樓 1993.3 初版二
　　　　刷），頁 284。

〔註124〕培眞：《道德經探玄》（北京：北京體育學院 1990 初版），頁 5。

物，人即冥同於自然，如此得以涵養精神，長生久視，最後與天地同壽。

（三）虛靜無為

　　神乃極其靈虛之物，非但不可以感官掌握，甚者，捉摸不定，來去無蹤，有時愈是想把握住，卻往往適得其反，因此神者，只能以極其虛靜，極其無所為的方式來把握。

　　虛者，空虛也。精神乃存在於五臟或此心之中，故五臟與此心皆須保持空虛，不為外物所充塞，此心或五臟方可存神。反之，五臟或此心已實，正如器物已滿盛，當然無法再容下任何之物，故欲虛，則必將滿盛之物一一卸除。是以器物空虛，方能容物；五臟或此心空虛，方能存神。〈無用・第十一〉曰：

> 器中空虛，故得有所盛受。謂作屋室。言戶牖空虛，人得以出入觀視；室中空虛，人得以居處，是其用。……器中有物，室中有人，恐其屋破壞；腹中有神，畏其形消亡。言虛空者乃可用盛受萬物，故曰虛無能制有形。道者空也。（〈無用・第十一〉）

《河上公注》此段以日常生活之物為例，器物、屋室、戶牖者之為物，皆要「空虛」，器物、屋室、戶牖本身雖是物質之「體」，但能成其「用」，則必空虛，空虛者方能成其用，光有體，但未達空虛，縱有其體，亦是枉然。以日常生活萬物推求「道」者本身也是如此，道體本身窈冥不辨，然其中空虛，道正因其空虛，方可成其用。五臟、此心的情況亦復如此，五臟、此心須保持空虛，方能成其用，其用在神明得以來歸，神明得以來歸，一則人可以具備靈虛之神明，一則可以護養形體，使百物不侵，百毒不害，形乃得以全之。

　　靜者，清靜。清靜與躁急適為相反。凡是清靜，則神明自然朗現；反之，神明自然謫昧不彰，這就如同水躁則混濁；水靜則清明一般。因此，修道之人當如水性，當沉澱一切俗慮，一切情欲的紛擾，達至「淵深清明」。（〈易性・第八〉）至於其具體的做法則是：

> 得道之人，捐情去欲，五內清靜，至於虛極。守清靜，行篤厚。……言安靜者是為復還性命，使不死也。（〈歸根・第十六〉）

欲使五臟清靜，則須除情去欲，因此清靜與除情去欲也是一體之兩面，必須除情去欲，方得以保持清靜。且隨著情欲去之又去，以至於虛極，五內也會日益清靜。五臟一方面又清靜，一方面又是虛極，神明自然前來歸附。反之，五臟不清靜，而趨於躁急，精神也會因此而散亡，故曰：

> 治身不重則失神。草木之花葉輕故零落，根重故長存也。……治身
> 不靜則身危。龍靜故能變化，虎躁故夭虧也。……治身輕淫則失其
> 精。……治身躁急則失其精神。（〈重德‧第二十六〉）

此言治身「不重」、「不靜」、「輕淫」、「躁急」，猶如草木根不深、不重，如此
無法根深柢固，根不深，柢不固，則其本不厚，其本不厚，而能長生者鮮矣。
因此欲求長生，必存精神，欲存精神，則治身需靜、重，如此方得以存神以
長生。上文乃從「空虛」與「清靜」本身的益處來論存神之道，然而，若站
在「神明」本身的特性觀之，則神明本身的特性即是「喜清靜，託空虛」，因
此爲存神實有必有就神明本身之特質去對症下藥，《河上公注》曰：

> 人所以生者，以有精神，託空虛，喜清淨。飲食不節，忽道念色，
> 邪僻滿腹，爲伐本厭神。（〈愛己‧第七十二〉）

循此說則有神斯有生命，無神則生命去之。因此很容易可以循此以知，養生
之道必在存神。至於存神之道，則須視「神」之特性以對症下藥，《河上公注》
於是緊接著說：「託空虛，喜清靜」，此言精神之特性在於託付於「空虛」、「清
靜」之中，凡人可作到「空虛」、「清靜」則「神明」來歸。反之，飲食失去
節制，或貪於飲食，樂美食以享之；忽略大道而心懷好聲好色等感官的種種
享受；胸懷滿是各種邪僻之思想。綜言之，即是在耳、目、手、足、心等追
求聲色犬馬的種種享受，此種行爲乃「伐本厭神」之行爲，所謂「伐本厭神」，
「伐本」者背離根本，根本即謂之「道」，背離根本，即是背離大道。「厭神」
者，凡人之行爲背離大道，且耽溺於感官之種種享受，則神明去之。相同的
說法，諸如：

> 人精神好安靜，馳騁呼吸，精神散亡，故發狂也。神明託虛。
>
> （〈益謙‧第二十二〉）

是以，欲「反本」「守神」則必揚棄感官的種種享受，保持「空虛」、「清靜」
之心靈狀態。「空虛」、「清靜」者即是「除情去欲」，保持此心之澄靜，一如
嬰兒之無思無慮、無欲無求。這也是《莊子》所謂：「徇耳目內通，而外於心
知。」〔註125〕除去耳目感官的作用，也不用心知的作用去作任何的思慮。也
是《老子》的「致虛極，守靜篤」，「致虛」至「極」的境地；「守靜」至「篤」
的地步，則神明自然來歸，《管子‧心術上》則謂之：「虛其欲，神將入舍；

〔註125〕〔清〕郭慶藩編；王孝魚 整理：《莊子集釋》（台北：萬卷樓 1993.3 初版二
刷），頁 150。

掃除不潔，神乃留處。」〔註126〕是以虛靜之道首要去除情欲。所謂無爲，即
不任意妄爲。所謂不妄爲，並非無所事事，全然不爲，而只是不「妄」爲，
然而所謂的「妄」，又是以什麼標準爲界定，在怎樣的標準之下而謂之「妄」？
答案在於「中道」，「中和之道」，凡是若過於中和之道則爲「虛妄」，凡是過
於其度則謂之「虛妄」，具言之，喜怒哀樂六情，耳目聲色五欲，思慮思維皆
有其度，若過於其度則謂之「虛妄」。因此，欲存神則當「目不妄視，耳不妄
聽，鼻不妄香臭，口不妄言味，手不妄持，足不妄行，精神不妄施。」內無
思慮，外無政事。《河上公注》又言：

> 兵者驚精神，濁和氣。（〈偃武・第三十一〉）

好起兵作戰，如此乃爲任意妄爲，如此有損於精神，亦使原存之和氣變得渾
濁，和氣一變而爲濁氣，濁氣本身即是對氣的一種損傷，且精氣神三者乃息
息相關，因此和氣產生變化，其實也會連帶的影響神明的本身，因此，欲存
神明，不可任意妄爲，也就是凡是順乎自然，凡是不過於其度，另外，也要
精、氣兩者相互配合，如是則精氣神一體皆得以保全。又曰：

> 有爲於事，廢於自然；有爲於義，廢於仁慈，有爲於色，廢於精神
> 也。（〈守微・第六十四〉）

> 常道當以無爲養神，無事安民。（〈體道・第一〉）

此兩段就「爲」之與「神」的關係作論述，認爲任何的「有爲妄作」，非但無
法達成既定的效果，還可能因此而造成反效果。以儒家所強調的仁義來說，
若不是以無爲的方式自然的來保全仁義，刻意有爲的結果，反而會造成諸種
假仁、假義的事情發生，因此道家以所以講求「無」，是要以「無」來作「作
用」的保存，且認爲唯有以「無」的方式所保存下來的作用，才不會產生變
質。同樣的狀況，有爲於事，則失其自然，失其自然，也就失去大道，不合
乎道的事，則無法長久。同樣的道理，欲保全神，亦不可以「有爲」爲之，
勢必無爲而能保全神。反之，若是以有爲存神，則反而神不得其全也。是以
以無爲養神，才合乎道之常，才是常道。不過，〈守微・第六十四〉特將精神
的保存與「色」作一個聯繫，特別強調精神與視覺之色的關係，此倒與「甚
愛色，費精神。」可以作一個呼應，所強調的是感官中的視覺，或云眼睛這

〔註126〕〔明〕凌汝亨輯評：陳立夫等編修：《中國子學名著集成——《管子》輯評》
　　　　（明萬曆庚申吳興凌氏刊朱墨套印本）（中國子學名著編印基金會 1978 初
　　　　版），頁 453。

個孔竅是最容易導致精神的外洩，因此欲存神，尤其特別要作到「目不妄視。」

此外，存養精神還必須借助於「道」，只有以「道」養神，才能使精神保持清淨淡泊的狀態。作者在解釋《老子》「善抱者不脫」時說：「善以道抱精神者，終不可拔引解脫。」（〈修觀‧五十四〉）只要精神得到充分的愛惜和保養，人就能延年益壽，甚至使生命狀態發生質的變化，超越常人，達到「眞人」的境界。《章句》說：「修道於身，愛氣養神，益壽延年。其德如是，乃爲眞人。」（〈修觀‧五十四〉）

以上論《河上公注》氣之養生方法，綜言之，所謂「氣之養生方法」之「氣」，實涵蓋精氣神三者，至於精氣神的養生之道，異中有同，所同者在於精氣神三者皆須存養之，消極的養生以「不失」先天之所有爲限度，具體做法在於閉塞耳目等感官以杜絕情欲、思慮之入，情欲、思慮之害，情欲、思慮之耗損。不過，在此需強調的是情欲之有乃物之常情，因此《河上公注》要求的是「去甚、去奢、去泰」，即過於生理基本要求之情欲、思慮。至於積極的養生則精氣神皆須在「不失」的前提下，又開發後天之精氣神，如此相容並蓄，精氣神方可篤厚而實存，精氣神之厚實亦代表生命現象之穩固，如此則可以長生，可以久視。精氣神之開發，實以「精」、「氣」之吸納爲主，「精」、「氣」之吸取方式大同小異，主要是倚靠鼻口之孔竅，呼吸天地之氣，作到我在天地之氣中，天地之氣在我之中，使天地之氣經由鼻口玄牝之門進入身中，再以綿、長、深、細的呼吸法，將氣微妙的導引至通體，完成自體循環。總結《河上公注》之養生法殆可以陳攖甯先生之見解作結論，陳攖甯先生詮釋「攝生」爲：一、攝持自己身心，勿使妄動。二、收攝自己精力，勿使耗散。三、攝取外界物質，修補體內虧損。四、攝引天地生氣，延長人的壽命。〔註127〕簡言之，《河上公注》之養生法蓋取採攻守二勢，雙管齊下之法。

第三節　《老子想爾注》之養生方法

兩漢《老子》注，從《老子指歸》以來，雖不改重生貴生傳統，但從《老子指歸》至《河上公注》，乃至《想爾注》，對生死的看法仍有些微差異，以《老子指歸》而言，《老子指歸》之生死觀較接近《老子》原著，本著順應自然，貴生而不畏死。至於《河上公注》則貴生而賤死，而《想爾注》則貴仙

〔註127〕陳攖甯著：《道教與養生》（北京：華文 1989.7 初版第一刷），頁 1。

而賤死，按此趨向，兩漢《老子》注，隨著養生仙學的日趨發展，對生命越趨執著，養生方法亦由抽象唯心而趨向具體唯物，由具體唯物又歸之於宗教權威主義。

若將養生方法大別爲養性與養命，則《想爾注》同於《老子指歸》，在養性方面所談較多，在養命方面所論較少，二者同樣認爲養命統屬於養性之下。此種趨向與《河上公注》屢言養命具體功夫，認爲養性養命乃相輔相成，是大不相同的。然就養性層面再細論，《老子指歸》絕對反對人爲造作，即便是歸志於道，也不被肯定。《河上公注》則認可歸志於道，《想爾注》更強烈規定不但要歸志於道，更要歸志於道誡，若有違反，生命即受威脅。

一、志道守誡

《想爾注》作爲宗教性經典，因此其身體觀及養生論無可避免地富有宗教色彩。以身體觀而言，前文提及「人身神受」一點，指出生命之所來處是具有主觀意志的太上老君。因此，基於對生命所來處——太上老君——的無限尊崇與信仰，使其養生方法不得不對此一神性道體有所回應。是以「志道守誡」成爲《想爾注》的養生方法之一。

以「志」的問題來說，《老子指歸》要人不要有任何的意志思慮，以爲意志思慮皆是有爲造作，有違自然無爲之常道，且於人有害。至於《河上公注》也基於修養心性、性命，反對人有志意思慮，但也認爲若是一定要有意志的話，那麼可以被允許的也只有「道」。到了《想爾注》，它反對人的志意趨向於邪惡、情欲之屬，主張人應志意於「道」。如：

> 有榮必有辱。道人畏辱，故不貪榮，但歸志於道。唯願長生，如天
> 下谷水之欲東流歸於海也。志道當如谷水之志欲歸海，道德常足。
> （〈第二十八〉）

> 道在天下，譬如江海，人一心志道，當如穀水之欲歸海也。
> （〈第三十二章〉）

> 仙士意志道如晦，思臥安牀，不復雜俗事也。精思止於道，不止於
> 俗事也。（〈第二十章〉）

人不應志意於邪知、邪惡、榮辱、俗事，及其他思慮。人應志意於道，而在《想爾注》中，道即道誡，道即長生，因此歸志於道，即歸志於道誡，即歸志於長生。《想爾注》又認爲人之歸志於道，即如江水之回歸於海，乃自然而然。

　　廣泛說來，志道守誡固然是《想爾注》的修道方法，同時也是養生方法，因為道教修道的終極目標是神成仙壽，故修道養生可以並行不悖。易言之，志道守誡的內容將涵蓋所有的養生方法，所有的養生方法都被規定在道與道誡的內容之中。關於志道守誡的內容可切割成數個問題來探討，其一為「志於道」，其二為「守道意」，其三「守道誡」。

　　以「志於道」來說，道包含第一義的「道體」，也包含第二義的「道性」，所以「志於道」又分作志於道體以及志於道性。在志於道部分，依第五章之探討，道體即一、氣、太上老君、自然、真道、生、道誡等。因此志於道體，即涵蓋了守一、守氣、尊信太上老君、順應自然、信奉真道、追求生道、信守道誡的養生方法。在「志於道性」部分，依第五章，道性無限、隱微、清明、中和、質樸，因此志於道性，又涵蓋了修養心性使其隱微、清明、中和、質樸，並回歸於道之無限等內容。

　　就「守道意」來說，《想爾注》的「道」是具備主觀意識的神明，人若能事事合於道意，即蒙賞賜而得生；反之，違反道意，即受罰而得亡。關於「道意」。《想爾注》中提及的有：

　　　知道意賤死貴仙，競行忠孝質樸，怨端以臣為名，皆忠相類不別。

　　　（〈第十八章〉）

　　　守樸素，合道意矣。（〈第十三章〉）

　　　見求善之人，曉道意，可親也。（〈第十七章〉）

關於此，學者劉玲娣以為這些引文中的「道意」，實際上就是「道誡」，但它又不完全等同於道誡。「道意」既可以是道誡，也可以是道誡所要達到的目的。道誡可以轉化為道意，也就是說，可以從客觀的沒有任何感情色彩的一般法則轉化為具有感情色彩的「道」的主觀意願。人們遵守道誡，就是合「道意」，否則，就是「失道意」。〔註128〕這樣，《想爾注》就把人的行為規範轉化為神的意識，使道意權威化和神聖化了。所以《想爾注》才說：「人舉事不懼畏道誡，失道意，道即去之。」（〈第二十三章〉）因此，欲求長生必須遵道意。《想爾注》故云：「人君欲愛民令壽考。治國令太平，當精心鑿道意，教民皆令知道真，無令知偽道耶知也。」（〈第十章〉）意指人君治國應該盡力領會道的真實目的，分清真道與偽道的區別，使人民得以長生久視。劉玲娣又指出「道

〔註128〕劉玲娣：〈《老子想爾注》中的「道誡」〉，《湖北師範學院學報》（第二十七卷第二期 2006.7.16），頁 46。

意」這個概念並非《想爾注》所創，而是汲取自漢代道經《太平經》，《太平經》中屢言「道意」，如「是故賢聖明者，但學其身，不學他人，深思道意，故能太平也。」〔註129〕（〈錄身正神法〉）「天行道，晝夜不懈，疾於風雨，尚恐失道意，況王者乎？」〔註130〕（〈守一明法〉）此「道意」的含義和《想爾注》「道意」的含義幾乎完全一樣。可見《想爾注》的確借鑒和吸收了不少早期道教經典《太平經》的思想，並進一步把《太平經》中的「道誡」思想和神的意志、長生的宗教追求結合起來了，使《老子》完全演變爲了宗教的《老子》。〔註131〕進一步觀察道意的內容，有忠孝質樸、行善布施、遵行眞道、賤死貴生，大抵不離上述所論，不過由於它以神性道的身分主導人的行事，因此比起一般的「道」的勸善，又增添一分宗教信仰不得不然的強制力。

　　再論「道誡」，所謂「誡」，亦即「戒」，戒者，禁也，止也。止惡防非，護正摧邪，登眞之津梁，成仙之梯登；而「律」者，法也，正也。是以律不善以歸於善，律不仁以歸於仁，律不忠不孝而歸於忠孝。故戒律之內涵，在於止惡向善，去邪歸正。〔註132〕早期道教戒律起源於中國古代的齋戒。最早見之于《太平經》，如「虛無無爲自然圖道畢成誡」、「貪財色災及胞中誡」、「有過死謫作河梁誡」、「衣履欲好誡」、「不孝不可久生誡」等，〔註133〕而道教之「誡」亦有「三寶」之說，「三寶」即是「道、經、師」耳。〔註134〕現存《想爾注》雖是殘卷，但「誡」字在《想爾注》中共出現四十五次，其中以「道誡」之名出現了十九次。〔註135〕注文中的「道誡」一詞，大多數情況下是作爲「名詞」出現的，但「道」和「誡」也往往分開作爲主謂語使用，即「道」作爲人格化的神，對人們進行「誡示」或「警誡」。可以說，《想爾注》以遵守道誡注解《老子》，把《老子》完全宗教化。作爲宗教上的誡律，《想爾注》

〔註129〕王明編：《太平經合校》（北京：中華書局，1997.10 初版五刷），頁 12。
〔註130〕王明編：《太平經合校》（北京：中華書局，1997.10 初版五刷），頁 16。
〔註131〕劉玲娣：〈《老子想爾注》中的「道誡」〉，《湖北師範學院學報》（第二十七卷第二期 2006.7.16），頁 46。
〔註132〕任宗權：《道教戒律學》（北京：宗教文化出版社 2008.2 第一版第一刷）任法融序一，頁 2。
〔註133〕任宗權：《道教戒律學》（北京：宗教文化出版社 2008.2 第一版第一刷）李宏之序二，頁 3。
〔註134〕任宗權：《道教戒律學》（北京：宗教文化出版社 2008.2 第一版第一刷）任法融序一，頁 2。
〔註135〕劉玲娣：〈《老子想爾注》中的「道誡」〉，《湖北師範學院學報》（第二十七卷第二期 2006.7.16），頁 45。

的誡律，固然有其至高無上的權威性與神聖性，令信徒不得不去遵從信守，甚至敬畏。凡事遵道誡者得生，得賞；反之，違道誡者則亡，得罰。此外，《想爾注》把道誡與養生之道作了密切的連結，也就是說，信守道誡即是從事養生，換句話說，《想爾注》將合理的生活方式，將對養生有益的生活方式，都歸入宗教誡律之中。這一套戒律明確了道教徒的行為準則，把至高無上、難以名狀「道」具化到形而下的層面，使得無形無像、至尊無上的「道」和普通信徒聯繫了起來。「道尊且神，故放精耶，變異汾汾，將以誡誨，道隱卻觀。」（〈第三十五章〉）儘管「道」至高無上，形式變異多端，但可通過「誡誨」表達「道」的內涵。〔註136〕因此，《想爾注》中有言：

> 人欲舉事，先孝（考）之道誡。安思其義不犯道，乃徐施之，生道不去。（〈第十五章〉）

> 仙士畏死，信道守誡，故與生合也。（〈第二十章〉）

在《想爾注》中，「道誡」是道徒行動的唯一準則。它要求人們在有所行為之前，必須先思考這個行為是否符合「道誡」，只有深思熟慮，確認不會違犯「道誡」後，才能逐步施行自己的行為，如此，則長生之道不離。這就把「道誡」與道教的最高追求「生道」緊密聯繫起來了。如此可知，道誡即等於生道，遵道誡即可得生，反道誡則「去生逐遠矣」。道人因為深知此理，故能「通道守誡」、「至誠守善」、「尊道奉誡」、「志意不可盈溢，違道誡」、「尊道行誡」、「自威以道誡」、「人欲舉動勿違道誡」、「結志為生，務從道誡」等等。故能超脫死因，而與生合。是以「通道守誡」，還是「違道為惡」，成為壽命長短的直接依據。因此「欲求仙壽天福要在通道，守誡守信，不為貳過。」（〈第二十四章〉）

再觀察道誡的內容有：1.勿為事先。2.守柔不爭。3.不貪功名。4.知足不驕。5.清靜無欲。6.樂善好施。7.中和為貴。8.禁行祭禱。9.重視繼祠。10.見素抱樸。檢視道誡的內容，則其內容與先秦《老子》以來所強調的「道性」是若合符節的，幾乎凡是與「道性」相違的，都是需要「道」予以誡示的內容。因此《想爾注》基於宣教的立場，把「道」落實為「誡」。行道、守道和奉誡、守誡總是相提並言，行誡要合道，不畏「道誡」就會失「道意」，守誡就是行道，「道」與「誡」二而一，將「道」落實地持守就是「守誡」。「誡」

〔註136〕趙玉玲、方司蕾：〈《老子想爾注》所批評的僞伎考〉，《中國道教》（01 期 2006），頁 23。

在五斗米道中的地位就像「道」在《老子》的地位那樣地尊高，是一切行事的準則，「誡」的權威性與尊高性，基本上是由「道」的尊高性、籠罩性與權威性移轉過來的。道或道誡既然是最高的行為準則，《想爾》因此要人行道誡、法道誡、奉道誡、守道誡、勿違道誡。〔註137〕總之，在《想爾注》看來，道與誡相互聯繫，密不可分，猶如淵水，「誡爲淵，道爲水，人猶魚。魚失淵去水則死，人不行誡守道，道去則死。」守誡即是尊道，二者是統一的，「人行道，不違誡，淵深似道。」意在告誡人們要守持道戒，要盡可能約束自己不貪榮名，不強求尊貴，不爲惡事，唯願長生。進一步說道誡與人身具體連結的情形又爲何呢？《想爾注》云：

> 奉道誡，積善成功，積精成神，神成仙壽，以此爲身寶矣。
>
> （〈第十三章〉）

> 人行道奉誡，微氣歸之，爲氣淵淵深也，故不可識也。（〈第十五章〉）

人在遵守道誡之後，道之清微之氣得以充實於道囊，即腹中，不但可以養護五臟乃至形體，甚至可以不斷累積清微之氣，煉精化氣，煉氣化神，神成之後，得以與天相通，與道相合，之後長生成仙。

遵守道誡，固然有其宗教上神秘的養生作用，勤守道戒，還可以趨吉避凶，去禍致福，曰：「奉道誡者可長處吉不凶」（〈第三十六章〉）；反之，如不守道誡，只會離道日遠，積惡成凶；又說道誡不但可使善人積善，而且還可教惡人向善，曰：「見惡人，誡爲說善，其人聞義則服，可教改也，就申道誡示之，畏以天威，令自改也。」（〈第十七章〉）用道誡爲惡人說善，用善使其人聞義則服，去除邪惡，改正錯誤。

至於志道守誡的具體方法，或者應該注意的要項有二：一者至誠；二者堅定。以至誠而言，《想爾注》強調尊道守誡，須心存至誠：

> 結志求生，務從道誡。至誠者爲之，雖無繩約，永不可解。不至誠
> 者，雖有繩約，猶可解也。（〈第二十七章〉）

此要求修道之人，發自內心的誠意，徹底由內而外全然遵守道誡，如能做到這樣，便不會有陽奉陰違的情事產生，便能從一而終，無有違反。其次，守誡要堅定。又志道守誡必須意志堅定，決非投機取巧可達致。故《想爾注》言：「道誡甚難，仙士得之，但志耳，非有伎巧也。」（〈第三十三章〉）仙士

〔註137〕陳麗桂：〈《老子想爾注》轉向道教的理論呈現〉國立政治大學中國文學系編：
　　　　《漢代文學與思想學術研討會論文》（第三屆）（臺北：2000 初版），頁 256。

－369－

意志堅定，能夠嚴守道誡，而一般人缺乏仙士的意志。當人們不遵守道誡或者有違道誡時，特別是有惡行時，應該如何應付呢？《想爾注》以為必須「自威以道誡，自勸以長生」（〈第五章〉），即自覺地以道誡作為自己的行為準則，以追求長生為修道目的。同時還要「就申道誡示之，畏以天威，令自改也」（〈第十七章〉）。也就是說，要向惡人申明道意，誡示惡人，以天神之威使惡人有所畏懼，使其自覺改過。而道誡，亦或道，或太上老君，皆非內在的，而是外在的。依此，《想爾注》的養生法，實際上是不重身體實質面的養生法，而是把養生置於宗教信仰之下，而形成以信仰為主，而養生為附屬的養生法。《想爾注》所展示的祖天師立教的基本要義，不僅為歷代祖師立教宣化確立了重要的指導思想，也為道教教義體系的構建和道教的健康發展奠定了堅實的基礎。〔註138〕

二、去惡積善

科學追求的是「真」，藝術追求的是「美」，而宗教追求的就是「善」，因此賞善罰惡是世界上任何一種宗教都極力宣揚的典型的宗教倫理和道德法則。一般的倫理學理論，在涉及宗教和世俗的倫理問題時，往往將其劃分為兩種類型，即「義務論」（deon to logical theory）和「因果論」（con sequen tia list theo ry）。宗教倫理基本上是屬於以信仰為基礎的義務論倫理，因為它的立論基礎是宗教傳統所要求的義務。〔註139〕在道教，「善」是以神的名義要求信徒必須無條件地絕對服從的倫理義務。

關於中國古代的善惡觀，早在先秦文獻《周易》中，就有「積善之家必有餘慶，積不善之家，必有餘殃」（《周易‧坤卦‧文言》）之說，《太平經》也有「天道無親，唯善是與」以及善惡「承負」說。在中國宗教史上出現的數量龐大的「善書」，都是以「勸善」為目的的。《想爾注》在要求信徒行善止惡方面，進行了非常繁複的論述。據統計，「善」在《想爾注》中共出現了七十多次，「惡」出現了六十多次，〔註140〕其中有多處是「善」、「惡」對舉連用。在它強調的「道誡」中，無論是養生還是治國，「行善」是百誡之首。可

〔註138〕張繼禹：〈讀老子想爾注隨筆〉《道教論壇》（2004），頁 7～9。
〔註139〕單純：《宗教哲學》（北京：中國社會科學院 2003），頁 195。
〔註140〕劉玲娣：〈《老子想爾注》中的「道誡」〉，《湖北師範學院學報》（第二十七卷 第二期 2006.7.16），頁 46～47。

以說，以善惡觀注解《老子》，是《想爾注》的顯著特點之一。《想爾注》將養生與行善聯繫起來，提出了「百行當修，萬善當著」。在它看來，善行是長生的關鍵，養氣寶精只是其次，能實現長生的目的，養氣、寶精均須以行善爲基礎。

（一）去惡

《想爾注》論到心志與道氣的關係，乃至心志與身體的關係時，《想爾注》云：

> 腹者，道囊，氣常欲實。心爲凶惡，道去囊空。空者邪入，便煞人。
> 虛去心中凶惡，道來歸之，腹則實矣。（〈第三章〉）

人心就像一個圓形的器具，充實著「吉凶善惡」，腹部則像一個用來裝「道」的袋子，裏面充實著「氣」。「吉凶善惡」在心中，「氣」在腹中，腹就是「道」和「氣」賴以存身之所。心和腹部又是不可分離的人體器官，心的善惡決定了腹部「道」的去就與「氣」的虛實。心凶，則道去、氣失、腹虛、命絕；反之，心善，則道來、氣歸、腹實、長命。可見，《想爾注》最後把長生不死都歸結到人「心」善惡之上，這是一種典型的通過絕對的道德法則向人的心靈深處尋找解決問題的方法，而這種方法正是宗教信仰的顯著特點之一。〔註141〕又說：

> 志隨心有善惡，骨隨腹仰氣。彊志爲惡，氣去骨枯，弱其惡志，氣歸髓滿。（〈第三章〉）

心有善有惡，而志且隨心之善惡而有善惡。當心志趨惡之時，腹中之道氣隨之而去，腹中之道氣離去之後，連帶的將使骨髓枯竭，腦海枯竭，身體亦將不存。反之，心志向善之時，腹中之道氣充實，腹中之道氣充實之時，連帶的將使骨髓飽滿，腦海充實，身體亦可隨之強健。如此看來，善惡之於心志，影響深遠，去取之間，也十分清楚，將去惡而存善。

其次，《想爾注》所欲去除的「惡」，其內容爲何？其中一部分乃承自《老子》，以爲情欲、思慮、智識、意志之屬皆爲惡；一部分則爲凸顯教團特色，而視外教之說爲惡，如其所謂「邪學」、「邪文」大致分兩類，第一類是五經，它說五經有一半是邪僞不可信，另一類邪學、邪文則是尸人所作「眾書傳記」，

〔註141〕劉玲娣：〈《老子想爾注》中的「道誡」〉，《湖北師範學院學報》（第二十七卷第二期2006.7.16），頁47。

其所以半反對五經，主要在於當代推崇五經者宗經、崇聖，卻不推闡老學，不信它的「道眞」，這應該是指兩漢儒學獨尊下，儒生與經師的治經、崇聖，不尊老通道，無助其推闡長生仙壽之道。其所以反對眾書傳記，主要因爲它們的作者是不通道奉誠的「尸人」。他們的書中主張神仙自有骨錄，非修道所能至，明顯和《想爾》一系行道、守誠以得仙壽之論唱反調，有礙其宣教。〔註 142〕另外，早期道教都繼承黃老道的傳統，反對淫祀，以道教信仰取代民間俗神信仰。〔註 143〕又視存思爲惡，所謂「存思」，或稱「存想」，是道教修煉的又一方法。《雲笈七籤》引《老子存思圖》說：存思的對象主要是「三寶」。一「道寶」一無形之形，即太一；二「經寶」一無象妙文，即寶經；三「師寶」一無形之神，即太上老君。〔註 144〕這在《河上公注》以及《太平經》中皆有闡述，《想爾注》獨於此持反對意見，以爲存思屬惡，不應遵信，且須驅除。

至於去惡的具體方法，《想爾注》言：

心欲爲惡，挫還之。（〈第四章〉）

覽，廣也。疵，惡也。非道所喜，當滌除一身，行必令無惡也。（〈第十章〉）

我，仙士也。但樂信道守誠，不樂惡事。至惡事之間，無心意，如嬰兒未生時也。（〈第二十章〉）

眾俗之懷惡，常有餘意，計念思慮。仙士意中，都遺忘之，無所有也。（〈第二十章〉）

仙士閉心，不思慮耶惡利得，若昏昏冥也。（〈第二十章〉）

總結這些說法，對於邪惡，應當「遺忘之」，應當「無所用心」，應當「閉心」以應之。至於積極的作法，則要「滌除之」，「挫還之」。若能將邪惡從心志完全驅除，則「絕心閉念者，大無極也。」此處的絕心閉念，應是絕心閉念於邪惡、情欲之屬。此外，《想爾注》還提及，當邪惡除去之後，欲使邪惡不再危害心志，當心存至誠，曰：

〔註 142〕陳麗桂：〈《老子想爾注》轉向道教的理論呈現〉國立政治大學中國文學系編：《漢代文學與思想學術研討會論文》（第三屆）（臺北：2000 初版），頁 270。

〔註 143〕胡孚琛、呂錫琛：《道學通論——道家、道教、仙學》（北京：社會科學文獻出版社 1999.1 第一版第一刷），頁 283。

〔註 144〕〔宋〕張君房著；蔣力生等校注：《雲笈七籤》（北京：華夏出版社 1996.8 第一版第一刷），頁 246～247。

心三川，陽耶陰害，悉當閉之勿用。中道爲正，至誠能閉耶志者，
雖無關鍵，永不可開。不至誠者，雖有關鍵，猶可開也。
　　（〈第二十七章〉）

心存至誠，則可以完全杜絕邪惡之入心，讓邪惡永遠遠離此心；反之，不能
發乎至誠以除惡，則此惡將會死灰復燃，重新影響心志、道氣以致於身心。

（二）積善

　　就《想爾注》而言，行善具有道誡上的權威意義，若能行善，即是遵道
誡，行惡，即是違道誡，且隨著遵道與違道之不同，將得到賞罰不同的待遇，
行道也會有福報，而此福報並非功名，而是長生、是仙壽。至於違道，罰之
最重者，將會招致死亡。所謂「行道者生，失道者死」即是。《想爾注》曰：

信道行善，無惡跡也。人非道言惡，天輒奪算。今信道言善，教授
不耶，則無過也。明計者心解，可不須用算。至心信道者，發自至
誠，不須旁人自勸。行善，道隨之；行惡，害隨之也。或噓或吹，
噓溫吹寒，善惡同規，禍福同根，雖得噓溫，愼復吹寒，得福愼禍
來。（〈第二十七章〉）

由於行善已被規定在道誡之中，而道誡往往具備賞罰的戒律功能，所以《想
爾注》言：「行善，道隨之；行惡，害隨之也。」（〈第二十九章〉）行善行惡
或許只在一念之間，但福禍卻報應不爽，有明確的對應關係，甚至，《想爾注》
提到行善行惡的福禍由「天」來執行刑罰，天又會依行善行惡之多寡，來決
定賞多少福，罰多少惡，有就是說，行善行惡之多寡與福禍或者年壽之多寡
問題之間，具有明確的對應關係。

　　其次，行善與養生中的養氣、養形、養神又有密切關係，以養氣而言，《想
爾注》言：

道喩水喜歸空居惡處，便爲善，炁歸滿故盈。（〈第二十二章〉）

此心空虛，去惡行善，則道氣將歸之於道囊，道囊即腹中，腹中能充滿道氣，
則髓滿骨堅，身體強健，長生久視。

　　就行善與養形的關係，《想爾注》又云：

太陰道積練形之宮也。世有不可處，賢者避去託死。過太陰中，而
復一邊生像，沒而不殆也。俗人不能積善行，死便眞死，屬地官去
也。（〈第十六章〉）

> 道人行備，道神歸之，避世託死，遇太陰中，復生去爲不亡，故壽
> 也。俗人無善功，死者屬地官，便爲亡矣。(〈第三十三章〉)

行善之人可在危急之時，將形體安置於太陰中，繼續在太陰中煉形，使形體不死，死而復生。反之，不積善之人，甚至是行惡之人，形體一旦死亡，就被地官抓住，再無復生之可能。此外，《想爾注》還提及行善與養形的關係，它以爲「寶精」的關鍵在於積善行德，只有以善行感動得天知，才能存養得住精，行惡之人即使用盡各種身體修煉的方法，亦不能保住先天之精，曰：

> 夫欲寶精，百行當備，萬善當著，調和五行，喜怒悉去，天曹左契，
> 算有餘數，精乃守之。惡人寶精，空自苦終不居，必自洩漏也。
> (〈第二十一章〉)

> 精並喻像池水，身爲池堤封，善行爲水源。若斯三備，池乃全堅。
> 心不專善，無堤封，水必去；行善不積；源不通，水必燥干；決水
> 溉野，渠如溪江。雖堤在，源流不泄必亦空。(〈第二十一章〉)

精是生命的源泉，也是人身的根本，人應該愛精惜精以保養生命。那麼，是否只要愛精、寶精就可以長生不死呢？《想爾注》的回答是否定的。它認爲，愛精固然重要，但即便是怎樣的寶精、愛精，精無可避免的會隨著生命的歷程逐漸消耗，一旦精消耗殆盡，生命也就宣告結束。因此，養精一方面固然要「節流」，一方面也要「開源」，而「開源」之法則必須積善。善與精緊密相連、相輔相成，行善則精歸，行惡則精失。《想爾注》以道喻水，以善行喻爲水源，身體喻爲池的堤封，人若不行善積善，就像無源之池水，精不久就會乾涸，無精則生命不能長久。所以修養生道者，應百行當修，萬善當備，讓「精」隨善行源源不絕，不斷充養人身，使人得以長生久視。

就行善與神的關係，《想爾注》認爲人的善惡行爲能與天相通，善者遇危難，天能知之，並加以扶助，故得長生；反之，惡者遇危難，天不能知之，因而不能加以救扶，自然也就不能長生不死了。《想爾注》云：

> 是以人當積善功，其精神與天通。設欲侵害者，天即救之。庸庸之
> 人，皆是芻苟之徒耳，精神不能通天。(〈第五章〉)

> 道性不爲惡事，故能神無所不作，道人當法之。(〈第三十七章〉)

學者葛兆光先生嘗說：按照古代中國人的想法，大宇宙是一個彼此相連的整體，將大宇宙中的天地人鬼貫通一氣的是氣、陰陽、五行、八方等基本要素，既然這些基本要素是彼此相同而且互相對應的，那麼，在天地人鬼之間就有

共同的存在方式，天地人鬼之間也就有可能發生神秘的，但又是必然的聯繫和感應。〔註145〕《想爾注》也認爲：「自然相感也，行善，道隨之；行惡，害隨之也。」（〈第二十九章〉）《想爾注》把善作爲道的特性，認爲積善成功，與道同一特性，即可在精神上與天相通，有任何危險災禍，天才能知而救之。並且能像道一樣具有神性，得以變化萬千，如神入化，來去自如。

　　既然「積善」有益於養生，那麼，何謂「善」呢？《想爾注》以爲：「人當法水，心常樂善仁。」（〈第八章〉）「人當常相教爲善有誠信。」（〈第八章〉）「知惡而棄，知善能行。」（〈第十章〉）「施惠散財」；「競行忠孝」；「喜怒悉去」；「不爲貳過」；仁義慈孝，勿驕上人，勿矜身，勿伐身，勿貪兵威等素爲人們所稱譽的道德爲「善」。〔註146〕另外，《想爾注》特別強調「施」，它說：「道人寧施人，勿爲人所施；寧避人，勿爲人所避；寧教人爲善，勿爲人所教；寧爲人所怒，勿怒人；分均，寧與人多，匀爲人所與多。」（〈第三十六章〉）在一定程度上，《想爾注》的倫理道德內容吸取了儒家的思想，同儒家一樣，它也提倡行忠孝仁義。但《想爾注》反對儒家大力人爲強調教民之禮儀道德之法，視其爲產生「大僞」之因。書中提到：「道甚大，教孔丘爲知，後世不通道文，但上孔書，以爲無上，道故明之，告後賢。」（〈第二十一章〉）明確指出儒家之五經「半入邪」。如提倡之，則必然「道絕不行，邪文滋起，貨略爲生，民競貪學之，身隨危傾。」（〈第三章〉）可見《想爾注》提出的積善養德與儒家的仁義道德之說是存在根本區別的，它並非完全宗旨於儒。而其中最爲關鍵的就是善的眞僞之問題。《想爾注》在如何修養至誠眞實的道德信念方面提出了許多極富價值的思想，並對眞僞之善作出了極爲深刻的辨別。首先，就善之眞實理念來看，《想爾注》提出眞正的善是合「道」之善，離「道」之善實乃僞善。故《想爾注》言：「人非道言惡，通道言善。」

　　再次，《想爾注》揭示了產生眞僞之善的原因。其關鍵就在於是否「用道」。它說：「道用時，帝王躬奉行之，煉明其意，以臣庶於此，吏民莫有不法效者。知道意賤死貴仙，競行忠孝質樸，端以臣爲名，皆忠相類不別。今道不用，臣皆學邪文習權詐隨心情，面言善內懷惡；時有一人行忠誠，便共表別之，

〔註145〕葛兆光：〈宇宙、身體、氣與「假求於外物以自堅固」——道教的生命理論〉，《中國哲學史》（第二期 1999），頁 67～68。
〔註146〕卿希泰 主編：《中國道教史》（第一卷）（四川：四川人民出版社 1992.5 第一版第二刷），頁 190。

故言有也。道用時，臣忠子孝，國則易治，時臣子不畏君父也，乃畏天神。孝其行不得仙壽，故自至誠，即為忠孝，不欲令君父知，自嘿而行，欲蒙天報。設君父知之，必賞以高官，報以意氣，如此功盡，天福不至。是故嘿而行之，不欲見功。今之臣子雖忠孝，皆欲以君父求功名，過時不願顯異之，便屏怒之，言無所知。此類外是內非，無至誠感天之行，故令國難治。今欲複此，疾要在帝王當專心通道誠也」。(〈第十八章〉) 由上可知，造成「偽善」的原因是不用道，不通道，不行道。從另一方面看則是由於「學邪文習權詐隨心情」所致。所以要去偽善存眞善就必須「用道」，促使人們「不畏君父，乃畏天神」，達致一種眞實的內心信仰，而不是力圖求外在的功名利祿之誘惑去詐偽求善。

關於行善的途徑。《想爾注》提出「至誠」概念。在中國傳統文化中，「誠」是接近道德信仰的一個詞。儒家最早強調「至誠」，如孟子說：「誠者，天之道也，思誠者，人之道也。至誠而不動者，未之有也；不誠，未有能動者也。」〔註147〕(〈離婁上〉) 荀子也很重視「誠」，認為「誠」是德行的基礎。如他說：「君子養心莫善於誠，致誠則無它事矣。」〔註148〕把「誠」看作最重要的道德觀念和修養方法。《中庸》進一步把「誠」和「善」結合起來：「誠者，天之道也；誠之者，人之道也。誠者不勉而中，不思而得，從容中道，聖人也。誠之者，擇善而固執之者也。」〔註149〕所謂「誠之者，人之道也」，就是要求人心要「至誠」。實際上儒家的「誠」就是希望通過人的盡心知性的道德信仰達到天人合一的理想境界。道教在創立的過程中，大量吸收了儒家的倫理道德思想。早在《太平經》中，「至誠」就是一個被特別強調的重要概念。《太平經》認為，天人相應，人若至誠就可以「感天」。該書記載不少以「至誠」命名的戒律，如〈忍辱象天地至誠與神相應大戒〉，戒文說：「當以至誠，五內情實為之，乃可得也。如不以五內情實為之，是道德之所怨也，求善不可得也，神靈不應也。……夫至誠者，名為至誠，乃言其〈起〉上視天而行，象天道可為；俯視地而行，象地德而移。……心者，最藏之神尊者也。……故至誠於五內者，動神靈也。」〔註150〕這段戒文中特別值得一提的是它將「至

〔註147〕〔宋〕朱熹：《四書集註》(台北：學海 1991.3 再版)，頁 282。

〔註148〕《荀子・不苟》，〔戰國〕荀況 撰；〔清〕王先謙 集解：《荀子集解》(台北：藝文 1977.2 再版)，頁 164～165。

〔註149〕〔宋〕朱熹：《四書集註》(台北：學海 1991.3 再版)，頁 31。

〔註150〕王明編：《太平經合校》(北京：中華書局，1997.10 初版五刷)，頁 425～426。

誠」、「天地」、「我」、「心」、「善」、「惡」五者緊密聯繫起來了。《想爾注》在《太平經》的基礎上，把儒家的「至誠」轉化爲了實現道教宗教道德信仰的關鍵途徑。「至誠」在《想爾注》中多次出現，如：它不僅具體闡述了行善在道教宗教追求中的重要性，而且指出了行善止惡的具體途徑。曰：

> 果，誠也。爲善至誠而已，不得依兵圖惡以自彊。至誠守善，勿驕上人。至誠守善，勿矜身。至誠守善，勿伐身也。至誠守善，勿貪兵威。（〈第三十章〉）

《想爾注》還將《老子》第三十章中的「果」解釋爲「至誠守善」。《老子》這一章旨在提醒臣下「以道佐人主」，不以戰爭強取天下，因爲「兵不合道」，不興兵就是守善，而守善就必須至誠。文中反覆強調「至誠」在行道中的重要作用，並認爲「至誠」才能眞正行善。這就體現了「教以誠信不欺詐」的張陵遺法。從眞僞之善的本質內涵來看，眞善是表裏如一，精誠之至的，眞善乃出自「自然之心」，眞善的本質在於人心中眞誠信善，並通過具體行爲來實現之。在《想爾注》中，善的體現就在於人的眞誠信仰。與之相反，僞善則外是內非，面言善而內懷惡。僞善的本質在於心中無善，即利用善去獲得自己所欲貪求的功名利祿。最後，《想爾注》還闡明瞭行善袪惡的行爲法則。提出：「常爲善，見惡人不棄也；就往教之，示道誡。」（〈第二十七章〉）強調勸惡從善。「不善人從善人學善，故爲師，終無善人從不善人學善也」（〈第二十七章〉），即是說學善之原則。「善人無惡，乃以惡人爲資，若不善人見人，其惡不可……，善人益自勤勸。」（〈第二十七章〉）乃是強調善惡相對，當具識之，才能終不離道。又強調要親求善之人，譽學善之人，謂「見求善之人曉道意，可親也。見學善之人勤勤者，可就譽也。」（〈第十七章〉）要至誠守善，總之是要通道行善。

三、養氣結精

中國醫學理論認爲，精是構成人體的物質基礎，是指一切精微有用的物質。《素問·金匱眞言論》說：「夫精者，身之本也。」〔註151〕現代醫學研究證明，精包含著多種激素和其他未明因素及細胞遺傳的基礎物質 DNA 和 RNA 等等。〔註152〕可見，精是人體生產發育和維持各種生命活動的基本原素。精

〔註151〕〔唐〕王冰 注：《內經素問二十四卷》，〔清〕紀昀：《四庫全書薈要》，頁21。
〔註152〕李遠國：〈論《老子想爾注》中的養生思想〉，《中國道教》（2005.6），頁42。

耗費甚易而聚固頗難，如不加節制保養，耗蝕過甚，就會影響人體的各種機能，令人羸弱早衰甚至夭折。從養生學觀點看，人體的精更是內煉至寶，所謂「人身精實則氣充，氣充則神旺」，此相因而保其生者。因此如何養精使得氣充，成為養生之要務。

（一）養氣

在養氣方面，《想爾注》主張實氣、和氣、食氣與煉氣。以實氣來說，《想爾注》以為腹為道囊，應當虛去心中凶惡，使道氣來歸，充實於腹中，之後骨隨腹仰，髓滿骨堅，身強體壯。反之，若心中凶惡盤踞，則「道去囊空，空者邪入」（〈第三章〉）。和氣就是「和」五臟五行之氣，道家之言「中和」，源于《老子‧第四章》：「道沖而用之或不盈」。「沖」即陰陽二氣之中和。《唐玄宗禦注道德真經》闡釋說：「言道動出沖和之氣，而用生成。有生成之功，曾不盈滿。」〔註153〕《想爾注》非常重視中和與生命內在密切關係，《想爾注》中說：「道貴中和，當中和行之」（〈第四章〉）。所謂「貴中和」，要旨就是學生、全身、守道，《想爾注》在詮釋「多言數窮，不如守中」句時即說：「多知浮華，不知守道全身，……不如學生，守中和之道」。（〈第五章〉）此外，《想爾注》進而提出了「和則相生，戰則相克」（〈第四章〉）的名言警句。和則相生是對人生社會與宇宙生生不息的奧妙的提煉和概括。闡述祖天師教導的《正一法文天師教戒科經》開篇即指出：「道以沖和為德，以不和相剋。是以天地合和，萬物萌生，華英熟成。國家合和，天下太平，萬姓安寧。室家合和，父慈子孝，天垂福慶。賢者深思念焉，豈可不和。」〔註154〕這就是說，天地自然萬物、國家社會家庭，都必須保持和諧的狀態才能生生不息。《想爾注》所提出的「和則相生」的思想，是道教追求和諧生命、和諧人生、和諧社會、和諧自然的重要思想資源。《想爾注》曰：

> 五藏所以傷者，皆金木水火土氣不和也。和則相生，戰則相克。
> （〈第四章〉）

> 情性不動，喜怒不發，五藏皆和同相生，與道同光塵也。（〈第四章〉）

> 喜怒五行戰傷者，人病死，不復待罪滿也。今當和五行，令各安其位勿相犯。（〈第三十三章〉）

〔註153〕高專誠：《御注老子》（山西：山西古籍 2003.1 初版一刷），頁 26。
〔註154〕新文豐出版公司編輯部：《正統道藏》（第三十冊）（台北：新文豐出版社 1977.10 初版），頁 565。

依〈素問‧陰陽應象大論〉說法，曰：「喜傷心」、「怒傷肝」、「憂傷肺」、「思傷脾」、「恐傷腎」。〔註155〕五臟與五氣與五情相配，又五臟為相互連通的整體，因此五情失和，則影響五氣失和，又影響五臟失和，疾病即由此而生。《想爾注》承《內經》之說，以及五行平衡之思維，以為在正常情況下，五行通過生剋制化來調節事物的動態平衡。但在反常情況下，由於五行中某一行的太過或不及，相互制約的關係超過了正常協調的限度，就出現了相乘與相侮。相乘，就是乘虛而襲的意思，相剋的過盛而危害被剋者，就是相乘；相侮，就是恃強凌弱的意思，受剋者之氣有餘而反侮其剋者。相乘與相侮，是五行系統嚴重失調的結果，在人體就表現為臟腑功能紊亂，屬病理性的變化。〔註156〕因此欲和氣，即應「調和五行，喜怒悉去」。人體內部的陰陽五行調順，五臟六腑氣血沖和，身體則可因此強健。道教認為人體的健康應是處於一種動態的平衡狀態。無論是陰陽、五行，還是五臟、六腑，都是處於一刻不停的運動之中，只有各方處於相對的平衡之中，沒有一方太強，也沒有一方太弱，才是自然的健康。〔註157〕

食氣就是調整呼吸、吐納導引的辟穀修煉法，《莊子‧逍遙遊》有言：「藐姑射山之神人，不食五穀，吸風飲露。」〔註158〕即為絕食養生之辟穀法。關於此，《想爾注》即云：

> 仙士與俗人異，不貴榮祿財寶，但貴食母。食母者，身也，於內為胃，主五藏氣。俗人食穀，穀絕便死。仙士有穀食之，無則食氣。
> 氣歸胃，即腸重囊也。腹之為實。（〈第二十章〉）

《想爾注》認為仙士之所以能長生不死，得道成仙，就在於仙士能食氣，而不像俗人一樣食穀。天地之氣無窮無盡，不會斷絕，而五穀卻有限，一旦缺乏，以五穀為食的俗人就會因饑餓而亡。

至於煉氣，煉氣亦為修煉的重要手段。這個氣在注中叫作「道氣」，「道氣在間，清微不見，含血之類，莫不軟仰。」（〈第五章〉）或謂「清氣」，「清

〔註155〕〔唐〕王冰 注：《內經素問二十四卷》，〔清〕紀昀：《四庫全書薈要》，頁29～30。
〔註156〕韓廷傑、韓建斌：《道教與養生》（台北：文津出版社 1997.8 初版一刷），頁81～82。
〔註157〕韓廷傑、韓建斌：《道教與養生》（台北：文津出版社 1997.8 初版一刷），頁 5。
〔註158〕〔清〕郭慶藩編：王孝魚 整理：《莊子集釋》（台北：萬卷樓 1993.3 初版二刷），頁 28。

氣不見，像如虛也，然呼吸不屈竭也，動之愈益出。」（〈第五章〉）故修煉者
應當弱志守靜，專氣致柔。其具體的方法是，在練功下手之際，首先要求清
心正定，排除邪想雜念，氣沉丹田，即注中所謂「弱其惡志，氣歸髓滿」（〈第
三章〉）。呼吸行氣，作到深、長、勻、細，綿綿若存，「為柔致氣，法兒小時」
（〈第十章〉），如胎兒一樣的行內呼吸（胎息）。澄神安體，意念守中，求得
鬆、定、靜的入靜效果。照注中的說法是：

　　　道氣歸根，愈當清淨也。知寶根清靜，復命之常法也。（〈第十六章〉）
即誠心立志，勤學苦練，明曉清靜無為大道。這與後世丹法煉己煉意的功夫
大致相同。在高度入靜中，人自能進入一種似睡非睡，如癡如醉，萬念俱泯，
性靈獨存的境地：「然後清靜能睹眾微，內自清明，不欲於俗。」（〈第十五章〉）
即能內視返聽，外察秋毫，明瞭人身與宇宙唯妙唯徹的千變萬化。這時人之
心息相依，神氣交合，自覺丹田真氣萌動，暖意湛然，恰如注中所說「微氣
歸之，為氣淵淵深也。」（〈第十五章〉）又說：「清靜大要，道微所樂。天地
湛然，則雲起露吐，萬物滋潤。」（〈第十五章〉）這相當於內丹修煉中的「產
藥」階段。〔註159〕

　　此外，煉氣應當選擇時間，配合順應自然節律的變化。注文說：「人法天
地，常清靜為務，晨暮露上下，人身氣亦布至，師設晨暮，清靜為大要。」（〈第
十五章〉）主張在早上大地清新、陽氣上升之時、或晚上萬籟寂靜、陰氣退符
之時煉功，效果最好。〔註160〕《黃帝內經》對此也作了充分論述，以為自然
界陰陽變化有其節律。《靈樞·順一日分為四時》把一日之間陰陽變化的節律
比作四時，指出：「朝則為春，日中為夏，日入為秋，夜半為冬。」〔註161〕
與此相應，人身之氣亦有早晚的變化，曰：「朝則人氣始生，故旦慧。日中人
氣長，長則勝邪，故安。夕則人氣始衰，邪氣始生，故加。夜半人氣髒，邪
氣獨居於身，故甚也。」〔註162〕因此養生也應配合春生夏長秋收冬藏的規律，
而以早晨為煉氣之絕佳時辰。

　　又說：「用氣喘息，不合清靜，不可久也。」（〈第二十四章〉）細究之，
大抵古人從煉養角度把呼吸分為四相，即風相、喘相、氣相、息相。前三種

〔註159〕李遠國：〈論《老子想爾注》中的養生思想〉，《中國道教》（2005.6），頁43。
〔註160〕李遠國：〈論《老子想爾注》中的養生思想〉，《中國道教》（2005.6），頁43。
〔註161〕《黃帝內經·靈樞》（北京：中華書局1991第一版），頁213～214。
〔註162〕《黃帝內經·靈樞》（北京：中華書局1991第一版），頁214。

呼吸都是常人不調和之呼吸。煉養家們從改善生理功能、有益健康、延年益
壽角度出發，總結出的最佳呼吸方法為「息相」，就是呼吸時鬆靜自然、心平
氣和，在機體全部放鬆的情況下，所進行的不疾不徐，柔和勻細而深長的呼
吸。〔註163〕所謂「風相」呼吸比較急促，能聽到粗糙的呼吸聲。「喘相」呼吸
雖然聽不到呼吸聲，但氣體出入口鼻滯澀而不暢通。「氣相」呼吸即無聲音亦
無滯澀，但尚不夠勻細、柔和。做養生功夫的理想呼吸為「息相」呼吸。不
急促，不粗糙，不滯澀，心平氣和，身心鬆靜，柔和而深細的呼吸。經過長
期鍛煉以逐步達到吸氣綿綿，呼氣微微，神抱氣神息相依，綿綿若存。調整
好呼吸，不但能啓動人體的內氣，起到調和氣血，按摩內臟等作用，且有助
於身體放鬆，易於進入入靜態。〔註164〕

（二）結精

以《想爾注》觀點來說，道精是宇宙萬物根本，尤其是人身的根本。《想
爾注》云：「大除中也，有道精，分之與萬物，萬物精共一本。」「萬物含道
精，並作，初生起時也。」（〈第二十一章〉）而道就是精，精即道之別氣，是
生死之本，生死之官。《想爾注》說：「所以精者，道之別氣也，入人身中為
根本。」（〈第二十一章〉）「精白與元精同」（〈第十章〉），並說：「其精甚眞，
生死之官也。」（〈第二十一章〉）既然精氣之於人關乎生死，那麼對「精氣」
應採取怎樣的態度？歸納《想爾注》對於精所採取的觀點有幾：一是「合精
繼嗣」，二是「寶精勿費」，三是「結精成神」。

1. 合精繼嗣

以「合精繼嗣」來說，道重生生不息，種類不絕，所謂「繼祠」，即指子
孫代代相承，故教以房中之術，以保證種族的健康與發展。《想爾注》曰：「道
重繼祠，種類不絕，欲令合精產生，故教之。」（〈第六章〉）而合精之道又有
二大要點，其一和合陰陽。合精之道，即陰陽交接之道，道性中和，因此陰陽
交接亦應秉守中和之道，使陰陽和合而無傷。其次，合精之道務求心神合一，
順乎自然。《想爾注》不僅反對為了結精成神而「從女不施」的固精不泄術，
而且還反對以房中為歡悅的手段，而不惜精的做法，此外還反對借養精之名，

〔註163〕徐光澤：《中國道家養生之道》（河北：河北科學技術出版社 1994.7 第一版第
　　　　一刷），頁147。
〔註164〕徐光澤：《中國道家養生之道》（河北：河北科學技術出版社 1994.7 第一版第
　　　　一刷），頁158。

而大行淫亂之實或損人利己的采陰精以補陽的房中術，並稱它們爲「僞伎」。《想爾注》將《老子・第九章》原文：「揣而銳之，不可常保。」改作：「揣而悅之，不可長寶。」《想爾注》又將原本光芒內藏，韜光養晦之意，注爲：

> 道教人結精成神。今世間僞伎詐稱道，托黃帝、玄女、龔子、容成之文相教，從女不施，思還精補腦，心神不一，失其所守，爲揣悅不可長寶。（〈第九章〉）

從中可以看出，《想爾注》反對「托黃、容之文以相教的僞伎」，主要是就其「從女不施，思還精補腦」的方法而言的。它認爲此等「僞伎」乃違背自然，「不可揣悅長寶也」。此外，雖然道重繼祠，使種類不絕，但爲了結精自守，應該不戀生育，因爲仙人無妻，玉女無夫。《想爾注》言：「上德之人，志操堅強，能不戀結產生，少時便絕。又善神早成，言此者道精也；故令天地無祠，龍無子，仙無妻，玉女無夫，其大信也。」（〈第六章〉）但若持術宣淫，不知節度，則爲傷生之大害。房中養生的方法：把房中與生育分離，只與修煉長生相聯。

2. 寶精勿費

就「寶精勿費」來說，人身是精的載體，精是人體的根本，人的精氣是與生俱來的，人一出生精氣即充溢於人體五臟之中，「身爲精車，精落故當載營之。神成氣來，載營人身，欲令此功無離一」（〈第十章〉），「精甚眞，當寶之也。」（〈第二十一章〉）爲什麼要惜精愛神呢？因爲人之體力與腦力全賴於精氣的支持，實精才能生，失精就會死。《想爾注》云：「古仙士寶精以生，今人失精以死，大信也。」（〈第二十一章〉）因此，《想爾注》以爲年少之時雖精足氣滿，亦當節制兩性生活，這是養生的一大要點。故《想爾注》強調「男女之事，不可不勤也。」（〈第六章〉）又說：

> 陰陽之道，以若結精爲生。年以知命，當名自止。年少之時，雖有，當閑省之，綿綿者微也，從其微少，若少年則使存矣。（〈第六章〉）

「陰陽之道」即陰陽交接之道。關於陰陽之道，《素女經》言：「凡人之所以衰微者，皆傷於陰陽交接之道爾……能知陰陽之道者悉成五樂，不知之者，身命將夭，何得歡樂，可不慎哉！」。〔註165〕可見陰陽之道關乎生死，必須謹慎爲之。沖和子《玉房祕訣》亦言：「夫一陰一陽之謂道，搆精化生之爲用。」

〔註165〕葉德輝　輯：《素女經》，《叢書集成續編》（第四十三冊）（台北：新文豐出版社 1989 台一版），頁 602。

〔註 166〕《玉房祕訣》所言「搆精爲生」，當同於《想爾注》「以若結精爲生」（〈第六章〉）之意。又，《想爾注》中「年以知命，當名自止」（〈第六章〉），「年少之時」至「若少年則長存矣」（〈第六章〉），皆指出人年少則精氣綿綿長存，然亦當「閑省」即愛惜之。《想爾注》主張即使陽精有餘時，也要自愛，不要縱欲致使精氣洩露，「精結成神，陽炁有餘，務當自愛，閉心絕念，不可驕欺陰也。」（〈第九章〉）《想爾注》又將《老子·第二十八章》原文：「知其雄，守其雌，爲天下谿。爲天下谿，常德不離，復歸於嬰兒。」改爲：

> 知其雄，守其雌，爲天下奚。常德不離，復歸於嬰兒。
>
> （〈第二十八章〉）

《想爾注》改《老子》原文之「谿」作「奚」，並注云：「欲令雄如雌。奚，何也。亦近要也，知要安精神，即得天下之要。」（〈第二十八章〉）蓋《老子》原文之「谿」，依因《說文》之解，曰：「谿，山瀆無所通者，從谷，奚聲。」〔註 167〕乃取其「低下」、「謙卑」、「退讓」之意。至於《想爾注》將「奚」作「何」解，將肯定句改成設問句，並自答須「安精神」才能「令雄如雌」，而所謂「令雄如雌」，則希望房中之道，雄能如雌般守靜勿先，透過這樣的注解，即將《老子》養性之道，發揮成房中養生之術。再者，《想爾注》又將《老子·第十章》原文：「天門開闔，能無雌。」改爲：

> 天地開闔，能無雌。（〈第十章〉）

《想爾注》改《老子》原文之「天門」作「天地」，並注云：「男女陰陽孔也。男當法地似女，前章已說矣。欲令雄如雌。」（〈第六章〉）此章另可參酌第六章注「玄牝門，天地根。」云：「牝，地也，女像之。陰孔爲門，死生之官也。最要，故名根，男荼亦名根。」（〈第六章〉）總此二章，《想爾注》將「天地之門」或云「玄牝之門」從原本的形而上的化生萬物的本體「道」，解作形而下的男女性器，於是「天地開闔」指男女性器官的開閉，並指出房中之道，在於結精自守，退而勿先，於是宇宙生成的論述遂成房中養生之術。又說：「男欲結精，心當像地似女，勿爲事先。」（〈第六章〉）都是要人在房中有所節制，避免精力耗竭。

〔註 166〕葉德輝 輯：《玉房祕訣》，《叢書集成續編》（第四十三冊）（台北：新文豐出版社 1989 台一版），頁 595。

〔註 167〕〔清〕段玉裁 注：《說文解字注》（台北：黎明文化 1991.8 增訂八版），頁 575～576。

　　其次，房中養生的關鍵在於「自守」重於「采補」。《想爾注》將《老子‧第二十八章》原文：「為天下式，常德不忒，復歸於無極。」改為：

　　　　常德不貸，復歸於無極。（〈第二十八章〉）

《想爾注》改《老子》原文之「忒」作「貸」，並注云：

　　　　知守黑者，道德常在，不從人貸，必當償之，不如自有也。行《玄
　　　　女經》、龔子、容成之法，悉欲貸，何人主當貸若者乎？故令不得也。
　　　　唯有自守，絕心閉念者，大無極也。（〈第二十八章〉）

此處將「精」與「白」當作「精液」來解，說它們都是「生死之官」，以「守黑」指結精不妄泄，講究男女房中方面的自然與節制。此外，它並將《老子》裡許多守柔、戒盈的篇章，都作了「結精」的房中詮釋，它在這幾章中藉由《老子》的雌柔本旨教戒男性，在房中方面要溫柔、尊重、寧緩勿急，精省節制。〔註168〕在自守與采補房中術中選擇，《想爾注》更重單修，因為靠采陰補陽之類的房中來修煉，其中有貸與償的問題。由於在廣大下層階層中，這類損人利己的修煉法是難以施行的，因此，《想爾注》更強調自守的重要性。縱言之，此處一方面提出道德應自守，「結精自守」、「積精成神」，不靠借貸；一方面批評《玄女經》等書主張「采陰補陽」、「還精補腦」之說，皆以借貸養身，非長生之正途。整體而言，仍將《老子》作房中養身之術方向詮解。

　　4. 精結成神

　　結精並不是一種孤立的方法，而涉及到道德修養、情緒涵養諸方面。就道德修養上，修行積善為結精的先決條件。《想爾注》曰：

　　　　心應規，制萬事，故號明堂正道，布陽邪陰害，以中正度道氣。精
　　　　並喻像池水，身為池堤封，善行為水源，若斯三備，池乃全堅。心
　　　　不專善，無堤封，水必去。行善不積，源不通。水必滲幹。決水漑
　　　　野，渠如溪江，雖堤在，源流泄必亦空，行滲坼裂，百病並生。斯
　　　　三不慎，池為空坑也。（〈第二十一章〉）

　　　　夫欲寶精，百行當備，萬善當著，調整和五行，喜怒悉去，天曹左
　　　　契，算有餘數，精乃守之。惡人寶精，空自苦終不居，必自泄漏也。
　　　　（〈第二十一章〉）

<hr>

〔註168〕陳麗桂：〈《老子想爾注》轉向道教的理論呈現〉，國立政治大學中國文學系編：《漢代文學與思想學術研討會論文》（第三屆）（2000 初版），頁 265～266。

結精要具備三個條件。以池水作喻：一是行善積德，行善是精水之源；二有良好的身體作池水的堤封；三是不能濫用。就行善積德而言，所謂「夫欲寶精，百行當備，萬善當著」，其一，在通過道德品行上的修養，求得身心的平衡，以保持健康，《想爾注》即言：「至誠守善，勿伐身也。」（〈第三十章〉）至誠守善是為避免破壞身心平衡所帶來的身體傷害。其二，由於行善合於道誠，因此可以蒙受天福神賜，而保有其精。就不能濫用而言，《想爾注・第九章》即言：「人之精氣滿藏中，苦無愛守之者，不肯自然閉心而揣挽之。」（〈第九章〉）這裏所說的「藏」即腎藏，《想爾注・第二十八章》註解「知白守其黑」之「黑」為「太陰中也，於人在腎，精藏之。」合兩句以觀，意指精深藏於於腎臟之中，若是「閉心」，隔絕情欲，使意念入靜，再加上節制房中之事，不施用其精，即能不「揣挽」之，「結精自守」（〈第六章〉），所謂「自守」，即指意守丹田，將意念作用于腹部下丹田，凝神入氣穴〔註169〕法琳《辯正論》中亦謂張陵之術：「其法真決，在於丹田。」〔註170〕當守住精時，即是「守黑」，守黑即能「知白」（精白），《想爾注》又說精白與元炁同色，因此守黑知白，即是煉精化炁，煉精化炁之後，可以煉炁化神，之後即能令神不死。〔註171〕《想爾注》也說：「能用此道，應得仙壽」。

四、虛靜存神

　　道教將身中之神分作數種：一是與生俱來的「元神」；其次是後天習染的「識神」；三是經由修煉而成修煉之神，並認為此種修煉之神是人得以出凡入仙的關鍵，人若是能修煉成神則得以與神明相通，可以來去自如，具備神通。當然修煉之神必須靠積極的存養，以煉精化氣，煉氣化神，煉神還虛，煉須合道。而元神的存養，則主要靠去識神以得，具言之，去識神的方法，自《老子》、《指歸》、《河上公注》以來，共通的法門即是「虛靜」。

（一）致虛

　　在心性的修養上，《想爾注》主張致虛守靜，致虛者，《想爾注》以為人

〔註169〕李遠國：〈論《老子想爾注》中的養生思想〉，《中國道教》（2005.6），頁43。
〔註170〕法琳：《辯正論・九箴下》，收錄於〔唐〕釋道宣：《廣弘明集》（台北：中華書局1981），頁5。
〔註171〕此即《想爾注》言：「精結為神，欲令神不死，當結精自守。」（〈第六章〉）

生而此心空虛，凡有不空虛者，都是後天情欲等習染而導致不空虛。其次，就目的性而言，此心空虛的目的，是要存道，又《想爾注》中，道即「一」，即「氣」，即「道誡」，即「太上老君」。因此，此心空虛了之後，自然能「守一」，「氣實」，「守誡」，守太上老君。如此說來，欲進入《想爾注》核心的若干養生問題之前，最先應做到的即是虛心。最後，談到虛心的方法，欲使此心復返空虛，必須把後天人爲所習染而充實於心者，「去之又去，損之又損」，使心回復原本的空虛。就具體的類項來說，該去，該損的有「惡」、「情欲」、「思慮」等。以去惡來說，前文已論之甚詳，故此處不再贅述。關於去情欲思慮，《想爾注》曰：

> 情欲思慮怒喜惡事：道不所欲，心欲規之，便卽制止解散，令如冰見日散汋。（〈第十五章〉）

> 銳者，心欲圖惡；忿者，怒也，皆非道所喜。心欲爲惡，挫還之。怒欲發，寬解之，勿使五藏忿怒也。忿激，急弦聲，所以者過。積死遲怒，傷死以疾，五藏以傷，道不能治，故道誡之，重教之丁寧。（〈第四章〉）

就《想爾注》的觀點來說，情欲思慮喜怒皆屬邪惡之事，凡邪惡之事，務當從此心除去，以免排擠道之存身。而除情之法，則在「制止」之，「解散」之，「寬解」之。以去欲的範圍來說，則包含感官的欲望，財貨的欲望，功名的欲望，權勢等欲望。《想爾注》言：

> 求長生者，不勞精思求財以養身，不以無功刦君取祿以榮身，不食五味以恣，衣弊履穿，不與俗爭，卽爲後其身也。而目此得僊壽獲福。（〈第七章〉）

> 名與功，身之仇。功名就，身卽滅，故道誡之。（〈第九章〉）

> （五色）目光散故盲。（五音）非雅音也。鄭衛之聲。抗諍傷人，聽過神去，故聾。（五味）道不食之。口爽者，糜爛生瘡。（馳騁田獵）心不念正，但念煞無罪之獸，當得故狂。（難得之貨）道所不欲也，行道致生不致貨，貨有爲，乃致貨妨道矣。（〈第十二章〉）

> 設如道意，有身不愛，不求榮好，不奢侈飲食，常弊薄贏行，有天下，必無爲。守樸素，合道意矣。（〈第十三章〉）

> 道人同知俗事、高官、重祿、好衣、美食、珍寶之味耳，皆不能致

長生。長生爲大福，爲道人欲製大，故自忍不以俗事割心情也。
（〈第二十八章〉）

道人求生，不貪榮名。（〈第三十二章〉）

依此，感官的欲望包含眼耳鼻舌身意的種種享受，財貨的欲望包含財富珍寶等貴重之物，功名的欲望包含功祿榮名，權勢的欲望包含權位勢力，這些對於「長生」、「致生」、「求生」皆造成莫大的妨害，因此欲求長生與僊壽，勢必將這些欲望一一除去。「道」在這裏就是以人格化的神出現在人們面前，對人們進行諄諄教誨，要教誡人勿逐名貪功，勿奢侈縱欲，不求財利，不貪榮祿，不圖美食好衣，不貴榮祿財寶。

（二）守靜

精神爲身爲萬物之靈之人所獨具，因此安養精神即成養生中極重要之一環，《想爾注》即提出養生以安精神爲本之說，曰：

知要安精神，即得天下之要。專精無爲，道德常不離之，更反爲嬰兒。（〈第二十八章〉）

身常當自生，安精神爲本，不可恃人，自扶接也。（〈第二十九章〉）

知安精神即得天下之要，身即得以自生。既然安精神如此重要，那麼安精神的方法爲何？《想爾注》又說：

道人當自重精神，清靜爲本。重精神清靜，君子輜重也，終日行之，不可離也。天子王公也，雖有榮觀，爲人所尊，務當重清靜，奉行道誡也。（〈第二十六章〉）

此言安精神以清靜爲本，所謂「清靜」與煩躁或輕躁乃相對舉而言，它是道教修道處世的重要教義，清靜乃就精神心靈方面說，一方面指情緒的平和穩定，一方面要求心靈的恬淡、無欲求，尤其是功名利祿的追求。它甚至以追求世俗物質的榮華與否，作爲「有爲」、「無爲」的區分。至於《想爾注》則把清靜法則提高到效法天地的高度，指出道的本體即爲清靜。說：「自然，道也，樂清靜。」（〈第二十三章〉）「道常無欲樂清靜，故令天下常正。」（〈第三十七章〉）認爲修道者「入清靜，合自然，可久也」（〈第二十三章〉）；「不合清靜，不可久也」（〈第二十三章〉）。也就是說，只有入清靜、合清靜，以清靜爲恢復生命活力的法則，生命才能得長久。同時也將清靜列入「道意」與「道誡」的規範中，以爲清靜合於道性，煩躁與道性相違。合於道性者，

即合於道誡，即可與道相合，而得長生，如言：「道常無欲樂清靜，故令天地常正。天地道臣也，王者法道行誡，臣下悉皆自正矣。天地道臣也，王者法道行誡，臣下悉皆自正矣。」（〈第三十七章〉）不合道性者，則違背道誡，即受刑罰，而早夭，如言：「輕躁多違道度，則受罰辱，失其本身，亡其尊推矣。」（〈第二十六章〉）所以，「道人當日重精神，清靜爲本」（〈第二十六章〉），方能達成長生久視之道。

談到實施清靜養神的具體方法，如「無爲」，曰：「知要安精神，……專精無爲，道德常不離之。」（〈第二十八章〉）無爲則常德不離，精神能安。如：「希言」，曰：「希言入清靜。」（〈第二十三章〉）寡言少煩擾，則清靜能安。又如「無欲」，曰：「道性於俗間都無所欲，……道常無欲樂清靜。」（〈第三十七章〉）道性無欲而清靜，人能法道無欲，自能清靜。」又如「無身」，曰：「志欲無身，但欲養神耳」（〈第十三章〉）。所謂「無身」，即忘物忘我，萬物皆空的意境，這是一種高度入靜的狀態。顯然，這是脫胎於莊子的坐忘。〔註172〕又如「知足」，曰：「諸知止足，終不危殆。」（〈第三十二章〉）「故誡知止足，令人於世間裁自如，便思施惠散財除殃，不敢多求。」（〈第三十六章〉）「王侯承先人之後既有名，當知止足，不得複思高尊強求也。」（〈第三十二章〉）「今王侯承先人之後有榮名，不強求也，道聽之，但欲令務尊道行誡，勿驕溢也。」（〈第三十二章〉）又如：

　天地尚不能久，人欲爲煩躁之事，思慮耶計，安能得久乎？
　（〈第二十三章〉）

　道眞自有常度，人不能明之，必復企慕（慕）世間常僞伎，因出教
　授，指形名道，令有處所服色，長短有分數，而思想之。苦極無福
　報，此虛詐耳。強欲令虛詐爲眞，甚極。不如守靜自篤也。
　（〈第十六章〉）

依此，與道不相干的思慮意志知識，內思存五臟神的虛詐僞伎，世俗的名利權位感官的種種欲望享受，務必要一一除去，才能重返清靜。清靜爲本就是要一心樂道，不受世俗榮名寵祿的纏繞，排除世俗一切的私心思慮，要求「閉心絕念」，「念行正道」。當「不思慮邪惡利得，若昏昏冥也。」（〈第二十章〉）不以美食珍寶俗事縈繞心中，拋棄邪說，心胸坦蕩。《注》中說，「求生之人，

―――――――――――――――

〔註172〕李遠國：〈論《老子想爾注》中的養生思想〉，《中國道教》（2005.6），頁43。

與不謝，奪不恨，不隨俗轉移，真思志道」（〈第十五章〉）。「與不謝，奪不恨，不隨俗移轉」，指出欲得清靜，則不需在意俗世的得失，不因世俗的得失，而產生情緒的種種起伏。《想爾注》所繼承的《老子》的「清靜」思想，一直在道教中被視為修道的根本。《太上老君說常清常靜經》就曾指出，「人能常清靜，天地悉皆歸」。

第四節　小結

　　就兩漢《老子》注之養生方法觀之，大體是涵養精、氣、神，順應自然，以及守柔不爭。以養神來說，致虛守靜之法，大抵承自《老子》，方法大同小異，皆主張去除情欲之屬，去之又去，損之又損，以至於虛靜無為，並將精神由外物收返於內，以韜光養晦。其中，較特別的是《想爾注》將對志道守誡，以及去惡積善，納入養神的方法，這是將信仰納入養生之學中。就養精、氣的方法而言，大致方向有三：其一為對作為生命能量的「精」、「氣」採取「儉嗇」的態度，不使漏失；其二積極採取方法，使其充實。其三為調平其間的質量分配，使其無過與不及，而達於中和。

　　就順應自然一方法來剖析，《指歸》極力發揮黃老思想「因」的思維，將它運用於「性」、「命」、「時」、「分」的範疇中，發展出「安性」、「順命」、「因時」、「受分」的養生方法，教人養生切莫執著，必須靈活因順不同的情況、身分、時勢而有不同的應對。《河上公注》也主張人應順應四時陰陽之不同，而有不同的作為，務必將人身融入自然的節律之中，以與自然的韻律合拍。《想爾注》基於宗教的考量，將至高無上的「道」與「道誡」視作一切準則，因此其所講求的順應自然，就是要求對道與道誡的誠實篤信。就無為的方法來剖析，三家注皆講求無為，其中執行最為徹底者為《指歸》，《河上公注》雖也無為，但比之於《指歸》，《河上公注》講究行氣導引的氣功煉養，此正是《指歸》所摒棄的。而《想爾注》雖然也叫人拋棄名利欲望的追求，過著樸素淡泊的生活，但卻不忘耳提面命的要信徒尊道守誡。此外，講求「中和」與「柔弱」的養生法也同為三家注所重視。

※本章結論列表：

表6－1：兩漢《老子》注之養生方法比較表

	養　神	養精、氣	順應自然	尚　柔	中　和
指歸	1.虛靜 2.無為 3.內用其光	1.愛精氣 2.存陽氣、神氣 3.調和氣	1.安性 2.順命 3.因時 4.守分	柔弱處下	與時俱和
河注	1.虛靜 2.無為 3.內視存神	1.節精愛氣 2.行氣導引 3.呼吸精氣 4.和氣潛通	順應四時 順天應人 貴因循	崇尚柔弱	和氣潛通
想爾	1.致虛 2.守靜 3.志道守誡 4.去惡積善	1.寶精結精 2.實氣和氣 3.食氣煉氣	順道遵誡 順天應道	守柔不爭	和則相生

第七章　兩漢《老子》注養生之境界

　　境界是一個不斷向上超越的過程，且由於不斷的向上超越，境界也往往永無止境。境界是一抽象的事物，它關乎個人的人生經驗與修養程度，而且境界也往往是個人自我體察的結果，非但是如人飲水，冷暖自知，甚至也只能意會，難以言傳。關於「境界」的定義，馮友蘭先生如是說：

> 人對於宇宙人生底覺解的程度，可有不同。因此宇宙人生，對於人底意義，亦有不同。人對於宇宙人生在某種程度上所有底覺解，因此，宇宙人生對於人所有底某種不同底意義，即構成人所有底某種境界。〔註1〕

依此，馮友蘭先生將「境界」詮釋爲人對宇宙人生的「覺解」程度，宇宙人生奧妙不已，不同的人對宇宙人生的「覺解」程度亦大不相同，是造成個人的境界亦大不相同。馮友蘭先生更將人的境界依層級高低分作自然境界、功利境界、道德境界和天地境界四個層次。自然境界中的人不知有我（此我並非眞我），他的行爲都是順從自己的生物本能或習性而行；〔註2〕功利境界中的人有我，凡事以「私利」爲考量；〔註3〕道德境界中的人無我，卻能發展眞我，他們凡事以「公義」爲考量，並對人性已有覺解，且認爲遵守道德的規律，無異於「盡性」。〔註4〕其中天地境界是最高境界，天地境界之人大無我，卻能充分發展眞我，天地境界中的人，他已完全知性，也已知天。「不但覺解

〔註 1〕　馮友蘭：《三松堂全集》（河南：河南人民出版社 1989）（第四卷），頁 549。
〔註 2〕　馮友蘭：《三松堂全集》（河南：河南人民出版社 1989）（第四卷），頁 551。
〔註 3〕　馮友蘭：《三松堂全集》（河南：河南人民出版社 1989）（第四卷），頁 552。
〔註 4〕　馮友蘭：《三松堂全集》（河南：河南人民出版社 1989）（第四卷），頁 553。

其是大全的一部分，而並且自同於大全。」〔註5〕可以「與天地參」，「與天地比壽，與日月齊光。」這一境界是和天地、自然、宇宙規律「合拍共振」，這也顯示了天地境界具有天人合一的特徵。

若依馮有蘭境界說檢視先秦道家境界，則道家境界往往妙不可言，難以言說，所以在《老子》中，老子採用正言若反，闇昧不明的言語，來譬況道境。老子以「道」爲最高境界，「道」可以體認、體驗，但不能作爲對象去認識，去名言，因此，關於「道」的種種描述和解釋，都不是概念分析式的認識，只能是本體的顯現或「透視」。「道」的境界既不可言說，於是老子使用比喻的方法，以「嬰兒」和「樸」稱之。言「復歸於嬰兒」，即是要回歸心靈本眞之狀態；言「復歸於樸」，即是復歸到未分化的整體狀態，但這同樣是一種超越，是一種實現原則，即實現整體和諧的心靈境界，並不是也不可能回到完全原始的狀態。當回歸於「本始」、「本眞」狀態之時，「道」並非作爲主體之外被認識的對象，因爲「道」實際就在主體之中，當主客合一而不分時，人即「同於道」，或「與道合一」。「同於道」者便能永久，即所謂「死而不亡者壽。」此句王弼解作：「身沒而道猶存。」〔註6〕意指境界因與道同一而具有永恆性，也就是「雖死猶生」，這是從精神境界上說的。又在《莊子》中，也使用寓言的方式，使人意會其境界之梗概。莊子主張修道應即擺脫認知心、嗜欲心、情志心與道德心之種種桎梏，經過明覺的工夫，使心靈之光煥發出來，明照一切，「虛室生白，吉祥止止」（《莊子・人間世》），從而破除一切成心，照察一切是非。這樣的心靈是一個完全開放的心靈，光明的心靈，是自由的境界，沒有內外之分，天人之別，自由的境界就是道的境界，心與道是合一的，自由的心靈是開放的，不是封閉的。它超越了主客對立，超越了有限自我，因而能夠逍遙於「無何有之鄉」，「無窮之野」「無爲之其」，而「與天地精神往來」。這「天地精神」就是「道通爲一」「復通爲一」之道。〔註7〕由此觀之，道家境界確如馮友蘭所指，意在回歸那個與天同的本性之眞，本眞之我，若此，則能主客相容無分，天人合一，人道合一的「天地境界」。

關於養生之境界，無疑是養生思想中最難有著力點，但卻也最玄妙，最令人嚮往的一環。境界本難以言說，而在兩漢《老子》注中，也往往使用簡筆勾

〔註5〕馮友蘭：《三松堂全集》（河南：河南人民出版社 1989）（第四卷），頁 632。
〔註6〕〔晉〕王弼 注：《老子》（台灣：台灣中華書局 1970.9 台三版），頁 20。
〔註7〕蒙培元：《心靈超越與境界》（北京：新華書店 1998.12 第一版第一刷）。

勒，加以先哲養生境界之高，也絕非後輩所能企及，但此處想盡量用具體方式去描繪其梗概，因此有必要從道家境界思維中去確立其境界內涵的架構，並由此架構去分析兩漢《老子》注養生境界之內涵。就道家思想源流觀之，道家思想的「道」往往集本體、方法、目標、理想與境界於一身。在境界不斷向上超越的過程，或與天合一，其究竟都在與道相合，與道合眞。彼時，所有用來指涉道的狀態，道的功用，道的運行，道的特質等，即等同於得道者之狀態，之功用，之運行，之特質。彼時，已無所謂「人」之個體，「道」與「人」已渾然無分，道即是人，人即是道。一旦修養臻於與道相合的境界，在形體方面，或可長生久視，或可長生不死，或可不死成仙。在精神方面，則可超脫世俗，將人的精神或心靈，由俗世的情緒、慾望、名利、權位、生死、窮通解放而出，而使精神遨遊於俗世之外，這個俗世之外，通常是凡人所不熟悉的場域，是一個無窮無極，無邊無際的場域，或謂之「道境」，即莊子所謂「魚相忘於江湖，人相忘於道術」的「道境」；或謂之「道界」，此用「界」字，與「境」做區隔，在於「界」一字，富有宗教性意涵，是俗世之外的「他界」，是鬼神活動的「他界」。其次，在精神境界遨遊於俗世之外，其遨遊方式也是值得探討的，是「神遊」，還是「心遊」，「氣遊」，亦或「形遊」。

　　最後，本文欲從兩漢《老子》注所揭示理想人格，去觀察體現與道合一境界者之形象。

第一節　《老子指歸》養生之境界

　　從理想人格的稱謂來說，《老子》中的理想人格稱爲「聖人」，「聖人」一詞在《老子》出現的頻率極高，據統計，「聖人」一詞在書中出現過，總次數爲三十一次，且多是以「是以聖人……」的語法結構出現的。如：「是以聖人後其身而身先；外其身而身存」、「是以聖人抱一以爲天下式」等。也就是說，老子往往先根據對自然和社會的觀察得出一個普遍原則，然後告誡聖人應該遵循這個普遍原則去做。從中可知在《老子》中，「聖人」是最高的智慧化身，最高的道德標準的化身，以及最高的政治理想的體現者，要之是能兼顧「內聖外王」的理想人格。在《莊子》書中，其理想人格所指爲至人、眞人、神人、聖人，他們所指皆是明心見性、體大道之如的人，皆是道的具體化。〔註

〔註 8〕張默生：《莊子新釋》（濟南：齊魯書社 1993 第一版），頁 36。

8〕當然，這些人格仍有層次上的差別，不過在本質上皆是具有向眞知逼近甚或可以說是得到眞知的人，唯有具眞知之人才能體悟道心，也才能夠以萬物之心爲心，不逐物而迷性，這是力行實踐的結果，《莊子‧寓言》將這樣的實踐過程說得極爲貼切：「一年而野，二年而從，三年而通，四年而物，五年而來，六年而鬼入，七年而天成，八年而不知死，不知生，九年而大妙。」《莊子‧逍遙遊》：「至人無己，神人無功，聖人無名。」這種看來些微的差別，說明《莊子》心目中的人格，對於大道的體悟仍是有層次的。〔註9〕

一、理想人格──聖人、眞人、至人

　　不獨在《莊子》中存在著這樣諸多「人」的形貌，在《指歸》中也存在不同層次的人格的描述，《指歸》認爲這種人格上的差異，取決於清、濁、和、陰、陽之氣，變化分離或是和合所成。在《指歸》中，因著氣化的分離合和，產生不同層次的人格有聖人、道人、德人、仁人、義人、禮人，甚至等而下之的有眾人與俗人。其中《指歸》中的理想人格則稱爲「聖人」、「眞人」、「至人」、「道人」其中「眞人」、「至人」、「道人」各僅一見，分別見於：

> 爲齒之道，不施不予，儉愛微妙，盈若無有，誠通其意，可以長久。……
> 眞人所體，聖人所保也。（《卷四‧方而不割》）

> 夫按高舉下，損大益小，天地之道也。反天以順民，逆民以順道，賢者爲佐，聖人爲主，務愛有餘，以爲左右，智者居上，癡者居下，能大爵高，伎小官卑，……天地祐之若子，人民助之若母，與和常翔，與道終始，天人交順，神明是守。至人之道也。
> （《卷七‧天之道》）

> 故有道人，有德人，有仁人，有義人，有禮人。敢問彼人何行而名號殊謬以至於斯？莊子曰：虛無無爲，開導萬物，謂之道人。清靜因應，爲所不爲，謂之德人。（《卷一‧上德不德》）

從名號觀之，「眞人」是能體現性命之眞的人，且在《指歸》中，「眞人」與「聖人」並論，並無特別從「聖人」中區隔出來，可視作對「聖人」的另一稱謂。而「至人」是能體現大道，與大道相合，而道德至高之人。而道人也

〔註9〕 林俊宏：〈《老子指歸》之政治思想試論〉，《政治科學論叢》（第二十二期2004.12.10），頁 104〜105。

是氣化分離之中，稟氣不同凡俗的修道之人。大致看來，《指歸》中對真人、至人、道人之著墨不多，但從中可普遍看出真人、至人、道人具有內修道德的趨向。而《指歸》中多所著墨的理想人格即是「聖人」。

　　《指歸》論到聖人與眾人、俗人之異同時，說到從外在形象觀之，聖人與俗人、眾人，並無不同，甚至在外在形象看來，根本微不足道，《指歸》即云：

> 玄聖之野人也同容，通者之與閉塞也同事，道士之與赤子也同功。
> 凡此數者，中異而外同，非有聖人，莫之能明。是以，天下嫌疑，
> 眩耀結構，紛繆是非。是以，聖人似不肖。夫何故哉？得道之士，
> 外亡中存，學以變情，爲以治己。實而若虛，渾渾冥冥，若無所以。
> 容疏言訥，貌樸而鄙。情達虛無，性通無有，寂泊無爲，若無所止。
> 遁名逃勢，與神臥起，執道履和，物無不理。不合時俗，與天地反。
> 眾人憒偽，以直爲醜；殊塗異指，謂之病矣。（〈卷三‧爲學日益〉）

聖人與俗人「中異而外同」，外在相同，「同容」、「同事」、「同功」，甚至若從外在層面觀之，聖人還比俗人更隱微不彰，嚴遵說聖人從外在觀察，「似不肖」，「若虛」，「渾渾冥冥，若無所以。容疏學訥，貌樸而鄙」，從這些描述看來，聖人外在顯然不甚起眼，無法引起注意。聖人外在形象或許與眾人相同，但內涵卻大不相同。那麼，聖人內在究竟與眾人、俗人不同之處爲何？其實聖人與眾人、俗人不同之處，在於聖人「與道終始」，聖人所作所爲無不因道順德，或者說，聖人正是大道的體現。

　　《指歸》的聖人是大道的實踐者，同時也是大道的落實者。試從「道」本身看起，去探討聖人與道契合之處，蓋「道」可細分作體、相、性、動、用幾個層面來看，而聖人與道契合的情形是：

　　就道之體來說，大道爲萬物所由，性命所以。依此檢視聖人，則聖人雖不能如道體一般作爲化生萬物的宇宙本體，但聖人深知「道德不生萬物，而萬物自生焉」的原理，因此「體道合和，無以物爲，而物自爲之化。」《指歸》即言：

> 故聖人無爲爲之以生萬物，無執執之以制所欲，猶工匠之造高臺，
> 而天地之生巨木，自然而已。（〈卷五‧其安易持〉）

聖人處事無不體現大道「不生之生」的美德，因此無爲無執，一切順其自然，任萬物自生自化。因此《指歸》言聖人能「與天相參，人物順比，大化流行。」

(〈卷四・治大國〉)且道之生物進程爲：道生德，德生神明，神明生太和，太和生氣，聖人之作爲，無不切合每個環節，《指歸》即言聖人「與和常翔」、「神明是守」、「因道順德」。其次，大道又爲萬物性命所由，聖人雖非萬物性命之所從出，但聖人除卻修養自身，使返還本性之眞，謂之「眞人」，也竭力使萬物返其本性之眞，保其性命。以人爲例，人因稟氣不同，於是造成殊情異性的個別現象，聖人即以無爲爲之的方式，使「民俯而無放，仰而無效，敦慤忠正，各守醇性，惘惘洋洋，皆終天命。」(〈卷六・知不知〉)眾人沒有仿效的對象，於是返其性命之眞，又如：

> 是以聖人，……不言而天下應，不爲而萬物存。四海之内，無有號令，皆變其心。善者至於大善，日深以明；惡者性變，浸以咀信者大信，至於無私；僞者情變，日以至誠，殘賊反善，邪僞返眞，善惡信否，皆歸自然。(〈卷三・聖人無常心〉)

聖君不言、不爲、無有號令，使萬民在無有造作的情況之下，自求生存；善者在無有造作的情況下，達於至善之境；惡者在無有造作的情況下，誠信無私；僞者在無有造作的情況下，變爲至誠；殘賊在無有造作的情況下，返回善良；邪曲在無有造作的情況下，返回眞性，一切都在無爲之下，回歸自然。總之，聖君面對形形色色之萬民，皆無爲處之，無爲待之，任憑萬民殊情異性皆可在無所干預的情形下，回歸自然，得其性命。《指歸》另有一段也說聖君治國，「光動天地，德連萬民，民無賦役，主無職員，俱得其性」(〈卷三・聖人無常心〉)，百姓在聖君無爲的治理下，生活清靜又自在，得以在不受干擾的情形下，返回自身本性之眞。以其他物類爲例，《指歸》即言聖人：

> 絕滅三五，因而不作，巖居穴處。不殺群類，不食生草，未成不服，未終不采，天地人物，各保其有。(〈卷二・不出戶〉)

聖人棄智絕知，因順大道而不造作，過著簡單純樸的生活，將其他物類視作同類，不加以殘害，或者順其生長的規律而適時採集，目的即在使天地萬物各保其本性之發展。

就道之相來說，大道視之不見，聽之不聞，搏之不得，無形無色無聲。空虛寂靜，渾渾冥冥，渾沌恍惚，質樸而鄙陋。聖人因能體道，因此其外在也體現了道的情狀，「渾渾冥冥，若無所以。容疏學訥，貌樸而鄙」(〈卷三・爲學日益〉)，與道一體。《指歸》也描述到盛德之人一如大道「無形無名」，然而任何人都是有形有貌的，爲什麼盛德之人卻能「無形無名」呢？這是從

精神狀態、心理狀態來說的。此外，《指歸》中發揮最多的是指出聖人之所爲「無形跡」，如言聖人「庖廚不形，聲色不起，知故不生，禍亂息矣。」（〈卷六・知不知〉）即言聖人治國一如庖丁解牛，以神遇之，會之於心，出神入化，因此毫無形跡，正因毫無形跡，也就同時巧妙的避開可能引發的爭鬥禍亂。又：

> 是以聖人，智達無窮，能與天連，變化運動，洞於大常，猶以積德重厚，釋心意，隱聰明，憂於涸轍，畏於無形。竄端匿跡，遁貌逃情。（〈卷六・民不畏威〉）

> 是以，聖人之動，無名爲務，和弱爲主。隱而不窮，榮而不顯。辭貴讓富，餘力不取。盈國不入，盈人不友。恒若有失，惕若遭咎。履道合和，常與物友。通天之經，達地之理，成功不居，德流不有。逃名遁勢，玄冥是處，滅端匿跡，無形是守。（〈卷七・天之道〉）

此二段提及聖人道德深遠，因此所作所爲能與天道同，運化於無形，出神入化，無跡可尋。具體說來，聖人在內在消散心意，隱匿聰明，韜光養晦；在外在則功成不居，逃避名勢，遁離榮華，隱知藏善，隱於幽深，掩藏形貌，隱藏端緒，伏匿形跡，固守無形，不顯其形，「言不可聞，動不可形」，此正是法道相之無形。總之，聖人之無形跡不僅表現於外貌的藏拙，也表現在聰明、功名、榮華、言行、舉止種種的隱晦，甚至無形無名以至於虛空玄冥、莫測高深的境地。

就道之性而言，道性虛靜、無爲、自然。以虛靜而言，聖人則「虛心」、「靜氣」，爲求虛靜，聖人去心釋意、釋仁去義、絕智廢教、去力去巧、去知去賢、去辯去知、去文去言。……，終至於「反於虛無」，歸於「寂寞虛空」，返回「玄默素眞」。《指歸・上德不德》亦言：

> 虛無無爲，開導萬物，謂之道人。清靜因應，爲所不爲，謂之德人。
> （〈卷一・上德不德〉）

道德之人，正是虛靜無爲，而體現道性之人。以無爲自然而言，聖人無爲無事，遵循自然，其無爲自然往往體現於黃老「因順」之術中，不論是因時、因性、因分等，要之聖人之道「動有所因，靜有所應」。具體說來，聖人之無爲體現在治身治國等種種作爲，以治身而言，聖人無爲無事，因此可以保全神明，曰：

> 是以聖人，退爲之爲，去事之事，體道之心，履德之意。統無窮之

極，秉自然之要，翔於未元，集於玄妙。聰作未聞，明作未見，萌芽未動，朕圻未判，昭然獨觀，無形之變。通於無表，達於無境，毫毛之惡不得生，赫赫之患不得至。爲之行之，絕言滅慮，積柔體弱，反於無識。誅暴救寡，與神同化，無敵之不勝，無事之不爲。知力不得加，天下不能謀，治人理物，與陰陽配。內用其光而外不違衣食，耕稷桑織有餘，福積禍消，人給家贍，心不載求，賤不望貴，貧不幸富。纖微尊儉，內外不過，奉上養下，人道盡備。復歸其內，神明不耗，槃積固畜，不敢以爲。(〈卷三‧天下有始〉)

聖人無爲無事，其無爲無事體現於言語、思慮、知識、聰明、富貴的發用或追求，聖人一方面斷絕外在不必要的追求，一方面將精神收攝於內，如此則可使神明不因外觸事物而耗損，同時也可使神明向內積累，此種將神明由外耗轉而內用的過程，稱爲「內用其光」、「復歸其內」，之後聖人利用內在積累的神明涵養道德，而歸於玄冥，與道同遊。聖人治身之無爲也體現在無所執著的「因順」之術中，《指歸》言：

是以聖人，不爲有，不爲亡，不爲死，不爲生，遊於無、有之際，

處於死、生之間，變化因應，自然爲常。(〈卷五‧爲無爲〉)

聖人不執著於「有」、「無」，不執著於「死」、「生」，只是順應自然變化，有也可，無也罷；不悅生，不惡死。《指歸》亦言：「唯無爲者，能順其則。正在福禍之間，無所不剋。」聖人之無爲不僅表現在對「有無」的「無執」，也表現在對「福禍」的「無執」，因爲聖人深知福禍同極，相隨出入，它們同在一個圓道的循環之中，因此執著於福禍中任一端，皆無實質意義，因此不求福避禍，當然也不刻意求禍避福，一切只是無爲爲之，順其自然。擴大來說，凡事物之兩端，聖人皆無爲而順其自然，舉凡「在爲否之間」、「在默言之間」，皆有此義。

以治國而言，聖人無爲以治國的情形是：

故聖人……不知以因道，不欲以應天，無爲以道也，無事以養民。

玄玄默默，使化自得，上與神同意，下與萬物同心。動與之反，靜

與之存，空虛寂泊，使物自然。(〈卷二‧不出戶〉)

聖君法道無爲，施政不知不欲，無爲無事，以順天應道，在玄之又玄，默之又默之中，與神同意，與物同心，與俗相反，與道相存，萬物在此狀態之下，得以不受干預，自生自化自得，終歸於自然。諸如此類的言論，在《指歸》中隨處可見，又聖人之於天下，既不施仁興利，也不行教化，曰：

是以聖人，……帝國治民，鮮情釋意，俱反始眞。不爲生業，不爲
起事，不加以仁，不施以利，教以不能，導以無識，繞民所樂，以
順民情，縱民所惡，以得民意也。出天傷之戶，入長生之路，翱翔
玄冥，優遊太素，昧昧茫茫，莫知其故，敦若昏晦，天下無事。味
之於無味，察之於無形，故能分同異之類，明是非之情。爲之未有，
定之未傾，勇功不見，知名不稱，福不得起，禍不得生。無福之福，
興於無聲，無禍之禍，息於無名，主安民樂，天下太平。
　　（〈卷五・爲無爲〉）

聖君欲能治國，必先治身，是以治身爲治國之本，不能治身則無以治國。而
聖人治身亦當無爲，聖人除情去欲，無爲無事，回歸本眞，之後以「道」治
國，是爲聖君。說到治國，儒家孔子講求以仁治國，孟子主張爲民興利，加
以教化人民，使之具備知識與能力。《指歸》主張者恰好相反，《指歸》以爲
聖君不必以仁治國，不必爲民興利，不必教化人民，全然順應民意，順應民
情，而歸之於無爲。另外，在國內也不標舉仁義智勇、功名利祿之屬，使人
民在渾然無知之下，順道而爲，如此福不由起，同樣的，禍也不由生，無福
無禍，無聲無名，則上下安樂，天下太平。又：

是故聖人操通達之性，……塗民耳目，示以無有：庖廚不形，聲色
不起，知故不生，禍亂息矣。不言而宇內治，無爲而天下已。民俯
而無放，仰而無效，敦慤忠正，各守醇性，惆惆洋洋，皆終天命。
死者無謚，生者無號，若此相繼，億萬無量。其次，情無所樂，性
無所喜，心無所安，志無所利。疾不知孝，病不知弟，既不賭仁，
又不識義。無有典禮，守其貞幹，一如麋鹿，一如鴻雁。不在憂喜，
亦不離亂，若盲若聾，無所見聞。主無宮室，民無城郭，國無制令，
世無恥辱。（〈卷六・知不知〉）

聖人之治理百姓，在於關閉百姓的耳目，使其感官不因外觸外物而紛擾；使
百姓簡情易性，心志平淡。在聖人的國度中，聖人無爲無言，聲色香味等享
樂不被強調，孝悌仁義禮知等價值不被標舉，聲名榮華的榮耀不被突顯，法
規律令不被頒佈，於是百姓在這樣的國度中，沒有仿效的對象，沒有需要追
求爭奪的事物，就個人來說，個人可以因此不向外追求，而返還本性之眞，
終其天命；就國家而言，可以因此止息禍亂紛爭，天下太平。

　　《老子》中稱揚人君高明而無爲的治術，爲「太上不知有之」，亦即人民

絲毫不感覺國君存在與束縛的治術。《指歸》延續《老子》此種思維，亦認爲
聖君之治天下，人民不知有之。

> 是以，聖人之牧民也，人主無爲而民無望，民無獲而主無喪也。其
> 業易得而難失也，其化難犯而易行也，其衣易成而難弊也，其食易
> 足而難窮也。故天下除嗜廢欲、樂生惡死者，皆重其神而愛其身，
> 故形可制而勢可禁也。(〈卷六·民不畏死〉)

試觀上文所舉：「人主無爲而民無望，民無獲而主無喪」一句，嚴遵以爲在理
想政體中，人主不必對百姓有何作爲，而百姓對人主亦無所期待；人主不必
爲治國而有所失去，百姓亦不必因人主之所爲而有所獲得。所有儒家所謂人
君施德政，人民受德惠的說法，在《指歸》中都失去必然性，而能至於君臣
上下無所求、無所待之境，則必無爲。

就道之動而言，道之爲動，反覆相因，聖人體之，故反其道而行，體現
於治身上，聖人常處其反，與俗人異，「與物反矣」，如眾人尙剛強，然《指
歸》言：「故強者離道，梁者去神，生主以退，安得長存？」(〈卷二·道生一〉)
因此治身之聖人去剛強而尙柔弱，除卻柔弱外，〈卷三·出生入死〉言生之徒
「虛、無、清、靜、微、寡、柔、弱、卑、損、時、和、嗇」等要點，皆是
聖人動靜所因應者，而爲俗人所鄙夷屏棄者。《指歸》又言：

> 是以聖人，知而弗爲，能而不任，仁義而不以爲號，通達而不以爲
> 名，堅強而不以爲顯，高大而不以爲榮。言不可聞，動不可形。心
> 若江海，志若蒼天，廢爲以立道，損善以益性。寂然蕩蕩，莫之能
> 明，皎然昭昭，莫觀其情。頹然默默，魁然獨存，薄外厚內，賤己
> 卑名。去眾離俗，與道爲常。(〈卷六·言甚易知〉)

聖人心志廣大高遠，道德深遠，本性通達。聖人之所爲往往「去俗離眾，與
道爲常」，意指聖人凡事依循大道而爲，而道之所動，又往往反覆相因，因此
聖人之所爲自然與俗眾不同，如眾人知而有爲，聖人知而無爲；眾人能而好
任，聖人能而不任；眾人貴己好名，聖人賤己卑名；眾人喜愛顯榮，聖人卻
自甘黯淡。

以治國而言，聖人亦復依循反者道之動的原理，站在君主的立場，作君
臣與陰陽動靜的配對，《指歸》言：

> 是以，聖人……，治之於天下，則主陰臣陽，主靜臣動，主圓臣方，
> 主因臣唱，主默臣言。正直公方，和一大通，平易無爲，寂泊無聲。

德馳相告，神騁相傳，運動無端，變化若天。不行而知，不爲而成，

功與道倫，宇內反眞，無事無憂，太平自興。（〈卷三‧善建〉）

此言聖人體現大道，保持陰柔、清靜、靜默、因順、無爲、無事，而將施政具體事務賦予人臣，使人臣剛健、有爲、有事、有言，而聖君以道治國之功效，自然使得人主聖明，人臣忠貞，賢士得以晉用，邪士得以摒退，上下和睦順從，國富民昌，遠人來歸，天下太平。

　　又眾人莫不崇尚剛強，聖君卻與此相反，曰：

天下莫柔弱於水，而攻堅強者，莫之能先。其無以易之矣。夫水之

勝強，柔之勝剛，天下莫不知，莫之能行。聖人言：受國之垢，是

謂社稷之主；受國不祥，是爲天下王。（〈卷七‧柔弱於水〉）

聖人法道而爲，而水柔弱、卑下、不爭近道，是以聖人在施政上效法水之卑下，受國之垢，受國不祥；又法水之柔弱，是以能對百姓寬大爲懷，不加以苛責。《指歸》更從歷史教訓印證柔弱之有益於治國，曰：「是以強秦大楚，專制而滅；神漢龍興，和順而昌。」（〈卷二‧道生一〉）秦國恃強而專制，終至於滅亡，而漢初行黃老治術，尚柔弱行無爲，而得以締造盛世。又聖人之於功名也，曰：

是以聖人之建功名也：微，故能顯；幽，故能明；小，故能大；隱，

故能彰；志在萬民之下，故爲君王。威振宇，內四海盡臣。懸命受

制，莫有能當。德與天地相參，明與日月同光。（〈卷五‧爲無爲〉）

聖人反眾人之道以行，雖行隱微，反得彰顯，與天地相參；雖行幽暗，反能顯明，與日月同光；雖下於萬民，反而受萬民推就上位，威震四海。

　　又眾人好爭名逐利，聖人謙下不爭，反而受民愛戴，推之爲上君，曰：

是以聖人，通道不信身，順道不順心。動不爲己，先以爲人；無以

天下爲，故天下爭爲之臣。（〈卷五‧江海〉）

聖人順道應天，後己而爲人，爲以天下爲，故天下百姓樂推之，而爲其人臣。又聖人之教化與眾人反。曰：

故眾人之教，變愚爲智，化弱爲強，去微歸顯，背隱爲彰，暴寵爭

逐，死於榮名。聖人之教則反之。愚以之智，辱以之榮，微之以顯，

隱之以彰，寡之以眾，弱以之強。（〈卷二‧道生一〉）

眾人以智、強、顯、彰、爭逐、榮名教人。聖人之教化適與眾人相

反，聖人以愚、辱、微、隱、寡、弱教人。要之，聖君實則深明大

　　道反覆相因之理，因此往往從事物的反面去把握，藉著大道反覆相
　　因的反轉，而蒙受正面之利。

就道之用而言，《指歸》之聖人承襲《老子》之聖人，是兼具「內聖外王」的
理想人格，最顯著的例子在於：

　　夫聖人所以能動與天和，靜與道合，既能保身，又能全國，翱翔乎
　　有爲之外，優遊乎無事之內，取福於纖妙之中，而舒於四海之外，
　　喪明者之目，杜知者之口，⋯⋯。（〈卷六・知不知〉）

從上文可知，聖人動靜與道相合，是以得以一方面以其道內治其身，成爲治
身的高士；一方面以其道外治天下，成爲治國之明君。如此觀之，《指歸》實
乃承襲黃老思想治身治國一理相通，聖人深明大道，自然治身治國皆擅。又：

　　是以聖人，言不言之言，爲不爲之爲；⋯⋯無知無欲。無欲則靜，
　　靜則虛，虛則實，實則神。動歸太素，靜歸自然，保身存國，富貴
　　無患，群生得志，以至長存。（〈卷六・言甚易知〉）

聖人無言無爲，無知無欲，虛靜合道，並以此無爲之道運於保身存國，則
可以富貴無患，可以使群生返其性命之眞，可以使神明不耗，長生久視，無
所不宜。

　　就聖人之外治其國而言，《指歸》談到君民的關係時，言「故聖人之爲君
也，猶心之於我，我之於身也。」（〈卷二・不出戶〉）又言「主者，天下之心
也。」（〈卷四・以正治國〉）百姓「以主爲心。與之俯仰，與之浮沉。隨之臥
起，放之屈身。」（〈卷三・聖人無常心〉）此說明的要點有二：其一，君主與
百姓，正如人身中的不同部位，君主與百姓基於「同體」之故，具有彼此牽
動的緊密關聯。其二，君主之於百姓，正如心之於我，我之於身，是處於一
種主體的地位，百姓往往以君爲主，隨之起臥屈身，俯仰浮沉，因此一旦主
體合於道，則上下一體，皆可在大道運化下，安享太平盛世，於此可見君主
對國家的重要性。《指歸》在提及聖君治國之術的來源時，言：「聖智之術，
不自天下，不由地出，內在於身，外在於物。」（〈卷三・道生〉）又說聖人：
「審內以知外，原小以知大，因我以然彼，明近以喻遠也。」（〈卷二・不出
戶〉）如此可知，聖人治國之術，原之於聖人之內在，而這個原之於聖人內在
之術，正是與治身一理相通的「道」。所以聖人治國之先必先治身修道，《指
歸》言：「明王聖主，損欲以虛心，虛心以平神，平神以知道，得道以正心，
正心以正身，正身以正家，正家以正法，正法以正名，正名以治國。」（〈卷

四‧以正治國〉)《指歸》此段與儒家所謂修身、齊家、治國、平天下的理念是一致的。《指歸》也描述嚴遵心中理想的世界,曰:

> 是以,聖人之治小國也,轉禍爲福,因危爲寧。富以舟輿,實以甲兵。器械便利,衣食有餘。牛馬蕃息,畜積充滿。什伯鄰國,以固民心。能而不爲,知而不作。滋味不活,庖廚不飾。絕身滅色,身爲之式。飲而後食,勞而後息。暑服一單,寒衣一複。期於和適,不厚其服。務以便生,不爲口腹。賦斂徭寡,民有餘力。井兼之原絕,而增加之流息。風俗敦厚,遵儉忠愨。有而若亡,能而若劣。夫何故哉?建之以道,抱之以德。勞佚危寧,與民若一。平心適和,聽以督實。敬順遜辭,以褒其神。聰明盛德,以匡流失。鄰國不動,百姓和集。樂生安壽,惡爲盜賊。(〈卷七‧小國寡民〉)

> 是以,聖人……治之於國,則主明臣忠,朝不壅賢,士不妬功,邪不蔽正,讒不害公。和睦順從,上下無怨,百官樂職,萬事自然。遠人懷慕,天下同風,國富民實,不伐而疆。宗廟尊顯,社稷永寧,陰陽永合,禍亂不生。萬物豐熟,境內大寧。鄰家託命,後世蕃昌,道德有餘,與天爲常。(〈卷三‧善建〉)

此言聖人以道治國,聖人本身無有欲望,無用智識,平心靜氣,存養其神,生活素樸,聖人本身即起模範的功能,讓百姓在潛移默化之中,也起而效尤。聖人所治理的國家,政體規模雖然不大,但在政治上內無紛爭,外無禍患,內外皆安。君主人臣各司其職,賢能正直之士得以晉用,邪曲讒佞之人自然遠避,政治自然清明。在經濟上,不對百姓橫徵暴斂,不過度徵招百姓從事徭役,百姓自有餘力從事生計,於是人民在食衣住行各方面自然富足,人民物質雖富足,但受君王簡約生活的影響,生活也樸素儉約,恬淡安樂。在社會上,風俗敦厚樸實,人民純樸善良,順生遂死,沒有機巧詐僞之事。

就聖人之內治其身而言,聖人「重身而輕天下」、「大身而細物」,視生命更重於天下與珠玉,所以不爲天下而喪其身,也不爲外物而捨其身。《指歸》言聖人以道治身的情形是:

> 是以,聖人去力,去巧,去知,去賢。建道抱德,攝精畜神,體和襲弱,履地戴天。空虛寂泊,若亡若存,中外俱默,變化於玄。無爲無事,反樸歸眞,無法無度,與變俱然。抱小託大,牧養萬民,方圓先後,常與身存。體正神寧,傳嗣子孫。德積化流,洋溢無窮,

> 衰而復盛，與天俱終。故治之於身，則性簡情易，心達志通，遠所
> 不遠，明所不明。重神愛氣，輕物細名，思慮不惑，血氣和平。筋
> 骨便利，耳目聰明，冗膚潤澤，面理有光。精神專固，生生青青，
> 身體輕勁，美好難終。（〈卷三・善建〉）

聖人去力、去巧、去知、去賢，將種種非本性之眞所具有者，損之又損，去之
又去，以至於無爲自然，又行中和柔弱，而歸於本始之眞，虛空玄默，即已到
達入道之境。聖人入道之後，可運用其道於「牧養萬民」，也可運用其道於治
身養生，聖人以道治身則可以使性情平易，心志通達，氣血充足而平和，神明
清明而專固，耳目聰明而明理，筋骨強健而便利，面容潤澤而有光，生機充沛
而盍然。聖人身體因修道而「出夭傷之戶，入長生之路」，而得以長生久視。

二、精神境界──物我合一、我道相入

　　《指歸》中所闡述的養生過程，其實正是修道的過程，養生的目的固然
在求生命的長生久視，但《指歸》之聖人養生至於極致，養生的目的性反而
不是那麼重要，相對地，修道的意圖反而更趨顯明，而修道達於某種境界，
形體的長存卻被放開了，它認爲超越生死的束縛，視死生如一，不貴生賤死
的超然境界，才是聖人所要追求的。在《指歸》中，關於聖人的精神境界，
筆者想要試著從個體與群體，或小我與大我的關係談起，其次再談從個體所
體會的道境。

（一）物我合一

　　在《指歸》的宇宙生成論中，宇宙生成進路爲：道生德，德生神明，神
明生太和，太和生氣，氣生萬物。其中，具體的有形世界中，包含天、地、
人、萬物，都被建構在同一層級，統稱萬物。此由《指歸》言：「天地，物之
大者。」（〈卷二・道生一〉）一句，可知天地隸屬於物。此外，《指歸》承襲
《淮南子・精神訓》一派黃老思想，把人視爲萬物之一，曰：「譬吾處於天下
也，亦爲一物矣」﹝註10﹞，此言人亦隸屬於物，統此以觀，天地人萬物皆同
爲物。當然，在論述人與天地萬物同一層級的同時，實有必要釐清漢人對「天」
多元意義的理解，以天的意涵來說，包含幾層意思：一是覆天載地的物質天；

﹝註10﹞ 〔漢〕劉安編；高誘 注：《淮南子》（上海：上海古籍 1989.9 第一版第一刷），
　　　　頁 70。

二是賞善罰惡的神性天；三是生物不測的形上天；四是具有自然義的天。〔註
11〕以上分類中，以形上天的價值最高，不僅跳脫出神格色彩，在作為宇宙本
體的意義上，即等同於道。如此觀之，《指歸》此處所言之萬物之一的「天」，
應屬於物質天，總而言之，從宇宙的角度，來宏觀天地人三才以及萬物，《指
歸》認為他們皆隸屬於同一層級。

　　在《指歸》的理論中，天地物我本是「同體」，都屬於自然大家族的一員，
嚴遵即云：「六合之內，宇宙之表，連屬一體」（〈卷二‧不出戶〉）。嚴遵認為
物我之所以可以一體，是由於「同體故也」，而這個物我共同之體，即是「道
德」。「道德」是宇宙萬物、自然社會的共同根據，是客觀世界統一的基礎。
正因為如此，物我才有渾然一體，而可以往復交流的可能性。再者，天人物
我並以「氣化連通」的方式，產生相互牽動的連動關係。以道觀之，物無大
小貴賤，萬物齊均，以物觀之，卻往往自貴而相賤。於是個體因後天情識習
染以及有為造作所引起的分別心，遂造成個體與群體的隔絕，或者小我與大
我的隔絕，不僅物類嚴分，甚至同類之中，也開始有賢愚不肖的種種區別，
在此情況下，個體的世界因自我的游離分化，漸趨狹隘。的確，嚴遵也以人
的生命歷程為例，他認為赤子是最能體現物我合一之境的，這是因為赤子未
受塵染，智慧、神靈、能力都處在潛在階段，他們不去分別巧拙、生死、新
舊、榮辱、苦樂，也沒有主體的自覺，處在主客渾然未分的階段。這種精神
狀態是與宇宙整體混然一體的，一旦有了自我意識，有了主體自覺，主客體
就有了分離的可能，嚴君平指出「及其有知也，去一而之二，去晦而之明，……
深思遠慮，離散精神。」（〈卷四‧含德之厚〉）「一」指的是物我混然的狀態，
一旦有了自我意識，世界就成為人的認識物件而與人處於對立的狀態。〔註12〕
綜言之，萬物依其性命之本眞，本是物我合一的，因此萬物由物我之一體變
為物我的隔絕，是生命退化的現象，而養生修道的目的之一，即是由物我隔
絕，重返物我之一體。

　　關於重返物我合一的方法，前文所論甚多，大抵是將後天情識習染、人

〔註11〕中國文化中所謂的「天」，它的涵義為何？張秋升先生歸納道，蓋有二義：其
　　　　一為自然的存在。其二是神意的存在。前者大抵所指為自然天，包含日月星
　　　　辰，四時節氣等。後者所指為意識天。張秋升：《天人糾葛與歷史運演──西
　　　　漢儒家歷史觀的現代詮釋》（山東：齊魯書社 2003.8 第一刷），頁 100～101。
〔註12〕牟鐘鑒、胡孚琛、王葆玹：《道教通論─兼論道家學說》（山東：齊魯書社出
　　　　版 1993.12 月第二次刷第一版）。

爲造作去之又去，損之又損，以至於空虛無爲，即能與道契合，一旦與道契合，自然產生物我合一的心理體驗。關於物我合一的心理體驗，極其抽象，非有到達境界者，不能體會，甚至欲以言語表達亦十分困難。因此，以下試著從物我合一心理體驗的方式，物我合一心理體驗的感受，以及物我合一下人與天地萬物的關係，試作分析。

　　以物我合一的體驗方式來說，學者那薇與張實龍先生都提出「直覺體悟」的方式，這是道家境界的特殊體悟方式，當然也是《指歸》所採用的體驗方式，學者那薇指出嚴遵的「聖智之術，不自天下，不由地出，內在於身，外在於物，督以自然，無所不通，因循效象，無所不竭」一段，其中的「聖智之術」就是對宇宙全體的心理體驗功夫。這種體驗的功夫，有別於一般的認識方法，總是站在事物的對面接受外界事物對感官與頭腦的刺激，造成主客體對立的現象，嚴遵的「聖智之術」是主客體相融的體驗方法。在靜觀默察之中主體以整個身心去感受外物，透過內在的清明修養以向內照見自己本然的性命之眞，並以自己的素樸本性直契萬物的本性，而這個本性正好是與「道德」相契合，也是物我統一的客觀標準，聖人可以透過「道德」的客觀標準，與萬物往返交流，以達到上下、內外、主客、物我、天人渾然一體的和諧與合一。〔註13〕張實龍先生也解釋「直覺體悟」爲：

> 這種直覺體悟不同於用感官去感知具體事物，也不同於用概念去推
> 知抽象道理，它只是去思去慮，無物無我，讓思緒去順隨事物，從
> 而在內心中體悟事物的本質。這種體悟經歷多了，便形成經驗，而
> 經驗又以某種結構模式在實踐中被成千上萬次地重複，不知不覺地
> 內化成內在的思維模式。這個內在的思維模式即是潛在的直覺能
> 力。〔註14〕

意指「直覺體悟」的體證方式，必須伴隨著高度的修養才能做到，而這種高度修養就是去感官、去意識、外物無我，待認識主體空虛以後，又或者根本沒有了認識主體，主客體一體無分，當失去相互對待之後，主體即客體，主體之「直覺體悟」，即等同於客體的。以道家所要體悟的核心──「道」來說，

〔註13〕那薇：《漢代道家的政治思想和直覺體悟》（齊魯書社 1992.1 第一版第一刷），頁 193～214。

〔註14〕張實龍：〈嚴君平解讀《老子》之方法〉，《安慶師範學院學報》（第十八卷第四期 1999.8），頁 28。

主體修養至最高境界之後，主體的「直覺體悟」即等同於「道」的。所以透過「直覺體悟」方式體證的「道」，可以達到與「道」泯然無分的絕對境界，這種認識不是認知性質的認識，是如佛家所謂「拈指微笑」的「會之於心」的認識。張實龍甚至認為，修道者經過多次的「直覺體悟」，「直覺體悟」即成潛意識。〔註15〕而嚴遵所採取的直覺體悟是：

> 夫立則遺其身，坐則忘其心。澹如赤子，泊如無形。不視不聽，不為不言，變化消息，動靜無常。與道俯仰，與德浮沉，與神合體，與和屈伸。（〈卷三・出生入死〉）

修道之人「遺身」、「忘心」、「忘卻感官」作用之後，則能澹泊如赤子，而通於道德，與道德同運行，同韻律，合為一體。這與《老子》的直覺體悟在方法上，在結果上是如出一轍的。此外，《指歸》：「聽之寂寥，……水火不能薶落……」（〈卷四・含德之厚〉）一段也提出類似的看法，在這裡他闡述了兩方面的問題，一是闡述了「道德」的絕對性與至上性，其次闡明用尋常認識事物的方法去認識「道德」無濟於事。用思慮、心意去判斷、區別事物，只能夠認識世界的某一方面，不能夠把握宇宙全體。相反地，嚴君平認為人們的眼睛一旦停留在外部世界的顏色和形狀上，耳朵一旦停留在外部世界的聲音上，口舌一旦停留在食物的味道上，就會產生欲望和要求，就有好惡的情感，無法獲得宇宙全體的認識，直覺既不依靠感性認識，也不依靠理性認識，而是依靠恬淡無欲的心靈與萬物的本質相融，嚴君平所說的聰明指的是感性認識，智慮、心意、思慮指的是理性認識。由於直覺體悟方式極為抽象，因此操作起來神秘難測，難以言傳。

　　就物我合一的心理感受來說，《物理學之道》的作者卡普拉曾經指出：「當理性的思維沉寂下來時，直覺狀態就會產生一種特殊的意識，能以一種直接的方式體驗到周圍的一切，而無須對概念性的思維進行反思。……在這種意識中，各種局部的形式消退了、溶化成渾然的一體。」〔註16〕《指歸》中所要求一再去除的正是「理性思維」，而欲保留的正是「直覺思維」，因此卡普拉所謂去除理性思維，而產生渾然一體的直覺反思，應該就是嚴遵「物我合

〔註15〕張實龍：〈嚴君平解讀《老子》之方法〉，《安慶師範學院學報》（第十八卷第四期 1999.8），頁 28。

〔註16〕轉引自劉松來：《養生與中國文化》（江西：江西高校出版社 1994.6 第一版第一刷），頁 60。

一」的心理體驗。胡孚琛先生也說：「人將自己有限的生命融入宇宙永恆的大化之中，從有限中體現到無限，達到身心和宇宙合一的絕對自由境界。」〔註17〕如此可知，人在身心無所執著的情況下，可以任意馳騁，心靈達到一種極度自由的境地，在《莊子》謂之逍遙，在《指歸》則稱為「心無所棲，形無區宅。」（〈卷四·含德之厚〉）

就物我合一下，人與天地萬物的關係來說，修道之人打破自我的藩籬，回歸自然之後，在人際上和光同塵，賢愚不肖在聖人心中，無所分別，可以相與屈身俯仰，和睦相處。在天人關係上，《指歸》言盛德之人得以「居以天地，照以日月，變以陰陽」（〈卷一·上士聞道〉），「不方不直，萬物自得；不直不方，天地自行」（〈卷一·上士聞道〉）「與天為一，與地為常。」（〈卷一·上士聞道〉）意指聖人可以如天地一樣覆天載地，可以與天地共遊，可以與日月爭光，達於天人交順、天人一體之境。在與其他物類關係上，聖人視萬物為同類，可以平和相處，可以「恩加走獸，澤及飛鳥」，可以隨鳥飛，可以隨魚躍，可以隨萬物浮沉、臥起、屈伸，心靈與變化共遊，與本質共運，起伏動盪，福禍與共。但從外表看聖人卻如聾如盲，如醉如癡，聖人的身心進入一個出神入冥的境界，那是一種「天地與我並生，萬物與我為一」的曠遠情懷。

（二）我道相入

萬物不僅根源於「道」，並要彰顯「道」，以「道」為楨幹，與「道」相合，我道相入。因此，與「道」結合性的強弱高低，即可顯出萬物自我價值實踐的高下。聖人境界要能成為道境，先決條件在於突破自我的藩籬，一旦自我的藩籬消失，人我的界線自然也消失無蹤，如此可以一步步將境界的世界，由物我合一，到天人交順，最後道與我渾然無分，《指歸》言此為「我道相入」，我與道相互滲透，成為一體，達到「精神隆盛，福德並會，道為中主，光見於外。」（〈卷三·出主入死篇〉）在這種境界中，已不只是精神上的圓滿無缺，臻於至真至善至美；並在生理的機能上，也顯現容光煥發，具有一舉數得之效，生命因此得到終極價值。

進一步說，聖人之所以能達於「我道相入」的理論基礎，林俊宏先生借用日本當代思想家丸山真男「樂觀主義」的說法，指出儒家與道家各有不同

〔註17〕胡孚琛：《魏晉神仙道教〈抱朴子內篇〉研究》（人民出版社 1989），頁 204。

路徑的樂觀主義。儒家的樂觀主義是一種克己修身的道德主義，重視的是天理與人欲的合致，人固然成爲實踐主體，卻不得不隨時重視「愼獨」，或者充分地重視個體與群體的緊張性。道家的樂觀主義是一種素樸的自然主義觀點，認爲人與萬物是共構的存有，並說《指歸》延續道家樂觀主義的傳統，以爲人蘊化於共構的存有，這就提供回歸道性的可能性。〔註18〕有了這樣的理論基礎，人們即可透過「身心修養的高度成就」，漸次向道回歸，推回「共構存有」。

　　具言之，從「人」的分殊回歸到共構存有——「道」，必須依賴「無爲」這個自然之理的「恪守」。〈卷二・大成若缺〉就說得極爲清楚，日：

> 道德無爲而神明然矣，神明無爲而太和自起，太和無爲而萬物自理……陰物穴居，陽物巢處，水動潤下，萬物青青，春生夏長，秋成冬熟，皆歸於土，非有政教，物自然也。（〈卷二・大成若缺〉）

《指歸》中的「無爲」是依傍著「道」的逐層開展而開展，離開了本體的承諾與回歸，共同生活的和諧開展是極難得致的，《指歸》期待的是體現共構存有的那個「本體人格」，而這個「本體人格」，既是「道」，是「德」，同時也是人的素樸本性。因此欲達人一體之境，必須修道養德，同時也在回歸人的素樸本性。嚴君平指出「無爲之關，不言之機，在於精妙，處於神微。」所謂「機」「關」是人的素樸本性與天道相契合的點，這種契合是精妙、神微的。天人合爲一體，這時的人是純粹的人，是充分體現人的本性的人。又說聖人：

> 是以聖人，心默而不動，口默而不言，目默而不視，耳默而不聽。動如天地，靜如鬼神，不爲而成，不言而信。進則無敵，退則不窮，身無纖介之憂，國無毛髮之患。夫何故哉？危於不危，亡於不亡，昭然獨見，運於無形。（〈卷五・爲無爲〉）

所謂「默」，即心默，口默，目默，耳默，亦即心不動，口不言，目不視，耳不聽，亦即《莊子・人間世》之「心齋」：「無聽之以耳，而聽之以心，無聽之以心，而聽之以氣，唯道集虛。」心齋，是戒除物質欲望，戒掉名、利、色，使人心自然虛明坦白，最終達到「無我」的境界。虛到沒有任何主見，連「我」也不復存在，對於世俗事務，一切無心。既已無心、無我，對外界的一切干擾，

〔註18〕林俊宏：〈《老子指歸》之政治思想試論〉，《政治科學論叢》（第 22 期 2004.12），頁 105。

可逆來順受，隨遇而安。又或者《莊子‧大宗師》所言「坐忘」，曰：「墮肢體，黜聰明，離形去智，同於大通。」所謂「坐忘」意指拋棄一切知識，忘掉事物的區別，宇宙間一切事物的區別都忘記了，只剩下混沌的整體——「大一」、「元」。這可見單是「忘仁義」、「忘禮樂」還不夠，還要「墮肢體」，忘手足，「墮聰明」，忘耳目，閉目塞聽，「離形去知」，忘去自己的身體與一切外界知識，達到「同於大通」的境界，即人與「道」相合。〔註19〕這在《指歸》情形也是一樣的，《指歸》言聖人無為而至虛靜，即可我道相入，《指歸》即云：「人能入道，道亦入人，我道相入，淪而為一，守靜致虛，我為道室，與物俱然，渾沌周密」（〈卷三‧天下有始〉），此言體道之人若能虛懷若谷，「道德」則可以暢通於人的心靈、魂魄之中，最終形成道人一體的精神境界。

當聖人體會與道融為一體後，彼時形體已不重要，生死也可置之度外，故聖人「臥如尸」，齊生死，齊均萬物。相對於俗人對有形的身體以及有形世界的執著，聖人的精神達於極度自由、無所拘限的境地，《指歸》言聖人「身體居一，神明千之」（〈卷一‧上士聞道〉），是說聖人凝神之際，身體不動，靈魂卻可隨宇宙邀遊，同天地震盪，讓神明寄託在宇宙萬物之中，以有限的生命融入永恆的宇宙之中，在有限中體驗無限，在瞬間體驗永恆，使自己的身心獲得解脫、獲得自由，「出夭傷之戶，入長生之路，翱翔玄冥，優遊太素，昧昧茫茫，莫知其故，敦若昏晦，天下無事。」（〈卷五‧為無為〉）「淪唐唐，含冥冥，馳天地，騁陰陽。」（〈卷五‧江海〉）這樣就達到了我即宇宙，宇宙即我的境界。超越了物我界限，所得到的是宇宙全體，是無所不包的「道德」，這個「道德」就是宇宙萬物，自然社會的本性，也是主體的本性。

彼時精神徜徉於大道之中，是極度自然之狀態，《指歸》稱那個境界為「虛冥」、「太虛」、「玄冥」、「玄遠」、「玄域」、「玄默」、「玄妙」、「玄聖」、「玄玄」「玄同」等等名詞，這同時也是道的「至無」屬性。〔註20〕所以在《指歸》中說聖人「虛靜柔弱，玄默素真，隱知藏善，導以自然。」（〈卷七信言不美〉）又說聖人「逃名遁勢，玄冥是處，滅端匿跡，無形是守。寂寞虛空，莫能奪與，魁然獨立，與天同道。」（〈卷七‧天之道〉）又說聖人：「至微玄默」（〈卷四‧以正治國〉），又說聖人：「遊於玄默之野，處無能之鄉，託不知之體；寂

〔註19〕唐明邦：《論道崇真集》（湖北：華中師範大學 2006.2 第一版第一刷），頁51～58。
〔註20〕熊鐵基：《中國老學史》（福建：福建人民 1995.7 初版一刷），頁174。

若虛空，奄忽如死，心無所圖，志無所治；聰明運動，光燿四海，塗民耳目，示以無有。」（〈卷六·知不知〉）又云：

> 是以聖人，柄和履正，治之無形。遊於虛廓，以鏡太清。遺魂忘魄，休精息神。無爲而然，玄默而信。宵然蕩蕩，昭曠獨存。髣髴軮逮，其事素眞。其用不弊，莫之見聞。（〈卷二·大成若缺〉）

> 聖人……玄玄默默，使化自得，上與神同意，下與萬物同心。動與之反，靜與之存，空虛寂泊，使物自然。（〈卷一·得一〉）

「玄默」一詞較早見於《莊子》，《莊子》作「淵默」，〈在宥〉言：「故君子苟能無解其五藏，無擢其聰明，尸居而龍見，淵默而雷聲，神動而天隨，從容無爲而萬物炊累焉。」〔註21〕郭注：「出處默語，常無其心，而付之自然。」〔註22〕《淮南子·泰族訓》：「齊明盛服，淵默而不言。」〔註23〕如此看來，「玄默」爲沉靜無爲之義。分述之，「玄」指涉其玄妙，「玄之又玄」，變化莫測，《老子指歸》提出了眾多以「玄」爲特徵的術語，如「玄遠」、「玄宇」、「玄冥」、「玄妙」、「玄聖」、「玄同」、「玄玄」、「玄默」等。具言之，「玄」在《指歸》中通常指道在正反兩端中變化莫測的情形，聖人體此，因此如道一般，不執著於事物之兩端，不爲有，不爲無；不爲生，不爲死，與時俱化，變化因應，因此聖人道德，亦玄之又玄。因此《指歸》言聖人動靜、言爲、進退即能如大道之玄，莫測高深，也說聖人：「窅窅冥冥，莫觀其元。」（〈卷五·其安易持〉）所謂窈冥這一類的詞彙，原來都是用來描述大道之體狀，然此處用以描摹體道之聖人之境，此正說明聖人之境與大道是合而爲一，一體而無分的。又說聖人：「變化於玄。」（〈卷三·善建〉）「寂然蕩蕩，莫之能明，皎然昭昭，莫觀其情。」（〈卷六·言甚易知〉）皆言聖人境界之玄，高深莫測，難以測知。原本就是「玄之又玄」的老子之「道」，經嚴遵一發揮，就更加玄乎其玄了，而這正好開啓了玄學崇尚玄遠、玄虛、玄妙之學風先河。〔註24〕

「默」指修道者的極境與道境是若合符節的，而道境「玄妙不足以爲名」，

〔註21〕〔清〕郭慶藩編；王孝魚 整理：《莊子集釋》（台北：萬卷樓 1993.3 初版二刷），頁 369。

〔註22〕〔清〕郭慶藩編；王孝魚 整理：《莊子集釋》（台北：萬卷樓 1993.3 初版二刷），頁 370。

〔註23〕〔漢〕劉安編；高誘 注：《淮南子》（上海：上海古籍 1989.9 第一版第一刷），頁 223。

〔註24〕李霞：《生死智慧——道家生命觀研究》（北京：人民出版社 2004.5 第一版第一刷），頁 35。

妙不可言，這就牽涉到大道之妙與語言的侷限性問題，即《莊子·知北遊》：
「道不可言，言而非也。」〔註25〕或者就像《老子·第一章》所說，「道可道，
非常道。」一說出來，就要失去道的玄妙內涵，或者又如佛家所說：「纔一說
便不中。」任何語言都不足以表達作為宇宙本體的道，都改變了宇宙整體的
和諧完滿，這樣將離道越來越遠。學者劉天君也從「入靜」的境界，談及道
境的體會與語言的匱乏問題，他說：入靜境界的語言表達有兩個難以逾越的
障礙。其一是語彙的貧乏。在入靜過程中，大腦思維活動的主要形式是感覺
思維，這種思維形式需要把握各種細膩的感覺，而感覺比形象更難描述。……
我們只能以有限的幾個詞來表達在實際上可以說是無限的各種感覺。……入
靜過程中情緒的變化也是應該大書特書的，但描述情緒變化的詞彙也同樣寥
寥無幾。……用語言表達入靜境界的第二個障礙比第一個更難打破，也更為
本質。入靜是一個意識活動逐漸減弱的過程，到了高級層次，整個意識活動，
包括思維活動、情緒活動等幾乎趨於靜止，或者說主觀上已經靜止。在較低
層次的入靜境界中，感覺思維活動相對還比較活躍，儘管難於表達，但由於
主觀的意識活動尚存在，總還可以說幾句。而到了思維活動乃至整個意識活
動都已在主觀上不復存在的入靜高層次，我們便從根本上已無話可說。那時
的境界雖然「了了覺知」，卻又「無著無住」。這個境界並不「落實」在意識、
思維上，所以也難以用意識、思維去把握；因為只要一思考，一運用思維，
便已經打破了這個境界。〔註26〕綜上可知，道境妙不可言，「只可以意會，不
可言傳」，因此與其將道境說出，而妨害了道的整全性，不如在心中默識道之
玄妙。《指歸》因此云：「聖人……空虛寂泊，若亡若存，中外俱默。」（〈卷
三·善建〉）「頹然默默，魁然獨存，薄外厚內，賤己卑名。去眾離俗，與道
為常。」（〈卷六·言甚易知〉）雖則沉默不語，癡愚若無所知，但卻與大道渾
然無分，所謂「昭然獨見」，指聖人對大道之洞見，這種「獨見」，即同《莊
子》中的「朝徹」、「見獨」，聖人對大道的洞悉，是一種個人的體會，難以用
言語指出，也無法與人分享。所以嚴遵說：「故達於道者，獨見獨聞，獨有獨
存，父不能以授子，臣不能以授君，猶母之識其子，嬰兒之識其親也。」（〈卷

〔註25〕〔清〕郭慶藩編；王孝魚 整理：《莊子集釋》（台北：萬卷樓 1993.3 初版二刷），
頁 757。
〔註26〕劉天君：《氣功入靜之門》（人民體育出版社 1994.11 第一版第四刷），頁 16～
17。

四‧知者不言〉）大道之體會，只可意會，不可言傳，不能傳授他人，不能與他人同享，且雖父子，不能相移。

嚴遵的《指歸》，將先秦道家學說向內丹學過渡架起了橋樑，開始將老子道的學說內化爲人的心身體驗。這是要人在修煉中淨化靈魂，縮小與道的心理距離，直至以人的樸素本性與宇宙本性契合，把握整個宇宙精神，將自己的心身融匯於道的自然境界之中。〔註27〕

第二節　《老子河上公注》養生之境界

一、理想人格——聖人、道人、眞人

《太平經》中分人爲神人、眞人、仙人、道人、聖人、賢人六等，《老子想爾注》亦明確標示出修道者（常以道人、道士、通道、有道者、仙士、仙王士稱之）與非修道者（以俗人、尸人稱之）兩種不同身分的區分，這種身分的區分，無非是作爲鼓舞百姓通道的一種宣教手段，正襯顯出其強烈的宗教意識，反觀《河上公注》，顯然並不十分強調身分的區別。因此學者鄭燦山推測是書當非道團形式的產物。〔註28〕

綜觀《河上公注》中之理想人格，或延續《老子》傳統稱作「聖人」，或稱「眞人」（五十四章），或稱「道人」（二十、六十七章），另外，值得注意的是《河上公注》中大量稱說「君主」。以聖人來說，《河注》中「聖人」出現了77次之多，比《老子》原文多了兩倍多。推其原因有二：其一，《老子》原文本多談「聖人」。其二，《河注》注解《老子》時，往往將原文逐句展開。學者嘗注意到，《河注》中「聖人」一詞出現頻繁的章節，多是《老子》原文中出現「聖人」的章節。如〈後己〉的注解：「是以聖人處上而民不重」：聖人在民上爲主，不以尊貴虛下，故民戴而不爲重。「處前而民不害」：聖人在民前，不以光明蔽後民親之若，無有欲害之心也。「是以天下樂推而不厭」：聖人恩深愛厚，視民如赤子，故天下樂推進以爲主，無有厭也。「以其不爭」：天下無厭聖人，時是由聖人，不與人爭先後也。」括弧中的句子在《老子》

〔註27〕 胡孚琛、呂錫琛：《道學通論——道家、道教、仙學》（北京：社會科學文獻出版社 1999.1 第一版第一刷），頁 523。
〔註28〕 鄭燦山：〈《河上公注》成書時間及其思想史、道教史之意義〉，收錄於《漢學研究》（第八卷第二期 2000.12），頁 105。

原文中是一段前後連貫的句子，《河注》將其逐句分解，這才多次出現「聖人」一詞。所以這段注解中的「聖人」是據原文中的「聖人」引申出來的，基本上可以看作是對《老子》的繼承。〔註29〕

　　而《河上公注》中「眞人」、「道人」之說僅一見，關於眞人之說，先秦典籍中《莊子》有所謂「眞人之息以踵。」賈誼《鵩鳥賦》亦有：「眞人淡漠兮，獨與道息。釋知遺形兮，超然自喪；寥廓忽荒兮，與道翱翔。」〔註30〕《黃帝內經・素問》開篇便論上古之人「恬淡無爲」、「積精全身」，是說：善於身心兩面養生，疾病就很少，故能「終其天年」，乃至「壽蔽天地，無有始終」，名曰「眞人」，且後世道教每以修養崇高之人爲眞人。鄭開先生嘗解釋「眞」一字曰：

　　　　眞字的篆形「眞」就是一個人形的變化，許愼《說文解字》謂：「仙

　　　　人變形而登天也。」這是不是意味著成爲「眞人」就是某種蛻變呢？

　　　　〔註31〕

因此，從許愼的解釋，可知漢人對「眞」字的理解，已將「眞」視爲成仙之人的某種修爲，某種特殊能力，依此，可以合理的相信「眞人」爲「神人」、「神仙」之前身。再者，依班固《漢書・藝文志》言：「神仙者，所以保性命之眞。」〔註32〕而《河上公注》中眞人、道人無所造作，而能守其自然之性者，且合於大道，如此可證，《河上公注》之眞人的確近於《漢書》所謂神仙之定義。至於李豐楙教授則明確的指出：「從道家過渡到道教的關鍵字就是僊、眞。」〔註33〕因此從「眞人」之說，可看出《河上公注》有意從「聖人」說歧出「眞人」之說，有意以「眞人」來區別其他學派，並具備早期道教發展之雛形。因此，《河上公注》之「眞人」可視爲後世道教神仙體系的萌芽。至於「道人」之說，事實上，「道人」之說與「眞人」之說，並無差異，因爲在《河上公注》中，「道」與「眞」只是本體與特性區別而已，究其根源，實爲一物。

〔註29〕　劉玲娣：〈漢代《老子》政治觀的黃老色彩（二）──以《老子河上公注》爲中心〉，《唐都學刊》（第23卷第3期2007.5），頁11～12。

〔註30〕　《史記・屈原賈生列傳》，見〔漢〕司馬遷；瀧川龜太郎編：《史記會注考證》（台北：宏業1990.10.15再版），頁991。

〔註31〕　鄭開：《道家形而上學研究》（北京：宗教文化2003.10初版一刷），頁328～329。

〔註32〕　〔唐〕顏師古　注：《漢書》（新校本廿五史）（台北：史學出版社1974.5台北影印一版），頁1780。

〔註33〕　李豐楙：《探求不死》（台北：久大1987.9初版），頁69。

　　至於「君主」，《河注》多次談到「人君」「人主」、「君」等等。學者嘗仔細統計上述詞語在《河注》中出現的次數，其中「人君」出現過 19 次，「人主」出現過 9 次，「君」出現過 40 次（這些數字排除了它們在《河注》引用的《老子》原文中出現的次數）。〔註 34〕由此觀之，《河注》中以「君主」義一詞出現的次數相當頻繁。此外，《河注》將《老子》中的「我」、「大丈夫」等主語都解釋爲君主之「君」，對沒有明確主語的句子，則多以「君」爲主語，〔註 35〕並把「天下」、「人」等泛稱的主語也解釋爲「君主」。如〈淳風〉注「天下多忌諱而民愈貧」：「天下，謂人主也……」，注「人多技巧，奇物滋起」：「人謂人君、百里諸侯也……」。若對照《河注》和《指歸》、《想爾注》、王弼《老子》注，則《河注》中與「君主」相關的詞出現的次數很多。《老子指歸》中主語多爲「聖人」的句子，《想爾注》中針對「仙士」、「得道之人」的句子、王弼泛指普通人的句子，在《河注》中均以人君、人主爲主語或論說的對象。此外，注文中的「大道之君」（〈俗薄〉）、「智慧之君」（〈俗薄〉）、「絕學之君」（〈異俗〉）等，和「人君」、「人主」一樣，都是指君主。〔註 36〕從《河上公注》中大量稱說「人君」，可知《河上公注》的說教對象是人君，同時它也將「聖人」成功地轉化爲現實社會中的「君主」，從中透露出它對統治者應該具備聖人道德的期許。

　　歸納《河上公注》中理想人格往往可以回歸於常道，而此「常道」意即〈體道・第一〉開宗明義所言：「無爲養神，無事安民」之道，養生之人之最高境界在於無爲、無欲、無思、無慮、無情，甚至於無形、無我，當一切都回歸於無所有之境界時，人與自然可以融通而無礙，彼時，人就是大自然，大自然亦融入了人，就在人與自然天地冥合之時，也正是修道成眞之時。

〔註 34〕劉玲娣：〈漢代《老子》政治觀的黃老色彩〉，《唐都學刊》（第 23 卷第 3 期 2007.5），頁 11。

〔註 35〕《河注》還將《老子》一書中缺乏明確主語的句子，要麼作爲「人君」的特性和言行，要麼據原文予以發揮，使之成爲人君效法的準則。如〈重德〉釋「重爲輕根，靜爲躁君」，「人君不重則不尊，治身不重則失神……人君不靜則失威，治身不靜則身危。」〈無爲〉釋「或載或隳」：「明人君不可以有爲治國與治身也。」〈養德〉釋「故道生之，德畜之，長之，育之，成之，孰之，養之，覆之」：「道之於萬物，非但生之而已，乃複長養，成孰覆育，全於性命。人君治國治身，亦當如是也。」諸如此類，不煩累舉。

〔註 36〕劉玲娣：〈漢代《老子》政治觀的黃老色彩〉，《唐都學刊》（第 23 卷第 3 期 2007.5），頁 12。

（一）入世以治國

在《河上公注》的思想之中，「治身」與「治國」是其兩大思想主軸。而二者又以「治身」爲其主體，﹝註37﹞而「治國」則是「治身」之餘事。此等見解在道家思想著作《莊子》中，也有相同之看法，以爲：「道之眞以治身，其緒餘以爲國家」，以及「帝王之功，聖人之餘事也。」﹝註38﹞（《莊子・讓王》）。因此，通觀《河上公注》全書之中，凡能治國之賢君也必定是能治身之聖人，《河上公注》認爲非能治身之聖人無以治國。反之，欲治國則必先治身。《呂氏春秋・先己》亦有此言，曰：「昔者先聖王，成其身而天下成，治其身而天下治。」﹝註39﹞探究之所以必先治身而後能治國者，其原因在於〈體道・第一〉言：「經世治國之道，非自然長生之道。」故自然長生之道，尤較經世治國之道更爲根本，又〈守微・第六十四〉亦言：「聖人學人所不能學。……人學治世，聖人學治身。」可見治身較治國更加高深，是以能深諳治身之道的聖人，其道德高遠，絕對有足夠的道行以治世。

再者，《河上公注》中「治身」與「治國」實一理相通，能明治身之道者，將治身之道廣推於政治之上，也必定可以治國。《河上公注》除了開宗明義點出治身治國一理相通之外，其他多處注文，《河上公注》也以一理來同時論述治身治國之道，而此一共通之理正是「大道」本身的特性，因此所謂的治身、治國不過是依道而行，希望治身治國都可以體現大道。那麼，也可以「道」爲出發點，去擴充治身治國之道，大抵道性無爲、無形、無名、無欲、無功、空虛、清靜、柔弱，因此以道來治身治國，那麼，治身治國之道理當也是無爲、無形、無名、無欲、無功、空虛、清靜、柔弱也。

就治國之道而言，《河上公注》討論最多的是「無爲」，其言曰：

> 欲以有爲治民，我見其不得天道人心已明矣。天道惡煩濁，人心惡

﹝註37﹞ 學者劉玲娣以爲在《老子》原文中本無治身的意義《河注》卻在此進行了雙向發揮。此章的下文，《河注》均從養生的角度進行闡發，最後再歸結到治國上來。所以，就先後而言，則治身在前，理國在後；就地位的重要性而言，治身和治國同等重要。劉玲娣：〈漢代《老子》政治觀的黃老色彩〉，《唐都學刊》（第 23 卷第 3 期 2007.5），頁 12～13。

﹝註38﹞ 〔清〕郭慶藩編：王孝魚整理：《莊子集釋》（台北：萬卷樓 1993.3 初版二刷），頁 971。

﹝註39﹞ 〔宋〕陸游評；〔明〕凌稚隆批；陳立夫等編修：《中國子學名著集成──《呂氏春秋》》（明萬曆庚申吳興凌氏刊朱墨套印本）（中國子學名著集成編印基金會 1978 初版），頁 80。

多欲。器，物也。人乃天下之神物也，神物好安靜，不可以有爲治，
以有爲治之則敗其質性……不可以有爲治國與治身也。

（〈無爲・第二十九〉）

治國倘若有爲而多造作，那麼「令煩則姦生，禁多則下詐，相殆故貧」（〈淳
風・第五十七〉），政令苛煩、禁令繁多，非但不能使人民正直誠信，還會造
成人民爲逃避刑罰而產生姦邪。再者，爲政者動輒修宮室築台榭，使人民失
農時不得耕；連年征戰使得兵疲民困，國家豈有不滅亡之理，人民豈有不反
抗之理，人民反抗，國君就要難爲了，所以說「民之難治，以其君上多欲而
好有爲也。」（〈貪損・第七十五〉）因此，國君想要國治，必當「無事安民」
（〈體道・第一〉），使人民忘了國君的存在，無爲而治，功成事遂，百姓皆謂
自然。再者，《河上公注》在無爲以治國之理論中，又融入了「天人感應」的
思想，以爲人君無爲以治國，無個人主觀意識之作祟後，即能於無爲之中，
自然的順天而行，與天相合，曰：「侯王若能守道無爲，……。侯王動作，能
與天相應合，天即下甘露，善瑞也。」（〈聖德・第三十二〉）侯王無爲，即能
與天相感，天感侯王之無爲，即能降下善瑞，使「和氣流行」（〈論德・第三
十八〉），則五穀豐登，「民得以全也」（〈論德・第三十八〉）。

另外，與「無爲」關係密切的概念，尚有「自然」，學者嘗詳細統計了「自
然」一詞在《河注》中出現的次數，並進行了簡要分析。《老子》原文中，「自
然」僅出現了四次，剔除它們，則注文中共提到「自然」二十一次，分別分
佈在十五個章次中，[註40]這說明「自然」是《河上公注》十分重視的概念。
二十一個「自然」中，絕大部分契合老子原文無心無意、自然而然之意，如
「自然之效」、「自然之道」、「自然之性」、「自然之類」，以及「行自然」、「任
自然」、「返自然」、「失自然」、「性自然」、「因循自然」等等。總之，「自然長
生」包含著自然、長久、永恆之意，與「自然常在」含義大致相同，是與「有
爲」相對立的概念，或者說是「無爲」的替代語。《河上公注》承襲黃老道家
的「因循」之說，用「因」來界定無爲，如〈恩始・第六十三〉注解「爲無
爲」云：「因成循故，故無所造作。」即是明顯例子，《河上公注》透過「因
循」概念的融入，使無爲和有爲結合起來，從而實現道家無爲學說的創造性
轉化，主張因循事物的自然規律，不妄加干擾，使事物朝著它自己的方向發
展，「以虛無爲本，因循爲用」，這正是黃老無爲政治觀的基本理論。《河上公

─────────────────────

〔註40〕即第 1、3、5、13、17、23、25、38、48、50、51、60、63、64、66、75 章。

注》也把「因循」作爲君主治理國家應該遵循的重要原則加以強調，如《河上公注》云：

> 上德謂太古無名號之君，德大無上，故言上德也。不德者，言其不以德教民，因循自然，養人性命，其德不見，故言不德也。
>
> （〈論德·第三十八〉）
>
> 說聖人治國與治身也，……不造作，動因循。德化厚，百姓安。
>
> （〈安民·第三〉）
>
> 聖人動作因循，不敢有所造爲，恐遠本也。（〈守微·第六十四〉）

《河上公注》認爲，上古聖人之所以有「上德」，就在於他們「因循自然」，即不以德教化人民，不隨意干涉人們的生活，順應人民的固有性情治理天下。因循自然而天下大治，無所作爲而人民自化，百姓安樂，有大德卻不見其德，故稱「不德」。相反，「下德」之德就是上古有名號、諡號之君，他們的「德」是看得見的，也是可以說出來的。可見可說的德不及不可見不可說的「上德」，故稱「下德」。《河上公注》言聖人之所以「爲無爲」和「不敢爲」即「因成循故」和「動作因循」，順應事物原來的、本來的樣子，不敢有所造作，正是欲無爲以「守本」；反之，若有爲即是「遠本」。《河上公注》又在〈任德·第四十九〉中，強調了爲政要「因」，言：

> 聖人重改更，貴因循，若自無心。百姓心之所便，因而從之。百姓爲善，聖人因而善之。百姓雖有不善者，聖人化之使善也。百姓德化，聖人爲善。百姓爲信，聖人因而信之。百姓爲不信，聖人化之使信也。

此言聖人無心，惟以百姓之心爲心，也就是順應百姓「心之所便」，無論百姓爲「善」還是爲「不善」，爲「信」還是爲「不信」，聖人都要「因」其本心而善之化之。細言之，「爲善」者，則「因」其善而善之；爲不善者，則「化之」使其「善」。「善」是聖人治理百姓所要達到的目標之一，所以才有聖人使「不善」化爲善的必要。既然百姓存在「善」與「不善」、「信」與「不信」的差別，那麼聖人的行爲也就相應地有差別。在這裏，「因」的思想貫於整段注文，而「化」，也是一種積極的無爲，是有所爲的「無爲」。〔註41〕修心以道，則欲息而無爲，無爲的結果則是無不爲，所以《河上公注》言：

〔註41〕劉玲娣：〈漢代《老子》政治觀的黃老色彩〉，《唐都學刊》（第 23 卷第 3 期 2007.5），頁 13～14。

　　情欲斷絕，德與道合，則無不施爲，無所不爲也。
　　（〈忘知·第四十八〉）

法道無欲，則能無爲，無爲則能無不爲。就功利的角度來看，「無爲」是一個手段，「無不爲」是其功效，這是法家權術之用。然而，若就道的境界來看，因爲「無爲」則能不執著，不割裂，以成全道之圓滿，使道的境界無比的開闊，這是道家境界的開闊。至於以道治國，最後希望所達成的理想世界是「萬物歸往而不傷害，則國家安寧而致太平矣。」（〈同異·第四十一〉）由此可知，其理想世界是萬物和平共處，萬物各安其性分，萬物互不傷害之太平世界。《河上公注》又指出「反初守元，五帝畫象，蒼頡作書，不如三皇結繩無文。」（〈還淳·第十九〉）由此可知，其理想世界正是上古時代極爲素樸，極爲純樸的原始社會。

（二）修道以成真

　　養生之餘事足以治國，然而站在《河上公注》的立場來說，治國似乎不是養生之最終目標，以治身之理來治國，實則輕而易舉，但是當國已治之後，《河上公注》並不主張繼續坐享權位，相反地，《河上公注》認爲當治國之任務告一段落，治國者當知急流湧退，功成身退，站在功利的角度來看，功成身退是爲了保全已有之功業，保全既有之福德，曰：「功成事就，退避不居其位。福德常在，不去其身。」（〈養身·第二〉）但是站在生命的立場來說，生命本身若還有更高層次的境界足資發揮，「孰肯以物爲事？」〔註42〕所謂生命更高層次的發揮，即是修養大道，以成眞人。

　　欲超凡入聖，則必修道養生，且基於治國治身一理相通，舉凡無爲、自然、虛靜、因循等理皆可用以治身。歸納《河上公注》養生方法，可大別爲二：其一爲養性，也就是回歸人所最初稟有之自然之性，要復歸自然之性，則要清虛自守，卑弱自持，含光藏輝，除情去欲，清淨無爲，在經過種種措施之後，把許多人身原本所沒有的一一除去，回歸本來之面目，以至清靜、虛極之極，則可由無極而返無窮極之境。其二爲養氣，養氣實則包含養精與養氣二者，養精與養氣之法有許多同質性，即一方面固守不失其原有之氣；一方面呼吸行氣，納外氣以成內氣。一邊守一邊取，二者雙管齊下，久之，

────────────

〔註42〕《莊子·逍遙遊》，〔清〕郭慶藩編；王孝魚　整理：《莊子集釋》（台北：萬卷樓 1993.3 初版二刷），頁 75。

則可精足氣滿。當然這其中有許多實際上仍牽扯到養性的部分，如固守不失其氣的部分，欲固守不失其氣，勢必要使此性清靜無欲，如此才可固守不失。在養氣的部分，精足氣滿之後，才可以利用這些精氣，進一步鍛鍊其神。人之養神，一方面固守原存之神，一方面又轉化精、氣成神，如此精神清朗充沛。

　　當修道養生而至超凡入聖，生命即可突破「有限」時空而往「無限」去發展。就時間的突破來說，就是突破有限年壽的限制，使生命至於無窮極的境地，那要怎樣才可使生命至於無窮極的境地呢？普天之下，又有什麼是無窮極的呢？是天地嗎？《河上公注》曰：「天地至神，合為飄風暴雨，尚不能使終朝至暮。」（〈虛無・第二十三〉）是知可以無窮極者蓋非天地，而是天地之上，萬物之終極根源──道，因此人欲突破時間的限制，勢必要法道、修道。然而，《河上公注》中雖然極重視養身以長生，但《河上公注》對於是否長生「不死」，有相當模糊的說法，因為他所說的：「人能養神則不死，……言不死之道，在於玄牝」（〈成象・第六〉），「為人子孫能修道如是，則長生不死」（〈修觀・第五十四〉），「修道則可以解死」（〈為道・第六十二〉），然則〈修觀・第五十四〉所言之「長生不死」，指的是子子孫孫綿延不絕，「世世以久」（〈修觀・第五十四〉），並非指個體生命的不死。再者，所謂修道則可以解死，意思是說，修道者處於亂世之中，能保全性命，不會遭受無妄之災，所謂「解死」，只是不死於災禍而已。《河上公注》言養生之人能不受傷害，曰：

> 攝，養也。自然遠避，害不干也。不好戰以殺人。養生之人，兕虎無由傷，兵刃無從加也。問兕虎兵甲何故不害之。以其不犯（上）
> 十三之死地也。言神明營護之，此物不敢害。（〈貴生・第五十〉）

養生之人之所以能不受傷害，以其「自然遠避」、「不犯十三之死地」又有「神明營護之」，此不正是譬如《莊子・秋水》所言：「至德者，火弗能熱，水弗能溺，寒暑弗能害，禽獸弗能賊。非謂其薄之也，言察乎安危，寧於禍福，謹於去就，莫之能害也。」得道之仙人之所以具備神異能力，其原因在於能「察乎安危，寧於禍福，謹於去就」，因為能對自己所處之環境有所覺察，是以即便是處於安逸的環境中，也不鬆懈；處於危險的環境中能有所防備，因此不入於危險。因為明白人生中禍福相倚，福禍相伴，因此福亦不喜，憂亦不懼。是以神人之神異能力部分是一種經過生活的磨練，所鍛鍊出來的合理

生活態度與方式。〔註43〕且《河上公注》又提出「神明營護之」的觀點，此「神明」有超自然力量之神祇的意味，〈韜光・第七〉言：「聖人為人所愛，神明所祐。」以為得道之人能有神明保護，多少較《莊子》具宗教意味。甚者，《河上公注》更認為「不死」是不可取的，所謂：

> 萬物當隨時生死，不可但欲生無已時，將恐滅亡，不為物也。

（〈法本・第三十九〉）

萬物當有生死的循環，生命才有新陳代謝，才能有活力的生機。由此可知，《河上公注》所言之不死，是精神的不滅，即「留神住世」之意，它不是一種求肉體的永生長存，而是說人在排除了各種欲望之後，保持心靈的寧靜，使整個人心靈的節奏與宇宙內部的生命節奏相結合，於是可以產生一種人與天地共在的心理體驗，與天地共存的境界。〔註44〕至於肉體的部分，則可以因神之不滅而達於「肉身成道」之境，所謂「肉身成道」，其立論基礎在於身心、形神皆由一氣所構成，學者周雨沉言：

> 氣為身心兩向度底層的闇默存在，身是氣之凝實與聚合，心是氣之神變妙用。在有形之物身，氣是其得以活絡、運轉的無形基原與無盡動源，是能量場（energy field）；而在明意識之心，氣是藏於其後的暗意識流，是資訊場（information field）瑄合、貫通身心內部的氣，又通於天地間湧動不息的生命之氣。正如謝和耐所云，「『氣』既不是精神，又不是物質，但也可能同時是二者。『氣』是宇宙之力，是永存的和無所不在的，充滿了它不可見的空間（無）或以可見體（有）的形狀凝結而出現。」氣的流行，使身心轉化的可能得以敞開。〔註45〕

〔註43〕李小光先生論述《莊子》一書之神仙信仰，言其特徵有：一、神仙不僅居住在虛無縹緲的仙境，也居住在人世間。神仙所具的神異性是人在社會生活中最高道德境界的體現或象徵。二、神仙所具備的神異性特徵是喻指某種精神修養方法或理智之生活態度所帶來的生存安全和精神安寧。三、神異特徵的神仙是可以透過某種方術修鍊而獲得的。譬如朝徹、見獨、心齋、坐忘、復性等即是修養以成仙的具體方法。四、具有明確的仙階思想。有神人──聖人──賢人──君子──小人的仙階順序，也有天人──神人──至人──聖人──君子──百官──民的仙階排列。《生死超越與人間關懷──神仙信仰在道教與民間的互動》（四川：巴蜀書社 2002.9 第一版第一刷），頁 27～35。
〔註44〕張運華：〈《老子河上公章句》與道家思想的世俗化〉，《江西社會科學》（第 8 期 1997），頁 14。
〔註45〕周與沉：《身體：思想與修行──以中國經典為中心的跨文化觀照》（北京：中國社會科學出版社 2005.1 初版第一刷），頁 294～295。

由於身心、形神皆由「氣」所構成，因此身心、形神便得以藉著「氣」相互滲透並流通，使身心、形神由斷裂的兩部份，成為連續的一體，李志林先生解釋說：「氣論這種整體觀，視氣為生生不息的一個連續過程，強調了氣的存在和變化的連續性和不可分割的整體性，可說是中國古代氣論最基本的觀念。」〔註46〕而此連續的一體，透過彼此的牽連、滲透，可以影響彼此，甚至可以轉化彼此。所以林安梧教授即言：「中國宗教傳統因著『氣的感通』，強調兩層世界的連續性。」〔註47〕於是在氣的感通下，身心由對立而轉化為一體，而其轉化的趨向是使『『身』已完全被精神性的東西純粹化了」〔註48〕，「從身心對立到身的精神化，既是由經驗域向上拔升，還是存在境域的擴大和拓展。身心轉化後，經驗域的身心對立、衝突已然消解，不再是心對身的單向統領、管轄，而成為雙向的彼此成全。」〔註49〕亦即由此到彼、捨此向彼，而是即此顯彼，彼與此在修行過程中動態地交融，共臻依全新境界與狀態。〔註50〕於是在神不死的情況下，形亦得以因滲透流通，而得以不滅，於是人的存在即由有限化為無限，肉身之軀可以成道，謂之「肉身成道」。〔註51〕

就形體之超越來說，人身之形成是由道——氣——人的順序而來，所謂養生的功夫，實則逆向的由人而氣，由氣而道的過程，簡言之，即是復歸於道的過程。那麼，具體的做法，即是由有形之形軀，不斷的千錘百鍊而至五臟、此心已虛極，空無所有，五臟、此心再無情欲、思慮、感官之糾葛，而得以充滿神、氣，此時意識我、形軀我已被忘卻，只剩神、氣之通體流行，徬徨如一氣之流行，如此則可以與道同在。《河上公注》論到形體的超越時如是說：

> 使吾無有身體，得道自然，輕舉昇雲，出入無間。與道通神，當有何患？（〈猒恥‧第十三〉）

〔註46〕 李志林：《氣論與傳統思方式》（上海：學林 1990.1 初版一刷），頁 254。
〔註47〕 林安梧：《儒學與中國傳統社會之哲學省察——以「血緣性縱貫軸」為核心的理解與詮釋》（上海：學林 1998 第一版），頁 210～211。
〔註48〕 丁四新：《郭店楚墓竹簡思想研究》（北京：東方 2000 第一版），頁 292。
〔註49〕 周與沉：《身體：思想與修行——以中國經典為中心的跨文化觀照》（北京：中國社會科學出版社 2005.1 初版第一刷），頁 300。
〔註50〕 周與沉：《身體：思想與修行——以中國經典為中心的跨文化觀照》（北京：中國社會科學出版社 2005.1 初版第一刷），頁 300。
〔註51〕 林安梧：《儒學與中國傳統社會之哲學省察——以「血緣性縱貫軸」為核心的理解與詮釋》（上海：學林 1998 第一版），頁 210～211。

所謂「使吾無有身體」，並不是真的除去身體，所謂的「無有身體」，應指除去身體的作用與影響，應是王極盛先生所謂「忘體效應」，意指在練功入靜後忘卻自身軀體之謂。〔註 52〕忘體效應較低層次是忘卻形體的存在，這大體包括失重和失形兩種感覺。失重是質量的消失，失形是輪廓的消失，二種的融合便是存在的消失。自我意識的忘卻是忘體效應較高層次，〔註 53〕形體既已被忘卻，「作為形體存在的那分空間也就被忘卻了」〔註 54〕，彼時「大小遠近已無參照」，「一切感覺都幾乎降到了零，空間感當然也不例外」〔註 55〕，意識便超出了身體的局限，遨遊於太空宇宙，無限擴展，無邊無際。因此在空間上得以「出入無間」，上天下地，無所不通，在時間上得以「無所止也」。且隨著自我逐漸被忘卻，我即是天，天即是我，天我同一，不分彼此，〔註 56〕達於物我兩忘、天人合一之境。而「飛揚」、「輕舉」之語，並非「肉體飛昇」之說，而是擺脫形軀的限制，而在精神上所作的超越，在時間上「無所止也」，在空間上「出入無間」，突破時空的限制，而通於神道。王極盛先生提及上乘氣功的心理體驗中有「輕盈效應」、「沉浮升降效應」，輕盈效應主要表現在主觀上感到軀體重量減輕或缺如的一種輕盈飄然感受。沉浮升降效應，是練功入靜後練功者主觀上感受到軀體降落或升騰。〔註 57〕如再經修鍊，則可達到「與道通神」，人道合一的境地。換言之，養生的最高境界，乃是拋去世俗一切，使此身心化作一氣之流行，而與道、與萬物流通無間，使周身匯入自然之大體之中，使我在自然之中，自然也在我之中，至此，我與自然並無分別，於是得以與自然同壽。此等境界是將此身化作一氣之流行，匯入集虛之大道，彼時認知我、情意我皆已消融，只剩下物理我與自然之物理融為一體，到這裡，既無物我之分，亦無人我之分，人者同於大通，則形軀我、情意我皆昇華而達至與道合一之境界。

〔註 52〕王極盛：《中國氣功心理學》（中國社會科學院 1989.5 第一版第一刷），頁 279～284。

〔註 53〕劉天君：《氣功入靜之門》（人民體育出版社 1994.11 第一版第四刷），頁 31～44。

〔註 54〕劉天君：《氣功入靜之門》（人民體育出版社 1994.11 第一版第四刷），頁 44。

〔註 55〕劉天君：《氣功入靜之門》（人民體育出版社 1994.11 第一版第四刷），頁 44。

〔註 56〕劉天君：《氣功入靜之門》（人民體育出版社 1994.11 第一版第四刷），頁 31～44。

〔註 57〕王極盛：《中國氣功心理學》（中國社會科學院 1989.5 第一版第一刷），頁 279～284。

二、精神境界──天人合一、與道合同

（一）天人合一

依《河上公注》宇宙論，人乃由道氣而來，在一切的生成運動中，天是與人最接近者，天人之間非但同以「氣」為質素，且天人之間得以氣相互流通、相互牽動。因此，養生有成者首要道德與天通，一旦冥入天地之後，自然與天地無異，如此則可以與天地並壽。當修養達至天人合一之後，實則已接近於道了，只要再近一步使修養之氣，上合於道，則可與道同垂不朽。

陳明恩先生對天人關係之源起與發展有相當深層探討，他認為上古時天人之間並無嚴分，天人之間也在不自覺、無意識的狀態下自然的合為一體，之後在智識的開化之下，人脫離了天道的運行，於是天人之間開始產生破裂，所以天人合一的議題的提出，是在天人關係破裂後所產生的問題〔註58〕。易言之，在天人關係破裂後，為求天人關係的復原，於是有一連串的作為，而漢儒為求天人關係的修復，於是建立起一套宇宙生成的解釋方式，試圖由宇宙生成中，釐清天人關係，並找出天人仲介，並藉天人仲介以回歸天人合一的狀態。漢代是一個研究天人關係極為發達的時代，從董仲舒的天人感應思想，以至於司馬遷的「究天人之際，通古今之變。」皆把天人關係視作一個重要的議題。

以《河上公注》而言，也極為講究天人關係，以為養生境界之一是「天人合一」，進一步說天人之所以得以合一，其理論依據為何？在《河上公注》中，天人合一的理論依據是「天人同構」，天人由於同構，因此可以相互感應，終於達到合一之境。其實，早在《易經》中即有論「同類」相應的現象，曰：「同聲相應，同氣相求，水流濕，火就燥，雲從龍，風從虎。聖人作而萬物睹，本乎天者親上，本乎地者親地，則各從其類也。」〔註59〕（《易·乾·文言》）這裡指出兩種互相感應的模式：其一是「同聲相應，同氣相求。」指不同的事物中，倘若當中有其共同之介質，如「聲」、「氣」等，則二物可以透過此一相同之介質相互感通，這姑且謂之同物的相感。其二是「水流濕，火

〔註58〕陳明恩：《氣化宇宙論主體架構的形成及其開展》（淡大中文碩論 1995.6）第一章導論。

〔註59〕張善文、黃壽祺：《周易譯注》（台北：頂淵文化 2002.12 初版第二版），頁 15。

就燥，雲從龍，風從虎。」此類的感應取物與物之間之相類屬性，因爲性質相類而彼此相感，這姑且謂之爲同類的相感。就《河上公注》而言，同物的相感與同類的相感，二者兼而有之，曰：

> 此言物類相從，同聲相應，同氣相求，雲從龍，風從虎，水流濕，
> 火就燥，自然之數也。（〈虛無・第二十三〉）

試觀《河上公注》此段與《易・乾・文言》並無分別，既有同物之感應，也有同類之感應。細言之，「同聲相應」、「同氣相求」，二者即爲相同之物彼此的感應，而「雲從龍，風從虎，水流濕，火就燥。」即爲相類事物的相從牽引。那麼，以天人的關係來看，其感應的方式當屬同物之相感模式，蓋天人都同存有氣，故可以氣爲媒介相互感通。徐復觀先生倒是也有一段相似的說法，其曰：

> 精可以說是一種特殊純一的氣，流貫於天地及人的形體之中，並成
> 爲天與人，及人與人，人與物，互相感通的橋樑。〔註60〕

徐復觀先生此段話言簡而意賅，實精要道出「氣」的性質，爲一種極其精鍊之氣，此外，精氣具有高度的流通性，遍及天地、萬物之間，正因爲其流行於天地、萬物間，於是以「精氣」爲介質，構成天地、萬物間溝通的橋樑。而筆者從天人皆有「精氣」，得出天人同質同構，從「天人同構」的結論，又可得出天人之間能以「精氣」爲仲介，而達到相互影響、相互感通的功效，其言曰：

> 天道與人道同，天人相通，精氣相貫。人君清靜，天氣自正；人君
> 多欲，天氣煩濁。吉凶利害，皆由於己。（〈鑒遠・第四十七〉）

天人之間同有精氣，天人之間之精氣可以相互流通，天氣透過鼻之天門，進入人身之內形成人身之氣；相反地，人身之氣亦可循相反之途徑從鼻之天門外逸而出成天氣。天人之氣因爲「流通」的關係，使內外之氣相互浸染而同化，反過來，狀況也是一樣的，這就好比兩個相通的水域，其中一個水域遭到污染，另一個水域也不能免於污染；也好比是兩個獨立卻能與外在相通的空間，其中一個空間空氣汙濁了，另一個空間因爲空氣流通的因素，空氣也因此變汙濁了。以《河上公注》而言，天人之間，因爲精氣得以相互流通，相互浸染的結果，人之行爲清靜無爲，則其氣自清揚，影響到天氣亦自清揚，如此則五穀豐

〔註60〕徐復觀：《兩漢思想史》（增訂版、卷二）（台北：台灣學生書局 1976.6 初版），
頁 232。

收，人民安樂，則為吉；反之，人之所為繁瑣多欲多事，則其氣煩濁，影響到天氣，天氣亦自煩濁，於是「天應之以惡氣，即害五穀，五穀盡傷人也。」（〈儉武・第三十〉）這是凶，所以《河上公注》言：「吉凶利害皆由己也。」總上以知，透過天人之氣相互感應，其吉凶利害往往是加倍的，其影響不只及於一身，就連整個大環境都會因此而改變。

所以站在養生的立場，人實可透過天人精氣之相貫，修養己身，使自己心性清靜無欲，去惡向善，則天氣自正，自可趨吉避凶。《河上公注》描述到養生至極致之人時，即云：

> 玄，天也。言其志節玄妙，精與天通也。（〈顯德・第十五〉）

人經過一番的修身養德，則道德得以臻於玄妙，使己身之道德與天德無礙，則其「精」，得以與天相互交流、滲透。此等現象黃崇修先生謂之：「身體中的自然，自然中的身體」，其言曰：

> 身體可做為彰顯道的現實場域。那麼，在「其大無外，其小無內」的角度下，身體中真空虛己的精氣，不但可擴充場域身體的隔閡而滲透到自然界，而與天地萬物交融。同樣地，從「自然」或「道」的角度而言，吾人身體上的道何嘗不是大自然「其小無內」的滲透嗎？〔註61〕

的確如此，天氣與我既可相互滲透，人實可利用精氣之介質，將天氣納入己身之中，反之，人身之氣亦可與天氣往復交流，且當內外之氣交流頻繁，實則人身之內氣已無異於天氣之外氣反過來說，天氣之外氣也無異於人身之內氣，內在外氣融成一體，同於大通。此則《莊子・知北遊》所謂：「通天下一氣耳」，《黃帝內經・素問・生氣通天論》也說：「天地之間，六合之內，其氣九州、九竅、五臟、十二節，皆通乎天氣。」〔註62〕所有的氣融通為一體，無有內外之分。既然內外無分，可以融通，那麼物與物、事與事之間便不存在絕對的界限，它的同一是陰陽大化之「氣」的同一，而不是形而下的「器」的層次上的同一，〔註63〕「是謂與天同道也。」（〈玄德・第五十六〉）

〔註61〕 黃崇修：《從身體觀論虛靜功夫的哲學義涵——以先秦氣化思想為核心》（政大哲學係碩士論文 1999.4），頁 41。

〔註62〕 〔清〕張志聰校注：方春陽等校注：《黃帝內經集注》（杭州：浙江古籍 2001.12 初版一刷），頁 14。

〔註63〕 曲黎敏、彭賢以《易》為例，論萬物之統一為：「那麼物與物、事與事之間便不存在絕對的界限，它的同一是陰陽大化之『道』的形而上的同一，而不是

「是謂與天同德也。」（〈淳德‧第六十五〉）再者，鄭志明教授嘗論老子病因說，言疾病的發生：「肇因於人體與天地關係間的失常，有形的身軀聯結不上宇宙之序的常道，……這種天人關係的瓦解與破壞，正是有限形體的最大病源。」〔註64〕因此透過天人之氣的相互滲透、通貫，有助於人得以回歸天人關係的和諧與平衡，重新進入到宇宙的秩序中。彼時，人的行爲舉止自能合乎宇宙自然的規律，《河上公注》曰：「天不言，萬物自動以應時。」（〈任爲‧第七十三〉）天不宰制萬物，然萬物卻能不由自主的「負陰抱陽」；天不宰制萬物，萬物卻自動的順應四時之變化以行事，此皆無意識的順應，人倘若能存先天自然之性，加以後天無所造作，如此所行所爲皆可在無意識的狀態下，自然而然的順天任德，自然而然的符合天機，無所謂勉強，或扞格不入，一旦人能順應四時寒暑的變化以行事，使身體融入大自然的律動節奏之中，達到「規律上的統一」〔註65〕，又使己身化作自然之一物，如此則可以與自然同垂不朽。

（二）與道合同

　　道家思想中，宇宙之終極根源是道，一切價值的最高理想、境界亦是道，〔註66〕因此養生的終極目標乃在回歸於道。徐復觀先生如是說道：

> 老學的動機與目的，並不在於宇宙論的建立，而依然是由人生的要求，逐步向上面推求，推求到作爲與宇宙根源的處所，以作爲人生

　　形而下的「器」的層次上的同一。」見其《易道氣功養生》（北京：中國書店 2003.1 初版第三刷），頁41。

　　案以《河上公注》的情況觀之，則天人之間的統一即是「氣」，或「精氣」，是深層基質的統一，而非表層現象的統一，因此上文將曲、彭二人之說法略改如上。

〔註64〕鄭志明：〈《老子》的醫療觀〉，收錄於《鵝湖月刊》（2005.3），頁39。

〔註65〕陳樂平先生分析董仲舒之「天人合一」，有三層含義：「第一，形體上的合一」，此乃是一種天人結構的「類比」，試觀《河上公注》中，並無法找到此類明確的比附。「第二，情感上的合一」，此爲天人情緒的相互影響。《河上公注》中但有人之行爲與天志的相感，而無情緒上的相感。「第三，規律上的合一」，指人去配合天的規律，以達至天人規律的統一。以上「天人合一」之三義，見陳樂平：《出入「命門」——中國醫學文化學導讀》（上海：生活‧讀書‧新知上海三聯 1997.4 初版二刷），頁232。

〔註66〕戈國龍謂：「道既是修道的功夫，又是得道的境界，……道之本體義、功夫義和境界義是密不可分的整體。」見戈國龍：《道教內丹溯源》（北京：宗教文化 2004.6 初版一刷），頁15。

安頓之地。因此，道家的宇宙論，可以說是他的人生哲學的副產物。
〔註67〕

如此說來，老學之發展源於對人生的要求，要求能有一個更圓滿的人生，於是基於這樣的動機，開始觀察天地萬物，從中思考出一條更適合人生的道路，於是在這樣的層層推求下，宇宙論於是產生，而研究宇宙論的目的不在瞭解生命的起源，而是希望透過這樣的推求找出一條人生之道，最後發現生命之最初是生命最圓滿的時刻，因此，要回歸圓滿，勢必要循著宇宙論層層上推，將生命層層上推至生命最初的圓滿。對於這樣的思考理路，陳鼓應先生也有相應的說法，以為：

> 老子的整個哲學系統的發展，可以說是由宇宙論伸展到人生論，再由人生論延伸到政治論。然而，如果我們瞭解老子思想形成的真正動機，我們當可知道他的形上學只是為了應合人生與政治的要求而建立的。〔註68〕

的確，老學是為人生論、政治論來發展宇宙論，而不是為了宇宙論而發展人生論、政治論，總之其最終所欲思考、解決的問題仍在現實人生。因此明白其間之輕重焦點後，勢必要在宇宙論發展之後，利用宇宙論的理論，去徹底的延伸人生論。於是就將養生論的終極目標推至宇宙論的最終本體——道。至於要如何將養生論的終極目標推至宇宙論的本體，楊儒賓先生認為：「最重要的方法莫過於藉著一種『虛』、『無』、『逆』、『還』，亦即藉著一種與人自然的生理、心理活動相反的途徑，將人的存在帶回深層的無限上去。」〔註69〕這種方法不外是一種「歸反」，或曰「復歸」的方法，因此《老子》屢言：「復歸於嬰兒」、「復歸於無」、「復歸於道」，在《河上公注》中，其終極目標也在復歸於道，至於其具體的做法，〈歸根・第十六〉曰：

> 得道之人，捐情去欲，五內清靜，至於虛極也。……言安靜者，是謂復還性命，使不死也。……能王，德合神明，乃與天通。得與天通，則與道合同也。與道合同，乃能長久。（〈歸根・第十六〉）

透過一連串固精、行氣、養神之養身之法，其中包含了許多除情去欲、虛靜

〔註67〕徐復觀：《中國人性論史》（台北：商務印書館 1994.4），頁 325。
〔註68〕陳鼓應：《老子今注今譯及評介・老子哲學系統的形成和開展》（台北：商務印書館 2000.3），頁 1。
〔註69〕楊儒賓：《中國古代思想中的氣論及身體觀》之導論（台北：巨流圖書公司 1994.3 一版一刷），頁 22。

無爲的「復性」功夫，經過這一連串的修養功夫之後，人已復還於本性之自然，甚至連自我意識都以在一連串的「去之又去」的功夫下整個「化」掉了，當整個人的自我意識已然消解，——至於「虛之極處」，至於「靜之篤處」，正是達到《莊子‧齊物論》所謂：「吾喪我」的境界，也是《莊子‧人間世》所謂：「無聽之以耳，而聽之以心，無聽知之以心，而聽之以氣，唯道集虛」〔註70〕的境界，至此，感官、心識、情識的種種作用的都消失了，無論是形軀我或情意我、意識我都化作一股極虛之氣，當身心都已化作一氣，即《河上公注》所謂「無有身體」，如此不必再爲形軀所苦，不必再爲情欲所苦，不必再爲災禍所苦，而由氣化的身心，直融入大道之流中。道家特別強調遮撥的功夫，強調惟有將「自我」一詞蘊含的強烈主觀性轉化掉，人才可以進入一種無分別、渾然同流的境界中。〔註71〕當進入該境界之時，人與道已渾然無分，那麼道之混沌恍惚，似有似無，若存若亡，視之不見，聽之不聞，搏之不得，……也變成合道者的一種神秘體驗。〔註72〕

　　道本身是不可言說的實體，《老子》所謂：「道可道，非常道也。」又如《莊子‧知北遊》所言：「道不可言，言而非也。」《河上公注》自己也說道境「口不能言，書不能傳。」（〈贊玄‧第十四〉）任何言語對道的描摹皆未能達其全義，所以道者只可意會，而不能言傳也。同樣的道理，道境也是只可意會而不可言傳，任何達到「與道通神」境地者，也無法言說其間的玄妙，因此任何對於「道體」或「道境」的描述，都只是方便說法，也都只是象徵說法，因此〈異俗‧第二十〉以象徵的方式描摹出「與道通神」的境界，就格外耐人尋味，其言曰：

　　　　無所分別。……如闇昧也。悶悶，無所割截。……我獨忽忽，如江

〔註70〕〔清〕郭慶藩編：王孝魚 整理：《莊子集釋》（台北：萬卷樓 1993.3 初版二刷），頁147。

〔註71〕戈國龍先生謂：「一切修道的功夫，說到底就是從人的擾動有爲、欲念造作中抽身出來，返回到道之虛靜無爲中來，跳出一己之小我，回歸無我之大道。」見戈國龍：《道教內丹溯源》（北京：宗教文化 2004.6 初版一刷），頁21。

〔註72〕李志雍先生說：「在《老子》一書中還有不少關於道的寫狀，很可能是作者在氣功態下的直覺描述」，見李志雍：《中國氣功史》（河南：河南科技 1988 初版），頁49。

另外方曉明先生亦曰：「『道』就是入靜後的氣功態。」轉引自熊鐵基、劉韶軍、劉筱紅、吳琦、劉固盛所著：《二十世紀中國老學》（福建：福建人民 2003.7 初版二刷），頁396。

> 海之流，莫知其所窮極也。我獨漂漂，若飛若揚，無所止也，志意
> 在神域也。（〈異俗・第二十〉）

上文所謂「無所分別。」意指主客渾然一體的心理狀態。「如嬰兒之未言，雞子之未分，珠在蚌中，玉處石間，內雖昭昭，外如愚實。」作者將嬰兒的精神狀態視為養生的目標，嬰兒混混沌沌，還沒有能力把自身與外界分離開，把自己視為自然界的一部分，沒有自我意識。人們一旦脫離嬰兒狀態，就具有自我意識，努力用感性認識和理性認識的方法去觀察外界事物，總是以互相對待的態度去旁觀側視。將後天就得的感性認識和理性認識全都拋在一邊，重新回到嬰兒那種無思無慮的狀態。要將後天獲得的一切知識和認識全然丟棄，使心中潔淨、空虛，人們就可以用博大的胸懷，無限地容納萬物。〔註73〕「如闇昧也。悶悶，無所割截。」即在指繪得道之人所體會的道境是一個整全混沌的世界，這是融融真氣所充滿的一個世界，似乎無所有，卻又一切具足。「我獨忽忽，如江海之流，莫知其所窮極也。」意指當個人融入大道之時，己身一如涓滴匯入汪洋大海一般，感受到大道之洪浹無涯，無窮無盡，正當自己融入大道之時，自己似乎也如大道一般的浩浩湯湯，無窮無極。「我獨漂漂，若飛若揚，無所止也，志意在神域也。」自己的精神如一氣之流行，隨處飛揚，無處不在，無處不往，無所拘束，而未曾稍歇，而「志意在神域」一句學者有各種不同的解釋，或以為「志意在神域」之「神域」為有別於人界、鬼界中的另一個「他界」〔註74〕，而此「他界」為人所嚮往與可以超越自我去馳騁的一個世界，或以為「志意在神域」為心志意念在精神的領域中馳騁。筆者以為「神域」應指有別於世俗的超現實、超經驗的世界，遊乎物外，因此通句為志意在超經驗的世界中馳騁，精神在道境中馳騁，此時形體早被遺忘，而精神在逍遙自在，無拘無束。

第三節 《老子想爾注》養生之境界

　　蕭天石先生論到儒釋道三家之境界時，以為儒釋道人生哲學的不同決定了其境界也不同。以儒家而言，儒家的最高境界是內聖外王，期能超凡入聖

〔註73〕 牟鐘鑒、胡孚琛、王葆玹：《道教通論－兼論道家學說》（山東：齊魯書社出版 1993.12 月第二次刷第一版），頁 170。

〔註74〕 鄭燦山：〈《河上公注》成書時代及其思想史、道教史之意義〉，收錄於《漢學研究》（第十八卷第二期 2000.12），頁 104。

為主旨，稱為「聖人境界」；佛家則力求解脫生死，其人生修養的最高境界是成佛，期能了性成佛為主旨，稱為「佛陀境界」；道教重理想也重實用，重現世也重來世，其成就生死、解脫生死之道，在於超越生死，即生而超生，即死而超死，即世間而超世間，不主入世，也不主出世，即入即出，即出即入，所以不離世間而能解脫世間，即所謂「不離日用常行內，直到先天未化前」。其人生觀是達觀的，是自安自樂自由自在的，期能了道入眞為主旨，稱為「神仙境界」。〔註75〕道教養生學的最高境界，是以超凡入聖，達到超聖入神、超神入化，達於與化為體的天地境界與宇宙境界，「即修我之眞，以合天地之眞，使我與天地合一，天地在而我亦永在矣！」〔註76〕

　　而《想爾注》為道教形成初期的作品，其於生死的解脫，超聖登眞的描摹，僅是初具雛型而未臻完備，以下先由《想爾注》之理想人格探討起，接著再探討其精神境界。

一、理想人格——聖人、仙士、道人、眞人、道君

　　《太平經》中之理想人格有善人、賢人、聖人、道人、仙人等，且這些理想人格在宗教上已有仙階高低的排列，可以鼓勵信徒透過循序漸進方式，提升自我，逐步登上仙眞之路。至於《想爾注》中的理想人格是道人、仙人、仙士與眞人，這反映出對修煉層次的劃分更加精細化，為道教仙階排列體系立下基礎，宗教意義亦同於《太平經》。此外，《想爾注》也是兩漢《老子》注中唯一提出「仙士」說者，成為道家轉向道教發展的明顯標誌。

（一）聖人——治國治身

　　《老子》中的聖人是道德深遠，養生治國兼善的完美人格。到了《想爾注》，聖人依然具有崇高的道德，依然養生治國皆長。除此之外，聖人更具備宗教方面的諸多特質。關於聖人之治身治國皆長一點，可由〈第三章〉可以窺見，曰：

> 心者，規也，中有吉凶善惡。腹者，道囊，氣常欲實。心為凶惡，道去囊空。空者耶入，便煞人。虛去心中凶惡，道來歸之，腹則實矣。志隨心有善惡，骨隨腹仰氣。彊志為惡，氣去骨枯，弱其惡志，

〔註75〕蕭天石：《道海玄微》（台北：自由出版社 1981.6 再版），頁 62。
〔註76〕蕭天石：《道海玄微》（台北：自由出版社 1981.6 再版），頁 233。

氣歸髓滿。道絕不行，邪文滋起，貨賂為生，民竞貪學之。身隨危
傾，當禁之。勿知邪文，勿貪寶貨，國則易治。上之化下，猶風之
靡草。欲如此，上要當知信道。上信道不倦，多知之士，雖有邪心，
猶誌是非。見上勤勤，亦不敢不為也。如此國以治也。

此段為《想爾注》注解《老子》「聖人治，虛其心，實其腹，弱其志，強其骨，
常使民無知無欲，使知者不敢不為，則無不治。」《老子》本章原在宣揚無為
而治的思想，提出民之相爭、為盜、心亂，皆是「有為」之故，因此聖人行
「無為」之治，使民無知無欲，反璞歸真，智巧之士亦不敢為。《想爾注》在
此「無為」義反而不彰，認為聖人治國，（這裡的「聖人」應指人君）首先應
修養自身，使內心虛靜，無知無欲，去惡向善，人君如此，必能引領百姓，
而收風行草偃之效。大體看來，《想爾注》所認知的「聖人」，能兼善治身之
道與治國之道。

在治國方面，聖人在政治上就是「道君」，《想爾注》首先提出「道君」
概念，《想爾注》關於道君的論述，如：

上聖之君，師道至行，以教化天下。如治太平符瑞，皆感人功所積，
致之者，道君也。（〈第三十五章〉）

上聖國君德智兼備，師法大「道」教化天下，如同治世所預示太平符瑞一樣，
都是由於人的功德累積，所顯現出來的。所謂「道君」，正是修道之君，《想
爾注》中一再強調「道君」本身需道德深厚，正因為如此，「道君」才能以「道」
教化天下，而致太平。《想爾注》中不只一次強調「道君」之所為，能對百姓
起「模範」之效，如：

王者執正法象大道，天下歸往，曠塞重驛，向風而至。

（〈第三十五章〉）

道常無欲，樂清靜，故令天地常正。天地，道臣也。王者法道行誡，
臣下悉皆自正矣。（〈第三十七章〉）

上之化下，猶風之靡草，欲如此，上要當知信道。上信道不倦，多
知之士，雖有邪心，猶誌是非，見上勤勤，亦不敢不為也。

（〈第三章〉）

主上治國，當無為，尊道而行，以身作則，上之所為，下必從之。人民自然
感化為善，去其邪心，而收風行草偃之效。

進一步說，道君之所為為何？從上文可知，「道君」所為，無不以「道」

為綱紀，所以上文一再強調道君「象大道」、「法道行戒」、「尊道而行」、「信道不倦」。推究《想爾注》之所以對「國君」在「通道」多所著墨，其背後原因，在於其書作者意欲藉由國君的支持，以壯大其宗教。即是「任何一種宗教要想發展壯大，必須得到統治者的支持，為此就要使教義合乎統治者治世的需要，並為其理解和接受這是獲得支持的前提。」〔註77〕也因為如此，文中一再要求國君必須信「道」。但國君有高下之別，其分為上聖及中賢兩種國君。「上聖之君，師道至行，……道君也。」（〈第三十五章〉）上聖國君德智兼備，師法大「道」教化天下。在中賢之君方面，「中賢之君，志信不純，政復扶接，能任賢良。」（〈第三十五章〉）強調的是良臣輔弼，方能克竟其功，實行大「道」。〔註78〕此外，《想爾注》另有一段也表達出類似的思維，曰：

　　人君欲愛民令壽考，治國令太平，當精心鑿道意，教民皆令知道真，
　　無令知偽道、邪知也。（〈第十章〉）

人君不只應以身作則，更要「精心鑿道意」，以教化人民，使人民亦得通道真，棄邪知偽道。《想爾注》明確指出：「人君理國，常當法道為政，則致治。」（〈第八章〉）《想爾注》特別強調用道治人心，通過用道，節制人們的貪欲之心，促使人們謹守倫理道德，如此國則易治。它認為：「道用時，家家慈孝，皆同相類，慈孝不別。」「道用時，帝王躬奉行之，練明其意，以臣庶於此，吏民莫有不注效者。」可謂一太平之世矣。相反，如果不用道，「臣皆學邪文」，則「今之臣子雖忠孝，皆欲以買君父求功名，過時不願顯異之，便屏怒之，言無所知。此類外是內非，無至誠感天之行，故令國難治。」（〈第十八章〉）如果不治國法道，「強賞之仁義」，「則民不復歸天，見人可欺，便詐為仁義，欲求祿賞。旁人雖知其邪文，見得官祿，便復慕之，詐為仁義，終不相及也。」（〈第十九章〉）如果「道絕不行，邪文滋起，貨賂為生，民競貪學之，身隨危傾」（〈第三章〉），則將導致「子不念供養，民不念田，但逐邪學，傾倒師門，盡氣誦病，到於窮年，會不能忠孝至誠感天，民治身不能仙壽，佐君不能治太平；民用此不息，倍城邑虛空。」（〈第十九章〉）

　　而道君具體落實於施政上的措施，則為「無欲無為」、「去惡為善」、「清

〔註77〕顧寶田、張忠利：《新譯老子想爾注》（台北：三民書局股份有限公司 1997.1 初版），頁177。

〔註78〕趙中偉：《道者，萬物之宗：兩漢道家形上思維研究》（台北：洪葉文化出版社 2004.4 初版一刷），頁349～351。

靜」等等。其中，「無爲」是最大準則，《想爾注》以爲道君治國，應法道「無爲」。《想爾注》曰：

> 治國法道，聽天下仁義之人，勿得強賞也。所以者，尊大其化，廣
> 開道心：人爲仁義，自當至誠，天自賞之：不至誠者，天自罰之，
> 天察必審於人，皆知尊道畏天，仁義便至誠矣。(〈第十九章〉)

天子能「尊道畏天」，並廣開道心，無爲以治民，人民則至誠以行仁義。其中，值得注意的是，道君「無爲」於人民之賞罰，人民有不爲仁義，不至誠於仁義者，道君則聽任「天」之賞罰，此種不將賞罰訴諸於刑罰，而訴諸於上天之賞罰者，富有宗教神秘色彩。再者，《想爾注》又說：「夫聖人天所挺，生必有表，河雒著名，然常宣眞，不至受有誤。」(〈第十九章〉) 將道君之所生，歸之於天命，具有君權神授之意，又認爲道君不但是政治上的君主，又是教化的主體，也具政教合一的趨向。對照到天師在四川推行政教之實，此種說法亦頗合乎史實。再進一步說，道君之無爲，體現在對人臣的治術，對人民的治理，對軍事的政策。在對人臣的治術上，《想爾注》曰：

> 天子王公也，雖有榮觀爲人所奪，務當重清靜，奉行道誡也。天子
> 乘人之權，尤當畏天尊道。(〈第二十六章〉)

天子尊道行戒，不可動搖意志，即便是權柄爲人所奪，亦當清靜無爲，聽其自然。

在對人民的治理方面，《想爾注》體現張天師創道的民本思想，從人民利益出發，關心人民生活，反對剝削人民，抨擊統治者爲了貪圖享樂，而勞民傷財。曰：

> 所以者，此人但如貪寵有身，必欲好衣美食，廣宮室，高臺榭，積
> 珍寶，則有爲令百姓勞弊，故不可令爲天子也。(〈第十三章〉)

此言人君不可沉溺於「好衣美食，廣宮室，高臺榭」，以令百姓疲勞不堪。若以貪寵有身，不可托天子之號也。反之，道君畏天尊道，務修道德，清心寡欲，治理國家，保持天下太平，使人民安樂，以體現愛民之心。

「無爲」之體現於軍事策略方面，則表現出一種「反戰」的思維，《想爾注》進一步發揮《老子》論兵思想，反對人君擁兵自重，勞師動眾，爲禍人民，曰：

> 天子之軍稱師，兵不合道，所生淳見煞氣，不見人民，但見荊棘
> 生。……爲善至誠而已，不得依兵圖惡以自彊。(〈第三十章〉)

> 兵者非道所喜，有道者不處之。（〈第三十一章〉）

《想爾注》指出兵之不合道，在於對人民生活造成危害，《老子》亦云：「師之所處，荊棘生焉」，因此《想爾注》爲免荊棘、煞氣滋生，對人民造成危害，是以反對用兵。又說，若是「用兵」，也是不得已的選擇，且用來討伐不道，曰：

> 兵者非吉器也。道之設形，以威不化，不可專心甘樂也。
>
> （〈第三十章〉）

如此可知，天師並非絕對反對用兵，他認爲用兵伐無道，「威不化」，乃不得已而爲之。

總之，道君欲致太平，應先由自身作起，應務修道德，畏天尊道，清靜無爲，道普德溢；之後廣開道心，教化吏民；最後吏民懷慕，務行仁義，則天下易理，太平自至。這些帝王行道思想正是五斗米道政權的施政綱領。張魯在漢中政教合一，以宗教家和政治家的雙重身份推行這些施政綱領，遵行誠信、廉明、樂善重生、歸樸等教義，在當時動盪不安、軍閥草菅人命的社會形勢下，這些教義、行爲有著積極的意義。

聖人在治身方面，就近乎是「道人」、「仙士」。《想爾注》利用注解的方式，將《老子》原文中的「聖人」，在注文中直接改爲「求長生者」、「道人」，或者「仙士」。以此方式，賦予「聖人」宗教的形象，如：

> 求長生者，不勞精思求財以養身，不以無功刦君取祿以榮身，不食五味以恣，衣弊履穿，不與俗爭，卽爲後其身也。而目此得仙壽獲福。在俗人先，卽爲身先。與上同義。不知長生之道。身皆尸行耳，非道所行，悉尸行也。道人所以得仙壽者，不行尸行，與俗別異，故能成其尸，令爲仙士也。（〈第七章〉）

《想爾注》此章所注解者爲《老子》：「是以聖人後其身而身先，外其身而身存，以其無私故能成其私。」《老子》本章原在指涉聖人不爭、無私的美德。《想爾注》此章一方面將《老子‧第七章》原文：「非以其無私邪？故能成其私。」改爲：「以其無尸，故能成其尸。」（〈第七章〉）並注云：

> 不知長生之道。身皆尸行耳，非道所行，悉尸行也。道人所以得仙壽者，不行尸行，與俗別異，故能成其尸，令爲仙士也。（〈第七章〉）

《想爾注》以爲不懂長生之道者則如行屍走肉，而得道者能不死，避死於太陰之宮以煉形，並得復活成仙。這不僅吸收了漢人盛行的成仙方術，也是道

教詮釋老子的特殊方式；另一方面，將《老子》原文中之「聖人」，解作「求長生者」、「道人」，甚至是「仙士」，說「聖人」超凡脫俗，清靜無欲，熟悉長生之道，並能尸生長生而不死。將《老子》中內修道德，外治國家的聖人，轉向宗教上「道人」、「仙士」的方向作詮解。

就具體的養生方式來說，《想爾注》提出聖人之養生方式，如：

> 目光散故盲。非雅音也。鄭衛之聲。抗諍傷人，聽過神去，故聾。道不食之。口爽者，糜爛生瘡。心不念正，但念煞無罪之獸，當得故狂。道所不欲也，行道致生不致貨，貨有為，乃致貨妨道矣。腹與目，前章以說矣。去彼惡行，取此道誠也。（〈第十二章〉）

《想爾注》此章注解者為《老子》：「五色令人目盲，五音令人耳聾，五味令人口爽，馳騁田獵，令人心發狂，難得之貨，令人行妨，是以聖人為腹不為目，故去彼取此。」老子從人的行為中，發現感官過度的享受，會折損人的身體，敗壞人的道德，因此有德的聖人去除感官的縱欲，而回歸素樸的生活。到了《想爾注》，將這些納入道誡的行為規範，說聖人因為尊道守誡，故不為也。又：

> 道也。設誡，聖人行之為抱一也，常教天下為法式也。……聖人法道，有功不多，不見德能也。惡者伐身之斧也。聖人法道不為惡，故不伐身，常全其功也。聖人法道，但念積行，令身長生。生之行，垢辱貧羸，不矜傷身，以好衣美食與之也。聖人不與俗人爭，有爭避之高逝，俗人如何能與之共爭乎？常為善，見惡人不棄也。就往教之，示道誡。諺其人不化，不可如何也。（〈第二十二章〉）

聖人信道守誡，故有功不居，有德不顯，韜光隱晦，不自伐身，積善去惡，清靜無欲，不與人爭，不為惡事，但求長生。且見惡人，聖人甚至向他宣教，引領他信道守誡。

總結看來，《想爾注》中的「聖人」義，已與《老子》大不相同。在治國方面，聖人是執政的主體，同時也是教化的主體，他能引領百姓修道行善，求得長生，具有「政教合一」的意涵。在治身方面，其聖人固然有《老子》原文中一些道德涵養，諸如：清靜、無欲、不爭、素樸，更有宗教人士的種種特質，諸如：去惡行善，尊道守誡，宣教勸善；此外，聖人也是熟悉養生不死之術，而得以長生的道人、仙士。

（二）「道人」──志道養性

　　道人之所以名作道人，在於道人乃行道之人，道人在修道方面，無不以「道」為行事之綱紀，道性清靜，道人法道，是以「道人當自重精神，清靜為本。」（〈第二十六章〉）排除私心雜念，胸懷坦蕩，清靜以存神。又說：「身常當自生，安精神為本，不可恃人，自扶接也。」（〈第二十九章〉）修煉待己，不能倚靠他人，這裡所指應該是房中採陰補陽，借貸養生之法。又道性樸素平淡，因此道人法道，故言「道人恬淡，不美兵也。」（〈第三十一章〉）又道性柔弱，因此言「水法道柔弱，故能消穿崖石，道人當法之。水法道柔弱，故能消穿崖石，道人當法之。」（〈第三十六章〉）又「道性不為惡事，故能神，無所不作，道人當法之。」（〈第三十七章〉）道人行道守戒，則不為惡事。又「反者，道之動」，道人深知此理，因此行事無不從「反」而行，《想爾注》曰：

> 強後必更羸，羸復反更強，先處強者，後必有羸；道人發先處羸，後更強。（〈第二十九章〉）

《老子‧第四十章》言：「反者，道之動。」道人深諳道動之規律，因此採取反向操作之法，藉著處羸，使羸在「物極必反」的法則下，反轉至強，甚至更強。《想爾注》又提出「四怨四賊」之說，曰：

> 此四事即四怨、四賊也。能知之者，微且明。知則副道也，道人畏翕弱廢奪，故造行先自翕自弱自廢自奪，然後乃得其吉。及俗人廢言，先取張彊興之利，然後返凶矣。故誡知止足，令人於世間裁自如，便思施惠散財除殃，不敢多求。奉道誡者，可長處吉不凶，不能止足，相返不虛也。道人不可敢非，實有微明之知。
>
> （〈第三十六章〉）

「四怨」是「翕弱廢奪」，「四賊」是「取張彊興」，四怨看似處於劣勢，但在「反者，道之動」的反轉下，能反轉至四賊之優勢，道人具全明之知，深知此理，故能與俗別異，守住四怨，而處吉不凶。此外，《想爾注》還反覆稱說道人「常樂善仁」，「能受垢辱」，「潤利萬物」，「去高就下」，與世「不爭」。這些都是「法道」的種種修為。

　　道人除行道，且所行乃是正道，《想爾注》曰：

> 行道者生，失道者死，天之正法，不在祭餟禱祠也。道故禁祭餟禱祠，與之重罰，祭餟與邪通同，故有餘食器物，道人終不欲食用之也。（〈第二十四章〉）

道人因行正道，因此祭餟既爲邪道，因此道人不行，且依《想爾注》，生道二者合一，道人行道，故能得生，這也是必然的道理。

其次，道人之處世，乃一心向道，故淡泊於俗事，與俗別異。如俗人貪圖名利權貴、財貨享受，道人則否，《想爾注》曰：

> 有榮必有辱。道人畏辱，故不貪榮，但歸志於道。唯願長生，如天
> 下谷水之欲東流歸於海也。志道當如穀水之志欲歸海，道德常足。
> 樸，道本氣也。人行道歸樸，與道合。(〈第二十八章〉)

道人明白世俗福禍總是相倚，榮辱總是相伴，因此能以超然的態度面對榮辱，不貪榮，自然也不招辱。「道人求生，不貪榮名。……但欲務令尊道守戒，勿驕溢也。」(〈第三十二章〉) 道人將世俗的一切遠遠超脫在外，一心向道，追求長生，最終能在志道、行道而副道、合道、歸道，一如涓滴之回歸大海，而得以同宇宙之大道，神性之大道，取得永恆的存在。又：

> 道人同知俗事、高官、重祿、好衣、美食、珍寶之味耳，皆不能致
> 長生。長生爲大福，爲道人欲制大，故自忍不以俗事割心情也。
> (〈第二十八章〉)

道人一心追求正道，尋求生道，他明白俗人所追求的俗事，如：功名財祿、感官歡樂，只是短暫的享受，終非福祉，且妨害生道的尋求，因此不爲也。

又道人道德深遠，在立身處世上，嚴以律己，寬以待人，《想爾注》曰：

> 道人寧施人勿爲人所施，寧避人勿爲人所避，寧教人爲善勿爲人所
> 教，寧爲人所怒勿怒人，分均寧與人多，勿爲人所與多。
> (〈第三十六章〉)

施惠於人，謙卑退讓，教人爲善，與人爲善，財貨多與他人。道人自己敬道行戒，一心向善，更要負起宣教、教化之社會責任，以影響民眾通道從善，純化社會風氣。再者，道人凡事反躬自省，不批評他人，不爭強好勝，《想爾注》言：

> 知平他人善惡，知不合道德，道人但當自省其身，令不陷於死地，
> 勿平他人也。如此甚明矣。好勝人者，但名有力也。自修身行善勝
> 惡，此乃彊也。道與謙也。(〈第三十三章〉)

此段乃詮釋《老子》「知人者智，自知者明，勝人者有力，自勝者彊，知足者富。」一段，《想爾注》重新詮釋「智」、「明」、「有力」、「彊」與「富」的意義，《想爾注》以爲道人既「明」而「彊」且「富」，而其所謂的「明」，是能

自省自身而不評論他人；所謂「彊」，是能自己行善去惡而非勝過他人；所謂
「富」，是能知足謙讓而得到「道」的佑助與賜福。凡事能向內自求，修道行
善，自能避死而長生。道人道德圓融，多行善事，因此得「道」與助，曰：

> 道人行備，道神歸之，避世託死，遇太陰中，復生去為不亡，故壽
> 也。俗人無善功，死者屬地官，便為亡矣。(〈第三十三章〉)

道人行善積德而善行完備，遭逢災禍之時，得以「精神與天通」，天能知其遭
逢災禍而往救之，其營救方式是使道人假托死亡，並避世藏匿於太陰宮中，
繼續修煉，待災禍已定，方出太陰宮中，死而復生，長生不死。

　　蕭天石先生言：學道貴先有品格，學做神仙，須先學做聖人。所以，道
教認為學道須先學做人，先修養聖賢品格，具備了聖賢品格，修到了聖賢境
地，才談得上修真人品格、神仙境界。〔註79〕因此道人經此品行的涵養之後，
才能進一步向仙士之路邁進，曰：

> 不知長生之道。身皆尸行耳，非道所行，悉尸行也。道人所以得仙
> 壽者，不行尸行，與俗別異，故能成其尸，令為仙士也。(〈第七章〉)

道人與僅有肉體而無靈魂，如行屍走肉的「尸人」不同，道人因能行長生之
道，而與俗別異，最後即能尸生不死，而得仙壽，並入仙士之道。由此可知，
仙士為道人的進一步修煉，而道人與仙士之不同處有幾：一般「道人」指其
能妥善應世接物，道人恬淡，能行道、守誡，但卻常是入世的，〔註80〕尚在
修煉長生之道，而未得尸成以及仙壽；相對於道人，仙士層次更高，仙士能
超凡脫俗，長生不死。不過二者通道守誡、長生則一。至若「尸人」則與「俗
人」同為不能通道、守誡者之稱。

（三）仙士──性命雙修

　　《想爾注》中之「仙士」，或稱「仙王士」，或稱「得仙壽者」，仙士是道
人中修養更高層次的人。道人應當做到的，仙士一定要做到，道人所能達到
的，仙士也要能達到。道人與仙士一般難以劃清界限，不過從《想爾注》中
「仙」字共出現三十次，其中「仙壽」一詞出現次數凡有十一次，由「仙」、
「壽」二字連詞出現之頻繁中可見，仙士最大特色即是長生不死。天師對仙

〔註79〕蕭天石：《道家養生學概要》（台北：自由出版社 1975.6 三版）361。
〔註80〕陳麗桂：〈《老子想爾注》轉向道教的理論呈現〉國立政治大學中國文學系編：
　　　　《漢代文學與思想學術研討會論文》（第三屆）（2000 初版），頁 276。

士指出多方面追求目標：要他們守道行戒，積善成功，行忠孝，和五行，達到結精成神，長生成仙。關於守道，《想爾注》曰：

> 何以知此道今端有，觀古得仙壽者悉行之，以得知今俗有不絕也。
>
> 能以古仙壽若喻，今自勉屬守道眞，即得道綱紀也。（〈第十四章〉）

得仙壽者同於道人一樣，奉行道德，行為以「道」為綱紀。在行誠方面，《想爾注》言：

> 古之仙士，能守信微妙，與天相通，深不可識。人行道奉誠，微氣歸之，為氣淵淵深也，故不可識也。唯，獨也。容，形狀也。獨行道，德備淵深。不知當名之云何，強名之善為士者，道美大之也。冬涉川者，恐懼也；畏四憐，不敢為非，恐鄰里知也。尊道奉誠之人，猶豫行止之間，常當畏敬如此。謙不敢犯惡，若客坐主人堂也。情慾思慮，怒熹惡事；道不所欲，心欲規之，便即製止解散，令如冰見日散沉。勉信道眞，棄邪知，守本樸，無他思慮。心中曠曠，但信道如谷冰之志，東流不欲歸海也。求生之人，與不謝，奪不恨，不隨俗轉移。眞思誌道，學知清靜，意當時如癡濁也。以能癡濁，樸且欲就矣，然後清靜能觀眾微。內自清明，不欲於俗，清靜大要，道微所樂。天地湛然，則雲起露吐，萬物滋潤；迅雷風趣，則漢燥物疼，道氣隱藏，常不周處。常清靜為務，晨暮露上下，人身氣亦佈至。師設晨暮，清靜為大要。故雖天地有失，為人為誠，輒能自反，還歸道素。（〈第十五章〉）

古之仙士，在修道方面，無不以「道」為綱紀，於「道」，仙士無不信之、尊之、守之、畏之、敬之、志之。落實於具體行為上，仙士尊道守誠，除情去欲，不欲於俗，清靜清明，心胸曠達，無有雜思，遵循大「道」，篤信「道眞」，如同山谷之冰化為東流而歸向大海。修道的結果，道德深遠。道氣歸之，莫測高深，深不可識，並回歸道之樸素，與道合同。

又云：

> 道之所言，無一可棄者。得仙之士，但貴道言，故輒成功事遂也。
>
> 我，仙士也。百姓不學我有貴信道言，以致此功，而意我自然，當示不肯企及效我也。（〈第十七章〉）

仙士道德深厚，因此能通道眞，彼時仙士已與「道」無間，道之所言固然可貴，但仙士所言亦有相同功效，百姓可將仙士之言奉作道誠，加以施行，此

說，一方面強調仙士在教團中之崇高地位，爲百姓在人間具體的仿效標準；一方面也指出仙士除卻修養自身，亦負有宣教的教化責任。

仙人在求長生方面，《想爾注》言：

> 道設生以賞善，設死以威惡，死是人之所畏也。仙王士與俗人，同知畏死樂生，但所行異耳。俗人芸芸，未央脫死也。俗人雖畏死，端不信道，好爲惡事，奈何未央脫死乎！仙士畏死，信道守誡，故與生合也。眾俗之人不信道，樂爲惡事，若飲食之，春登高臺也。我，仙士也。但樂信道守誡，不樂惡事。至惡事之間，無心意，如嬰兒未生時也。眾俗之懷惡，常有餘意，計念思慮。仙士意中，都遺忘之，無所有也。仙士味道，不知俗事。純純，若癡也。俗人不信道，但見邪惡利得。照照，甚明也。仙士閉心，不思慮邪惡利得，若昏昏冥也。知俗事審明也。不知俗事也。仙士意誌道如晦，思臥安牀，不復雜俗事也。精思止於道，不止於俗事也。俗人於世間自有財寶功名，仙士於俗如頑鄙也。仙士與俗人異，不貴榮祿財寶，但貴食母。食母者，身也，於內爲胃，主五藏氣。俗人食穀，穀絕便死。仙士有穀食之，無則食氣。氣歸胃，卽腸重囊也。腹之爲寶，（〈第二十章〉）

此段處處以仙士與俗人對舉，言仙士與俗人同「畏死樂生」，但爲求長生，所行卻大異其趣，大抵仙士之所爲，「保身」而不「愛身」；俗人之所爲，「愛身」而不「保身」。「保身」而不「愛身」，則身全；「愛身」而不「保身」，則身亡。細言之，仙士保身之舉爲信道守誡，積善去惡，不知俗事，避穀食氣。反之，俗人愛身之舉爲不信道守誡，懷惡爲非，貪享榮華富貴，思慮繁複，耽溺於俗事。大抵俗人汲汲營營以求的一切俗事、俗物，仙士一概興趣缺缺，正因如此，所以就俗人的眼光看來，相對於俗人之深諳俗事機巧，「照照甚明」、「審明」，仙士對俗事的一切渾然不知，「純純若癡」、「昏昏冥也」、「如頑鄙也」「樸且欲就也」，混沌無知，如同呆癡之人。之所以如此，在於「仙士意志道如晦，思臥安床，不復雜俗事也。精思止於道，不止於俗事也……仙士與俗人異，不貴榮祿財寶，但貴食母者，身也（同上）。」「晦」指深微含蓄，「母」指的是「道」。由於仙士一則篤信於「道」，專心一志，寧靜安祥，精思深藏，含蓄不露，所以超絕凡俗，所以稱「仙」。大抵稱「仙士」，要在強調其超凡、脫俗，絕世、離塵。〔註81〕由此段，除可看出仙士之超凡脫俗外，也可看出，

〔註81〕陳麗桂：〈《老子想爾注》轉向道教的理論呈現〉，國立政治大學中國文學系編：《漢代文學與思想學術研討會論文》（第三屆）（2000初版），頁275～276。

比之於道人養生之著重於「養性」，仙士採性命雙修方式養護生命。《想爾注》
另有一段，更可明確看出此種趨向，《想爾注》曰：

> 古仙士寶精以生，今人失精以死，大信也。今但結精，便可得生乎？
> 不也。要諸行當備，所以精者道之別氣也。入人身中爲根本，持其
> 半，乃先言之。夫欲寶精，百行當備，萬善當著，調和五行，喜怒
> 悉去。天曹左契，算有餘數，精乃守之。（〈第二十一章〉）

仙士一方面積善，除情去欲以養性；一方面透過積善以結精，又儉嗇以寶精，
使得其精充沛，進一步積精成神，神成以仙壽。

二、精神境界

相較於《指歸》所構築的自由逍遙的精神境界，與《河上公注》那種與
自然萬物同律動的大我境界。《想爾注》能觀察到的精神境界，只是宗教上的
一片「至誠」，以及相信透過道誡的遵從信仰，那份對永生深信不疑的信仰。
相對於精神境界的簡單說明，《想爾注》其實在養生方面與其說指出了「境
界」，還不如說是在實質面更強調養生所帶來的功效。《想爾注》認爲養生的
功效與最大目的，就是希望能長生不死而成仙壽。

而欲長生不死以得仙壽，則是需要修道，更具體的說，是遵行道誡，幾
乎所有的養生功法，都被規定在道誡之中，只要確實遵守道誡，人就能獲得
永生。那麼遵守道誡要臻於如何的境地才能獲得永生？獲得永生之後，人在
形體上，精神上又有何變化？以下細論之。

（一）神與天通

依《想爾注》所論，遵守道誡極爲至誠，即能到達「副天」、「與天相通」、
「像道」、「與道同光塵」、「回歸道素」的境地。當然，這些說法，就層次上
來說，「回歸道素」與「與道和光同塵」皆已臻於與道相合之境，此境乃高於
「像道」，「像道」又高於「副天」「與天相通」之境。就其中程境界而言，是
「天人相通」。就其終極境界而言，在說法上，與《指歸》以及《河上公注》
相同，都是與道合一。只不過此三家注，對「道」的內涵規定不同，因此其
實質意義亦有差異。

《想爾注》中的「天」，就宇宙層級來說，是在「道」之下，《想爾注》
即云：「天地道臣也。」但由於天「法道」之故，以至於「天地像道」，天的

諸多屬性與「道」相似而有別，例如：道仁於諸善，天亦然，《想爾注》云：

> 天地像道，仁於諸善，不仁於諸惡，故煞萬物惡者不愛也，視之如
> 芻草如苟畜耳。(〈第五章〉)

「道」除仁愛諸善，不愛諸惡外，進一步對善惡具有賞罰的權威力量，天亦然。《想爾注》云：

> 人為仁義，自當至誠，天自賞之；不至誠者，天自罰之。天察必審
> 於人，皆知尊道畏天，仁義便至誠矣。(〈第十九章〉)

《想爾注》主張行善應當心存至誠，若心存至誠以行善，則天即賞之；反之，若行善不至誠，即不成善，此即是惡，則天即罰之。又云：「人非道言惡，天輒奪算。今通道言惡，教授不邪，則無適也。」(〈第二十七章〉)天從「道」以行賞罰，賞之至極在於使人長生，罰之至極在於使人短壽。此外，道與生合，守道，即可長生。天亦屬生，《想爾注》曰：「道生邪死，死屬地，生屬天，故極遠。……生故屬天，惡死亦屬地也。生故屬天，惡死亦屬地也。」(〈第二十章〉)

　　其次，談到養生境界之天人相通，天人何以能相通？其相通理論依據為何？《想爾注》說：「人身像天地。」(〈第十章〉)人身與天地何以相像？《想爾注》承襲秦漢以來「天人同構」的思想，是以言人身與天地相像。進一步說，人身與天地具有何種相同的結構？就《想爾注》所言，人身與天地相同的結構為精氣神，《想爾注》云：「大除中也，有道精，分之與萬物，萬物精共一本。」(〈第二十一章〉)於是天人可以透過精氣神相互貫通，《想爾注》即云：

> 是以人當積善功，其精神與天通。設欲侵害者，天即救之。庸庸之
> 人，皆是芻苟之徒耳，精神不能通天。所以者，譬如盜賊懷惡，不
> 敢見部史也。精氣自然與天不親，生死之際，天不知也。(〈第五章〉)

關於天人之相通，《想爾注》此段是很重要的一段，從此段可以看出天人之間相互貫通的是精神、精氣。此外，《想爾注》此段也提出天人相通的必要條件為積善，所謂「善」，即慈、孝、仁、義、誠、信等道德觀念。就生理上來說，積善可以使精氣充沛，《想爾注》即嘗言：「行善不積，源不通。水（精氣）必樛幹。決水溉野。」(〈第二十一章〉)就情感上，積善可以使天人相互感應；反之，「無至誠感天之行」，「會不能忠孝至誠感天」。從真偽之善的本質內涵來看，真善是表裏如一，精誠之至的，真善乃出自「自然之心」，真善的本質

在於人心中眞誠信善，並通過具體行爲來實現之。在《想爾注》中，善的體現就在於人的眞誠信仰。與之相反，僞善則外是內非，面言善而內懷惡。僞善的本質在於心中無善，即利用善去獲得自己所欲貪求的功名利祿。

天人相通之後，人面臨危急存亡的生死之際，天能感應人的危難，而前往救助；天人相通之後，可以同天一般深不可識，《想爾注》云：「古之仙士，能守信微妙，與天相通，深不可識。」（〈第十五章〉）天人相通之後，人能蒙受天所賜予之「天福」。天人相通，則能致長生，曰：「能致長生，則副天也。天能久生，法道故也。」（〈第十六章〉）

（二）回歸道素

修道之士，在與天相通之後，進一步則能「像道」、「與道同光塵」、「回歸道素」。就「像道」來說，人在行「道」而得「道」後，所獲得的境界，《想爾注》表示：

> 吾，道也。帝先者，亦道也。與無名萬物始同一耳。未知誰家子，
> 能行此道；能行者，便像道也，似帝先矣。（〈第四章〉）

要達到「道」，成爲「帝先」，唯一的方式，就是行「道」。「能行此道；能行者，便像道也，似帝先矣」。同時，此「道」具有永恆不變性，從古至今，無有他「道」，共此一道。〔註82〕從「與道和光同塵」來看，《想爾注》言：

> 道貴中和，當中和行之，志意不可盈溢違道誡。道也。人行道不違
> 誡，淵深似道。……情性不動，喜怒不發，五藏皆和同相生，與道
> 同光塵也。（〈第四章〉）

人能行道守誡，在情性上，法道性之清靜，除情去欲；在情性上，法道性之中和，使五藏合同，以致長生，如此即可與道和光同塵，與道合同。從「回歸道素」一點觀之，基本上此命題之成立，是先設定生命之原始即等同於「道素」，道之樸素，此一先決條件成立之後，才有回歸道素之可能性。而所謂生命之本始，又稱之爲本性，如此說來，本性即等同於道素，既然道素爲生命之本所固有，何須「回歸」呢？這意味在生命發展的過程中，往往越發遠離本性，遠離道素，因此修道的途徑，一方面藉由法道，像道，以喚起對生命本始，本性，道素的記憶，一方面在喚起的同時，也漸次回歸那個眞實的本

〔註82〕趙中偉：《道者，萬物之宗：兩漢道家形上思維研究》（台北：洪葉文化出版社 2004.4 初版一刷），頁 349。

性，因此道教也稱與道合一之境爲「與道合眞」，而與道合眞之人爲「眞人」。
「勉通道眞」。蕭天石先生也說：「道」是天地萬物所由生成的本體，生命既
能從道生出發來，又可返回到道中去。道教所謂得道，也就是返本歸根，從
個體生命返回到生命的本源中去。還虛合道，出有入無，才是生命的永恆歸
宿。道教養生以道爲宗，其最高境界，不止於聖人境界，而是要達到「與化
爲體」、「與道合眞」、「與道合一」，最後「人與道合」的境界，蕭天石稱之爲
「道世界」。〔註83〕

　　以《想爾注》「道」的內涵而言，道是氣，是道誡，是太上老君，是生道。
因此，所謂的「與道合一」，在「氣」的層面上，意味著修道之人有「微氣歸
之」，有「爲氣淵深也」，而「不可識也」。就道誡的層面而言，修道之人本身
就是道誡的體現，因此在宗教上具有具體的「宣教」功能，其令人遵從信服
的程度，即同於一般的「道誡」，因此，《想爾注》中提出：

> 仙士也。百姓不學我有貴信道言，以致此功，而意我自然，當示不
> 肯企及效我也。（〈第十七章〉）

此說指出俗人不知從於仙士而加以效法遵從，是不對的行爲。《想爾注》這樣
的說法，一方面將仙士視同「道誡」，一方面也確立了仙士在宗教體系中的權
威位置。

　　就太上老君這個問題上來看，仙士雖則與道合同，但究竟無法等同於「太
上老君」，畢竟「太上老君」在道教有其崇高而不可取代的至高地位，《想爾
注》也強調太上老君有其至上性。那麼，關於這個問題，應該擴大從《想爾
注》中的仙階系統來看，從《想爾注》中，可看出其仙階系統，至高者爲「太
上老君」，《想爾注》云太上老君，常治崑崙。在漢人的觀念中，西王母與東
王公各自代表東西兩個地域，以及男女成對的神祇，他們具有長生的意涵，
其中在漢人詩句中，如曹植的遊仙詩以及漢人樂府詩、古詩中，他們分別居
住於崑崙山與扶桑，乃綜合東、西二系的樂園傳說。《山海經・海內西經》言：

> 海內崑崙之墟，在西北，帝之下都。崑崙之墟，方八百里，高萬仞。
> 上有木禾，長五尋，大五圍。面有九井，以玉爲檻。面有九門，門
> 有開明獸守之。百神之所在，在八隅之岩，赤水之際，非仁羿莫能
> 上崗之岩。〔註84〕

〔註83〕　蕭天石：《道海玄微》（台北：自由出版社 1981.6 再版），頁 63～64。
〔註84〕　〔晉〕郭樸：《山海經》（三）（北京：中華 1985 新一版），頁 102。

崑崙仙境位於中國之西北，面積廣大，地形隆高，當中有神木神獸，有九井赤水，有玉鏡門面，眾神集焉。曹植〈飛龍篇〉亦言「西登玉堂，金樓復道。」玉堂，在中國之西，故曰「西登」，又據《十洲記》：「崑崙上有碧玉之堂，西王母所居。」〔註85〕復道，趙幼文言：「複道，宮中樓閣上下俱以走廊連接，相互通達，曰複道。」〔註86〕依此可知王母所在之崑崙仙境，亦頗具規模，並且金碧輝煌。由此可知，《想爾注》乃融合前人仙說，以及漢人的信仰，而有太上老君常遊崑崙之說。太上老君除常遊崑崙外，其實乃神蹤不定，《想爾注》甚至批評那些以為可以透過「存思」之法，以向內存思「太上老君」者為偽伎。除太上老君外，《想爾注》中說，「黃帝仁聖，知後世意」，「人不解黃帝微意……而惡心不改，可謂大惡也」（〈第五章〉）。但黃帝不如太上老君尊高，《想爾注》中說：「道使黃帝為之」（〈第十一章〉）。這樣，天師道所信仰的最尊神便是太上老君。《想爾注》中還有左契、右契之神仙，專司紀錄人之善惡；還有天曹，專司計算籌策，依人之善惡增減年壽之多寡；還有天官主生，地官主死。從這裡可以約略看出道教仙階系統的雛形，至於仙士應當亦為眾多仙階中一員，就像人間政治體系一樣，應該也有其階級，有其所司。《想爾注》中雖無定出修道之人，明確的仙階進程，但有言：「道人行備，道神歸之」（〈第三十三章〉），或可謂修道成神仙之說作為註腳。它指出：精結為神，修道者欲令神不死，就應該「結精自守」，以清靜為本；又說：精是「道之別氣」，萬物都含「道精」，當其「精複」時，都歸其根，故人人都應寶慎其「根」。它說：道散形為氣，道氣常上下，經營天地內外；其所以不見，乃「清微」之故，人若奉行道誡，則「微氣歸之」。可見神仙長生之道是《想爾注》所追求的終極目的。

　　其次，《想爾注》中提道「太上老君」，來去自如，不限一處，因此無法存思以得。那麼，養生至最高境界者，相對於俗人只限於人間，仙士應可在形體上有一定的自由度，應該能自由來去於人間與仙境，或宗教上的「他界」，或者「彼岸」。正如蕭天石先生所言：道教追求永駐「彼岸」，並不意味著其放棄「此岸」的現實世界。《想爾注》言：

　　　　太陰道積練形之宮也。世有不可處，賢者避去託死。過太陰中，而
　　　　復一邊生像，沒而不殆也。（〈第十六章〉）

〔註85〕趙幼文校注：《曹植集校注》（北京：人民 1984.6 第一刷），頁 398。
〔註86〕趙幼文校注：《曹植集校注》（北京：人民 1984.6 第一刷），頁 398。

在《想爾注》中，仙士除卻可以徜徉於人間之外，他們還有俗人所不能到的去處，這個俗人所不能到的去處，當是仙境的一部份，此即「太陰宮中」，那是仙士避禍藏形之所，也是修養煉形之所。至於他們前去太陰宮中的方式，文中提到「託死」，配合書中所謂「尸生」、「尸死」之說，此種託死的方式，即漢人所流行「尸解」之說，關於「尸解」的來源，源自於中國神話傳說中死而復生母題，近甘肅天水放馬灘一號墓所出「墓主記」的竹簡也有這樣的故事。〔註87〕關於「尸解」的內容，《後漢書・王和平傳》李賢等注云：「尸解者，言將登仙，假託為尸以解化也。」〔註88〕《無上秘要・尸解品》云：「夫尸解者，形之化也，本真之練蛻也，軀質之遁變也。」〔註89〕《無上秘要・尸解品》又云：「尸解之法，有死而更生者；有頭斷已死，乃從旁出者；有死畢未殮而失骸者；有人形猶存而無復骨者；有衣在形去者；有髮既脫而失形者。」〔註90〕可知失去骸骨或僅留骨或衣者，皆稱尸解，傳說天師張魯即尸解成仙，此見《雲笈七籤・尸解部》所引《真誥》云：「張鎮南在北洞石壇上，燒香禮拜，因伏而不起，遂乃夜解，明旦視形如生。」〔註91〕可見尸解術是早期道教信奉的成仙術，然多遭世人非議，王充《論衡・道虛篇》即稱之為「虛妄」之術。〔註92〕

再說道是生道，因此「與道合一」，正意味著修道之人可以因此獲得長生，可以得到永生，《想爾注》即云修道之人「故與生合也。」道家思想，從長生發展到永生，一直要解決的問題即是形體的問題，因為從早期道家中的莊子，即已肯定人之精神可以不滅，但從莊子到《指歸》，甚至到《河上公注》，一直停留在精神不滅的境地，對於「形體」的問題，或教人不執著於「形體」，或教人把「形體」之生滅視為大化之流行，或教人視「形體」的死生為一。總之，因為形體的不死在實際的作法上有其驗證的困難，因此，一直無法找到形體不滅的合理說法。到了《想爾注》，實際上也還是無法驗證形體的不死，

〔註87〕 劉昭瑞：〈《老子想爾注》雜考〉，《敦煌研究》（第87期2004.5），頁92。
〔註88〕 〔南朝宋〕范曄：《後漢書》（台北：新陸1964.元），頁996。
〔註89〕 《無上秘要》（台北：藝文出版社1962）卷八十七第一。
〔註90〕 《無上秘要》（台北：藝文出版社1962）卷八十七第三。
〔註91〕 〔宋〕張君房著：蔣力生等校注：《雲笈七籤》（北京：華夏出版社1996.8第一版第一刷），頁250。
〔註92〕 王充言：「所謂尸解者，何等也？……謂身不死得免去皮膚也，……蓋復虛妄失其實矣。」〔清〕惠棟批校：《論衡》（台北：中國子學名著集成編印基金會1978初版），頁329～330。

但是因爲《想爾注》是一本宗教性質的經典，因此它可以將這些歸入玄之又玄的宗教神秘主義。在長生不死的討論上，《想爾注》一方面延續之前的道家傳統，以爲修道之人可以精神不滅；另一方面，《想爾注》認爲「形體」是可以自由轉換生死的形式，譬如說，天下大亂，世衰道微時，賢人可以因時應變，將形體由「生」的形式，轉換至「死」的形式，而將健康的「形體」暫匿於俗事之外的「空間」，而以精神遊世，待天下太平後，再將形體由「死」的形式轉換成「生」的形式，並與精神合一。又或者，形體患了疾病，那麼，還是暫時以「精神」的形式存活，而將患有疾病的「形體」，暫匿於俗事之外的「空間」，透過精神的力量，去修復病軀，之後病體康復，又可與精神合一，透過這樣的方式，修道之仙士，可以得到永生。「悉如通道，皆仙壽矣」「奉道誡，積善成功，積精成神，神成仙壽。」「欲求仙壽天福要在通道。」《想爾注》亦言：「仙士畏死，通道守誡，故與生合也。」（〈第二十章〉）並言「專精無爲……唯有自守，絕心閉念者，大無極也。」（〈第二十八章〉）才能與「大無極」之「道」冥合。

　　若依蕭天石之說，他把道教內丹學的長生術分爲「留形住世」和「留神住世」兩個層面。修留形住世者，言形體可藉修煉而長生不死，此命不但可延年長生，而且可長存不死，接命續命，換形脫形，以及修宇泰定，亦即大定長定之『不倒丹法』一門均主之。〔註93〕。主留神住世者，主精神不死論，意謂宇宙間能力不減，故精神不滅。此派主形可死而神不死，留神住世，則可聚則成形，散則爲神。〔註94〕依此，先秦道家老莊，乃至漢代《指歸》皆主「留神住世」；《河上公注》已由「留神住世」往「留形住世」努力；至於《想爾注》則企圖在「形神」皆能恆久住世。

第四節　小結

　　以兩漢《老子》注之養生境界觀之，實可從諸多面向去作檢視。首先，以理想人格而言，基於《老子》原著中之聖人在修道養德之餘，皆能以道治國，因此兩漢《老子》注皆能承襲這樣的方向，將聖人視作兼具治身治國之能的人。然而值得注意的是，《河上公注》之「眞人」，是道家至道教過渡之理想人格。而《想爾注》首先提出「仙士」之說，此說深具宗教上的意義。

〔註93〕蕭天石：《道海玄微》（台北：自由出版社 1981.6 再版），頁 232。
〔註94〕蕭天石：《道海玄微》（台北：自由出版社 1981.6 再版），頁 232～233。

　　其次，「境界」有別於一般情形，具備「超越」特質，以兩漢《老子》注境界之超越性觀之，可觀察出形神超越，生死超越以及空間超越。以形神超越而言，《指歸》主張修道之人遺形藏志，身與道變，之後精神得以與道同為不朽，而留神住世。《河上公注》基本上仍屬於留神住世，但可以看出《河上公注》在留形住世的方向上，做了諸多的努力。至於《想爾注》則透過避死託形，而使形神達於不滅。以生死超越而言，《指歸》以為修道之人達於與道為一之境時，彼時已無所謂個人，當然也無個人的生死，生死這個議題在大道的照臨之下，是不存在的，也無談論的必要。而《河上公注》在精神上或可不死，但在理論上仍未足以使形體不死，它甚至認為形體不死有違生命的新陳代謝，是不可取的，充其量只能長生久視，或者透過形神之中介──氣，在形神間的滲透，使形神在氣的連通下，形成一個連續不斷的整體，而以「肉身成道」的方式，求得形式上的永生。至《想爾注》，則透過創造宗教上的神域，以神秘方式，使形神達於不死。就空間的超越而言，修道達於至極之人，能超越經驗世界，而來到非經驗的世界。以《指歸》而言，《指歸》屢言修道之人來到「太虛」、「太素」、「太清」、「玄冥」之境，而所謂「虛」、「素」、「清」、「玄冥」，不正是「道境」的指繪，因此修道之人所體會之境，其實正是形而上、宇宙本體那個極度虛無、素樸、原始、廣大、神妙之境。談到《河上公注》之「神域」，也絕非人世之境，而是修道之人獨見獨知，獨自體會的所得的精神世界。而《想爾注》之「太陰中」、「崑崙」，很顯然建構了一個「他界」，那是眾神來去自如，自在徜徉的神仙世界。談到空間的超越，進一步值得探討的是，這些修道之至人用何種方式去作空間的超越，是精神？抑或形體？或者二者皆是？以《指歸》而言，其明確指出聖人「神明」出入無間，頃刻千里，這確是「神遊」。《河上公注》言使吾無有身體，輕舉升雲，出入無間，若飛若揚，從「使吾無有身體」一句，可知絕非「形遊」，因此它遊的方式，也許從「志意在神域」可知是「神遊」，進一步說，「輕舉升雲」、「若飛若揚」的體驗是氣功修煉時所產生的「忘體」、「輕盈」效應，所達致的精神體驗。而《想爾注》中的得道之人可以避死託太陰中練形，是形神皆得以遊的境界。

　　最後談到得道之聖人與「大我」以及「道」的關係，大體而言，養生達於極致，彼時聖人已超越個人之小我，而融入大我與大道之中，不僅與大我、大道相感應，且與大我、大道一體無分。彼時個人所體已非個人的小天地，而是與萬物、天、自然、大道同在的大世界。《指歸》稱此為「玄冥」、「玄默」，

意指玄妙不已，又妙不可言，只能默識於心。《河上公注》說看來昏愚闇昧，實則「無所分別」，「無所截割」，此極言其「一體」而「宏大」。而《想爾注》之聖人於俗間癡愚無所知，但誠心向道，於是在誠心向道的同時，獲得與道相同的神通。

※本章結論列表：

表7-1：兩漢《老子》注之養生境界比較表（一）

	理想人格	形神超越	生死超越	空間超越
指歸	聖人——治身治國 真人——儉嗇治身， 　　　　可以長久 至人——與和常翔， 　　　　與道終始， 　　　　天人交順， 　　　　神明是守。 道人——虛無無為， 　　　　開導萬物	遺形藏志， 身與道變， 留神住世。	死生如一	託神太虛 反於太素 鏡視太清 遊於玄冥
河注	聖人——入世治國， 　　　　修道成真道人 真人——道家至道教之 　　　　過渡	留神住世→留形住世	養神不死	志意神域
想爾	聖人——治身治國 仙士——性命雙修 道人——志道養性真人	形神不滅	長生不死	過太陰中

表7-2：兩漢《老子》注之養生境界比較表（二）

	遊的方式	精神狀態	與大我的關係	與道的關係
指歸	神明出入無間， 頃刻千里	玄冥、玄默	物我合一	我道相入
河注	無有身體， 輕舉升雲， 出入無間，若飛若揚	闇昧而無所分別， 無所截割	天人合一	與道合同

	遊的方式	精神狀態	與大我的關係	與道的關係
想爾	避死託太陰中練形	癡愚於俗事，誠心向道	神與天通	回歸道素

第八章　結　論

　　兩漢是政治社會變動相當頻繁的時期，以政治而言，兩漢除初期以外，如西漢漢高祖至武帝，東漢光武帝至明章，其他時期多因外戚宦官互相傾軋鬥爭，導致政局的動盪不安，且隨著政局的不安，人民生活也陷入困頓，舉凡流民問題，黃巾賊亂等問題，都反映出生靈困苦的情形。在此背景下，人民的生命飽受威脅，於是有識之士或隱身民間，修養心性，以求精神的超脫，如嚴遵；或託名黃老學者，以傳長生之術；又或者建立教派，提供人民宗教的信仰，心靈的庇護，如道教天師。

　　兩漢是學術思想發展相當蓬勃的時期，以流派來說，有先秦流派之餘緒，有外來宗教的傳入，本土宗教的形成，發展十分多元化。其中尤以儒道兩家為擅場，但承續先秦以來學術融合的趨勢，儒道兩家思想除融入先秦其他流派之外，儒道之間也互有滲透，因此面貌多不同以往。以思想風潮來說，舉凡陰陽思想、天人感應思想、氣化思想，已成時代共同思維，絕非任一學派思想所能侷限。具言之，陰陽思想多用以解釋事物屬性、成分或變化；天人感應思想多用以解釋天人連動關係；氣化思想則用以解釋宇宙生成的具體過程與變化。以此學術思想背景之下，兩漢《老子》注也無可避免的受到影響，加以思想家獨有的見解，於是成就一家之言。以《指歸》來說，它向來被認為最能闡發《老子》原旨，然仔細探究，可見《指歸》融入時代思潮，也以「氣」作為道物中介，並依此推衍其宇宙生成論，並以「氣」作為天人萬物間連通的媒介。在天人關係上，《指歸》視天人為一物，並說天人萬物基於「同體」、「同氣」，於是相互牽連，並由此開展「天地與我並生，萬物與我為一」的心靈境界。以《河上公注》而言，它運用黃老思想「宛轉合道」的思維，將《老子》思想發揮成治身、治國「一理相通」之術。其中，《河上公注》於「氣」思想發揮最為透徹，它不但用「氣」建構宇宙生成論，並以「氣」之

陰陽組合成千千萬萬的天地萬物，又以「氣」作為天人感應的中介，人身修養的基礎，天人合一，與道合同的媒介。以《想爾注》而言，為建立政教合一的世界，它採用儒家的仁義道德作為教化教徒的內容，以精氣作為人身存在的基礎，以善惡作為天人感應的媒介，並依此行宗教上的賞罰。

總之，兩漢的政治社會背景，與學術思想背景深深影響兩漢《老子》注，以下將就本論文的幾個問題意識，談研究結論，其一，養生思想的發展源遠流長，而兩漢《老子》注養生思想之博大精深，蓋有所承。因此，此處首先談兩漢《老子》注養生思想之承先，此為第一節之內容。其次，從兩漢《老子》注養生思想的研究，除可看出兩漢《老子》注養生思想之流變外，是否也可因此觀察出兩漢《老子》注之轉變趨向？此為第二節之內容。其三，兩漢《老子》注雖有轉變，但其中仍有共通之處，因此第三節將歸結其共通之處。其四，養生之學是一門切合實用的學術，故第四節將試從兩漢《老子》養生思想中汲取智慧，以發揮其現代意義，以便從故紙堆中闡發出新價值。再者，中國文化中養生之學重實踐，而不重科學驗證，然近年來開始有跨領域的學者，試著以科學方法驗證中國養生文化之實效，因此，此處再就兩漢《老子》注之養生思想之現代意義與未來展望略作討論。

第一節　兩漢《老子》注養生思想之承先

養生思想並非靜止不動的概念，而是隨著時代的進展不斷發展、變化、擴充，充滿著活力的一個哲學範疇。於是乎兩漢《老子》注之養生思想站在兩漢的位置，立足於先秦乃至兩漢養生思想的基礎上，實汲取諸多前哲的智慧。從兩漢《老子》注養生思想之淵源觀之，《老子》正是黃老學派所依附解說的重要經典，而《管子》、《呂氏春秋》、《黃帝內經》以及《淮南子》，過去向來被視作雜家或醫家，但近來依學者的多方考察，皆認為當中相當程度的反映黃老思想，而《太平經》依學者鄭國瑞的考察，轉化黃老思想以為己說。〔註1〕丁原明也指出《太平經》吸收和改造了黃老學的許多思想，舉凡太平、

〔註1〕　鄭國瑞言：「《太平經》不僅吸收黃老道家形上思想作為立教的根本思想，更重要的是將之帶往神秘之路引伸，強調其超越性與主宰性，使得黃老道家與黃老道教在本質屬性上有了絕大的分野，成為黃老思想在兩漢最大的變化。」鄭國瑞：《兩漢黃老思想研究》（政大中文博論 2002），頁 351。

承負、氣化、陰陽學說皆是，〔註2〕但它擷取這些思想的目的不是建構一種自然哲學體系，而是鑄造一種神道理論。陳麗桂教授更直言《太平經》以先秦道家的養生論爲主，結合了黃老道家的精氣說、形神論、乃至陽尊陰卑的陰陽大義，幾經轉化、附會，由本體而宇宙，而養生，終於側入神學、方術之途。〔註3〕湯用彤也說：「《太平經》者，上接黃老、圖讖之道術，下啓張角、張陵之鬼教。其所記與漢末黃巾、六朝之道士，均有差異，則謂其爲最早之道教典籍。」〔註4〕由此可知，《太平經》不但是宗教著作，其中亦承襲不少黃老思想。其次就兩漢《老子》注本身與黃老關係觀之，嚴遵的《指歸》向來被視作黃老作品，《河上公注》所託名的作者——河上公，是黃老初祖，因此《河上公注》也必然與黃老有關。至於《想爾注》儘管已轉化《老子》哲學以成宗教聖典，但據鄭國瑞考證，《老子想爾注》主要透過注解《老子》來宣揚黃老道，其理論依據在於黃老思想，帶有明顯的黃老之學的痕跡。但最重要的是吸收之後再與予轉化，使之成爲宗教神學。〔註5〕因此，總體看來，不難看出黃老一脈思想是兩漢《老子》注的一大源流。

於是乎從兩漢《老子》注養生思想之承先，乃至兩漢《老子》注之養生思想，略可看出黃老養生思想之特點，黃老一派的養生思想大抵有講求養精氣，重時變，貴因循，重中和，講儉嗇，求柔弱的共同特色，並將養生之術「宛轉合道」以用作「治國」、「治身」，乃至「致仙」。

第二節　兩漢《老子》注養生思想之轉變

兩漢《老子》注養生思想，經過時代的變遷，實有諸多轉變，以下分作道觀念、生命觀、養生方法、養生境界、學術方向等要點論其思想的轉變。

一、道觀念的轉變

兩漢《老子》注在「道」觀念的轉變，又可由「道體」、「道性」、「道用」三個層面來考察。

〔註2〕丁原明：《黃老學論綱》（山東：山東大學出版社 1997.12 第一版第一刷），頁323。

〔註3〕陳麗桂：《秦漢時期的黃老思想》（台北：文津 1997.2 初版一刷），頁5。

〔註4〕湯用彤：〈讀《太平經》書所見〉，《國學季刊》（第五卷第一期 1935.3）

〔註5〕鄭國瑞：《兩漢黃老思想研究》（政大中文博 2002），頁372。

（一）從道體觀之

　　《指歸》的「道」是虛無的形上本體；而《河上公注》的「道」仍是虛無的形上本體，但在描述上，《河上公注》將精氣、元氣、和氣、天地之氣、宇宙萬物諸物含容其中；至於《想爾注》的「道」，「道」已由抽象概念衍化為太上老君，道教的至上神。且就道、一的概念範疇來說，《指歸》在宇宙生成圖示中，將「道」、「一」兩階段劃分的極為清楚，曰：道生一（德），且道、一的屬性也截然不同，道與一上下相屬的關係十分明確。到了《河上公注》，在宇宙生成上依然言道生一，不過講到道、一的屬性時又混為一談，因此，道、一之間的界線實為模糊。至於《想爾注》乾脆將道與一等同起來。再就道氣關係而言，《指歸》中道是無形，氣是有形，道生氣，氣生物，二者截然不同。至《河上公注》，道雖不同於氣，但道氣的性質亦十分接近，因此有學者說，《河上公注》是將對「氣」的描述與體會，施用於對「道」性的描繪。至於《想爾注》，道不但是一，也是氣，更是太上老君。《想爾注》一下子擴大了「道」的概念與功能，這讓道的虛無本質，有了更具體的內容，更便於宗教神學的推闡了。

（二）從道性觀之

　　從道性觀之，《老子》所述道性極多，包含虛無、無為、自然、柔弱樸素、廣大、長久等。至於三家注所闡發之「道性」雖不出《老子》所論，然仁者見仁，智者見智，各有偏重。〔註6〕其中，三家注皆有論及的是虛無、無為以及自然的道性。雖然如此，但三家注中以《指歸》最能闡發《老子》原旨，餘則在概念上已有些微的轉變。以虛無的特性而言，《指歸》為強調大道「虛無」的特性，在敷衍宇宙生成過程時，以無無無之無（道）→無無之無（德、一）→無之無（神明、二）→無（清、濁、和）→有（陰、陽、和氣）→萬物，或者虛之虛→虛者→無之無者→無者→有形的圖示表示。透過生成圖示的層層推衍，道成為「無無無之無」以及「虛之虛者」，此說乃極言道之虛無。

〔註 6〕陳麗桂也說：漢代道家不論《淮南子》還是《老子指歸》、《老子河上公章句》、《老子想爾注》，說到「道」的本體性徵，基本上都因承《老子》「道」的特質──虛無、廣大、絕對、永恆、生生不已、為宇宙萬化生化之源。《老子指歸》尤重其虛無之特質。這是《老子》學說的玄理核心，各家敷衍顯實之情況詳略容有不同，基本旨趣不出《老子》。陳麗桂：〈漢代道家思想的演變與轉化〉，國立台灣師範大學國文學系：《第二屆儒道國際學術研討會──兩漢論文集》（台北 2005.8），頁 799。

然自《指歸》乃至《河上公注》皆不斷的以「氣」來顯實道的內涵，使得「道」漸由「虛無」偏向「有」的一方面，不免使得《老子》的「道」向時空中跌落。〔註7〕從無為的特性而言，《指歸》化生萬物的方式，採無為而任萬物自生自化；《河上公注》相對於《指歸》全然的無為，任萬物自生自化，則提供了一個氣化流行的環境，讓萬物在氣化流行的環境，任隨自身汲取，而氣化生物。至於《想爾注》的「道」，它以「造物主」的姿態化生天地萬物，並開啟人類文明，此與《指歸》以及《河上公注》的「無為」的精神已相差極遠。從上文所探討的「道」創生萬物的方式中可知，從《指歸》至《想爾注》，道之「有為」成分愈趨濃厚，尤其《想爾注》不僅以「有為」的姿態創造文明，更以「有為」的賞罰方式，樹立其宗教權威，令教徒嚴守大道。以自然的特性而言，《指歸》言「道德因於自然」，意指道德因循的規律即是自然；《河上公注》言：「道性自然，無所法也。」意指道本身的規律即是自然；至於《想爾注》即言道與自然同號異體。

（三）從道用觀之

從道用觀之，先秦《老子》之道本用作治國之用，以解決周文疲弊所形成的種種問題。《指歸》則一本《老子》傳統，仍將《老子》之道用作治國之術；至《河上公注》雖以一理並論治國治身，實則漸由治國轉向治身；至於《想爾注》則將《老子》之道闡發作致仙之道，認為只要信道、遵道、守誡，即能邁向致仙之途。

二、生命觀的轉變

從生命觀而言，三家注於生命觀以及生死觀轉變，亦有值得探討之處。就生命觀看來，《指歸》於形神之間，顯然較為重視「神」，甚至主張在修養到一定程度時，使身如槁木，心如死灰，遺忘形體，而神明千之，遨遊天地，而頃刻千里。相對於《指歸》之重神，《河上公注》雖也重神，但對形體的修煉也提出諸多方法，從中可見《河上公注》雖重神但也不忘形。至於《想爾注》顯然形神二者皆重，甚者為求形體之不死，設想太陰宮中，作為形體託死、尸解或者復生之所。就生死觀而言，《指歸》對生死採取一種任其自然的

〔註7〕陳麗桂：《秦漢時期的黃老思想》（台北：文津 1997.2 初版一刷），頁 12、頁74。

態度，生而不喜，死亦不憂，對道德高深的聖人來說，生死是一樣的，並無區別。至《河上公注》則惡死而貴生。至於《想爾注》之仙士樂生而畏死，甚至賤死而貴仙。

三、養生方法的轉變

就養生方法而言，《指歸》基於對「神」的重視，所提出的養生方法以養神爲主，並駁斥熊經鳥申、吐故納新等養形之術，認爲這些皆是虛妄而耗神的舉措；其次，由於《河上公注》以氣建構並統合其宇宙論、生命觀以及養生論，因此在養生方法中，對於養「氣」的方法著墨甚多，是以《指歸》所反對的熊經鳥申、吐故納新之術，適爲《河上公注》所著力發揮的。《想爾注》養生方法最爲特殊，其養生方法主要建構在遵道守誡上，認爲修道之人只要遵道守誡，去惡積善，就可積善成精，積精成神，神成仙壽。若以後世道教煉丹之說來分析，《指歸》之重「神」，即重「上丹田」之涵養；《河上公注》之重「氣」，即重「中丹田」；《指歸》之重「精」，即重「下丹田」。

四、養生境界的轉變

就養生境界來說，可試從幾個方面去探討，其一從理想人格來看，《指歸》的理想人格一如《老子》稱作聖人，《指歸》之聖人是兼具「內聖外王」的理想人格；至《河上公注》則有眞人，眞人深闇道家養生長生之術，是道家至道教的過渡；至於《想爾注》神仙體系已更形完備，其理想人格是能長生不死的仙士。其次，就理想人格的超越性來說，反映在形神的超越、生死的超越、空間的超越上。以形神的超越來說，就形神於時間的超越來看，《指歸》之理想人格，能夠留神住世。《河上公注》一方面明確言聖人可以養神不死，此即留神住世，但一方面在養形方面又做了諸多努力，意圖從留神住世而往留形住世方向發展。至《想爾注》在理論上明確言及形神不死而得以永恒住世。若就形神於空間上的超越，則《指歸》之聖人，其神可以擺脫束縛，自由自在，無拘無束，出入無間，頃刻千里。而《河上公注》之聖人在鍊氣之餘，其精神能夠產生無有身體，輕舉升雲，出入無間，若飛若揚，志意神域的神妙體驗。而《想爾注》之理想人格可以避死託太陰中，則其形體非但可以自由移動，更可在生死之間隨意轉換形式以應世，而其精神自然也能隨意之所趨而徜徉天地。就生死的超越來說，《指歸》之聖人以高度修養，而與道

同在，當此之時，生死已被置之度外；《河上公注》就理論而言，僅能做到精神之不死，肉身之成道；《想爾注》則在形神上已達至不死之境地。就空間的超越來說，《指歸》之聖人與道相入，因此神遊太虛、太素、玄冥之境中，此太虛、太素、玄冥之境，正是道境；《河上公注》之聖人「志意於神域」，此神域也是一個超經驗的世界；《想爾注》之理想人格可以過太陰中，此太陰中即道教中的他界、神仙世界。

五、學術方向的轉變

兩漢《老子》注經此轉變後，在學術發展上可歸結出三種轉變，一是由「道」到「術」，《河上公注》與《想爾注》將《老子》的許多本體道論與治國外王之論，通過夾解、改削文字或轉解等手法，轉化為黃老或道教清靜自然的房中、養生之「術」。〔註8〕二是由「哲學」到「宗教」，隨著《指歸》以至《河上公注》，乃至《想爾注》，哲學意味愈趨薄弱，而宗教意味漸趨濃厚。三是由黃老道學至黃老道，終至於道教。《指歸》是融合儒、道、法、名各家思想的黃老道學，《河上公注》則藉由「真人」之說法，逐漸融入神仙之說而成黃老道，《想爾注》則藉由「太上老君」至上神的確立，輔以至上神創世說，以及種種宗教上的賞善罰惡、承負、奪算等說法，確立宗教的成形。

第三節　兩漢《老子》注養生思想之特色

兩漢《老子》注雖有其轉變痕跡，但三家注在養生思想上亦有其共通之處，這些共通處來自於兩個相同的源頭，其一是《老子》思想，其二是黃老思想。茲將兩漢《老子》注養生思想之共通處歸納成五個重點以作說明：

一、氣化流通的生命共同體

兩漢《老子》注討論身體問題，從來不把身體各部當作當一器官，把身體當作個體單一的問題。易言之，三家注在考量身體時，往往將身體各部當做整體考量，將個體與群體、萬物，乃至天地宇宙等納入作整體的考量。他們認為人身各部分，是一體相連的，宇宙中所有事物皆是一體相連的。進一

〔註8〕 陳麗桂：〈漢代道家思想的演變與轉化〉，國立台灣師範大學國文學系：《第二屆儒道國際學術研討會——兩漢論文集》（台北 2005.8），頁 805。

步說，身體各部，以及宇宙萬物之間透過什麼中介，作爲彼此之間的聯繫呢？三家注皆以爲這個連通的媒界是「氣」，《指歸》言「氣化連通」，《河上公注》言「同氣相求」，「精氣相貫」，《想爾注》言「精氣與天相親」。以氣作爲介質，其所牽動的層面實爲廣泛，有自然與人文（社會、政治）的彼此牽動，有天人的彼此牽動，有形神的彼此牽動，有氣之間的彼此連動。因此以氣爲聯繫，所牽繫的是一個息息相關的宇宙。擴大來說，即便是宇宙中任一個渺小微物，它自身的變化，恐怕不只是其自身的變化，而是整個宇宙的變化。

　　既然宇宙萬物基於氣化流通而形成一個休戚共，福禍同的生命共同體，那麼，養生即須注意身體各部以及人與萬物、環境的平衡協調，《指歸》就這個問題指出「順應自然」的方法，認爲只要無爲、不干涉，萬物即能在保有天性的情況下，自然達於和諧。《河上公注》指出「順應四時」的變遷而爲，加以積善行德，自能達於平衡。《想爾注》則提出去惡向善，自能與天相親。

二、儉約節嗇以保生命能量

　　《老子》言「治人事天莫若嗇」，又說三寶爲：「一曰慈，二曰儉，三曰不敢爲天下先。」又說要：「戒甚，戒奢，戒泰」，這些句子都富有儉約節嗇的的概念在內。兩漢《老子》注延續這樣的思維，尤其將這樣的思維套用於精、氣、神上，以爲精氣神是生命的能量，一旦耗損生命就要趨於衰弱，因此，《指歸》言「愛精氣」，又說「爲嗇之道，不施不予，儉愛微妙，盈若無有，誠通其意，可以長久。」（〈卷四・方而不割〉）不施予即爲儉嗇之道，凡是如能儉嗇以爲用，則蓄積精氣神，如此可以長久。《河上公注》言「希言愛氣」，節精愛氣，《想爾注》言寶精節精，這些說法都源之於《老子》儉約節嗇的精神。

三、去除情欲以涵養精神

　　《老子》養生講求「清虛自守」，「致虛極，守靜篤」，黃老思想亦以「虛無」爲本，兩漢《老子》注承襲這樣的思想，亦講求虛靜存神，而欲虛靜存神則必除情去欲。以神來說，兩漢《老子》注皆分神爲正負兩個面向，正向的神如神明、魂魄之類；負向如情欲、意志之屬，且認爲正負向的精神會產生相互排擠的效應，因此，基於這樣的原因，養生必須節制或除去負向的精神生活，以避免神明、魂魄遭到消耗，如此神明就得以保全。所以《指歸》

提出虛靜、無爲、內用其光以養神；《河上公注》提出虛靜、無爲、內視存神以養神；《想爾注》也提出致虛、守靜以養神。

四、柔弱處下的辯證思維

《老子‧第四十章》言「反者，道之動。」正因爲明白大道運動的規律是朝「相反」的方向發展，因此聖人守柔不爭，甘居下位。黃老思想中也極重視相反的辯證思維，並將《老子》的「無爲」、「雌柔不爭」，轉化成「無不爲」、「用弱而強」的權謀意味，〔註9〕並將它發揮作治國治身之術。《指歸》也承襲這樣的卑弱自持的思想，屢次指出聖人與俗相反，且聖人所持守的養生之道如：虛、無、清、靜、微、寡、柔、弱、卑、損、嗇等，也與俗人所崇尚的不同。這正是聖人得以掌握大道之脈動，而得以長生的原因。《河上公注》也將專氣致柔，使如嬰兒，當作養生修養的方法與目標。《想爾注》之仙士與俗人不同，仙士之遵道守戒，俗人則否。聖人之守柔不爭，俗人則爭強好逞。

五、對天道的契合與回歸

就道家或道教思想而言，「天道」雖在不同時期有不同的意義，然而「天道」作爲生命的源頭是不變的，且隨著生命不斷的向前推展，人逐漸背離「天道」運行的規律與準則。當人的所作所爲牴晤天道運行的規律或準則時，人就逐漸衰弱乃至老死。因此，養生的路徑與目標，即在反本還原，尋求生命最初的天、道的回歸，求得與天、道的契合無間，當此之時，人於體會深觀宇宙消息之中，應當融入整個宇宙的律動，因其小而成其大，當己身匯入宇宙之洪流之時，宇宙即是我，我即是宇宙，我的變化是大化之流行，大化之流行亦爲我之流行，個人的體驗即是整個宇宙的體驗。能至乎此，則欲運籌帷幄，欲長生久壽，欲遨遊天地，則無乃不可也。

第四節　兩漢《老子》注養生思想之現代意義與展望

一、現代意義

中國哲學的特質是以人爲中心考量，哲學發展的目的離不開現實的人

〔註9〕陳麗桂：《秦漢時期的黃老思想》（台北：文津1997.2初版一刷），頁91～92。

生，哲學是為了解決現實人生的問題而生的。〔註 10〕其次，黃老一派思想，由於擷取各家優點以為己說，因此在內容上兼容並蓄，無所不宜。再說，黃老一派思想重「時變」，《指歸》即言「與時俱和」，《河上公注》也要人順天應人，《想爾注》也稱人應順天應道。因此，研究兩漢《老子》注養生思想後，實有必要從中汲取智慧以解決現實人生的問題。在此筆者試著提出兩個議題以作討論，其一是心靈欲望問題，其二是人與環境問題。

關於心靈欲望問題，當今社會物欲橫流，情欲氾濫，就個人言，在欲望不斷擴充之時，往往疲於奔命，費心勞神，若是欲望得到滿足，或許聊可安慰，然而欲望往往無有窮盡之時，人也就因此毫無停歇之時，長此以往將對形神、身心造成極大的負擔。若是欲望不得滿足之時，或者憂心鬱結，摧傷心肝，走上絕路，根據調查，以 2004 年為例，自殺列國人十大死因之一，且台灣地區每天約有十人自殺身亡，平均每兩個半小時，即有情緒障礙者發生自戕之情事，〔註 11〕影響所及，使社會付出許多成本與代價。又或者為求滿足慾望不擇手段，損人以利己，如此則紛爭不斷，社會不安，甚者大動干戈，兵連禍結。

因此，依兩漢《老子》注養生思想觀之，欲望的深陷，情欲的橫流，將導致精神的亡失，五神的無主，形神的分離，魂魄的散逸，則形體亦隨之，最後形神俱亡。因此針對主體向外奔馳所造成各種存在疾病，必須採取的是文化性的醫療，〔註 12〕即適時的收返視聽，除情去欲，清靜此心，虛靜存神，以還原本心之虛靜，還原本性之真樸，還原本神之靈虛，方能根本的解決形神之病變，而還原健康。進一步更可使精足氣滿神全，長生久視。

關於人與環境問題，今日全球面臨的極大問題，即是環境劇烈的變遷，舉凡全球暖化問題所帶來的海平面上升、物類的瀕臨絕種、食物產能的漸少，氣候的嚴重失調，工業化所帶來的空氣污染、地質沙漠化……，這些問題不斷的威脅著人類的生存，末世的喪鐘就要敲醒，這一切無不在提醒人類浩劫的來臨。

〔註10〕 宇同談及中國哲學的特色，在於「『重人生而不重知論』，中國哲人，因思想理論以生活實踐為依歸，所以特別注重人生實相之探求，生活準則之論究。」宇同：《中國哲學問題史》（台北：彙文堂 1987.11）（序論），頁 7。
〔註11〕 以上資料乃轉引自甯瑋瑜、沈能元\台北報導：蘋果日報 2005.9.7。
〔註12〕 鄭志明：〈《老子》的醫療觀〉，收錄於《鵝湖月刊》（2005.3），頁 38～39。

　　而道家生命觀的特徵之一爲生命本位與自然關懷，〔註13〕基於他們對生命與自然的重視特質，因此其思維或許正可解決現今生命與自然衝突的問題。因此試以兩漢《老子》注思維思考此問題，則環境問題的起因與影響，無一不是指向人類的有爲造作，所以《指歸》言：「禍福由己。」人類不順天應道，因而導致「天人失和」，且依兩漢《老子》注之思維，天人因爲同爲氣化，因此會產生氣的連動效應，此即《指歸》所謂「氣化連通」，《河上公注》所謂「同氣相求」，是以天人失和的問題，將導致社會、政治，乃至國際的問題，李志林先生解釋說：「氣論這種整體觀，視氣爲生生不息的一個連續過程，強調了氣的存在和變化的連續性和不可分割的整體性，可說是中國古代氣論最基本的觀念。」〔註14〕的確如此，基於氣之流動性，氣在開放的場域之中，得以相互交流，因此得以相互影響。因此追本溯源，則人類應在開發自然、利用自然，以及保持天人和諧的關係上，找到一個平衡點。無獨有偶地，韋政通先生在思慮自然生態系統的破壞，所導致的人類的生存威脅時，也提出針對此現象，人類有必要改變宇宙觀，而建立「中國傳統和諧宇宙觀中所強調的人與自然的適中調和的態度」〔註15〕。概言之，即是重新認識宇宙規律──「道」，並且透過行道而重新回到宇宙秩序之中。

　　具體的說，《指歸》的因時安性、順命、因時、守分的方法，能因循環境與自身的情況，隨機應變，頗能在環境與人身之中達於一種「與時俱進」、「與時俱和」的平衡。《河上公注》的順應四時而春生夏長秋收冬藏之法，非但能爲人類帶來極大經濟效應，又可不違返自然的規律。另外，三家注所強調儉約節嗇的方法，非但使人過著一種簡單素樸而得以長生的生活，又可節能減碳，節省用度，這樣的思維與環保人士所談的趨勢是一致的。

二、未來展望

　　關於兩漢《老子》注養生思想於未來的發展，筆者提出三點發展，其一是透過理論的解說，將深植人心的養生語彙，回歸原來的詮釋，以恢復經典

〔註13〕 李霞以爲道家生命觀的基本特徵：生命本位；自然關懷；超越意象。」李霞：《生死智慧──道家生命觀研究》（北京：人民出版社 2004.5 第一版第一刷），頁 57～68。
〔註14〕 李志林：《氣論與傳統思方式》（上海：學林 1990.1 初版一刷），頁 254。
〔註15〕 韋政通：《中國思想傳統的現代反思》（台北：桂冠 1990.2.25 初版一刷），頁 209。

的生命力。其次，透過科學的驗證，以證實養生說法之效驗。再次，透過養生之實踐落實，以開發人類的潛能。以下試說明之。

　　關於兩漢《老子》注之養生說法，至今仍普及於現代生活之中，並且深植於華人文化的生活中，成為根深蒂固的文化根柢。此從尋常生活中的一些語彙，即可看出其相沿承襲的痕跡，此處試透過兩漢《老子》注之養生理論，再次還原這些語彙所代表的養生意涵，譬如常言道：「『心』浮氣『躁』」，言心氣之浮躁於養生有害。蓋心者，為神明之存所，又神者，喜清靜，倘若心浮氣躁，則神明去之，神明去之，則於身體有所折損。再者，常言道：「『魂』不守『舍』」，此指出「魂」為抽象之神靈，抽象之神靈無法獨立以自存，必須憑恃具象之物以存，以《河上公注》而言，這個具象之存所即是「肝」，蓋《河上公注》以為「肝藏魂」也，故魂不守舍，即言魂之神沒有好好安存於肝臟之舍中，而游離到肝臟之外了。依據《河上公注》的理論，一個健全的身體，必須形神相抱，因此倘若魂不守舍，則形神相離，形神相離，則生疾病。擴大來說，《河上公注》以為五臟各有所藏，除了魂藏肝，復有腎藏精，心藏神，肺藏魄，脾藏志。此五者皆不守舍，細言之，即「魄」不守其舍——肺，「精」不守其舍——腎，「志」不守其舍——脾，「神」不守其舍——心，如此五臟無主，五臟的功能在失去神靈的指導下，無法正常運作，人就要產生疾病。又常言道：「『元氣』大傷」，蓋元氣者，為人得以存在之能量，元氣大傷，則能量耗損，那麼生命力就趨於衰弱；再者「『精』盡人亡」，「精」以《想爾注》理論來說，「精」為人身之本，因此當此精耗竭，則人身中能量也隨之耗盡，生命也就此結束了。又常言道：「『魂』飛『魄』散」，即指出魂魄等五神容易因五情之發動，而導致不安，而離開人身，因此欲存五神，必須在情緒上有所節制，避免過度情緒變化之戕害。又常言道：「聚『精』會『神』」，則依據《河上公注》之理論，精者承先秦《管子》、《易傳》之說，乃一深具變化之「物」，可以「精氣為物」，可以「遊魂為變」，可以化為「五穀日月」，又可化為「聖人鬼神」，因為精者遊走於物質與精神之領域，因此修鍊者可以透過精氣之凝聚以及凝鍊，由「量變」而積聚轉「化」〔註16〕成「質變」，而「德合神明」，「德與天通」，「與道通神」，此之謂「會神」。《想爾注》也說積精成神，神與天通。又常言道：「閉目養『神』」，其實所指即《河上公注》之

_____

〔註16〕所謂「化」，有至某種程度，「自然」而「毫無鑿痕」，而「水到渠成」的轉成另一性質之謂。

「內視存神」,蓋閉目者,一方面不外視,如此可以減少雙目因爲外視而消耗精神;一方面可以內視,內視五臟及五臟神,如此五臟及其主神則得以安存。此外,尚有「養『精』蓄銳」,即積蓄存養養精。「韜『光』養晦」即《指歸》所謂:「內用其光」,亦即藏神於內,照見內在的光明,凡此種種不勝枚舉,皆可從兩漢《老子》注中得到精闢的詮解。透過諸如此類的詮解,即能使養生思想的精義得到相應的闡發。

其次,就科學的驗證而言,隨著科學文明的發達,許多人類古老的文明都在科學的驗證下,解除其神秘面紗,也證實其實效性。如現代生理醫學實驗證明,人體的「氣」是多種物質(由各種營養物質所化生)和能量(包括了聲、光、電等磁波信息)的綜合體。〔註 17〕其次,就養生學中經常討論的精氣神,其實其分野並不明確,如以《想爾注》爲例,其所言之「精」,一方面又是物質,一方面又言「精」是道之別「氣」,此外,在《河上公注》中常將「精神」二者並稱,再加上精氣神三者可以融通,常言道「煉精化氣,煉氣化神,煉神還虛」即是,因此精氣神的概念實難劃分。不過,這個難題透過科學的驗證即可清楚辨明,賴錫三先生就說,以科學的驗證來看,精氣神三者其名固然有別,但畢竟是一氣之變耳。精者,氣之純粹精華者;神者,氣之昇華耳。精氣神三者,雖同爲氣,皆存在於氣之連續性光譜中,但有精粗、清濁、高低品質之分。〔註 18〕因此,透過光譜的驗證,非但可以認清精氣神三者的分野,甚至可以觀察精氣神轉化過程中「光譜」的變化。

另外,台大校長李嗣涔教授〈氣功態及氣功外氣之紅外線頻譜〉一文中,利用 InSb 偵測器測量氣功師父所發放外氣中屬於 3〜5 微米之紅外線頻譜,並配合腦波以測試師父發放外氣時,身體所處的狀態。實驗結果顯示,有的氣功師父可以發放兩種外氣,一種是調理之氣,發放時其身體處於氣功共振態,可發出大量的紅外線。另一種則剛好相反,它會吸收外界之紅外線能量,並分析這是師父可以分別經由副交感或交感神經控制血管之鬆緊,促使流向手掌之血液增多或減少而導致溫度上升或下降之結果。〔註 19〕又徐光澤也提到

〔註 17〕劉松來:《養生與中國文化》(江西:江西高校出版社 1994.6 第一版第一刷),頁 132〜134。

〔註 18〕賴錫三:〈《莊子》精、氣、神的功夫和境界——身體的精神化與形上化之實現〉,收錄於《漢學研究》(第二十二卷第二期 2004.12),頁 125。

〔註 19〕李嗣涔:〈氣功態及氣功外氣之紅外線頻譜〉,台北市氣功文化學會 http://www.chikung.org.tw/txt/paper/p02.htm 2009.3.29。

入靜態時對提高體液調節的功效，是通過兩個方面來實現的。一是入靜態排除了一切雜念、妄心，爲大腦中樞神經創造了一個寧靜的環境；二是入靜態的全身放鬆，改善了血液循環系統的功能，使得各種激素能順利地輸送到人體各部。經過電腦和心電功率譜板的過程，既降低人體的新陳代謝，又減少心肌柄氧量，使人的測試證明：入靜態對人體是一個積極的過程，既降低人體的新陳代謝，又減少心肌耗氧量，使人體處於一種有序化程度提高的低消耗、高效應的特殊節能狀態。這是使人延年益壽的生理學基礎之一。〔註 20〕這些研究都有助於對養生效驗的理解。

就潛能的開發來說，學者錢學森多次撰文表示：氣功、中醫理論和人體特異功能三者蘊育著人體科學最根本的道理。錢老甚至預言，上述諸方面的結合，也許會導致一場新的科學革命，而且可以視爲東方的科學革命。不難理解，無論是氣功、人體特異功能，或是中醫理論，它們都與養生文化存在著一種千絲萬縷的內在聯繫。〔註 21〕徐光澤先生也提出人體內部深層潛伏著「特異功能」。這種超感官功能，在人類的漫長進化過程中，隨著七情六欲的膨脹，逐漸被掩蓋而隱藏起來。無數修煉證明：挖掘這些潛能的有效方法，是在忘物忘我的入靜態中；在遠離凡塵的人欲、物欲情況下，才會發現、調遣。所以說，那些心情比較寧靜，妄心較少的人才容易進入「入靜態」，才容易深入人體自身的深層，才可能挖掘出潛藏在人體深層的「潛能」。〔註 22〕也有人用現代科學進行研究，氣功態中大腦皮層參與整個肌體的自我調節過程，具有心身調節的特徵。有人主張未來的醫學模式是「人體內氣迴圈的量子醫學模式。」應當運用量子「能級的躍進和轉換」來研究人體的生命活動和規律，解釋特異功能產生的原因。〔註 23〕

就具體的研究成果來說，據北京何慶年等人運用入靜氣功態電圖資抖分析，發現在虛靜狀態下，人體「大腦內的有序能大大提高，無序能大大降低，……信息量擴大……有可能打通長期閒置不用的一些腦細胞的信息通

〔註 20〕徐光澤：《中國道家養生之道》（河北：河北科學技術出版社 1994.7 第一版第一刷），頁 142。

〔註 21〕劉松來：《養生與中國文化》（江西：江西高校出版社 1994.6 第一版第一刷）〈序言〉，頁 2。

〔註 22〕徐光澤：《中國道家養生之道》（河北：河北科學技術出版社 1994.7 第一版第一刷），頁 275。

〔註 23〕唐明邦：《論道崇眞集》（湖北：華中師範大學 2006.2 第一版第一刷），頁 51～58。

道。」〔註 24〕從這個研究成果可知，透過入靜的修練功夫，人類能提高腦細胞信息的使用率，如此即能開發潛能，提升人體的效能。另外成和平先生〔註 25〕於〈超心理科技之腦波與心靈改革〉一文中，也指出透過測量前額腦波，發現修行與靜坐，人可開發前額 α 波，以及 θ 波，彼時人可產生「天人感應」、「與宇宙合一」的體驗，並突破顯意識，與潛意識溝通，認清自己，湧現靈感創意。〔註 26〕

因此未來若能結合兩漢《老子》注養生之理論，深植於文中的養生根柢，輔以科學的驗證，理論的闡述等，必能使古老文明重新煥發出符合潮流的光采。

〔註 24〕劉松來：《養生與中國文化》（江西：江西高校出版社 1994.6 第一版第一刷），頁 59。
〔註 25〕中華超心理學研究會理事、基隆市立醫院主治醫師。
〔註 26〕成和平：〈超心理科技之腦波與心靈改革〉，中華超心理學研究會 http://www.thinkerstar.com/psi/spt_essays/cheng.html 2010.3.29。

主要參考書目

壹、專書

一、古籍類

成書於先秦至清代（依成書時代）

 1. 吳・韋昭注：《國語》（台北：漢京文化 1983.12.31）
 2. 漢・賈誼撰；盧文弨校：《新書》（北京：中華書局 1985 新一版）
 3. 漢・司馬遷：《史記》（北京：中華書局 1982.11 第二版）
 4. 漢・王逸注：宋・洪興祖補注：《楚辭》（台北：中華書局，1965）
 5. 漢・班固：《前漢書》（四部備要本）（台灣：中華書局 1984.8 台三版）
 6. 漢・班固等撰：《白虎通，又名，白虎通義，又名，白虎通德論》（北京：中華 1985 新一版）
 7. 漢・高誘注：《淮南子》（上海：上海古籍 1991.4 初版三刷）
 8. 漢・揚雄著；汪榮寶疏：《法言義疏》（上）（台北：世界書局 1956）
 9. 漢・高誘：《呂氏春秋訓解》（中華書局）
10. 漢・《古微書》（四）（北京：中華 1985 新一版）
11. 漢・鄭玄注：《易緯是類謀》（北京：中華 1985 新一版）
12. 漢・鄭康成注；民國・王雲五編：《易緯辨終備》（臺北：臺灣商務 1975）
13. 晉・王弼注：《老子》（台灣：台灣中華書局 1970.9 台三版）
14. 晉・嵇康：《嵇中散集》（台北：台灣商務 1972.3 台一版）
15. 晉・葛洪：《抱朴子》（中國子學名著集成編印委員會 1977.11）
16. 晉・陳壽：《三國誌》（武英殿版）（台北：新陸 1964.元）
17. 晉・郭璞：《山海經》（三）（北京：中華 1985 新一版）

18. 晉・張湛注；民國・楊家駱主編：《列子注》（台北：世界 1955.11 台一版）

19. 晉・常璩：《華陽國志》（四庫備要本）（台灣：中華書局 1966.3 台一版）

20. 魏晉・皇甫謐：《高士傳》（北京：中華 1985 新一版）

21. 南朝宋・范曄：《後漢書》（台北：新陸 1964.元）

22. 齊・魏收：《魏書》，收於《二十五史》（台北：藝文印書館 1972）

23. 梁・昭明太子編：《文選附考異》（臺北市：啓明 1960 初版）

24. 隋・蕭吉：《五行大義》（一）（北京：中華 1985 新一版）

25. 唐・李鼎祚：《周易集解》（台北：成文 1976）

26. 唐・孔穎達注疏：《周易正義、尚書正義、孟子正義》（附校刊記）（台北：廣文 1972.8 再版）

27. 唐・孔穎達疏；廖名春、陳明整理：《尚書正義》（北京：北京大學 2000 第一版）

28. 唐・王冰注：《內經素問二十四卷》，清・紀昀：《四庫全書薈要》

29. 唐・孔穎達疏：《左傳正義》（台北：廣文 1971）

30. 唐・釋道宣：《廣弘明集》（台北：中華書局 1981）

31. 唐・呂洞賓：《呂祖全書》（第六冊）（台北：皇極出版社 1982.10）

32. 唐・顏師古注：《漢書》（新校本廿五史）（台北：史學出版社 1974.5 台北影印一版）

33. 唐・李善注《文選》（台北：漢京文化事業 1983.9.28）

34. 宋・李昉等：《太平御覽》（台北：新興書局 1959）

35. 宋・呂祖謙重校：《音注河上公老子道德經》（台北：廣文 1990.9 四版）

36. 宋・歐陽修、宋祈撰：《新唐書》（台北：中華書局 1971）

37. 宋・林億等校：《黃帝內經素問》（臺北：臺灣商務 1967 臺二版）

38. 宋・葉適：《習學記言》（台北：台灣商務 1970）

39. 宋・彭耜：《道德真經集注》，收錄於古籍整理研究所、中華諸子寶藏編輯委員會：《諸子集成新編》（四）（成都：四川人民 1998.2 初版一刷）

40. 宋・朱熹：《四書集註》（台北：學海 1991.3 再版）

41. 宋・朱熹著；宋・黎靖德編：《朱子語類》（八）（台北：文津出版社 1986.12）

42. 宋・朱熹：《詩經集註》（台北：群玉堂 1991.10 初版）

43. 宋・張君房著；蔣力生等校注：《雲笈七籤》（北京：華夏出版社 1996.8 第一版第一刷）

44. 元・劉大彬《茅山志》卷九《道山冊》，續修四庫全書編纂委員會編：《續修四庫全書.史部.地理類》（上海市：古籍 1995）

45. 明・凌汝亨輯評；陳立夫等編修：《中國子學名著集成——《管子》輯評》（中國子學名著編印基金會 1978 初版）

46. 明・凌稚隆批；陳立夫等編修：《中國子學名著集成——《呂氏春秋》》（中國子學名著集成編印基金會 1978 初版）

47. 明・孫礦等評；陳立夫等編《中國子學名著集成——春秋繁露、新序》（中國子學名著集成編印基金會 1978 初版）

48. 明・憨山大師註：《老子道德經憨山解、莊子內篇憨山註》（台北：新豐出版公司 1982.12 再版）

49. 清・汪繼培箋《潛夫論箋》（台北：大立 1984.元初版）

50. 清・張隱庵：《黃帝內經素問集註》（上海：新華書店 1959 初版）

51. 清・郭慶藩編；王孝魚整理：《莊子集釋》（上）（下）（台北：萬卷樓 1993.3 初版二刷）

52. 清・唐鴻學注：《道德真經指歸校注》（台北：藝文 1970）

53. 清・唐鴻學補輯：《聖賢高士傳贊》（藝文印書館）

54. 清・惠棟批校：《論衡》（台北：中國子學名著集成編印基金會 1978 初版）

55. 清・張志聰校注；方春陽等校注：《黃帝內經集注》（杭州：浙江古籍 2001.12 初版一刷）

56. 清・陳立疏證：《白虎通義疏》（中國子學名著集成編印委員會 1977.11）

57. 清・段玉裁注：《說文解字注》（台北：黎明文化 1991.8 增訂八版）

58. 清・陸費逵總勘：《春秋左傳正義》（四部備要本）（台灣：中華 1966.3 台一版）

59. 清・金山潛熙祚校：《慎子》（北京：中華書局 1985 新一版）

60. 清・姚振宗：《隋書・經籍志考證》（卷二十五）（上海：上海古籍 1995）

61. 清・景印文淵閣：《老子道德經》，《文淵閣四庫全書》（台北：台灣商務 1986.3）

62. 清・晁公武：《郡齋讀書志》（台灣：商務印書館 1978.1 台一版）

63. 清・嚴可均校輯：《全後漢文》（北京：中華書局 1958）

64. 清・沈德潛：《古詩源》（台北：時代書局 1975.1 台一版）

65. 清・董誥等纂修：《全唐文》（上海：上海古籍出版社 1993.11 第一版第一刷）

66. 清・王先謙集解：《荀子集解》（台北：藝文 1977.2 再版）

67. 清・蘇輿撰；鍾哲點校：《春秋繁露義證》（北京：中華書局 1992.12 第一版第一刷）

近人譯注典籍（依出版先後）

1. 溫晉城編注：《孟子會箋》（正中 1947.10 滬三版）

2. 松菁校勘：《荀子集解》（台北：新興 1955.9 初版）

3. 嚴靈峰輯校：《輯嚴遵老子注》二卷（台北：藝文書局 1965）

4. 楊家駱：《論衡集解》（上）（台北：世界 1966.3 再版）

5. 四部叢刊初編：王雲五主編：《尚書、周禮、周易、毛詩》（臺北：臺灣商務 1967 臺二版）

6. 陳立疏證：《白虎通義》（中）（台北：台灣商務 1968.3 台一版）

7. 楊家駱主編：《孝經集注述疏》（台北：世界 1969.4 再版）

8. 李道平纂疏：《周易集解纂疏》（一）（台北：文史哲 1971.2 景印初版）

9. 施博爾編：《正統道藏》（台北：藝文 1977.3 初版）

10. 新文豐出版公司編輯部：《正統道藏》（第三十冊）（台北：新文豐出版社 1977.10 初版）

11. 道德經名注選輯——（漢）河上公章句：（台北：中國子學名注集成編印基金會 1978.12 初版）

12. 楊家駱主編：《太平經合校》（台北：鼎文 1979.9 初版）

13. 高亨：《老子正詁》（台北：新文豐 1981）

14. 郭沫若等：《管子集校》（東京都：東豐 1981.10 影本）

15. 楊伯峻：《列子集釋》（台北：成文 1982）

16. 王利器：校注《風俗通義校注》（台北：明文書局 1982.4 初版）

17. 趙幼文校注：《曹植集校注》（北京：人民 1984.6 第一刷）

18. 朱謙之：《老子校釋》（台北：華正書局 1985.1 初版）

19. 楊樹達：《論語疏證》（上海：上海古籍 1986 初版）

20. 王明校釋：《抱朴子內篇校釋》（增訂本）（北京：中華 1988.7 二版三刷）

21. 葉德輝輯：《玉房祕訣》，《叢書集成續編》（第四十三冊）（台北：新文豐出版社 1989 台一版）

22. 葉德輝輯：《素女經》，《叢書集成續編》（第四十三冊）（台北：新文豐出版社 1989 台一版）

23. 饒宗頤：《老子想爾注校證》（上海：上海古籍 1991.11 初版一刷）

24. 王利器校注：《鹽鐵論校注》（一）（北京：新華 1992.7 第一版第一刷）

25. 胡道靜等編：《藏外道書》（第九冊）（成都：巴蜀書社 1992.8 第一版第一刷）

26. 王卡點校：《老子道德經河上公章句》（北京：中華書局 1993.3 初版）

27. 竹添光鴻會箋：《左傳會箋》（台北：天工 1993.5.10）

28. 王德有點校：《老子指歸》（北京：中華書局 1994.3 初版一刷）

29. 陳鼓應註譯：《黃帝四經今註今譯》（台北：台灣商務印書館 1995 初版）

30. 高明校注：《帛書老子校注》（北京：中華書局 1996 第一版）

31. 林品石譯注：《呂氏春秋今註今譯》（上）（台北：台灣商務 1996 初版）

32. 顧寶田、張忠利：《新譯老子想爾注》（台北：三民書局股份有限公司 1997.1 初版）

33. 袁華忠、方家常注：《論衡》（下）（台北：台灣古籍 1997.8 初版一刷）

34. 彭丙成注釋：《新譯潛夫論》（台北：三民 1998 初版）

35. 王明編：《太平經合校》（上）（下）（北京：中華書局，1997.10 初版五刷）

36. 龍晦、徐湘靈譯注：《太平經全譯》（貴陽：貴州人民出版社 2000.1）

37. 陳鼓應：《老子今注今譯及評介》（台北：商務印書館 2000.3）

38. 陳奇猷校注：《韓非子新校注》（上海：上海古籍 2000.10 初版一刷）

39. 顧久譯注：《抱朴子內篇》（台北：台灣古籍 2000.4 初版一刷）

40. 余培林：《新譯老子讀本》（台北：三民書局 2002 初版十六刷）

41. 王冬珍等校注：《新編管子》（台北：編譯館 2002 初版）

42. 陳麗桂校注：《新編淮南子》（台北：編譯館 2002.4 初版）

43. 高專誠：《御注老子》（山西：山西古籍 2003.1 初版一刷）

44. 廖名春校釋：《郭店楚簡校釋》（北京：清華大學出版社 2003.6 初版第一刷）

45. 安居香山：《緯書》（東京：明德昭和 61 年 10.30 四版）

46. 福井康順注：《神仙傳》（東京：明德昭和六十二年 8.30 再版）

二、道家類（依出版先後）

1. 哲學研究編輯部編：《老子哲學討論集》（北京：中華書局 1959 第一版）

2. 鄭成海：《老子河上公注覬理》（台北：台灣中華 1970.3 初版）

3. 王淮注釋：《老子探義》（台北：台灣商務印書館 1972.4 二版）

4. 周紹賢：《莊子要義》（台北：文景出版社 1973.9 修訂二版）

5. 蕭天石：《道家養生學概要》（台北：自由出版社 1975.6 三版）

6. 鄭成海：《老子河上公注疏證》（台北：華正書局 1978.7 初版）

7. 詹劍峰：《老子其人其書及其道論》（湖北：湖北人民出版社 1982.9 第一版）

8. 陳鼓應：《老子注譯及評介》（北京：中華書局 1984 第一版）

9. 王邦雄：《老子的哲學》（台北：東大 1986.9 四版）

10. 周紹賢：《道家與神仙》（台北：台灣中華 1987.3 四版）

11. 蔣錫昌：《老子校詁》（成都：成都 1988 初版一刷）

12. 培眞：《道德經探玄》（北京：北京體育學院 1990 初版）

13. 陳麗桂：《戰國時期的黃老思想》（台北：聯經 1991 初版）

14. 黃釗編：《道家思想史綱》（湖南：湖南師範 1991.7 初版一刷）

15. 陳鼓應：《老莊新論》（上海：上海古籍出版社 1992）

16. 那薇：《漢代道家的政治思想和直覺體悟》（齊魯書社 1992.1 第一版第一刷）

17. 陳鼓應主編：《道家文化研究》（二）（上海：上海古籍出版社 1992.8 第一版第一刷）

18. 張默生：《莊子新釋》（濟南：齊魯書社 1993 第一版）

19. 莊萬壽注譯：《新譯列子讀本》（台北：三民 1993.3 七版）

20. 許抗生：《老子研究》（台北：水牛 1993.3.15 初版二刷）

21. 徐光澤：《中國道家養生之道》（河北：河北科學技術出版社 1994.7 第一版第一刷）

22. 王清祥：《老子河上公注之研究》（台北：新文豐 1994.9 台一版）

23. 熊鐵基：《中國老學史》（福建：福建人民 1995.7 初版一刷）

24. 陳鼓應編：《道家文化研究》（第八輯）（上海：上海古籍 1995.11 初版一刷）

25. 呂錫琛：《道家與民族性格》（湖南：湖南大學出版社 1996.6 一刷）

26. 張松如、邵漢明：《道家哲學智慧》（吉林：吉林人民初版一刷 1997.3）

27. 高秀昌、龔力：《哲人的智慧——《老子》與中國文化》（河南：河南大學 1997.8 初版二刷）

28. 袁保新：《老子哲學之詮釋與重建》（台北：文津 1997.12 初版二刷）

29. 丁原明：《黃老學論綱》（山東：山東大學出版社 1997.12 第一版第一刷）

30. 丁原植：《郭店竹簡《老子》試析研究》（台北：萬卷樓圖書 1998 初版）

31. 陳鼓應編：《道家文化研究》（第十四輯）（北京：生活・讀書・新知・三聯書店 1998.7 初版一刷）

32. 陳鼓應編：《道家文化研究》（第十五輯）（北京：三聯書店 1999.3）

33. 莊萬壽：《道家史論》（台北：萬卷樓 2000.4 初版）

34. 張起鈞：《老子哲學》（台北：正中 2000.11 臺初版第十三刷）

35. 陳鼓應、馮達主編：《道家與道教》（第二屆國際學術研究會論文集）（道家卷）（廣東：廣東人民 2001.9 初版一刷）

36. 陳廣忠：《中國道家新論》（合肥：黃山 2001.11 初版一刷）

37. 鍾泰：《莊子發微》（上海：上海古籍 2002 第一版）

38. 張松如：《老子說解》（濟南：齊魯書社 2003.3 初版第三刷）

39. 熊鐵基、劉韶軍、劉筱紅、吳琦、劉固盛：《二十世紀中國老學》（福建：福建人民 2003.7 初版二刷）

40. 鄭開：《道家形而上學研究》（北京：宗教文化 2003.10 初版一刷）

41. 田誠陽：《中華道家修煉學概述》（上）（北京：宗教文化 2003.12 初版四刷）

42. 趙中偉：《道者，萬物之宗──兩漢道家形上思維研究》（台北：洪葉文化 2004.4 初版第一刷）

43. 李霞：《生死智慧──道家生命觀研究》（北京：人民 2004.5 初版一刷）

44. 孫以楷編，陳廣忠、梁宗華著：《道家與中國哲學》（漢代卷）（北京：人民 2004.6 初版一刷）

45. 林安梧：《新道家與治療學：老子的智慧》（台北：台灣商務 2006 初版）

46. 唐明邦：《論道崇真集》（湖北：華中師範大學 2006.2 第一版第一刷）

三、道教類（依出版先後）

1. 蕭天石：《道海玄微》（台北：自由出版社 1981.6 再版）

2. 金師圃：《道家道教》（台北：中國文化大學 1985）

3. 胡孚琛：《魏晉神仙道教〈抱朴子內篇〉研究》（人民出版社 1989）

4. 陳攖寧：《道教與養生》（北京：華文 1989.7 初版一刷）

5. 王明：《道家和道教思想研究》（中國社會科學 1990.8 三刷）

6. 任繼愈編：《中國道教史》（上海：上海人民 1990.11 初版四刷）

7. 洪丕謨：《道教長生術》（浙江：浙江古籍 1992.7 初版一刷）

8. 吉元昭治著；楊宇譯：《道教與不老長壽醫學》（成都：成都 1992.9 初版一刷）

9. 陳耀庭、劉中守：《道、仙、人──中國道教縱橫》（上海：上海社會科學 1992.12 初版一刷）

10. 李養正：《道教與諸子百家》（北京：燕山 1993.11 初版一刷）

11. 劉鋒：《道教的起源與形成》（台北：文津 1994.4 初版）

12. 郝秦、楊光文：《道在養生──道教長壽術》（成都：四川人民 1994.7 初版一刷）

13. 陳兵：《道教之道》（北京：今日中國出版社 1995 第一版）

14. 李養正著；張繼禹編訂：《道教經史論稿》（北京：華夏出版社 1995 第一版）

15. 姜生：《漢魏兩晉南北朝道教倫理論稿》（成都：四川大學 1995.12 初版一刷）

16. 李豐楙：《誤入與謫降：六朝隋唐道教文學論集》（台北：學生書局 1996 初版）

17. 韓廷傑、韓建斌：《道教與養生》（台北：文津出版社 1997.8 初版一刷）

18. 文史知識編輯部編：《道教與傳統文化》（北京：中華書局 1997.10 初版第二刷）

19. 卿希泰：《中國道教史》（卷一）（台北：中國道統出版社 1997.12.12）

20. 張運華：《先秦兩漢道教思想研究》（長春：吉林教育 1998.12 第一版第一刷）

21. 林安梧：《儒學與中國傳統社會之哲學省察——以「血緣性縱貫軸」為核心的理解與詮釋》（上海：學林 1998 第一版）

22. 冷天吉、徐儀明：《人仙之間——抱朴子與中國文化》（河南：河南大學出版社 1998.8 第一版第一刷）

23. 胡孚琛、呂錫琛：《道學通論——道家、道教、仙學》（北京：社會科學文獻第一版第一刷 1999.1）

24. 李小光：《生死超越與人間關懷——神仙信仰在道教與民間的互動》（成都：巴蜀書社 2002.9 第一版第一刷）

25. 詹石窗：《道教文化十五講》（北京：北京大學出版社 2003 第一版）

26. 劉鋒：《道教的起源與形成》（台北：文津 2003.12 初版二刷）

27. 戈國龍：《道教內丹溯源》（北京：宗教文化 2004.6 初版一刷）

28. 楊玉輝：《道教人學研究》（北京：人民 2004.12 初版一刷）

29. 趙芃：《道教自然觀研究》（成都：巴蜀書社 2007.11 初版第一刷）

30. 任宗權：《道教戒律學》（北京：宗教文化出版社 2008.2 第一版第一刷）

四、其他（依出版先後）

1. 郭沫若：《青銅時代》（北京：人民 1954 第一版）

2. 北京大學哲學系外國哲學史教研系：《古希臘羅馬哲學》（北京：生活・讀書・新知・三聯書店 1957 第一版）

3. 郭沫若：《沫若文集》（北京：人民文學出版社 1963）

4. 唐君毅：《中國哲學原論・原性篇》（香港九龍：新亞書院研究所 1968）

5. 小野澤精一等所編：《氣的思想》（上海：人民 1970 年 7 月初版）

6. 李孝定編述：《甲骨文字集釋》（台北：中央研究院歷史語言研究所 1974）

7. 徐復觀：《兩漢思想史》（增訂版・卷二）（台北：台灣學生 1976.6 初版）

8. 梁啟超：《諸子考釋》（台北：台灣中華書局 1976.9 台五版）

9. 羅根澤：《諸子考索》（九龍：學林 1977）

10.《正統道藏》（21）（37）（台北：藝文印書館 1977 初版）

11. 余雄：《中國哲學概論》（台北：源成文化 1977.12.15 初版）

12. 熊十力：《讀經示要》（卷一）（台北：洪氏 1978 第四版）

13. 唐君毅：《中國哲學原論：原道篇》（卷一）（香港：新亞研究所 1978.4 三版）

14. 張岱年：《中國哲學史史料學》（北京：三聯書店 1982）

15. 中國哲學編輯部：《中國哲學》第七輯（生活・讀書・新知・三聯書店 1982.3 第一版）

16. 李澤厚、劉綱紀主編：《中國美學史》（第一卷）（北京：中國社會科學 1984）

17. 吳福相：《呂氏春秋八覽研究》（台北：文史哲 1984.6 初版）

18. 林尹編：《周易論文集》（台北：黎明 1984.10 第三版）

19. 馮友蘭：《中國哲學史新編》（第二冊）（北京：人民 1984.10）

20. 張揖：《廣雅》（北京：中華書局 1985 北京新一版）

21. 任繼愈主編：《中國哲學發展史》（秦漢）（北京：人民 1985.2 第一版第一刷）

22. 唐君毅：《中國哲學原論：原道篇》《卷一》（台北：學生書局 1986 第一版）

23. 田鳳台：《呂氏春秋探微》（台北：台灣學生 1986.3 初版）

24. 胡適：《中國哲學史大綱》（卷上）（台灣：商務印書館 1987）

25. 蒙文通：《古學甄微》（成都：巴蜀書社 1987 第一版）

26. 王利器：《新語校證》（台北：明文書局 1987.5.30 初版）

27. 余英時：《士與中國文化》（上海：上海人民出版社 1987.6 第一版第一刷）

28. 牟鍾鑒：《呂氏春秋與淮南子思想研究》（山東：齊魯 1987.9 第一版第一刷）

29. 李豐楙：《探求不死》（台北：久大 1987.9 初版）

30. 宇同：《中國哲學問題史》（台北：彙文堂 1987.11）

31. 李志雍：《中國氣功史》（河南：河南科技 1988 初版）

32. 張岱年：《文化與哲學》（北京：教育科學出版社 1988 第一版）

33. 任厚奎：《西方哲學概論》（成都：四川大學 1988.3 第一版第三刷）

34. 亞里斯多德：《形而上學》（新竹：仰哲 1989）

35. 馮友蘭：《三松堂全集》（河南：河南人民出版社 1989）（第四卷）

36. 李雄輝：《哲學概論》（台北：五南 1989.2 初版）

37. 張立文：《氣》（北京：中國人民大學 1989.3 第一版）

38. 羅彤華：《漢代的流民問題》（台北：台灣學生 1989.12 初版）

39. 錢穆：《靈魂與心》（台北：聯經 1990 初版第七刷）

40. 李志林：《氣論與傳統思方式》（上海：學林 1990.1 初版一刷）

41. 楊維傑譯解：《黃帝內經素問譯解》（台北：樂群文化 1990.2 增訂十版）

42. 韋政通：《中國思想傳統的現代反思》（台北：桂冠 1990.2.25 初版一刷）

43. 呂理正：《天、人、社會：試論中國傳統的宇宙認知模型》（台北：中研院民族學研究所 1990.3 初版）

44. 陳廣忠譯注：《淮南子譯注》（吉林：吉林文史 1990.6 初版）

45. 黃節：《漢魏樂府詩風箋》（台北：學海出版社 1990.9 三版）

46. 徐兢：《中國氣功四大經典講解》（浙江：浙江古籍 1990.7 初版三刷）

47. 瀧川龜太郎編：《史記會注考證》（台北：宏業 1990.10.15 再版）

48. 李存山：《中國氣論探源與發微》（北京：中國社會科學 1990.12 初版第一刷）

49. 政大中文系主編：《漢代文學與思想學術研討會論文集》（台北：文史哲出版社 1991）

50. 陳樂平：《出入「命門」：中國醫學文化學導論》（上海：生活・讀書・新知上海三聯書店 1991 第一版）

51. 馮友蘭：《中國哲學史新編》（台北：藍燈 1991 初版）

52. 張榮明：《中國古代氣功與先秦哲學》（台北：桂冠 1992.1 初版一刷）

53. 張岱年：《中國哲學大綱》（台北：藍燈 1992.4）

54. 黃應貴編：《人觀、意義與社會》（台北：中央研究院民族研究所 1993）

55. 鍾肇鵬：《讖緯論略》（台北：洪葉文化 1993 初版）

56. 烏恩溥：《氣功經典譯注》（長春：吉林文史出版社 1993.1 初版第一刷）

57. 傅武光：《呂氏春秋與諸子之關係》（台北：東吳大學中國學術著作獎助委員會 1993.2 初版）

58. 葛榮晉：《中國哲學範疇導論》（台北：萬卷樓 1993.4 初版一刷）

59. 黃維三編著：《難經新解》（台北：中醫研所 1993.8 初版）

60. Frederick Copltston 著；鄺錦倫、陳明福翻譯；傅佩榮校定：《西洋哲學史》（台北：黎明 1993.8 初版二刷）

61. 柳樹滋：《大自然觀——關於綠色道路的哲學思考》（北京：人民 1993.9 初版一刷）

62. 徐復觀：《中國人性論史》（台北：商務印書館 1994.4）

63. 方克立：《中國哲學大辭典》，（北京：中國社會科學出版社 1994.5）

64. 王琦珍：《養生與中國文化》（江西：江西高校出版社 1994.6 第一版第一刷）

65. 劉松來：《養生與中國文化》（江西：江西高校出版社 1994.6 第一版第一刷）

66. 洪丕謨：《中國神仙養生大全》（北京：中國文聯 1994.8 初版一刷）

67. 羅嘉昌編：《場與有——中外哲學的比較與融通》（一）（北京：東方 1994.8 初版一刷）

68. 陳新雄：《訓詁學》（上冊）（台北：台灣學生書局 1994.9 初版）

69. 劉天君：《氣功入靜之門》（人民體育出版社 1994.11 第一版第四刷）

70. 李震：《宇宙論》（台灣商務：1994.12 第二版第一刷）

71. 湯孝純：《管子評述》（台北：東大 1995 初版）

72. 楊希枚：《先秦文化史論集》（北京：中國社會科學出版社 1995）

73. 黑格爾：《哲學史講演錄》（第四卷）（商務印書 1995）

74. 黃慶萱：《周易縱橫談》（台北：東大發行：三民總經銷 1995 初版）

75. 前新培金：《嚴新氣功》（人民體育 1995.2 初版第五刷）

76. 石田秀實著；楊宇譯：《氣‧流動的身體：中醫學原理與道教養生術》（臺北：武陵 1996 一版二刷）

77. 李慶升主編：《中醫養生學》（北京：科學出版社 1996.6 第一版第二刷）

78. 李澤厚：《中國古代思想史論》（台北：三民 1996.9）

79. 錢志熙：《唐前生命觀和文學生命主題》（北京：東方出版社 1997 第一版）

80. 馬如森：《殷墟甲骨文引論》（高雄：麗文 1997 初版）

81. 蔡璧名：《身體與自然——以《黃帝內經素問》為中心，論古代思想傳統中的身體觀》（台北：台大文學院 1997 初版）

82. 楊儒賓：《中國古代思想中的氣論及身體觀》（台北：巨流 1997.2 初版）

83. 陳樂平：《出入「命門」——中國醫學文化學導讀》（上海：生活‧讀書‧新知上海三聯 1997.4 初版二刷）

84. 劉長林：《中國系統思維》（北京：中國社會科學院 1997.4 初版一刷）

85. 牟宗三：《才性與玄理》（台北：台灣學生 1997.8 修訂八版）

86. 金春峰：《漢代思想史》（北京：中國社會科學出版社 1997.12 第二版第一刷）

87. 四川古籍整理研究所、中華諸子寶藏編輯委員會：《諸子集成新編》（四）（成都：四川人民 1998.2 初版一刷）

88. 李平：《氣功與中國文化》（陝西：陝西人民教育出版社 1998.9 第一版第一刷）

89. 詹姆斯・C・利文斯頓著；何光滬譯：《現代基督教思想》（成都：四川人民出版社 1999）

90. 楊儒賓：《儒家身體觀》（台北：中研院中國文史哲研究所籌備處 1999 修訂一版）

91. 周銘心、王樹芳：《中醫時間醫學》（台北：旺文 1999.7 初版二刷）

92. 楊儒賓譯：《宇宙與歷史：永恆回歸的神話》（台北：聯經 2000 初版）

93. 丁四新：《郭店楚墓竹簡思想研究》（北京：東方 2000 第一版）

94. 張和：《中國氣功學》（台北：五州 2000 年初版）

95. 丁四新：《郭店楚墓竹簡思想研究》（北京：東方 2000 第一版）

96. 田誠陽：《修道入門》（北京：宗教文化 2000.5 第二版第二刷）

97. 〔英〕史蒂芬・霍金著；許明賢、吳忠超譯：《時間簡史》（湖南：湖南科學科技出版社 2001 第一版）

98. 張富祥：《王政全書》（開封：河南 2001.8 一版一刷）

99. 劉東超：《生命的層級——馮友蘭人生境界說研究》（成都：巴蜀書社 2002.10 初版一刷）

100. 張善文、黃壽祺：《周易譯注》（台北：頂淵文化 2002.12 初版第二版）

101. 曾春海：《兩漢魏晉哲學史》（台北：五南 2003 二版）

102. 牟宗三：《現象與物自身》（台北：聯合報文化基金會 2003 初版）

103. 曾振宇：《中國氣論哲學研究》（濟南：山東 2003.1 第一版第二刷）

104. 曲黎敏、彭賢：《易道氣功養生》（北京：中國書店 2003.1 初版第三刷）

105. 胡家聰：《管子新探》（北京：中國社會出版社 2003.5 第一版第一刷）

106. 蕭漢明：《易學與中國傳統醫學》（北京：中國書店 2003.6 第一版第一刷）

107. 張秋升：《天人糾葛與歷史運演——西漢儒家歷史觀的現代詮釋》（山東：齊魯書社 2003.8 第一刷）

108. Erich Hartmann：《中國傳統醫學》（台北：經史子集 2004.2 初版一刷）

109. 余敦康：《易學今昔》（桂林：廣西師範大學出版社 2005 第一版）

110. 鄭涵：《中國的和文化意識》（上海：上海世紀 2005.1 初版一刷）

111. 周與沉：《身體：思想與修行——以中國經典為中心的跨文化觀照》（北京：中國社會科學出版社 2005.1 初版第一刷）

112. 鄭曉江、鈕則誠編：《解讀生死》（北京：社會科學文獻 2005.11 第一版第一刷）

113. 文懷沙編：《四部文明》（安西：陝西人民出版社 2007）

貳、論文（依出版先後）

1. 胡以嫻：《老子形上學之研究》（台大哲學碩論 1980.6）
2. 莊耀郎：《原氣》（台灣師大國文碩論 1985.6）
3. 李炳姬：《老子之政治哲學》（台灣師大國文碩論 1986.12）
4. 婁世麗：《莊子氣論探微》（台大中文碩論 1992.6）
5. 鄭世根：《莊子氣化論》（台大哲學博論 1992.6）
6. 杜保瑞：《論王船山易學與氣論並重的形上學氣論》（台大哲學博論 1993.5）
7. 林清祥：《老子河上公注研究》（輔大宗教碩論 1994.5）
8. 陳明恩：《氣化宇宙論主體架構的形成及其開展》（淡大中文碩論 1995.6）
9. 毛忠民：《莊子氣論思想研究》（輔大哲學博士論文 1997.12）
10. 黃崇修：《從身體觀論虛靜功夫的哲學義涵——以先秦氣化思想爲核心》（政大哲學碩論 1999.4）
11. 易天任：《先秦「氣」思想研究》（高師大國文碩論 2001.1）
12. 鄭燦山：《邁向聖典之路——東晉漢初道教道德經學》（台灣師大博論 2000.1）
13. 江佳倩：《老子河上公注觀察》（台大中文碩論 2001.5）
14. 鄭國瑞：《兩漢黃老思想研究》（政大中文博論 2002）
15. 莊曉蓉：《身國一理的《老子河上公章句》》（華梵東方人文思想碩論 2003）
16. 林宣佑：《兩漢《老子注》中之「道論」研究——以《河上公注》、《指歸》、《想爾注》爲論》（輔大哲碩 2004）
17. 呂佩玲：《《老子河上公注》思想探究》（東海中文碩論 2004）

參、期刊（依出版先後）

1. 郭沫若：〈宋鈃尹文遺著考〉，見《青銅時代》（北京：人民 1954 第一版）
2. 陳世驤：〈想爾老子道經敦煌殘卷論證〉，《清華學報》（新一卷第二期 1957）
3. 前川捷三：〈甲骨文、金文中所見的氣〉一文，該文收錄於小野澤精一等所編《氣的思想》（上海：人民 1970 年 7 月初版）
4. 郭沫若：〈古代文字之辯證的發展〉，《奴隸制時代》（北京：人民出版社 1973 第二版）
5. 羅根澤：〈《管子》探源〉，收錄於《諸子考索》（九龍：學林 1977）
6. 王叔岷：〈司馬遷與黃老〉，收錄於《台大文史哲學報三十期》（1979.6）
7. 王利器：〈道藏本《道德眞經指歸》提要〉，中國哲學編輯部編：《中國哲學》第四輯（北京：三聯書店 1980）

8. 谷方：〈河上公老子章句考證〉，見中國哲學編輯部：《中國哲學》第七輯（生活・讀書・新知・三聯書店 1982.3 第一版）

9. 張岱年：〈中國哲學中的本體觀念〉，收錄於《安徽大學學報》（第三期 1983）

10. 何茲全：〈東漢宦官和外戚的鬥爭〉，《文史知識》（第 4 期 1983）

11. 李養正：〈老子想爾注與五斗米道〉，《道協會刊》（第十二期，1983）

12. 王開府：〈《易傳》著作問題初探〉，載於林尹先生所編：《周易論文集》（台北：黎明 1984.10 第三版）

13. 吳康：〈周易哲學思想——孔門學說之三〉，載於林尹先生所編：《周易論文集》（台北：黎明 1984.10 第三版）

14. 馮友蘭：〈稷下黃老之學的精氣說——道家向唯物主義的發展〉，收錄於《中國哲學史新編》（第二冊）（北京：人民 1984.10）

15. 余英時：〈中國古代死後世界觀的演變〉，收錄於《中國思想傳統的現代詮釋》（台北：聯經 1987 初版）

16. 楊儒賓：〈先秦道家「道」的觀念的發展〉，收錄於《文史叢刊》（七十七）（1987.6）

17. 莊萬壽：〈道家起源新探〉，收錄於《台灣師大國文學報》（第十七期 1988.6）

18. 錢穆：〈中國思想中之鬼神觀〉，收錄於《靈魂與心》（台北：聯經 1990 初版第七刷）

19. 王明：〈老子河上公章句考〉，收錄於《道家和道教思想研究》（重慶：中國社會科學出版社 1990.8 三版）

20. 李豐楙：〈老子《想爾注》的形成及其道教思想〉，收錄於《東方宗教研究》（第一期 1990.10）

21. 郭正宜：〈醫書中所言人體的氣〉，收錄於《道教學探索》（台南：成功大學歷史系道教研究室 1990.12.21）

22. 林慶彰：〈兩漢章句之學重探〉，政大中文系主編《漢代文學與思想學術研討會論文集》（台北：文史哲出版社 1991）

23. 劉長林：〈氣概念的形成其哲學價值〉，收錄於《哲學研究》（第十期）（中國社會科學研究所 1991）

24. 汪惠敏：〈老子與黃老——轉變中的道家思想〉，收錄於《輔仁學誌》（1992）

25. 樂愛國：〈《管子・內業》篇新探〉，《管子學刊》（1992.4）

26. 蒙培元：〈老莊哲學的思想特徵〉，陳鼓應主編：《道家文化研究》（二）（上海：上海古籍出版社 1992.8 第一版第一刷）

27. 杜正勝：〈形體、精氣與魂魄：中國傳統對「人」認識的形成〉，收黃應貴編：《人觀、意義與社會》（台北：中央研究院民族研究所 1993）

28. 曾錦坤：〈氣化理論與中國醫學〉（下）《鵝湖月刊》（第一九卷第二期總號第二一八）（1993.8）

29. 李建民：〈屍骨、骷髏與魂魄——傳統靈魂觀新論〉，收錄於《當代》（第九十期 1993.10.1）

30. 李存山：〈氣、實體與場有〉，收錄於羅嘉昌所編：《場與有——中外哲學的比較與融通》（一）（北京：東方 1994.8 初版一刷）

31. 鍾肇鵬：〈《老子想爾注》及其思想〉，《道教研究》（第 2 期，1995）

32. 湯用彤：〈讀《太平經》所見〉，《湯用彤選集》（天津：天津人民出版社 1995）

33. 劉笑敢：〈《老子》自然觀念的三種含義〉，《哲學動態》（第六期 1995）

34. 樂愛國：〈《管子》的精氣說與氣功學〉，《廈門大學學報》（1995.1）

35. 鄭燦山：〈敦煌寫本《老子想爾注》之思想特色與架構〉，《中國文化月刊》（192 期 1995.10）

36. 金吾倫：〈道實在的雙重結構〉，收錄於《道家文化研究》（第八輯）（上海：上海古籍 1995.11 初版一刷）

37. 胡家聰：〈道家黃老學的「天、地、人」一體觀〉，陳鼓應編：《道家文化研究》（第八輯）（上海：上海古籍出版社 1995.11 第一版第一刷）

38. 張運華：〈身國並重的道家養生論——論《老子河上公章句》〉，收錄於《宗教哲學》（第二卷第一期 1996.1）

39. 張運華：〈《老子河上公章句》與道家思想的世俗化〉，《江西社會科學》（第 8 期，1997）

40. 胡家聰：〈略論道家「天、地、人」一體觀在民族心理中的滲透〉，《中國哲學史》（第二期 1997）

41. 劉長林：〈說「氣」〉，收錄於楊儒賓先生主編的《中國古代思想中的氣論及身體觀》（台北：巨流 1997.2 初版）

42. 池田知久：〈馬王堆漢帛書《五行篇》所見身心之問題〉，收錄於楊儒賓：《中國古代思想中的氣論及身體觀》（台北：巨流 1997.2 初版）

43. 石田秀石：〈由身體生成過程的認識來看中國古代身體觀的特質〉，收錄於楊儒賓：《中國古代思想中的氣論及身體觀》（台北：巨流 1997.2 初版）

44. 王干才：〈老子本體論性質淺議〉，收錄於《宗教哲學》（第三卷第四期 1997.10）

45. 任繼愈：〈道家道教〉，收錄於文史知識編輯部編：《道教與傳統文化》（北京：中華書局 1997.10 初版第二刷）

46. 馬承玉：〈「想爾」釋義——《老子想爾注》與四十二章經之關係〉，《世界宗教研究》（第 4 期，1998）

47. 劉長林：〈《管子》四篇對氣的研究〉，《中國氣功科學》（1998.2）

48. 陳靜：〈「真」與道家的人性思想〉，收錄於陳鼓應所編《道家文化研究》（第十四輯）（北京：生活‧讀書‧新知‧三聯書店 1998.7 初版一刷）

49. 謝明陽：〈莊子氣論的思想體系〉，收錄於《鵝湖月刊》（第二十四卷第三期總號第二七九 1998.9）

50. 李炳海：〈天地人同構的符號世界〉，《吉林大學社會科學學報》（第 4 期，1999）

51. 葛兆光：〈宇宙、身體、氣與「假求於外物以自堅固」──道教的生命理論〉，《中國哲學史》（第二期 1999）

52. 吳湘武：〈關於《河上公注》成書年代〉，收錄於《道家文化研究》第十五輯（北京：三聯書店 1999.3）

53. 李炳海：〈天地人同構的符號世界──漢代文學與生命哲學的因緣〉，《吉林大學社會科學學報》（第 4 期 1999.7）

54. 張實龍：〈嚴君平解讀《老子》之方法〉，《安慶師範學院學報》（第十八卷第四期，1999.8）

55. 鄭燦山：〈老子河上公注長生思想析論〉，見《孔孟學報》（第七十七期 1999.9）

56. 陳廣忠：〈嚴遵《老子指歸》的思想特色〉，香港中文大學：《中國文化研究所學報》（第九期 2000）

57. 鄒登順：〈戰國秦漢養生思想體系研究〉，《重慶師院學報》（第 3 期 2000）

58. 劉笑敢：〈從竹簡本與帛書本看《老子》的演變──兼論古文獻流傳中的聚焦與趨同現象〉，武漢大學中國文化研究院編：《郭店楚簡國際學術研討會論文集》（武漢：湖北人民，2000，第一版第一刷）

59. 陳麗桂：〈《老子想爾注》轉向道教的理論呈現〉，國立政治大學中國文學系編：《漢代文學與思想學術研討會論文》（第三屆）（2000 初版）

60. 陳麗桂：〈《老子河上公章句》所顯示的黃老養生之理〉，收錄於《中國學術年刊》（第二十一期 2000.3）

61. 蔡振豐：〈嚴遵、河上公、王弼三家《老子》注的詮釋方法及其對道的理解〉，收錄於《文史哲學報》（第五十二期 2000.6）

62. 張運華：〈《老子指歸》「道開虛無」的自然哲學〉，《湘潭大學社會科學學報》第 24 卷第 4 期，2000.8）

63. 鄭燦山：〈《河上公注》成書時間及其思想史、道教史之意義〉，收錄於《漢學研究》（第八卷第二期，2000.12）

64. 陳德興：〈《黃帝內經》氣論的思想內涵〉，載於《哲學與文化》（廿八卷第一期 2001.1）

65. 宇汝松：〈道教人生觀中的生死智慧〉，《文化》（2001.1）

66. 薛公忱：〈《老子指歸》的生命觀〉，《南京中醫藥大學學報（社會科學版）》（第 2 卷第 1 期 2001.3）

67. 黃釗〈《老子河上公章句》成書時限考論〉，收錄於《中州學刊》（第二期 2001.3）

68. 陳麗桂：〈《老子指歸》的聖人論〉，《中國學術年刊》（第 22 期，2001.5）

69. 施又文：〈《黃帝內經》關於「臟腑經絡」的生理觀〉，收錄於《中國文化月刊》（第二五七期）（2001.8）

70. 陳麗桂：〈《淮南子》的感應思想〉，收錄於陳鼓應、馮達主編：《道家與道教》（第二屆國際學術研究會論文集）（道家卷）（廣東：廣東人民 2001.9 初版一刷）

71. 王萍：〈道家思想在東漢中後期的發展〉，《東嶽論叢》（第 22 卷第 5 期，2001.9）

72. 崔向東：〈河北豪族與兩漢之際的社會政治〉，《河北學刊》（第 22 卷第 1 期，2002.1）

73. 杜保瑞：〈《河上公注》的哲學體系之方法論問題檢討〉（上），收錄於《哲學與文化》（廿九卷第五期 2002.5）

74. 鄒登順：〈論戰國秦漢「人與天合」養生文化範式的建構及其特點〉，《貴州社會科學》（總 177 期第 3 期，2002.5）

75. 杜保瑞：〈《河上公注老》的哲學體系之方法論問題檢討〉（下），收錄於《哲學與文化》（廿九卷第六期，2002.6）

76. 楊玉輝：〈老子養生思想新解〉，《中國道教》（2002.6）

77. 毛英萍：〈東漢後期社會分裂原因略探〉，《瀋陽教育學院學報》（第 4 卷第 3 期，2002.9）

78. 杜保瑞：〈嚴君平《老子指歸》哲學體系的方法論檢討〉，《哲學與文化》（廿九卷第十期，2002.10.1）

79. 陳福濱：〈《老子指歸》中「道」思想之探究〉，《哲學與文化》（2003）

80. 張榮明：〈漢代儒術與政治信仰〉，《天津大學學報》（第五期 2003）

81. 陳麗桂：〈《老子指歸》的聖人論〉，《中國學術年刊》（第二十二期 2003）

82. 高華平：〈楚簡本、帛書書、河上公注本三種《老子》仁義觀念之比較〉收錄於《中國歷史文物》（2003.1）

83. 李增：〈論河上公注老之氣化宇宙觀特色〉，收錄於《哲學與文化》（2003.9）

84. 吳志鴻：〈兩漢的宇宙論思想〉，收錄於《哲學與文化》（第卅卷第九期 2003.9）

85. 曹劍波：〈《老子想爾注》養生智慧管窺〉，《宗教學研究》（第 2 期 2004）

86. 楊玉輝：〈《老子指歸》的養生思想〉，《宗教學研究》（第 4 期，2004）

87. 宇汝松：〈道教人生觀中的生死智慧〉，《文化》（第十期，2004）

88. 樂愛國：〈道教生態倫理：以生命為中心〉，《廈門大學學報》（哲學社會科學版）（第 5 期總第 165 期，2004）

89. 熊鐵基、劉玲娣：〈論漢《老子》〉，《哲學研究》（第四期，2004）

90. 王邦雄：〈《莊子》心齋「氣」觀念的詮釋問題〉（道家思想國際學術會議 2004.4）

91. 朱大星：〈論河上公《老子》在敦煌的流傳——以敦煌文獻為中心〉，《道教論壇》（2004.4）

92. 樂愛國：〈《管子》的醫學養生思想〉，《錦州醫學院學報》（社會科學版）（第 2 卷 2 期，2004.5）

93. 劉昭瑞：〈《老子想爾注》雜考〉，《敦煌研究》（第 87 期 2004.5）

94. 趙明正：〈漢代養生思潮、經學詩教與漢樂府〉，《遼寧大學學報》（哲學社會科學版）（第 32 卷，第 5 期，2004.9）

95. 林俊宏：〈《老子指歸》之政治思想試論〉，《政治科學論叢》（第 22 期，2004.12）

96. 賴錫三：〈《莊子》精、氣、神的功夫和境界——身體的精神化與形上化之實現〉，收錄於《漢學研究》（第二十二卷第二期 2004.12）

97. 高秀昌：〈論道教的長生成仙說〉，《商丘師範學院學報》（第 20 卷第 6 期，2004.12）

98. 曹玉華：〈道教「仙眞」形態演變論〉，《四川大學學報》（哲學社會科學版）（第 3 期總第 138 期，2005）

99. 徐宇宏：〈忘生死而順自然——《莊子》的養生之道〉，《道教論壇》（2005.2）

100. 鄭志明：〈《老子》的醫療觀〉，收錄於《鵝湖月刊》（2005.3）

101. 謝清果：〈道教「身國共治」思想的歷史演變〉，《唐山學院學報》（第 18 卷第 1 期，2005.3）

102. 李遠國：〈論《老子想爾注》中的養生思想〉，《中國道教》（2005.6）

103. 陳麗桂：〈漢代道家思想的演變與轉化〉，國立台灣師範大學國文學系：《第二屆儒道國際學術研討會——兩漢論文集》（台北 2005.8）

104. 蔣振華：〈早期道教「文」的闡釋的多維視角——《老子想爾注》的邪文觀〉，《中州學刊》（第六期，2005.11）

105. 馬承玉：〈《正一法文天師教戒科經》的時代及與《老子想爾注》的關係〉，《中州學刊》（第 6 期，總第 150 期，2005.11）

106. 李宗定：〈《老子想爾注》詮釋老子方法析論〉，《台北大學中文學報》（創刊號 2006）

107. 游建西:〈論老莊養生哲學〉,《宗教學研究》(第 1 期,2006)

108. 趙玉玲、方司蕾:〈《老子想爾注》所批評的僞伎考〉,《中國道教(01 期 2006)

109. 劉玲娣:〈《老子想爾注》中的「道誡」〉,《湖北師範學院學報》(第二十七卷第二期,2006.7.16)

110. 趙汝芬:〈試論老子的養生觀〉,《管子學刊》(第 2 期,2007)

111. 孟凡紅:〈《黃帝內經》養生思想初探〉,《醫藥月刊》(第 01 期,2007)

112. 伍至學:〈吾喪我與天籟〉,《第十屆儒佛會通暨文化哲學學術研討會》(2007.3.17)

113. 〔日〕串田久治著;刑東風譯:〈漢代的「謠」與社會批判意識〉

114. 劉玲娣:〈漢代《老子》政治觀的黃老色彩(二)——以《老子河上公注》爲中心〉,《唐都學刊》(第 23 卷第 3 期,2007.5)

115. 王子今:〈漢代「亡人」、「流民」動向江南地區的經濟文化進步〉,《湖南大學學報》(社科版)(2007.5)

116. 譚寶剛:〈《老子》書名出現時間、異稱、分篇和分章考〉,《鄂州大學學報》(第 14 卷第 4 期,2007.7)

117. 申國昌:〈《老子河上公注》養生教育思想探析〉,中國道教:《道教論壇》

118. 侯小東:〈從《春秋繁露》看漢代儒家思想的神化〉,《作家雜誌》(第二期 2009)

肆、其他資料

1. 許抗生:〈談談黃老道與黃老道學〉http:www.chinataoism.org/06-99/daojiaoluntan/art2.htm 2004.3.3。

2. 甯瑋瑜、沈能元\台北報導:蘋果日報 2005.9.7。

3. 成和平:〈超心理科技之腦波與心靈改革〉,中華超心理學研究會 http://www.thinkerstar.com/psi/spt_essays/cheng.html 2010.3.29。

4. 李嗣涔:〈氣功態及氣功外氣之紅外線頻譜〉,台北市氣功文化學會 http://www.chikung.org.tw/txt/paper/p02.htm 2009.3.29。